“十二五”国家重点图书出版规划

中国隧道及地下工程修建关键技术研究书系

天津站交通枢纽深大基坑工程安全监测

焦莹　董新平　编著

人民交通出版社
China Communications Press

内 容 提 要

本书以天津站交通枢纽工程的安全监控为背景和主线，以风险管理、事故预防作为工作思路，对复杂条件下超大深基坑工程的监测全过程进行了系统阐述，并结合本工程实施中的经验，提出了进行深大基坑安全监测的原则，以指导类似大型基坑工程的监测设计和实施。

本书不仅对从事监测工作的技术人员有重要的参考和指导作用，还对地下工程及建筑、市政工程的设计、施工、管理人员有实际借鉴作用。

图书在版编目(CIP)数据

天津站交通枢纽深大基坑工程安全监测/焦莹，董新平编著.—北京：人民交通出版社，2012.5

ISBN 978-7-114-08528-4

I.①天… II.①焦…②董… III.①交通运输中心—基坑—工程施工—安全管理—天津市 IV.①U115②TU46

中国版本图书馆 CIP 数据核字(2011)第132927号

书　　名：天津站交通枢纽深大基坑工程安全监测
著 作 者：焦　莹　董新平
责任编辑：刘彩云
出版发行：人民交通出版社
地　　址：(100011)北京市朝阳区安定门外外馆斜街3号
网　　址：http://www.ccpress.com.cn
销售电话：(010)59757969，59757973
总 经 销：人民交通出版社发行部
经　　销：各地新华书店
印　　刷：北京盛通印刷股份有限公司
开　　本：787×1092　1/16
印　　张：18
字　　数：456千
版　　次：2012年5月　第1版
印　　次：2012年5月　第1次印刷
书　　号：ISBN 978-7-114-08528-4
定　　价：68.00元
(有印刷、装订质量问题的图书由本社负责调换)

序

看到焦莹、董新平同志编写的《天津站交通枢纽深大基坑工程安全监测》一书的书稿后，我眼前一亮，监控量测是隧道及地下工程建设过程中验证设计参数和施工方案是否正确的眼睛，对于施工安全和工程质量都至关重要。目前国内专门针对市政及交通工程监测技术进行论述的著作不多，很需要这样的参考书，所以，这本书的出版非常及时，具有很大的参考价值。

近些年来，国内外地铁基坑事故屡见报道，如2004年新加坡MRT环线地铁的基坑垮塌事故让世人震惊，而我国在近些年地铁建设大发展中，由于设计、施工、管理、不合理工期、不合理造价、不合理方案等诸多方面的原因，基坑建设中各种各样的事故频频发生，这些事故不仅直接导致人员伤亡、财产和经济损失、工程延期，也给建设各方、政府部门的声誉带来了损害。

为了减少失误和损害，一定要及时对工程各个方面进行总结，提炼出可供借鉴的理念、规律、方法和要点。本书作者结合天津站交通枢纽工程，把作为安全控制措施之一的监控量测作了较为深入系统的总结分析，具有很高的技术水平。干一项工程，出一本让后人可以借鉴的总结，培养一批人才，这是我们从事工程的责任。作者能在繁忙的科研工作之余及时写出这本专著的精神是应该表扬的。

天津站交通枢纽工程轨道换乘中心工程基坑面积近7万m^2，总建筑面积17.56万m^2，最大开挖深度32.5m，最大宽度125m，采用了明挖、盖挖、盖挖半逆作等方法施工，技术复杂，施工难度和风险很大。业主单位抓住了工程的关键，对监测进行了国内招标，并进行直接管理，采用了自动化远程监控系统的安全实时监测方案，在安全和质量控制方面取得了很好的效果和经验。

本书作者还收集了国内外近年来典型地铁基坑事故案例，对事故发生的原因进行了分析，并依据风险分析理论，对天津站交通枢纽安全监测进行了设计和实施，对所取得的一系列安全监控方面的成果进行了系统分析和阐述，提出了深大基坑安全监测的原则和要点。本书内容不仅对从事监测的技术人员有重要的参考和指导作用，同时，对于地下工程、建筑、市政工程的设计、施工、管理人员也有实际借鉴作用。

相信本书在以后的工程实践中能起到很好的指导作用，同时也希望作者能在以后的工程实践中不断总结，完善新技术、新经验，为祖国的工程建设作出新的贡献。

中国工程院院士 [signature]

2012年1月

前　言

随着城市高层建筑、轨道交通和地下空间开发利用的不断发展，基坑工程的规模也得到迅速发展，特别是进入21世纪以来，伴随科学和技术的进步，基坑工程已开始向超大超深方向发展。一些轨道交通地铁车站和综合交通枢纽工程基坑开挖深度已超过30m，且大多位于建筑密度大、人口密集的城市中心区，对基坑稳定、变形和环境影响的控制要求更严。在对基坑工程安全施工和技术发展提出更高挑战的同时，也迫切需要参建各方注重风险控制，研究制订切实可行的控制措施，探索、制定和完善相关的风险控制机制，并加大风险控制投入。

在深基坑监测领域，应用国内外最新风险理论研究成果，对典型基坑事故进行总结、分析，进而改进和完善监测设计与实施，具有重要的现实意义。本书就是以天津站交通枢纽工程的安全监控为背景和主线，以风险管理、事故预防作为工作思路，对复杂条件下超大深基坑工程的监测全过程进行了系统阐述，并结合本工程实施中的经验，提出了深大基坑安全监测的原则，以指导类似大型基坑工程的监测设计和实施。

本书主要包括以下内容：(1)为更具有可比性，收集了国内外地铁基坑事故的案例，分析基坑在常用支护形式下事故的主要破坏形态；(2) 基坑风险管理及对监测工作的要求；(3)天津站交通枢纽工程基坑概况；(4)天津站交通枢纽工程基坑监测设计；(5)天津站交通枢纽工程基坑的安全监测实施和应用；(6)特殊深大基坑安全监测的原则。

本书由天津城投集团教授级高级工程师焦莹、董新平副教授编写，参加编写的主要人员还有鲍立楠、李竹、李颖、张文强、马召林、李明、黄桂兴、田巧焕、金淮、刘永勤、董雪、华福才等同志。

本书在编写过程中，得到了勘察、设计单位的大力支持，在此特别感谢铁道第三勘察设计院集团有限公司、北京城建勘测设计研究院有限责任公司、天津市市政工程设计研究院、上海长凯岩土工程有限公司等单位。

天津大学郑刚教授、中铁隧道集团技术中心李治国总工程师、北京城建勘测设计研究院有限责任公司张建全博士分别审阅了本书，提出了宝贵的意见和建议，使本书增色不少，特此感谢。

由于目前深基坑工程特别是超深基坑安全监测研究领域尚处于起步阶段，又限于时间和水平，本书疏漏和错误之处难免，敬请读者提出批评和宝贵意见，以便今后进一步完善。

作　者

2011 年 12 月

目　　录

1 绪 论

随着科学技术和人类文明的进步,农村人口大量向城市迁移,城市工业与经济的发展客观上也需要大量劳动力,导致城市人口激增。世界范围内,城市化进程的加快,给人类的生活带来了重大影响,自 1950 年以来世界城市人口的演变及预测情况如图 1-1 所示[1],2009 年世界人口达到 68.3 亿,60 年内世界人口增长 270%,而城市人口增长高达 470%。根据预测,到 2050 年,世界城市人口将从 2009 年的 34 亿增长到 63 亿,城市化率达到 68.7%,届时世界城市人口总量将和 2004 年的世界人口总数相当。世界城市人口在不同规模城市地区的不均匀分布,使得在世界范围内部分城市的人口总数激增,如人口超过 1000 万的大都市(Megacity),1950 年全球有 2 个,1975 年为 3 个,2009 年则达到 21 个,预计 2025 年全球将达到 29 个。

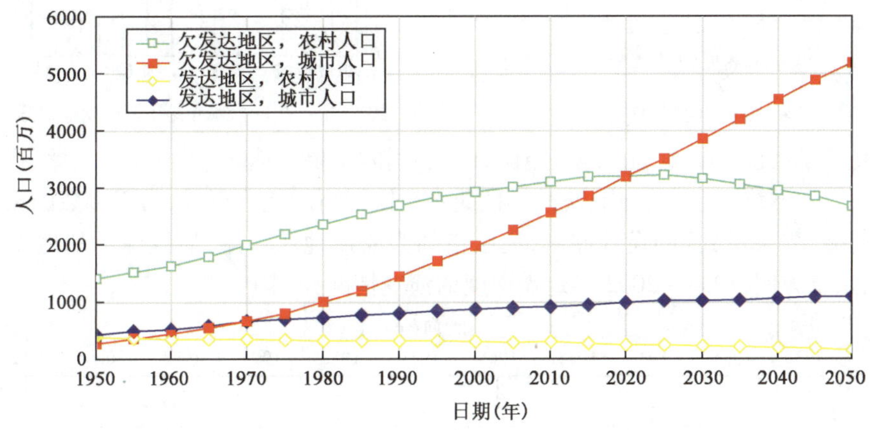

图 1-1 世界城市人口演变及预测

与此同时,城市规模迅速膨胀。城市人口激增和规模迅速膨胀,带来很多问题,如空间资源匮乏、交通拥挤、易遭受自然和人为灾难、环境问题突出(如景观恶化、绿地缺乏、空气污染、噪声)等,其中最突出和紧迫的是空间资源匮乏,城市大量人口的生产、生活、交通迫切需要大量的土地和空间,需求与供给矛盾非常突出。

以我国为例,我国改革开放后,城市化步伐显著加快。20 世纪 80 年代,城镇人口平均每年增加 1000 万人以上,到 90 年代又增长到 1500 万人以上。进入 21 世纪,城镇人口平均每年增长接近 2000 万人,规模进一步扩大。人口的增长意味着城市建设用地的增加。在 20 世纪 90 年代(1990 ~ 2000 年),全国城市建成区面积平均每年扩大 938km^2,进入 21 世纪后(2000 ~ 2007 年),则平均每年扩大 1861km^2[2]。而对于我国而言,城市化进程任重而道远,2009 年末,全国总人口为 13.3474 亿人,其中城镇人口为 6.2186 亿人[3],预计 2050 年我国总人口为 16 亿,城镇人口将有 12 亿[1],城市人口年增长 1410 万人,若按照现在的土地增长比例计算,到 2050 年我国对城市用地需求大约是 53792.2km^2,若上海市区面积按照 800km^2 计算,则相当于需要新建设 68 个上海市。

城市土地资源的供需矛盾，决定了城市空间开发必须走立体式发展道路，极大地促进了世界范围内，城市高层建筑和地下空间的大规模开发。本书重点关注城市地下空间的开发。

1.1 深大基坑工程发展概况

城市地下空间开发主要用于地下综合管廊公共设施、地下交通体系、地下商业多功能综合体和平战结合地下人防工程等。国外几个城市中，地下空间利用情况如图 1-2 所示[4]；同时，对城市地下基础设施（简称 UUI）按用途进行分类，不同类别所占比例情况如图 1-3 所示[4]。

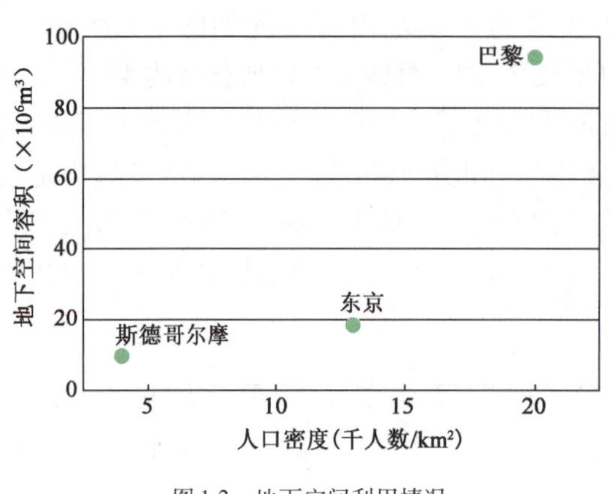

图 1-2　地下空间利用情况

图 1-3　城市地下基础设施分类

轨道交通是当前世界范围内地下空间开发利用的主要用途之一，应用最广泛、投资最多的是城市地下交通网络，特别是地下铁道。且随着地铁网络的逐步形成，由于多数国家在地铁设计时一般遵循“先来后到”的设计原则，浅层空间为前期地铁占用，后续建设的地铁深度则越来越深，以东京为例，1934～2002 年地铁深度的演变情况如图 1-4 所示[4]。

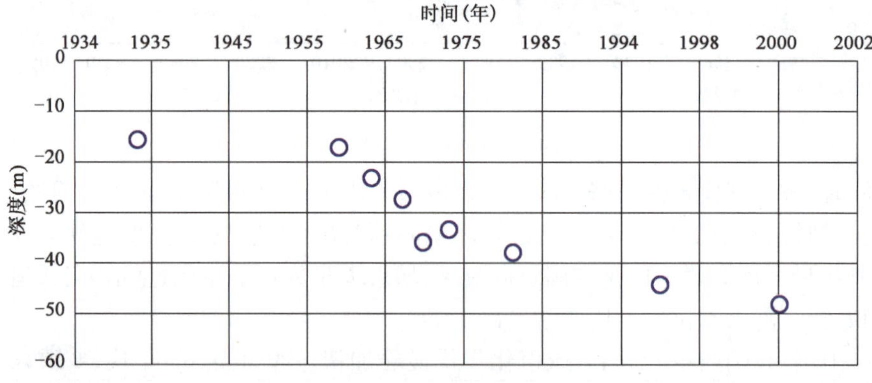

图 1-4　东京地铁深度演变

与地铁越挖越深对应的是地面建筑层数增多，高度增高，两者均意味着深基坑甚至超深基坑、极深基坑的涌现。同时，受规划功能复杂化和商业开发需要的驱动，基坑面积也越来越大，基坑工程朝大深度、大面积方向发展。

我国 20 世纪 80 年代末，高层建筑和地铁建设均较少，基坑深度大多在 15m 以内。自 20 世纪 90 年代初，高层建筑逐渐增多，90 年代中期后，以北京、上海、深圳、广州等为代表的城市，高层建筑如雨后春笋般开始大量建设，以地铁为代表的地下工程也已开始规模建设，基坑开挖深度逐渐接近 20m，少量超过 20m。20 世纪 90 年代末期以来，基坑开挖深度迅速增大至 30～40m。

以上海为例，超高层建筑的典型深大基坑有：

(1)1998 年竣工的金茂大厦(地上 88 层，地下 3 层，总高度 420.5m)，基坑面积 2×10^4 m^2，塔楼的开挖深度 19.65m，裙房开挖深度 15.1m。

(2)2001 年竣工的恒隆广场(地上 66 层，地下 4 层，总高度 288m)，基坑面积 2.5×10^4 m^2，塔楼部分开挖深度 18.20m。

(3)2002 年竣工的外滩金融中心(地上 50 层，地下 3 层，总高度 198m)基坑面积 1.5×10^4 m^2，基坑开挖深度 15.0m。

(4)2006 年竣工的长峰商城(地上 60 层，地下 4 层，总高度 238m)，基坑面积 2.2×10^4 m^2，塔楼基坑开挖深度 22m(局部 24m)。

(5)2007 年竣工的上海环球金融中心(地上 101 层，地下 3 层，总高度 492m)，塔楼区为直径 100m 的圆形基坑，面积约 0.7855×10^4 m^2，基坑大部分开挖深度 18.35m，电梯井、集水坑处基坑深 25.89m；裙房基坑开挖面积 1.4613×10^4 m^2，开挖深度 17.85m，局部达 19.85m。

(6)2008 年开工，预计 2014 年竣工的上海中心大厦(地上 121 层，地下 5 层，主楼建筑结构高度 580m，塔楼总高度 632m)，基坑开挖深度 31.3m，基坑直径 121m。

早期建设的上海地铁 1、2 号线地下车站的基坑开挖深度一般为 14 ~ 23m，而随着上海地铁建设的高速发展，地铁不断向深度扩张。据 2006 年对在建和拟建的 95 个地铁车站基坑进行统计[5]，车站标准段深度超过 15m 的占 92%，超过 20m 的占 31%；端头井超过 15m 的甚至达到了 100%，超过 20m 的占 35%。可见地铁车站基坑全部为深基坑，超深基坑超过 30% 以上，并出现了一些极深基坑，如：轨道交通 9 号线宜山路站，因需穿越已有的 3、4 号线，开挖深度达到 30.6m；上海地铁 4 号线董家渡修复工程基坑开挖深度接近 41m。

与上海类似，北京、天津、广州、深圳、香港、台北、高雄等城市在三维立体开发中，也相继涌现了大量深、大基坑工程，如：北京京城大厦地上 52 层，高度 183m，地下 4 层，基坑深 23.76m；台北 101 大厦高 508m，基坑开挖深度 21.7m，面积 2.41×10^4 m^2；高雄捷运大港浦车站圆形基坑深 27m，直径 140m。

目前，对基坑深度和规模的划分没有统一的分类标准，根据天津市区工程地质与水文地质条件，本书采用的分类标准是：

基坑深度 15 ~ 20m，为深基坑；

基坑深度 20 ~ 30m，为超深基坑；

基坑深度大于 30m，为极深基坑。

本书中的深大基坑如不特别说明，一般是指基坑深度在 15m 以上，且基坑面积不小于 $1.5\times10^4m^2$ 的基坑。

1.2 深大基坑工程安全问题

基坑工程具有受自然条件(工程地质、水文地质、气候等)和周围环境影响大、隐蔽工程质量控制难、技术综合性强等特点，一直以来事故率较高，1995 年前上海市基坑工程事故率为 20% 左右，深基坑工程的事故率全国为 10% 左右，软土地区可高达 30% 左右[6]。近年来，城市轨道交通领域的基坑工程呈现出“深、大、近、紧、难、险”等突出特征(本书将在后续章节选取其中几个典型地铁车站基坑的设计、施工等情况予以说明)，更是事故频发。

(1)深：开挖深度大，可达到 20m 甚至 30m 以上。

(2)大：规模越来越大，很多基坑面积超过 $1.5\times10^4m^2$。

(3)紧:工程场地紧凑,往往处于建筑密集区,有些地方紧贴建筑红线。

(4)近:基坑周边环境复杂,各种构筑物、地下管线、既有地铁隧道或地铁车站、高架道路等,对变形控制要求高。

(5)难:工程地质与水文地质复杂,不确定因素多,施工常面临新问题,充满挑战性;功能复杂,结构形式多样,施工方法变换多,技术难度大,工期压力大。

(6)险:事故多发,且后果严重,工程具有高风险性。

因此,深基坑工程成为一项高风险、高难度、高挑战性的岩土工程。

近些年,在地铁的大规模建设中,由于地质勘察不足、设计失误、施工缺陷、缺乏信息沟通、不可抗力等诸多方面原因,国内外在地铁基坑施工过程中出现了不少事故,轻则导致周边临近建筑物开裂、倾斜,路面沉陷,地下管线错位、断裂、爆炸,重则发生基坑垮塌、邻近建筑物倒塌等恶性事件。这些事故不仅导致重大经济损失和人员伤亡,延误工期,同时也产生了不良的社会影响。如:2001 年 8 月 20 日,上海轨道交通 4 号线鲁班路车站基坑施工过程中,突然发生土方滑坡,造成4 人死亡;2003 年 10 月 8 日,北京地铁 5 号线崇文门车站发生临时钢管架体倒塌事故,正在地铁隧道里施工的 3 名工人死亡,另有 1 名工人受伤;2004 年 3 月 17 日,广州地铁 3 号线大石车站发生塌方事故,1 名正在清理杂物的工人被土方埋没,经抢救无效死亡;2004 年 4 月 20 日,新加坡尼浩大道(Nicoll Highway)附近的地铁环线区间明挖基坑发生其有史以来最为严重的地铁施工事故,引起尼浩大道坍塌,造成 4 人死亡,另有 3 人受伤,坍塌路面长 100m、宽 150m;2004 年 5 月 29 日,台湾高雄地铁施工发生透水、涌沙引起地层下陷的严重事故,地面出现坍塌,附近居民紧急疏散;2008 年 11 月 15 日,杭州地铁 1 号线湘湖车站基坑发生垮塌,造成 21 人死亡,24 人受伤,基坑附近 100m 道路塌陷,11 辆汽车下沉陷落,附近河水倒灌入基坑。

笔者统计了近年来国内外地铁基坑工程事故 87 起,其中基坑失稳、破坏事故 32 起,对周边环境造成较大影响的事故 42 起,周边环境造成的事故 4 起,施工过程中因机械倒塌等原因导致人身伤亡的事故 9 起。部分较为典型事故的原因及分类见表 1-1。

典型地铁车站基坑工程事故　　表 1-1

城　市	时　间	工　程	事　故	原　因
新加坡	2004-4-20	环线明挖区间段	基坑垮塌	腰梁屈服破坏
韩国	2000-1-1	大邱地铁某车站	基坑垮塌	连续墙受力过大
巴西	2007-1-15	圣保罗地铁站	基坑垮塌	隧道塌方引起
高雄	2005-12-4	捷运中正路 O7 车站	基坑坍塌	地层加固效果差
高雄	2004-8-9	捷运鼓山 O1 车站	邻房下陷	围护墙渗漏水
高雄	2004-7-16	捷运中山一路、八德路口明挖隧道	路面下陷	连续墙接缝夹泥
杭州	2008-11-5	1 号线湘湖车站	基坑垮塌	支护体系破坏
杭州	2009-1-26	1 号线风起路站	土体滑移	土体剪切破坏
上海	2001-8-20	4 号线鲁班路站	坑内滑坡	降水不到位
上海	1997-8-27	2 号线人民公园站	坑内滑坡	降水问题,土坡太陡
上海	2004-9-21	9 号线松江新城站	管涌	下水管破裂
北京	2005-11-31	10 号线熊猫环岛站	基坑坍塌	坑周堆载,降水问题
北京	2007-3-28	10 号线苏州街站	出入口塌方	地质勘察不明

续上表

城　市	时　间	工　程	事　故	原　因
北京	2006-6-26	4 号线宣武门站	坑内滑坡	土体加固效果差,降水不到位
深圳	2008-3-10	1 号线大新站	基坑大变形	支撑失稳,机械碰撞
深圳	2008-3-9	1 号线鲤鱼门—新安区间	基坑垮塌	围檩不按图施工
深圳	2010-8-1	5 号线宝安中心站 1 号风道	基坑塌方	连续墙变形过大
广州	2006-10-4	4 号线 10 标明挖段	基坑坍塌	机械碰撞,支撑脱落
广州	2004-4-1	3 号线沥胺站	基坑塌方	渗流破坏,降水问题
广州	2004-3-17	3 号线番禺大石站	坑内滑坡	降水不到位,土体加固问题
南京	2007-5-28	2 号线茶亭站	坑内滑坡	桩间渗水,降水问题
南京	2006-10-29	2 号线元通站	管涌	围护结构渗漏
南京	2006-12-24	2 号线集庆门大街站	突涌	降水井损坏
南京	2007-1-13	2 号线集庆门大街站	管涌	围护桩开叉
西安	2008-12-13	2 号线北大街站	被水淹	周边电力井出水

深基坑工程事故根据其主要特征,从宏观安全管理的角度可分为以下四类:

第一类:支护体系整体稳定失去平衡或者承载能力丧失导致的整体或局部失稳、破坏;

第二类:支护体系及坑周土体变形过大;

第三类:周边环境的突发影响;

第四类:其他的偶然事故,如机械倾倒、触电、作业平台倒塌等引起的人员伤亡事故。

其中,第三类事故的发生是受周边环境,主要是各种地下水管线的影响,事故的发生非基坑工程本身的问题,所以应在基坑工程开始前,对地下管线的埋深、走向、用途、材质、管径、压力(水压)等进行详细调查并进行防范。第四类事故主要属于施工安全管理的范畴,主要表现形式为机械伤人、触电、坠落等,最大特征是有人员伤亡,该类事故应主要通过加强职工职业培训,提高安全防范意识,遵守安全规则,注意施工机械的检查、维修、保养等进行防范。第一、二事故类型是地铁基坑工程事故的主要表现形态。

1.2.1　基坑及坑周土体异常变形

基坑开挖中不可避免地引起不同程度的坑周土体应力释放和地下水流动,导致支护结构体系和坑周地层的位移,从而造成周围建(构)筑物、地下管道等建筑设施的变形,当变形过大时则可能使建筑设施发生开裂乃至破坏。因基坑及坑周土体异常变形导致的事故,不仅给施工企业造成巨大经济损失,而且威胁到周围居民的生命、财产安全,影响人们的正常生活,给社会带来严重的负面影响。该类事故的表现形式,主要包括以下四个方面:

(1)邻近建(构)筑物的开裂、倾斜甚至倒塌;

(2)基坑周边交通道路开裂、塌陷,交通中断;

(3)基坑邻近地下管线断裂破损,使电力、通信、供水中断,煤气泄露、爆炸等;

(4)使地下隧道(包括已建隧道和在建隧道)变形,管片产生裂缝、漏水甚至破损。

发生该类事故的主要原因可分为:

(1)基坑支护体系变形过大。开挖不合理、支撑施作不及时、地面大量超载、支护刚度不足等多种因素,可导致基坑发生异常变形,进而导致周边环境发生破坏,如图 1-5a)所示。

(2)基坑降水。基坑降水将不可避免地导致坑周土体局部地下水位下降,土体因失水固结而产生沉降，同时，因降水漏斗效应以及地层的差异性将使坑周土体的沉降呈现出差异性，从而使得地表上方的建筑物或地层内部的构筑物（管线）随之呈现出不均匀沉降。一般而言，与基坑或降水井越近则沉降越大，当不均匀沉降过大时，将导致基坑周围的建（构）筑物发生建筑或功能性的破坏。

（3）围护结构渗漏。在饱和含水地层，由于围护墙的止水效果不好或因连续墙接缝处夹泥、桩墙开叉、变形过大产生裂缝等缺陷导致局部渗水，致使大量的水夹带砂粒涌入基坑，严重的水土流失会造成如地面塌陷、房屋倾斜等情形，还可能在墙后形成洞穴后突然发生地面塌陷，如图1-5b）所示。

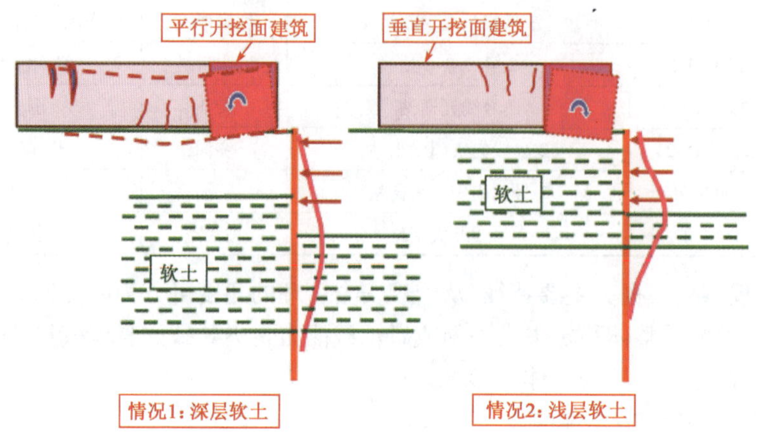

a)基坑变形过大

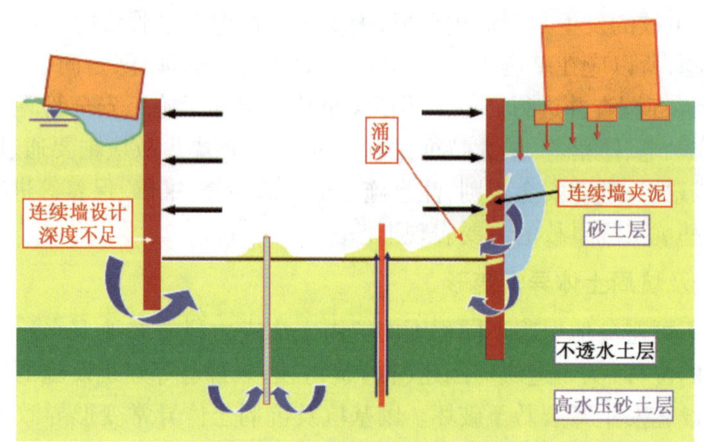

b)地下连续墙施工缺陷

图1-5　基坑周边建筑物灾害[7]

1.2.2　基坑失稳与破坏

由于设计方面的过错或施工措施不当，常造成基坑的失稳破坏。基坑的失稳破坏，根据其主要形态可分为基坑稳定性破坏和强度破坏。

1）基坑稳定性破坏

（1）整体失稳。软弱地层中，因地下连续墙入土深度不够或围护系统刚度原因使围护体系位移过大，导致基坑外土体产生大滑坡或塌方，致使基坑支护系统整体失稳破坏，如图1-6a）所示。

(2)倾覆失稳。因基坑边堆载、重型施工机械行走等引起墙后土压力增加,或因设计抗倾覆安全系数不够,导致墙体倾覆垮塌,如图1-6b)所示。

(3)踢脚破坏。由于支护体系支护刚度过小或被动区土体(强度破坏)失稳导致的踢脚破坏,如图1-6c)所示。

(4)基坑底隆起。由于基坑围护结构入土深度不够,或由于基坑底部土体的抗剪强度较低等原因,导致墙体及附近土体整体滑移破坏、基底土体隆起,如图1-6d)所示。

(5)流砂及突涌。在砂层或粉砂层中开挖基坑时,在不打井点或井点失效后,会产生冒水翻砂(管涌),严重时会导致基坑失稳。在隔水层中开挖基坑时,当基底以下承压含水层的水头压力冲破基坑底部土层,发生坑底突涌破坏,如图1-6e)所示。

(6)坑内土体滑坡。在基坑内分区放坡挖土,由于坡度较陡、降雨或其他原因引起滑坡,甚至冲毁基坑内已经施工好的支撑及立柱,导致基坑破坏,如图1-6f)所示。

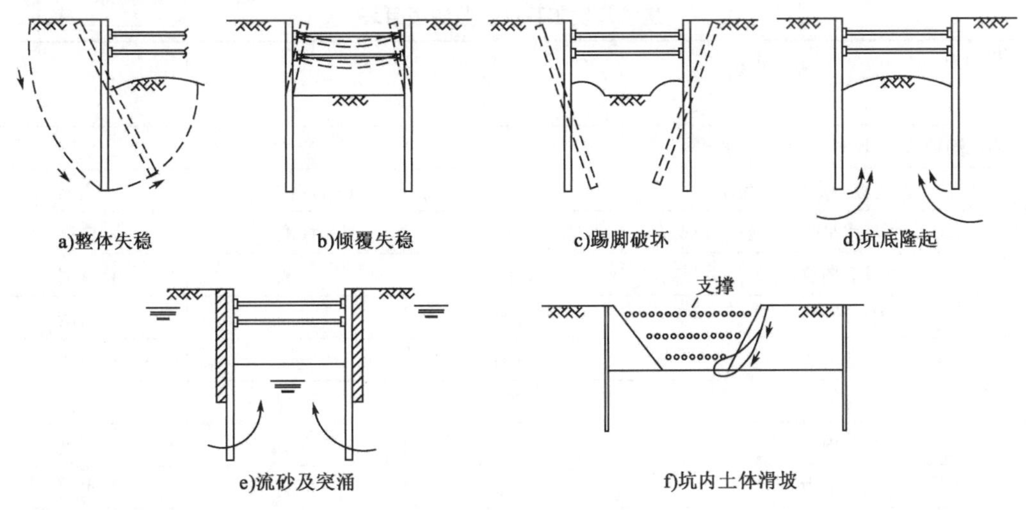

图1-6 基坑失稳破坏形式

2)强度破坏

(1)支撑系统(支撑、围檩)强度不足或压屈。因支撑构件设计缺陷,或施工措施不当,致使构件受力过大失稳,并导致基坑支撑系统毁坏。

(2)墙体强度不足。由土压力引起的墙体应力过大,超过墙体的强度(抗剪强度、抗弯强度),导致墙体大裂缝或断裂而破坏。

1.3 深大基坑的安全监控现状

基坑工程作为一类岩土工程,也具有岩土工程的共性。由于地层分布的不均匀性、地层特性的多变性、结构—地层相互作用的复杂性、结构受力特性与施工过程的关联性等因素的影响,依靠计算来获得各阶段围护结构的受力以及安全状态,在目前是具有相当难度的,基本上是不可能实现的。因此,施工中通过埋设各类传感器,来获取结构的实际受力、变形等信息,进而推断其安全状态,即进行监控(monitoring and instrumentation),这是目前岩土工程界实际采用的途径。

一般而言,基坑工程监测主要服务于以下目的:

(1)了解基坑围护结构和周边构筑物的安全状态,服务于施工安全;

(2)了解围护结构的受力和变形规律,反馈设计,为修正设计计算模型和选择关键参数服务;

(3)作为研究手段,对特别的项目进行监控,服务于科研。

当前,监控量测对于基坑工程的重要性已为工程界所普遍认识,也是当前各国及地区普遍通过规范和规程强制实施的工程的一个重要环节和组成部分,其实施相对而言也更规范。以我国为例,国家和一些地区、城市在制定基坑勘察、设计、施工规范(规程)时,对监控量测的实施单位资质、监测项目选择、监测仪器等级、控制标准、监测频率等均有较明确规定,这些规范和规程的制定促进了监控工作在基坑工程中的普及和规范,如《建筑基坑工程监测技术规范》(GB 50497—2009)规定基坑工程的现场监测应采用仪器监测与巡视检查相结合的方法,对于仪器监测项目应根据表1-2进行选择。

建筑基坑工程仪器监测项目表 表1-2

监测项目 \ 基坑类别		一级	二级	三级
围护墙(边坡)顶部水平位移		应测	应测	应测
围护墙(边坡)顶部竖向位移		应测	应测	应测
深层水平位移		应测	应测	应测
立柱竖向位移		应测	宜测	宜测
围护墙内力		宜测	可测	可测
支撑内力		应测	宜测	可测
立柱内力		可测	可测	可测
锚杆内力		应测	宜测	可测
土钉内力		宜测	可测	可测
坑底隆起(回弹)		宜测	可测	可测
围护墙侧向土压力		宜测	可测	可测
孔隙水压力		宜测	可测	可测
地下水位		应测	应测	应测
土体分层竖向位移		宜测	可测	可测
周边地表竖向位移		应测	应测	宜测
周边建筑	竖向位移	应测	应测	应测
	倾斜	应测	宜测	可测
	水平位移	应测	宜测	可测
周边建筑、地表裂缝		应测	应测	应测
周边管线变形		应测	应测	应测

注:基坑类别的划分按照现行国家标准《建筑地基基础工程施工质量验收规范》(GB 50202—2002)执行。

对于深基坑,尤其是安全等级较高的深基坑,监测工作是规范规定的必须的和强制性的工作之一。但目前,规范一般均没有明确区分监测的目的,以《建筑基坑工程监测技术规范》(GB 50497—2009)为例,规定开挖深度大于5m或者开挖深度小于5m,但现场地质情况和周围环境较复杂的基坑工程以及其他需要监测的基坑工程应实施基坑工程监测,总则

1.0.1 条规定：为规范建筑基坑工程监测工作，保证监测质量，为信息化施工和优化设计提供依据，做到成果可靠、技术先进、经济合理，确保建筑基坑安全和保护基坑周边环境，制定本规范。

北京市地方标准《地铁工程监控量测技术规程》（DB 11/490—2007）3.1.1 条规定：采用浅埋暗挖法、盾构法、明挖法或盖挖法等工法进行设计和施工的地铁工程，必须将现场监控量测纳入到工程设计文件和施工组织设计文件中。3.1.3 条规定监控量测的主要目的为：

（1）掌握围岩、支护结构和周边环境的动态，利用监测结果为设计和施工提供参考依据；

（2）监测数据经分析处理与必要的计算和判断后进行预测和反馈，以便为工程和环境安全提供可靠信息；

（3）积累资料和经验，为今后的同类工程提供类比依据。

随着对基坑工程的研究深入以及近年来基坑事故的频繁发生，对基坑的监测更强调其服务于工程安全的目的，即基坑的监测工作必须首先要保证基坑工程的施工安全。当前侧重于反馈设计的监控量测设计和实施，对于工程安全的目的，存在以下问题：

（1）监测项目的选择和设计，在安全针对性方面不是太清晰；

（2）测点布设因更注重代表性，而使得监控测点的涵盖面存在较为狭小的问题，从理论上不能全面监控所有关键区域和部位；

（3）测试手段和监测频率不能满足及时性和预警的要求；

（4）监测制度有缺陷，监测分析结果对于建设方缺乏有效的约束力。

以上问题，尤其是监测制度上的缺陷使得即使监控单位发现问题，一般也难以有所作为。这就导致一方面造成浪费，监测不需要的测试项目，浪费人力和物力；另一方面，某些需要发现的问题不能够及时发现。以地铁基坑为例，基坑工程中的大量事故暴露出当前的实际监控过程中，在合同管理、监测设计、测点埋设与保护、合理数据分析、监测数据报警反馈等方面存在某些问题，尤其是监测反馈机制存在重大问题。近年来，国内外几个基坑垮塌的严重事故（如 2004 年新加坡地铁环线明挖区间基坑事故，2008 年杭州地铁车站事故）教训表明，事故一般不是突然发生的，而是有警示信息和先兆的，对这些信息不能有效识别，没有及时采取措施，错过最佳处置时机，而最终酿成恶性事故。因此，需要对既有监测工作的各个方面（管理体系、制度建设、工作流程、标准制定）进行剖析、反思。

以上可见，基坑工程的日益复杂化和面临的高风险，对监控工作提出了更高要求，常规监测手段难以满足特殊基坑工程的安全需要；同时，也使越来越多的建设方对基坑工程的各种风险有更全面和更深入的认识，迫切需要新的理论体系来指导基坑建设，以降低施工风险。近若干年来，国际、国内对于风险理论的研究日益深入，国际隧道协会 ITA、欧洲以及我国均出台了地下工程风险管理指南。

因此，在基坑监测领域，应用这些最新理论研究成果，对典型基坑事故进行分析、总结，来改进、完善基坑安全监测的设计和实施具有重要的现实意义。

参 考 文 献

[1] World Urbanization Prospects (2009 Revision). Population Division, Department of Economic and Social Affairs [R]. United Nations, 2010.

[2] 潘家华，牛凤瑞，魏后凯. 中国城市发展报告（2009 卷）[M]. 北京：社会科学文献出版

社,2009.
[3] 2009年国民经济和社会发展统计公报[EB].中华人民共和国国家统计局,2010.
[4] Nikolai Bobylev. Environmental Assessment of Urban Underground Infrastructure[R]. Research Centre for Interdisciplinary Environmental Cooperation Russian Academy of Sciences St. Petersburg. Russia,2009.
[5] 刘涛.基于数据挖掘的基坑工程安全评估与变形预测研究[D].上海:同济大学,2007.
[6] 唐业清,等.基坑事故分析与处理[M].北京:中国建筑工业出版社,1999.
[7] 陈斗生.高雄市捷运O1车站深开挖施工灾变之补救过程[C]//2007海峡两岸地工技术/岩土工程交流研讨会,2007.

2 深大基坑工程案例

2.1 南京地铁1号线新街口站

2.1.1 工程概况

南京市地铁南北线一期工程新街口车站位于南京市新街口广场附近，是地铁1号线与2号线的换乘站[1]。南北向1号线新街口站位于新街口圆形广场以南，淮海路、石鼓路以北中山南路下方，东西向2号线新街口站位于汉中路和中山东路地下。1号线新街口车站北端为一内径50m的大圆盘结构，为近、远期车站的交汇点。换乘形式为岛—岛T形换乘，1号线车站在下，2号线车站在上，两线的换乘节点已随1号线车站同期建成。

车站地处南京市中心，城市环境限制因素多。场地周边有金陵饭店、中国银行、新百大楼、中央商场、商贸大楼、东方商场及天安大厦等重要建筑。周边管网密布，包括上水、下水、电力、电信等在内的各种管线累计150余条。

1号线新街口站为地下3层岛式车站，站台宽14m，地下1层为商业层，地下2层为站厅层，地下3层为站台层。车站长362.703m，宽24.2m（局部宽36.55m），总高17.24m（局部19.03m）。车站的平面位置如图2-1所示。

车站主体采用盖挖逆作法施工（南端单层结构采用明挖顺作法施工）。基坑采用地下连续墙作为围护结构，连续墙厚0.8m，幅宽6m左右，深度35~39m，地下连续墙作为施工期间的挡土止水围护结构，同时又与内衬墙结合成复合墙作为永久结构的侧墙使用，连续墙与各层结构板均通过地下连续墙内的预埋钢筋接驳器相连；南延段部分围护结构为SMW桩。车站主体结构中间柱采用钢管混凝土柱中间柱，共计103根[2]，采用ϕ600（少量ϕ700、ϕ800）钢管柱，其基础为ϕ1500的钻孔灌注桩。

2.1.2 工程地质及水文地质[3]

1）地形地貌

新街口车站场地处于古河道与I级掩埋阶地交接地带，其下存在II~III级掩埋阶地，地貌形态复杂，地面较平坦，地面高程9.46~10.83m。

2）工程地质

场地工程地质从上而下分为4层：

（1）人工填土Q_4^{ml}；

（2）中、晚全新世冲淤积成因土层Q_4^{2+3}，该层由粉质黏土、粉土组成，为高灵敏度、高压缩性土层；

（3）晚更新世~早全新世冲积成因土层$Q_4^1+Q_3^3$，该层由粉质黏土、粉细砂、粗砂混卵砾石组成，具中等压缩性；

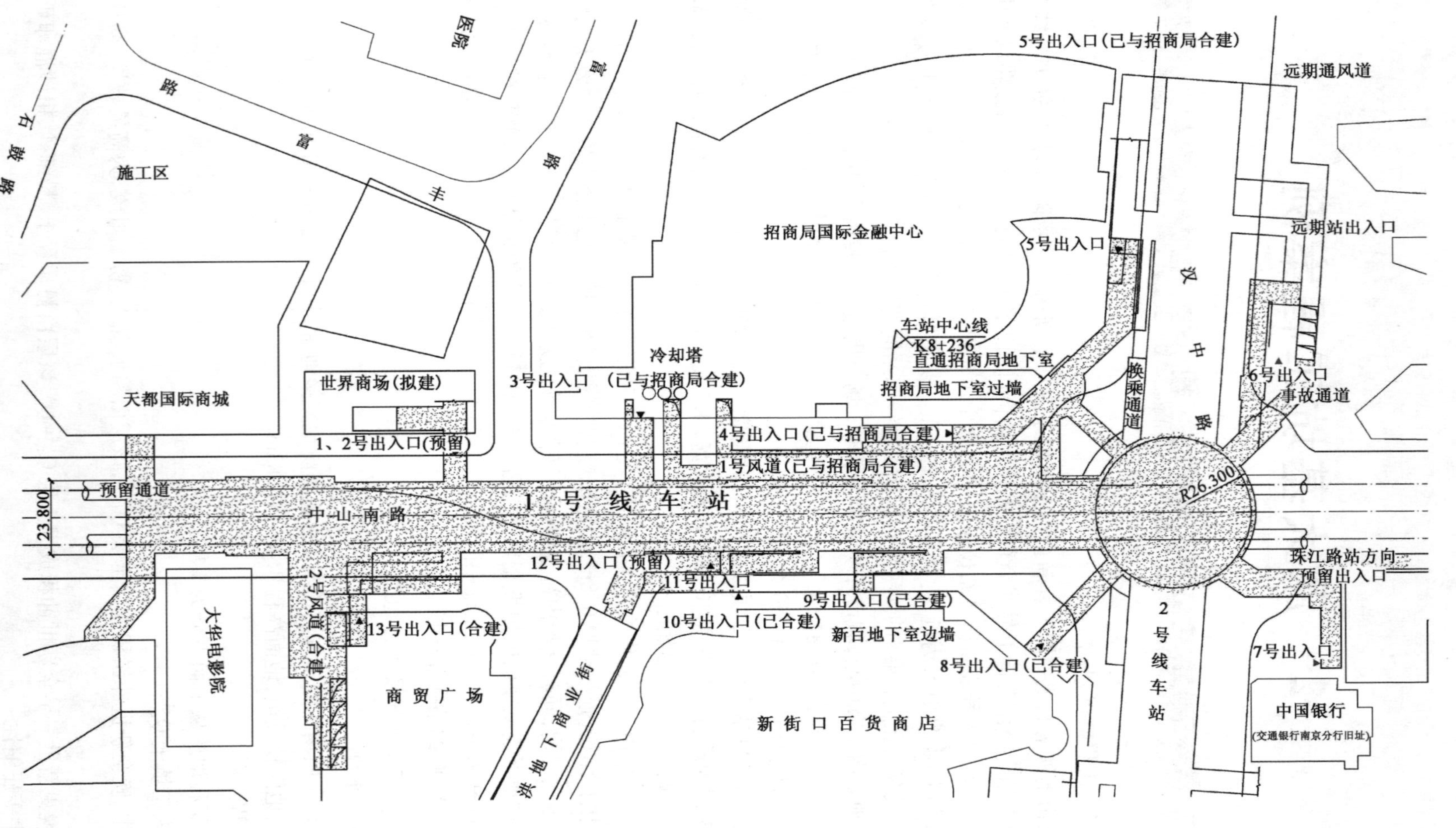

图2-1 1号线新街口车站平面图

(4)下白垩葛村组沉积岩 K_{1g}，该层由强风化泥质粉砂岩～泥岩、中风化泥质粉砂岩、中风化泥岩组成，岩芯较完整，属软质岩类，强度较低，遇水易软化崩解。

3)水文地质

车站处于五台山阶地与秦淮河古河道的交界处，中北部分有较厚软弱土层，中西侧基岩埋藏较浅，岩面起伏较大，地下水位较高，地质条件比较复杂。

浅层孔隙潜水层：地下水位在0.8 ~1.8m 之间。

中部弱承压含水层：该含水层由砂粉质黏土和粉砂构成含水层组，水的渗透性不畅，局部水量较大，呈弱承压性。

深层孔隙承压含水层：该含水层由含砂粉质黏土、粉细砂、粗砂混卵砾石构成承压含水层，透水性较好，含水率丰富。渗透系数 $3.7\times10^{-5}\sim1.4\times10^{-4}$ cm/s 。

以上可见，工程地质和水文地质条件不利，突出表现为地层软弱、地下水位高。

2.1.3 工程重点及难点

连续墙成槽主要通过粉土、粉砂及软土地层，这些地层较松散、透水性强，易造成槽壁坍塌。因此必须保证泥浆液面高出地下水位0.5m，并确保泥浆的黏度和相对密度符合规范要求以充分发挥泥浆的护壁作用，防止槽段坍塌。

在较坚硬的泥质粉砂岩层成槽，施工进度较慢，需采用冲击钻配合抓斗联合作业，以提高施工效率。

新街口站地处南京闹市区，周围建筑、管线多，需要确保地下管线及周边建筑物的安全[4]。

2.1.4 总体设计施工方案

新街口站盖挖逆作施工方案是根据该站的地质条件、地面交通、施工场地条件及工期要求，通过多次方案优化论证确定的。该方案包括一明三暗全盖挖逆作法。一明是指主体结构顶板以上4.5m厚的土方明挖，三暗是指商业层、站厅层、站台层的土方均采用暗挖，并依次由上而下施作层板及边墙结构。车站标准断面施工顺序如图2-2所示。

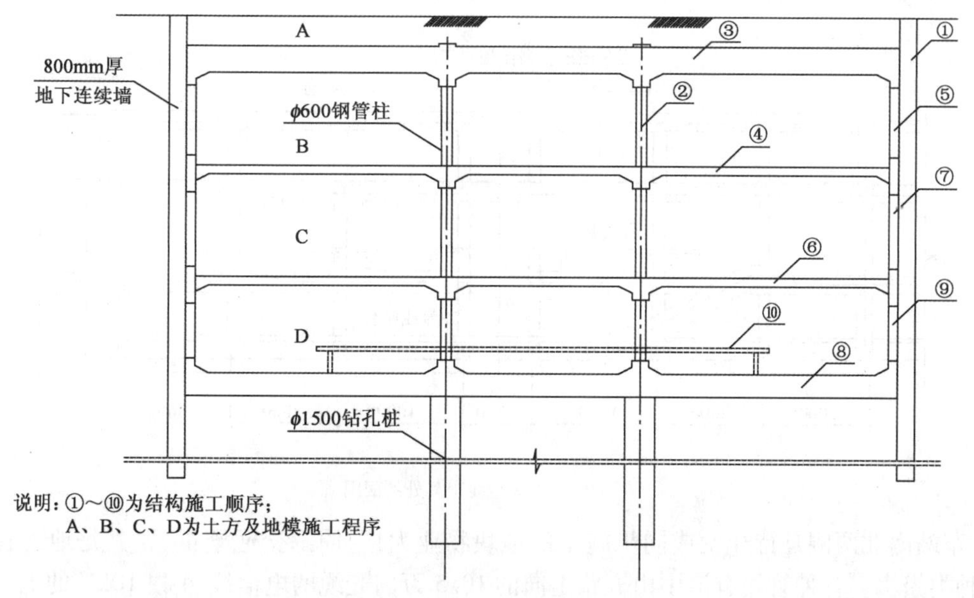

图2-2 车站标准断面施工顺序图

2.2 广州地铁1号线公园前站

2.2.1 工程概况[5~7]

广州地铁公园前车站全长450.9m,是地铁1、2号线上呈十字交叉的换乘车站,在1号线北侧并设联络通道进行1、2号线车辆过渡、折返。车站位于广州市商业中心,地处繁忙的中山五路地段,东临广大路,西接解放路(车站平面位置如图2-3所示)。车站结构覆土1.8~2.5m,2号线底板埋深22m,横向跨度25.2~33.8m。

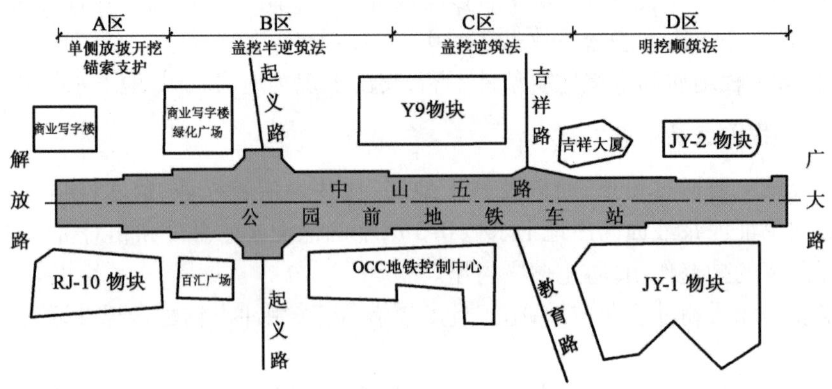

图2-3 公园前车站平面位置图

公园前车站形式采用一岛两侧式站台,站台长142m,岛式站台宽12m,侧式站台宽3.5m。车站主体结构为双层三跨框架结构,地下一层为站厅层,地下二层为1号线站台层。在换乘节点处车站主体结构为三层多跨框架结构(见图2-4),换乘节点地下三层为2号线站台层。车站结构顶板厚0.8m,底板厚0.8m(2号线底板厚1m),中板厚0.4m,侧墙采用内衬与围护结构紧密结合的复合墙结构,内衬厚0.5m(地下连续墙部分为0.4m)。中部钢管柱ϕ700mm。

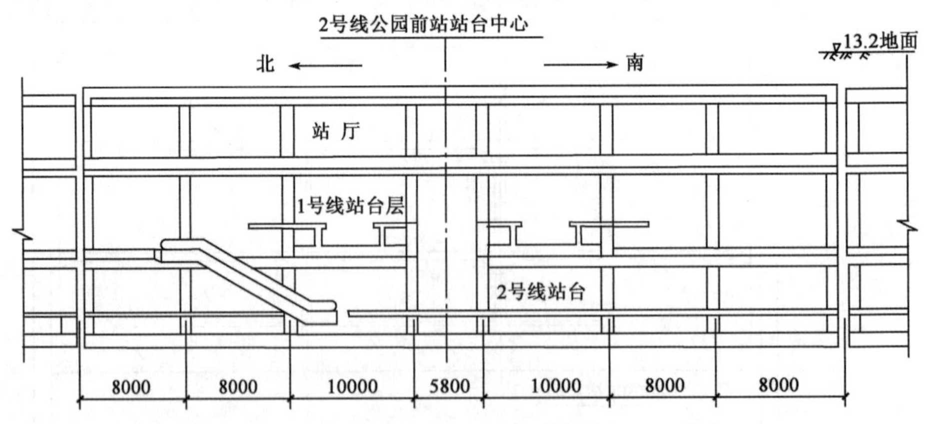

图2-4 1、2号线交叉处剖面图

车站南北两侧是待开发或同步施工的地块物业大楼,周围交通繁忙,尤其是地下管线复杂,种类繁多。各种管线有沿中山五路走向的10.5万门光缆的电信线、4根10kV的电力电缆线、ϕ500~700mm混凝土下水管,以及教育路口横穿中山五路的ϕ400mm煤气管,横穿中山五路的广播电缆。

车站分为四个施工区段,由西向东依次分别为A、B、C、D四个区,A区采用单侧放坡锚索支护顺作法,B区采用盖挖半逆作法,C区采用盖挖逆作法,D区采用明挖顺作法。车站围护结构在换乘节点部分采用厚0.8m的地下连续墙,深18~27m,其他部分采用ϕ1.2m的人工挖孔桩,桩间距1.3m,桩长18~23m,入岩深度3~8m。

2.2.2 工程地质及水文地质

公园前车站场区地层条件复杂多变,上软下硬。站场范围内覆土自上而下为杂填土、冲积层、残积层,总厚9~16m。下伏基岩为白垩系上统红色碎屑岩。站西端有透镜状中砂,呈潮湿状,站东端有残积层粗砂,呈稍湿~潮状。换乘节点处地下连续墙要进入中、微风化岩层8m左右,成槽较为困难。

〈1〉杂填土:由垃圾、黏土、砂等组成,分布于站区表层,厚1~6m,成分很杂,且不均匀,为I级松土。

〈2-2〉淤泥质粉土:流塑至软塑状,局部夹砂层。该层呈透镜体状分布,最大厚度6.65m,为I级松土。

〈2-4〉黏土:可塑,局部硬塑,具弱胀缩性,分布于车站两端,西段厚0~3m,东段厚0~7m,为II级普通土。

〈3-1〉中砂:潮湿,稍密~中密。分布于车站两端,厚0~3m,为I级松土。

〈5-2〉粉质黏土:可塑,局部硬塑,分布稳定,一般厚4~7m,为II级普通土。下伏基岩以粉砂岩为主,夹泥质粉砂岩,砂岩,含砾砂岩,泥质胶结,属软质岩,风化程度不均匀。

〈7〉中等风化带:裂隙较发育,将岩体切割为20~50cm的岩块,暴露后易进一步风化,为IV级软石。

〈8〉微风化带:岩体完整,为IV级软石。

站区内无明显含水层,仅地表、杂填土中局部含少量孔隙水。基岩裂隙水不发育,对混凝土无侵蚀性。

2.2.3 工程重点及难点

(1)换乘节点处采用盖挖逆作法施工,梁、板、柱结点是关键部位,尤其是1号线与2号线之间的中层板及其节点,不仅直接承受静载作用,还承受1号线列车的动载作用,结点形式的选择及施工工艺非常重要。

(2)B区地下连续墙深25m,共46幅,均处于上软下硬地层中,尤其是节点处地下连续墙有8m深位于中、微风化岩层中,给连续墙的成槽、保证垂直精度增加了难度。

(3)钢管柱准确就位的技术难度很大。

(4)B区节点处盖挖逆作法施工段石方需爆破开挖,如何减少爆破震动对已经建成的钢管柱、梁、板及围护结构的动态影响是中、微风化岩层钻爆开挖的关键。

(5)车站周围物业开发的互相干扰给现场施工场地的布置、文明施工带来很大困难。

(6)不同施工方法、不同围护结构、不同支撑形式同时应用在不同跨度、不同高度的车站主体结构上,如何保证优质建成,如何确定合理施工工艺、施工要点、检验标准及各工序的合理衔接是施工的关键。

2.2.4 总体设计施工方案

1)盖挖逆作法、半逆作法施工区段

本段包括换乘节点和1、2号线联络线,全长254m,最宽处达57.8m。换乘节点处为三层多跨结构。为确保 1 号线架空底板的结构安全和施工质量，采用局部顺作法、半逆作法，充分发挥 1 号线架空底板下侧墙的支撑作用。三层框架部分采用 ϕ700/800mm 变径钢管混凝土柱。

联络线部分为大小偏跨双层结构。为不中断地面南北交通，本段采用盖挖逆作法。

2）单侧放坡开挖顺作法

该段位于车站西端，长 70 多米，为了使紧靠南侧的物业建筑（43 层）的地下室（4 层）与车站同步施工，采用单侧锚索支护、单侧放坡开挖顺作法施工方案，使该段主体结构与物业开发同步施工。

3）明挖内撑顺作法施工段

该段位于车站东端，长 120m，所处地质条件较好，岩面较高，经施工方案比选采用人工挖孔桩复合内衬结构，开挖阶段采用三道钢管支撑。

2.3 北京轨道交通首都国际机场线东直门站

2.3.1 工程概况[8~10]

北京市轨道交通首都国际机场线东直门站位于东二环路的东侧，东直门外大街路北侧，东西走向。车站西侧有东直门立交北桥和地铁 2 号线的东直门站，北侧为东直门交通枢纽的地下结构，现为城铁 13 号线东直门站，车站东北侧为交通枢纽及东华广场的建设用地。机场线东直门站建成后将与地铁 2 号线、13 号线及地面交通实现近距离换乘。车站平面位置如图 2-5 所示。

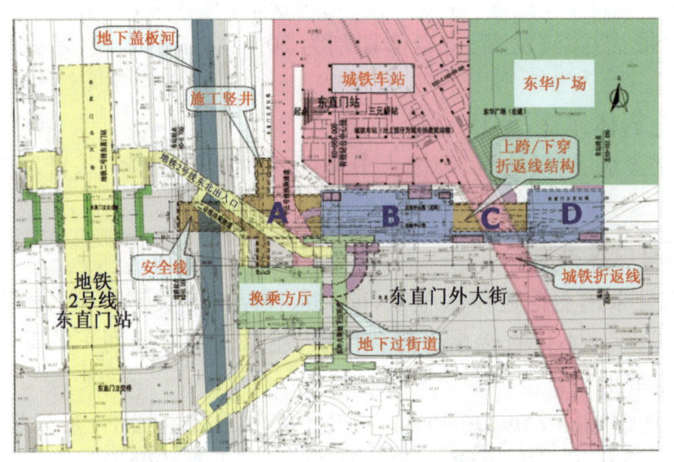

图 2-5 机场线东直门车站平面图

车站为局部四层、双跨、侧式站台的地下车站，站台宽 6m，有效站台长 80m，车站设置屏蔽门系统。车站总长 184.36m、宽 22.4m、高 25.46m。

机场线东直门站因受附近道路交通、地面建筑物、地下管线以及既有地铁车站的限制，结构形式较为复杂，主体由五段独立结构组成。按照施工工法的不同分为安全线、A、B、C、D 等五段。其中安全线（暗挖单拱结构，结构长 28.73m，宽 12.5m）、A 段（单层暗挖双联拱结构，①~⑦轴，结构长 40.3m，最大跨度 18.54m）、B 段（四层双跨箱形结构，⑧~⑯轴，结构长 57.7m，宽 22.24m）、C 段（单层结构，分为上跨、下穿 13 号折返线两部分，⑰~㉒轴，结构长 31.12m，宽 16.52m）、D 段（五层三跨的箱形结构，㉓~㉘轴，结构长 33.75m，宽 22.44m）。车站附属结构包括：5 个出入口通道、2 个风道及 1 个电梯井道，设 5 个地面疏散口和 1 座地面风亭。车站剖面如图 2-6 所示。

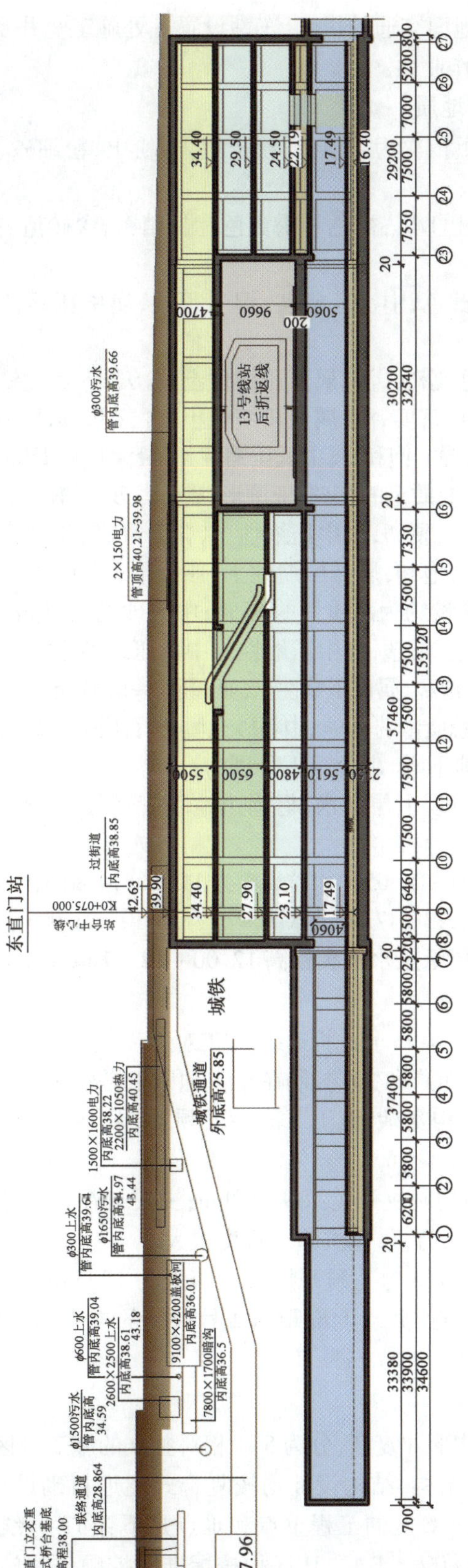

图2-6　机场线东直门站剖面图

为避免管线拆迁以及对地面交通的影响，车站设置一处施工竖井及施工通道，作为车站安全线以及A区暗挖段的施工作业面。

2.3.2 工程地质与水文地质

车站场地的地层自上而下依次为杂填土、粉土填土、粉土、粉细砂、中粗砂、黏土以及卵石层。车站底板位于卵石层中。

(1)人工填土层，粉土填土①层：褐色~褐黄色，湿，稍密，含砖渣、白灰渣、树根等，局部为粉质黏土填土。

(2)粉土③层：灰色~褐黄色，中密~密实，湿~很湿，属中压缩性，含云母、氧化铁，局部夹粉质黏土、粉砂透镜体。

(3)粉细砂$④_3$层：褐黄色，密实，湿，属低压缩性土，含云母、氧化铁。

(4)中粗砂$④_4$层：褐黄色，密实，湿，属低压缩性土，含云母、砾石。

(5)圆砾⑤层：杂色，密实，湿~饱和，属中低压缩性土，最大粒径130mm，一般粒径15~20mm，粒径大于2mm颗粒物含量约占总质量的65%，亚圆形，成分以砂岩、辉绿岩为主，连续分布。

(6)粉质黏土⑥层：褐黄色，硬塑，属中压缩性土，含云母、氧化铁。

(7)卵石⑦层：杂色，密实，饱和，属低压缩性土，亚圆形，最大粒径110mm，一般粒径20~25mm，粒径大于20mm颗粒含量约为总质量的65%；中粗砂充填，母岩成分为砂岩、辉绿岩。

(8)粉质黏土⑧层：褐黄色，硬塑，属中压缩性~中低压缩性土，含氧化铁。

(9)卵石⑨层：杂色，密实，饱和，属低压缩性土；亚圆形，一般粒径20~50mm，最大粒径120mm，粒径大于20mm颗粒含量约为总质量的70%；中粗砂充填，卵石成分以砂岩、辉绿岩为主。

本场区范围内存在四层地下水，由上至下分别为：

(1)上层滞水：场区内未发现上层滞水，但周边地下管道较多，不排除局部因管沟渗漏而存在上层滞水的可能。

(2)潜水：水位标高为26.31~26.65m，水位埋深为14.40~14.80m，主要接受侧向径流补给。

(3)承压水：水头标高为17.13~17.50m，水头埋深为23.10~23.90m，主要接受侧向径流补给。

(4)承压水：本场区的该层承压水水头标高12.00~12.57m，水头埋深约28.00m。

2.3.3 工程重点和难点

(1)东直门站C区上跨并下穿13号线折返线，施工对运营中的13号线站后折返线既有结构存在一定的影响，如何确保折返线沉降和变形控制在允许范围内，是确保工程施工安全的关键。

(2)东直门站C区洞室结构复杂，施工工序转换频繁，无类似工程实例借鉴，增加了工程施工的技术难度。

(3)东直门站车站主体结构基坑开挖深度约28m，主要处在自稳性能较差的砂卵石层中，坑周环境复杂，基坑变形等级为特级，基坑施工难度很大。

(4)东直门站双连拱暗挖段结构毛洞开挖最大跨度为18.54m，采用柱洞法施工，结构分块多，施工缝、变形缝防水是难点，并且上部距离2号线间的换乘通道既有结构只有2m的距离，沉降控制是一个难点。

2.3.4 总体设计施工方案

机场线东直门站主体结构形式复杂，分为5段相对独立的施工分区。安全线、A区分别为单拱形式、双连拱形式的拱形结构，结构设计均按复合式隧道衬砌设计，暗挖法施工，其中A区因跨度大，采用柱洞法施工。C区的工程重点和难点是下穿13号线部分，该部分采用洞桩托换方案施工，属于暗挖法的范畴。B区、D区均按标准明挖顺作法施工，以下重点介绍这两个施工分区基坑围护结构的设计情况，B、D区围护结构平面布置如图2-7所示。

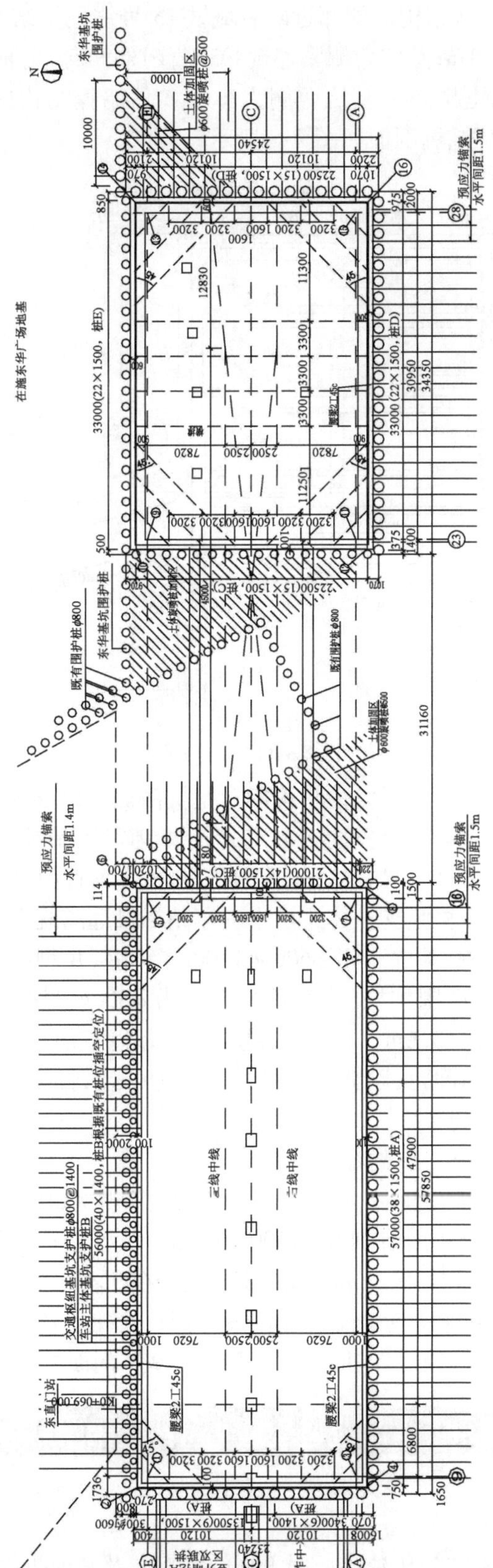

图2-7　B、D区基坑围护结构平面布置图

(1)机场线东直门站B区结构北侧邻近既有城铁13号线地下结构,外皮净距约2.1m,基底比既有城铁结构底板低11m;基坑南侧紧邻现状东直门外大街,交通繁忙,道路下管线众多,改移后的部分管线在基坑南侧布置;基坑西侧为车站A区暗挖结构;基坑东侧为既有城铁折返线结构。基坑深27.8m。基坑剖面如图2-8所示。

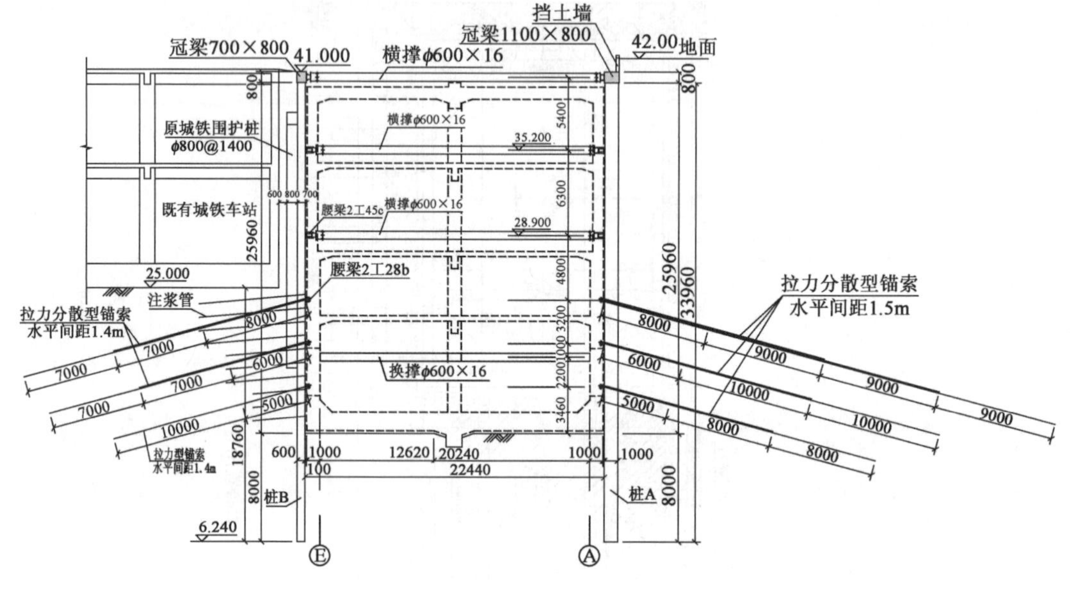

图2-8　B区基坑剖面

由于基坑周边环境复杂,为确保城铁结构以及基坑南侧道路交通和地下设施(管线、地下通道)的结构安全和正常使用。基坑安全等级定为一级,基坑变形控制等级为特级。

为减小B区施工对13号线车站的影响,加强了机场线东直门站B区基坑围护结构的设计,基坑围护体系采用桩撑+桩锚支护体系。本着车站尽量远离既有结构的原则,保留城铁结构南侧φ800@1400围护排桩,基坑北侧φ600@1400围护桩(B型桩)在既有桩间插空施作;南侧及西侧采用φ1000@1500围护桩(A型桩),东侧为φ800@1500的围护桩(C型桩)。钢支撑采用φ600×16,水平间距3.6m。在13号线结构底板以下部分的基坑内南北各增加3排预应力锚索,缩小支撑的竖向间距,以减小围护桩的内力峰值,锚索采用1860级ϕ^{s}15.2钢绞线,水平间距:一桩一锚。

同时,加强13号线底板下土体的注浆改良。

(2)D区基坑围护体系采用桩撑+桩锚支护体系,西侧为φ800@1500的围护桩(C型桩),桩长24.8m,南侧及东侧采用φ1000@1500围护桩(D型桩),桩长29.96m,北侧为φ800@1500的围护桩(E型桩),桩长29.96m。钢支撑采用φ600×16和φ800×14两种,水平间距3.3m。基坑南北两侧采用4排预应力锚索,锚索采用1860级ϕ^{s}15.2钢绞线,锚索水平间距:首道两桩一锚(3m);第二至第四道一桩一锚(1.5m)。基坑剖面如图2-9所示。

2.4　上海轨道交通9号线宜山路站

2.4.1　工程概况[11]

轨道交通9号线宜山路站是9号线一期工程的终点站及站前折返站。位于徐汇区宜山路上,南起中山西路,北至凯旋路,车站平面位置如图2-10所示。车站呈南北走向,为地下四层岛式站台车站。车站主体结构外包尺寸长为 285.80m，标准段宽 21.2m，站台宽 10m，地下一层为开发层，地下二层为站厅层，地下三层为设备层，地下四层为站台层[11]。

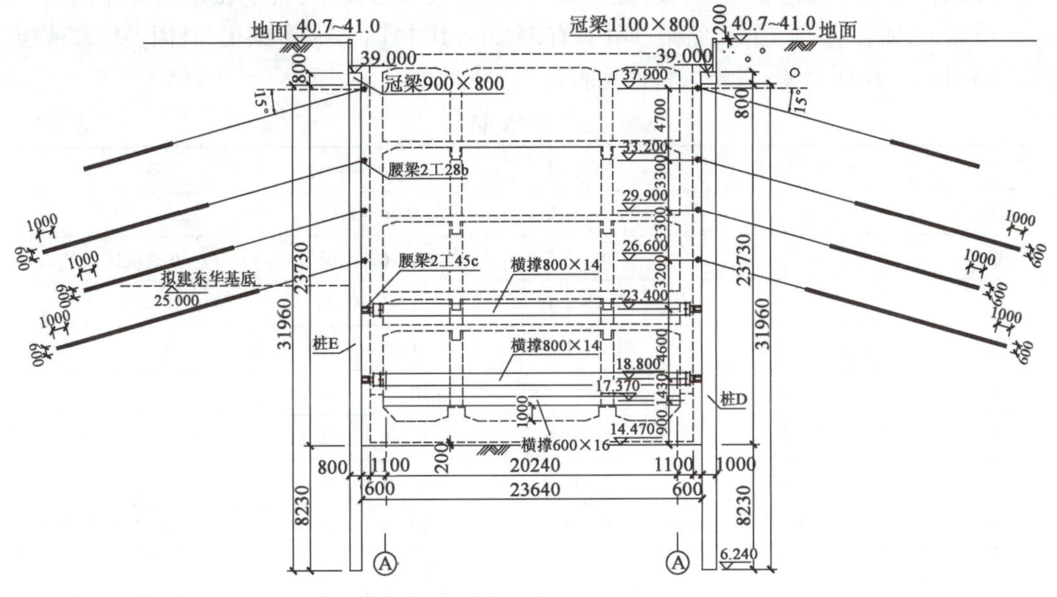

图 2-9　D 区基坑剖面

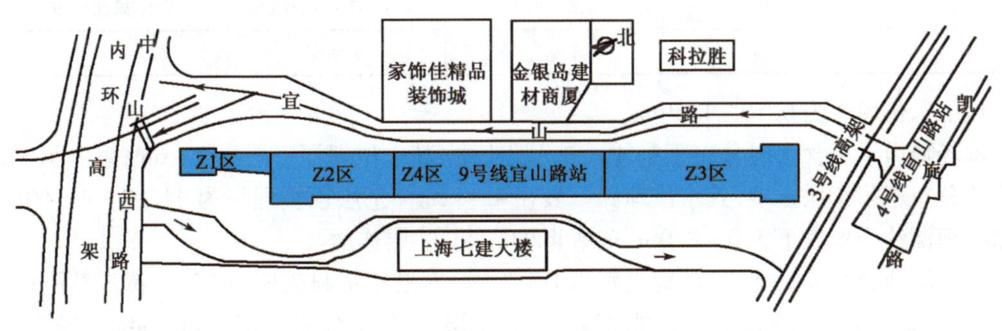

图 2-10　9 号线宜山路车站平面位置

车站周边位于 1/2 基坑开挖深度范围内的建筑群的结构以及基础情况见表 2-1，其中家饰佳和科拉胜等是由仓库改建而成，基础较差。

基坑周边建筑概况　　表 2-1

建筑名称	结　构	桩基及围护情况	离基坑距离(m)
家饰佳精品装饰城	地上五层框架结构	基础为压入桩	约 13
金银岛建材商厦	地上三层，地下一层框架结构	设置搅拌桩围护	约 13
科拉胜建材商厦	三层框架结构	独立基础	约 20
上海七建	十七层框架结构	50m 钻孔桩	约 13
中山西路高架	连续梁	桩长 54m 钻孔灌注桩	约 25
3 号线区间高架及车站	桩—柱结构，过路跨为简支梁	钻孔桩长 46m(下端 26m 素桩)	承台离基坑 8m
4 号线地下车站	地下二层车站	地下连续墙围护	23

2.4.2 工程地质及水文地质

该车站第⑥层暗绿色黏性土(硬土层)缺失,第⑤层亚层复杂,其中在东端头井位置存在$⑤_{2\text{-}2}$砂质黏土,而且与$⑦_1$层连通,最浅处只有34.5m,其中$⑦_1$层局部缺失,且因夹较多薄层黏性土,土性比$⑦_2$层明显差,各土层特性见表2-2。

土层特征 表2-2

层号	土层名称	层厚(m)	层底标高(m)	备注
$①_1$	填土	1.3~4.2	3.56~1.07	
$①_2$	浜土	1.8~2.8	0.76~0.68	在暗浜区分布
$②_1$	黏土	0.3~2.1	1.41~0.23	
③	淤泥质粉质黏土	2.2~4.2	-1.88~-3.51	
$④_1$	淤泥质黏土	8.2~11.1	-10.79~-13.31	
$④_2$	砂质粉土	0.9~2.9	-12.79~-15.61	在车站东部站后段局部缺失
$⑤_{1\text{-}2}$	粉质黏土	5.3~18.7	-19.47~-32.55	
$⑤_{2\text{-}2}$	砂质粉土	3.8~11.1	-29.73~-40.28	在车站东部呈透镜体分布
$⑤_{3\text{-}1}$	粉质黏土	5.9~12.0	-27.01~-31.96	
$⑤_{3\text{-}2}$	粉质黏土	7.0~19.3	-38.47~-48.11	
$⑦_1$	砂质粉土	0.9~9.0	-44.47~-50.86	局部分布
$⑦_2$	粉细砂	未钻穿	未钻穿	

地下水位埋深为0.50~1.50m。

本场地微承压含水层分布于第$④_2$、$⑤_{2\text{-}2}$层土中,其水位埋深一般在3~6m;第一承压含水层主要分布于第⑦层土中,其水位埋深一般在4~12m。⑦层顶板埋深为44.00~49.60m处,其水头埋深约为地表下5.0~8.0m,车站北端$⑤_{2\text{-}2}$与⑦层连通。

车站场地属软弱场地土,场地类别为Ⅳ类。已有勘察资料表明,在20m深度范围内有第$④_2$层饱和砂质粉土,经液化初步判别为可液化土层,液化指数为0.07,液化等级为轻微。

2.4.3 工程重点及难点

(1)地下连续墙深度分别是48m、51m、61m和62m,墙趾进入$⑦_2$层土最大深度为10m。地下连续墙成槽稳定性、钢笼起吊、防渗均较难,对周边环境的保护要求等级高,是施工控制的关键因素。

(2)主体结构基坑长度大,开挖深度深,附近运营中的3号线高架沉降控制要求高,控制变形要求为3mm,基坑稳定性控制、围护变形控制和对周边环境的保护等难度较大。

(3)基坑开挖时需要降承压水,如何在高环境保护要求条件下,有效控制降水引起的环境问题是施工控制的重点和难点。

2.4.4 总体设计施工方案

1)围护结构形式及参数确定

因为本站主体基坑较深,基坑周围建筑物林立,地下市政管线众多。基坑距离轻轨3号线高架桥墩仅8m,科拉胜建材商厦、金银岛建材商厦、佳饰家建材商厦及十七层的七建大厦,距离本车站基坑约13m,所以环境保护定为一级。

车站基坑最大开挖深度为:东端头井 30.6 m,其他端头井开挖约 29.7 m,标准段开挖约 27.9 m。

根据基坑稳定验算及结构受力计算结果,本基坑围护结构采用 1.2m 厚地下连续墙,地下连续墙深度 48m,插入比约为 0.71。3 号线高架区间对沉降要求较高,且靠近 3 号线侧$⑤_{2\text{-}2}$与⑦层连通,为控制降承压水对周边的影响,车站北端靠近 3 号线侧地下连续墙局部加深,深度 62m。

因基坑深,水土压力大,为加强地下连续墙幅段接缝的防水效果,连续墙接头采用十字钢板接头。标准幅宽度采用 5.8m。

2)内支撑体系设计

基坑周边高层建筑及轻轨高架桥对地层土体变形要求较高,基坑施工过程中,需严格控制围护结构变形。根据模拟施工开挖、支撑的结构计算及时空效应分析,设计采用钢支撑 + 钢筋混凝土支撑混合体系。其中,钢筋混凝土支撑及围檩与地下二、三、四层结构中板相结合,即在基坑开挖阶段先施作钢筋混凝土支撑及围檩;内部结构回筑阶段,再施作其间的中板结构。板及支撑、围檩之间,通过预埋钢筋连接器,分两次施工,连接在一起。

车站标准段沿基坑深度方向设置 9 道支撑。其中第 1、3、5、7 道为钢筋混凝土支撑,第 2、4、6、8、9 道为 ϕ609 钢支撑,如图 2-11 所示。

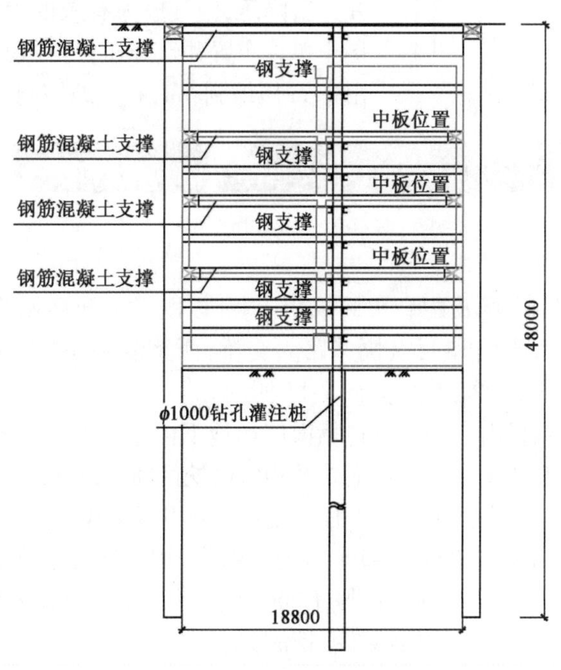

图 2-11 围护结构剖面图

3)框架逆作法施工

(1)超深基坑开挖施工

为减小施工对周边环境影响,降低施工风险,基坑开挖施工采取以下措施:

①化整为零。将车站主体基坑划分为 4 个小基坑,分阶段施工各个基坑。

②框架逆作法施工。采用钢支撑和混凝土支撑相结合的支撑体系(见图 2-12)。按混凝土支撑分为 4 个大层进行,开挖至混凝土支撑下部后,铺设底模,制作混凝土支撑和围檩,并作为永久结构的一部分。依次至基坑底,再顺次制作各层结构板。

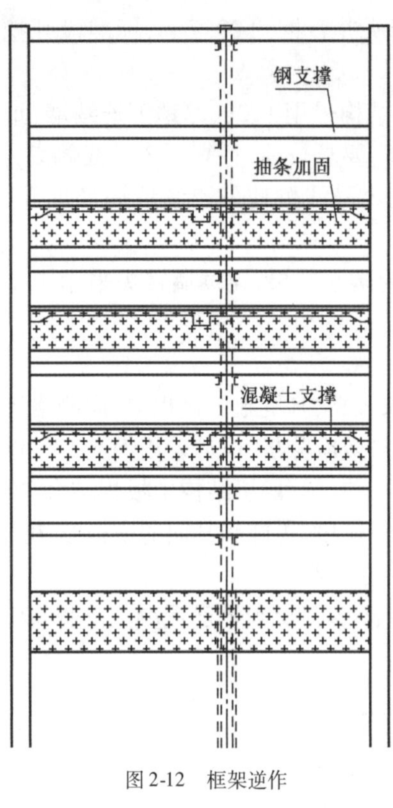

图 2-12　框架逆作

③地基加固。在下 1、下 2、下 3 层支撑和围檩以下 2m，坑底以下 3m（端头井 4m）范围进行加固，端头井采用网格状，标准段采用抽条和裙边的形式。地基加固采用三重管旋喷桩，桩径 1.2m，桩心距 0.9m，$q_{u(28)} \geq 1.2$MPa。

④基坑开挖时增加临时支撑。在混凝土支撑和围檩制作过程中，由于上道钢支撑与开挖面距离在 3m 以上，为了在制作支撑和支撑达到强度的时间内有效控制基坑变形，在混凝土制作面以上，增加 1 道临时的 ϕ609 钢支撑（在基坑往下开挖时，再将这道临时支撑下移），预加轴力至上道支撑设计值，并尽可能地靠近开挖面。

(2) 承压水控制

根据降水试验和打井实测，$⑤_{3\text{-}2}$层有压力，但水量补给缓慢，因此，承压水治理采用分层降压：一方面，在该层中单独布置井点或与疏干井相结合，形成混合井进行降压，使其成为有效的隔水层；另一方面，在⑦层土单独布置井点降压，这样使降压井最大设计降深由 17m 压缩到 6m，有力地控制了沉降。

2.5　天津西站交通枢纽南广场工程

2.5.1　工程概况

天津西站交通枢纽南广场及配套市政公用工程，以既有天津西站为中心，南起南运河北路，北至国铁站房，东起大丰路和西纵快速路立交桥，西至复兴路。南广场主基坑南北向约 300m，东西向约 470m。工程平面位置如图 2-13 所示。

天津西站交通枢纽工程南广场部分包括南广场地下停车场及公共换乘区，西青道下沉工程，地铁 4、6 号线西站，地铁 6 号线西青道站及相邻明挖区间。总建筑面积约 $2.3 \times 10^5 m^2$。

(1) 南广场地下停车场及公共换乘工程开挖面积约 $9.5 \times 10^4 m^2$，地面标高 2.1m，地下一层范围坑底标高 −7.35m，基坑深度 9.45m。围护结构采用连续墙钢支撑，连续墙厚 0.8m，入土深度 9.55m，钢管支撑直径 600mm，壁厚 12mm，间距约 3m。坑底采用水泥搅拌桩裙边加固，加固宽度 3.2m，深 4m。基坑采用标准明挖法施工。

(2) 4 号线车站主体结构为地下三层钢筋混凝土框架结构，采用盖挖逆作法施工。基坑宽 25.3m，深约 16.8m，总坑深约 26.1m（从南广场原地面算起）；盾构井处基坑宽 29.3m，坑深 18.4m，总坑深为 27.7m（从南广场原地面算起）。围护结构地下连续墙厚 1.0m，标准段处墙深 30.8m，盾构井处墙深 34.9m。支撑体系为永久钢管柱，未设临时柱，钢管柱外径 1m，壁厚 25mm，柱下有直径 2.2m 桩，有效桩长 78m。

(3) 6 号线车站主体结构为地下二层钢筋混凝土框架结构，采用明挖法施工。基坑宽 21.3m，深约 9.1m，总坑深约 18.4m（从南广场原地面算起）。围护结构为 0.8m 厚地下连续墙，深约 16.1m。钢管柱外径 1m，壁厚 25mm，柱下有直径 2.2m 桩，桩长 66m。

(4)6 号线区间采用明挖法施工。基坑宽 20.9m,深约 8.87 ~ 11.27m,总坑深约 16.07 ~ 18.47m(从南广场原地面算起)。围护结构为 1.0m 厚地下连续墙,深约 16.0m。支撑体系为外径 600mm 的钢管撑。区间结构为两个矩形框架结构,区间结构之间每隔 4m 设一道素混凝土隔墙,墙厚 800mm。

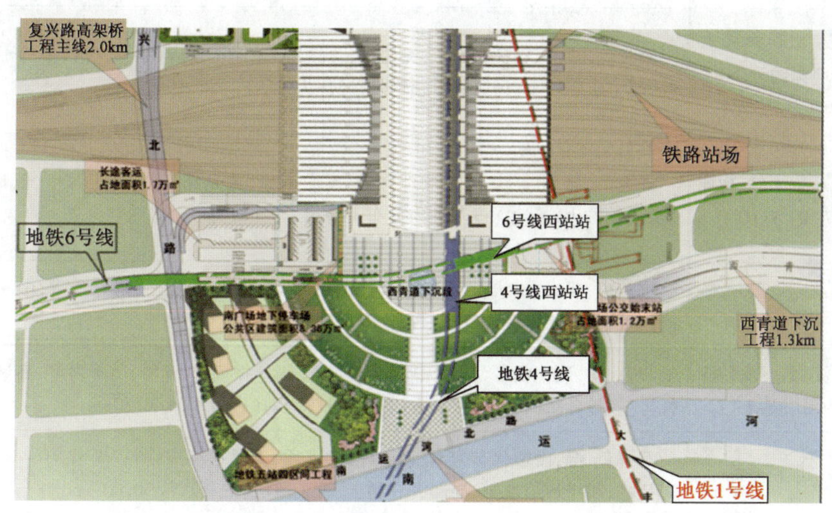

图 2-13　天津西站交通枢纽南广场基坑工程平面位置

(5)西青道下沉隧道全长 1330km,采用明挖法施工。基坑深 5 ~ 9m,宽 48 ~ 74m。主要采用 SMW 工法桩 + 钢支撑方案。

2.5.2　工程地质和水文地质

场地埋深 80m 范围内,地基土按成因年代分为 9 层,按力学性质进一步划分为 16 个亚层,主要土层情况见表 2-3。

土　层　特　征　　　　表 2-3

序号	地 层 分 布	具 体 情 况
1	第①$_1$ 层杂填土	杂色,松散状态,干,由石子、混凝土渣、废土等组成,在场地内遍布,局部缺失,厚度变化较大,为 0.30 ~ 3.50m
2	第①$_2$ 层素填土	褐色,潮湿,软塑 ~ 可塑状态,粉质黏土质,含少量砖渣、灰渣、石子,厚度一般为 0.70 ~ 1.70m,局部夹有淤泥透镜体
3	第②层黏性大粉质黏土	很湿,可塑状态,无层理,含铁质,无摇振反应,高干强度,高韧性,属中 ~ 高压缩性土(底板埋深约 4.50m)
4	第③层粉质黏土	灰黄 ~ 黄灰色,湿,可塑状态为主,无层理,含铁质,无摇振反应,光滑,高干强度,中 ~ 高韧性,属中压缩性土,场地水平方向上分布较均匀,局部为黏土透镜体(底板埋深 4.50 ~ 7.00m)
5	第④层砂性大粉质黏土	灰色,很湿,软塑状态,有层理,含贝壳,摇振反应中等,无光泽反应,低干强度,低韧性,属中压缩性土,场地分布较稳定,水平方向上土质砂黏性有所变化,局部表现粉土、粉砂(底板埋深 5.50 ~ 15.00m)
6	第⑤层粉质黏土	灰黄色,湿,可塑状态,无层理,含铁质,无摇振反应,稍有光滑,中等干强度,中等韧性,属中压缩性土,分布有变化,局部为黏土或粉土(底板埋深 15.00 ~ 22.00m)

续上表

序号	地层分布	具体情况
7	第⑥层粉土	褐黄色,湿,密实状态,无层理,含铁质,摇振反应迅速,无光泽反应,低干强度,低韧性,属中压缩性土(底板埋深31.00~34.00m)
8	第⑦$_1$层粉质黏土(底板埋深约37.60~40.00m)	褐黄色,湿,可塑状态为主,无层理,含铁质,无摇振反应,稍有光滑,中等干强度,中等韧性,属中压缩性土,场地分布较均匀,局部为黏土
9	第⑦$_2$粉土(底板埋深约37.60~40.00m)	褐黄色,湿,密实状态,无层理,摇振反应迅速,无光泽反应,低干强度,低韧性,属中(近低)压缩性土,场地深度范围内分布不稳定,局部缺失
10	第⑦$_3$层粉质黏土、粉土	褐黄色,湿,可塑状态,无层理,含铁质,无摇振反应,光滑~稍有光滑,中~高强度,中~高韧性,属中压缩性土(底板埋深46.50m)
11	第⑧层黏土及黏性较大的粉质黏土	灰色,湿,硬塑状态为主,无层理,含贝壳,无摇振反应,光滑,高干强度,高韧性,属中压缩性土,场地分布尚稳定,水平方向上土质较均匀(底板埋深46.50m)
12	第⑨$_1$层粉质黏土	黄褐色,湿,硬塑状态为主,无层理,含铁质,无摇振反应,稍有光滑,中~高干强度,中~高韧性,属中压缩性土,局部夹有黏土、粉土薄层(底板埋深50.00~60.00m)
13	第⑨$_2$层粉土	黄褐色,湿,密实状态,无层理,含铁质,无光泽反应,低干强度,低韧性,属中(偏低)压缩性土(底板埋深65.00~68.00m)
14	第⑨$_3$层粉质黏土	黄褐色,湿,硬塑状态为主,无层理,含铁质,无摇振反应,稍有光滑,中等干强度,中等韧性,属中压缩性土,局部夹有粉土薄层(底板埋深68.00~73.00m)
15	第⑨$_3$层粉土、粉砂	黄褐色,湿,密实状态,无层理,含铁质,摇振反应迅速,无光泽反应,低干强度,低韧性,属低压缩性土(底板埋深73.00m以下)

场地埋深40.0m以上地下水分为潜水和微承压水,含水层位置及水位埋深见表2-4。

地下水分布情况　　表2-4

序号	类型	含水层	相对隔水底板	初见水位埋深	静止水位埋深
1	潜水	第④层砂性大粉质黏土	第⑤层粉质黏土	1.40~2.50m	0.60~1.50m
2	微承压水	第⑤层粉质黏土、第⑥层粉土	第⑦$_1$层粉质黏土	—	4.00~5.00m

2.5.3 工程重点及难点

1)安全、文明施工管理

本基坑工程平面范围广,涉及工序类别多,施工期间存在多级交叉,必须保证合理的有序的施工组织,基坑深度大、多级开挖、明暗挖结合,土方开挖期间及结构施工期间地下水水位控制,边坡稳定、检测、预案落实等安全关注点多。工程现场狭窄而土方、结构工程量大,现场平面布置和交通动态规划是保证工程顺利实施和文明施工的重点。

2)与配套工程接口施工质量控制

本工程相关的接口包括南广场与国铁范围的接口、西青道下沉道路与地铁1号线的接口、地铁6号线和1号线的接口、西青道下沉道路与地铁4号线的接口等,施工过程中还将遇到与相邻标段施工场地之间的接口管理,因此,施工中应重点控制与配套工程接口部位的测量、定位,保证接口的准确。

3）地下管线的准确探测是工程顺利开展的重点

工程地下管线密布，距离基坑边不同距离和不同深度埋有各类不同管线，如煤气管线、污水管线、上水管线、电话电缆、雨水管线等，为了施工安全，对于地下管线，积极与相关部门联系和采取各种措施，准确确定其位置。

4）工程采用明、暗挖结合施工，施工调配及工序间转化复杂

由于地铁4、6号线交汇换乘一次施工，与南广场换乘区基坑重叠，坑内有坑，且地铁4号线车站采用盖挖逆作法施工，地铁6号线采用明挖顺作法，施工调配及工序间转化复杂，开挖难度较大。

5）大直径、超深灌注桩基础施工难度大

地铁4、6号线西站站中间钢管柱下灌注桩基础直径2.2m，其中4号线灌注桩基础插入基底下98m，成孔深度达120m；6号线灌注桩基础插入基底下66m，成孔深度达85m。桩柱施工及垂直度及定位难度较大。

2.5.4 总体设计施工方案

（1）根据南广场的地质条件、地面交通、施工场地条件及工期要求，通过多次方案优化论证，最终确定采用平面分区，纵向退台的开挖方案。施工平面、剖面及开挖步骤如图2-14～图2-16所示。

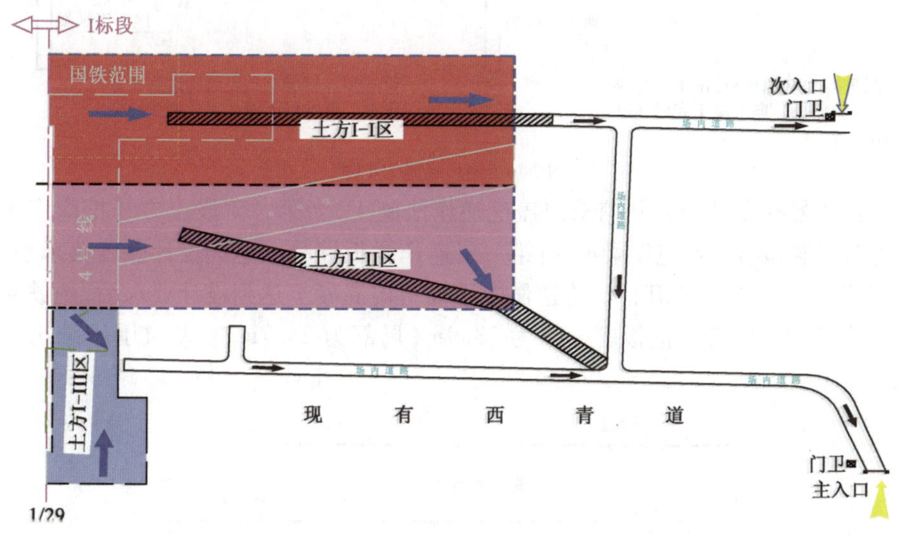

图2-14 南广场土方开挖平面图

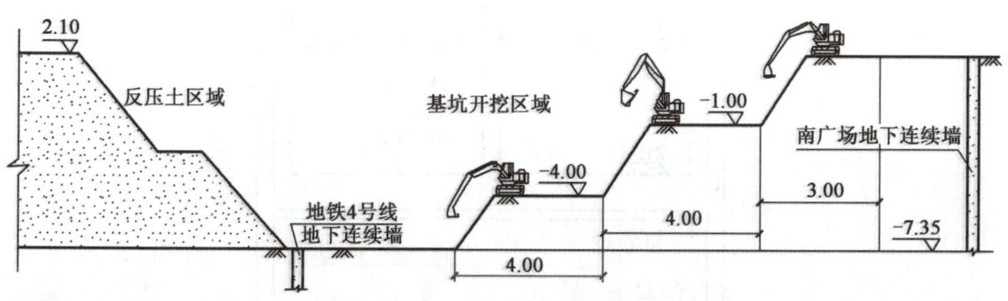

图2-15 南广场土方开挖剖面（尺寸单位：m）

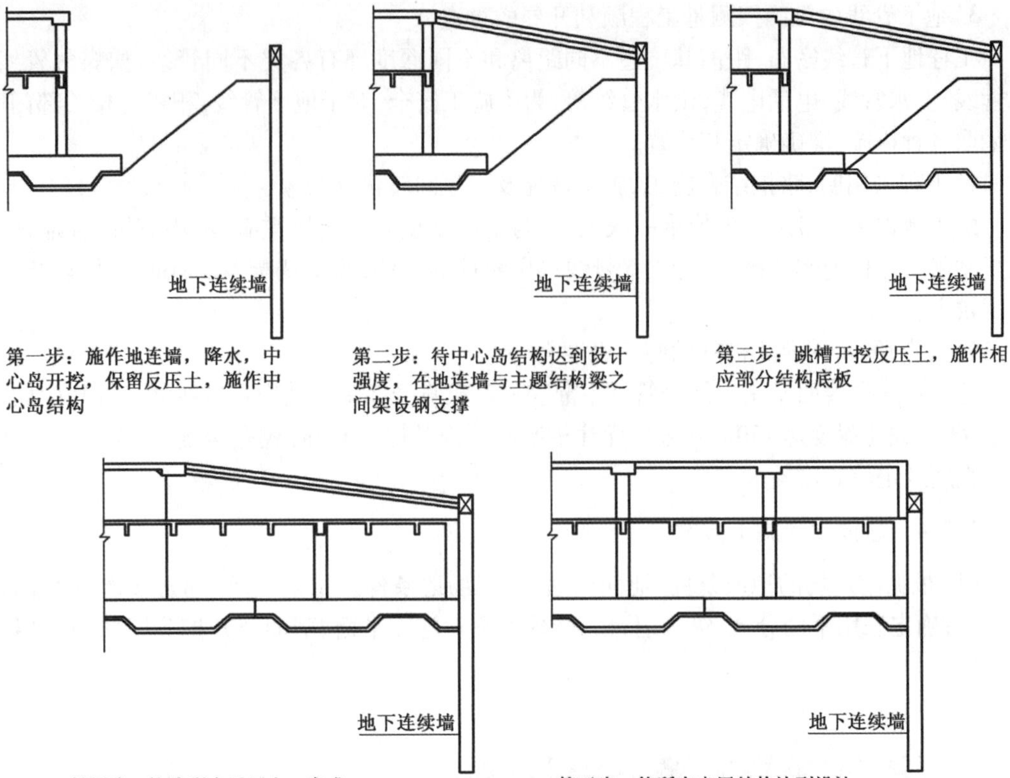

地下连续墙

第一步：施作地连墙，降水，中心岛开挖，保留反压土，施作中心岛结构

地下连续墙

第二步：待中心岛结构达到设计强度，在地连墙与主题结构梁之间架设钢支撑

地下连续墙

第三步：跳槽开挖反压土，施作相应部分结构底板

地下连续墙

第四步：挖除剩余反压土，完成其结构底板，向上施工完成夹层结构

地下连续墙

第五步：待所有夹层结构达到设计强度，拆除钢支撑，完成剩余结构

图 2-16　南广场施工步骤

(2)地铁4号线车站土方开挖采用盖挖逆作法施工，当第一阶段土方开挖南广场底标高处后，先施工冠梁和第一层逆作梁板，待第一层逆作梁板混凝土达到设计强度要求后，即开始组织地铁4号线设备层土方开挖。待逆作中梁板结构混凝土达到设计要求后，地铁4号线站台层土方继续开挖，最终开挖板底标高为-23.9m(局部为-25.7m)。基坑围护结构剖面如图2-17所示。

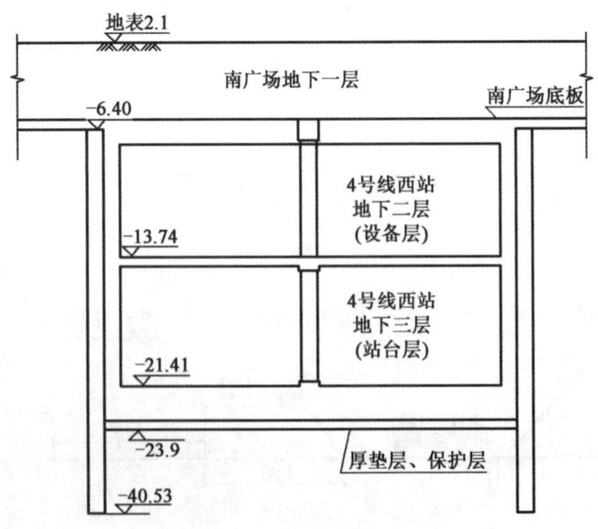

图 2-17　基坑围护结构剖面(尺寸单位：m)

2.6 泰国曼谷地铁 Si Lom 站

Si Lom 地铁车站位于著名的环境敏感地区,受环境制约较大,两个内径 7.5m 盾构隧道在 Si Lom 车站呈竖向重叠布置,车站为四层箱形结构(见图 2-18)。车站长 154m,宽 28m,开挖深度 33m(为当时曼谷开挖最深的基坑)。车站上方为 4 车道高架桥,限制了基坑施工净空高度。高架桥必须采用托换技术由车站顶板作为其承载基础,同时,施工场地在平面上也受到严重限制。经多方论证,最后采用日本的 NS-Box 连续墙作为围护结构(NS-Box 连续墙构造如图 2-19 所示),盖挖逆作法施工[12,13]。

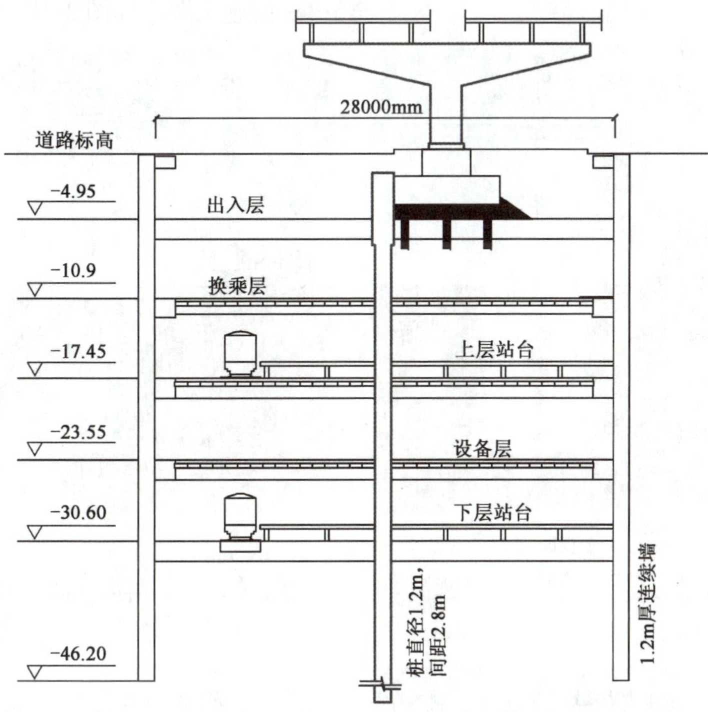

图 2-18 Si Lom 车站剖面图

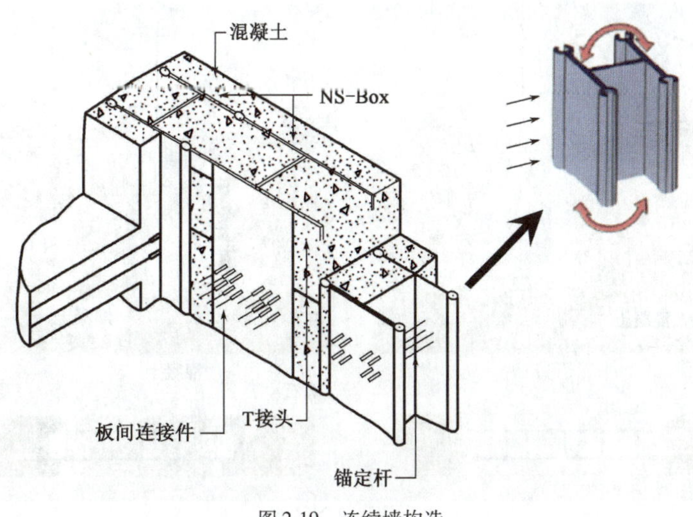

图 2-19 连续墙构造

图 2-20　螺栓连接

车站顶板和层板支撑在连续墙上，同时在车站纵向中心线设一个立柱作为层板的内支撑，立柱直径 1.2m，间距 2.8m。由于地下水位高，连续墙和立柱的抗浮是设计重点。在结构设计时假定钢截面承受弯矩和剪切力，而核心混凝土承受轴力，经过对各个工况的结构分析，连续墙总厚度 1.2m，其中钢截面厚度 0.9m。NS-Box 连续墙深度 46m，幅宽 5m，受施工净空限制，本工程采用竖向分段，每段长 6m，段与段采用螺栓连接，如图 2-20 所示。

NS-Box 的施工顺序如图 2-21 所示。

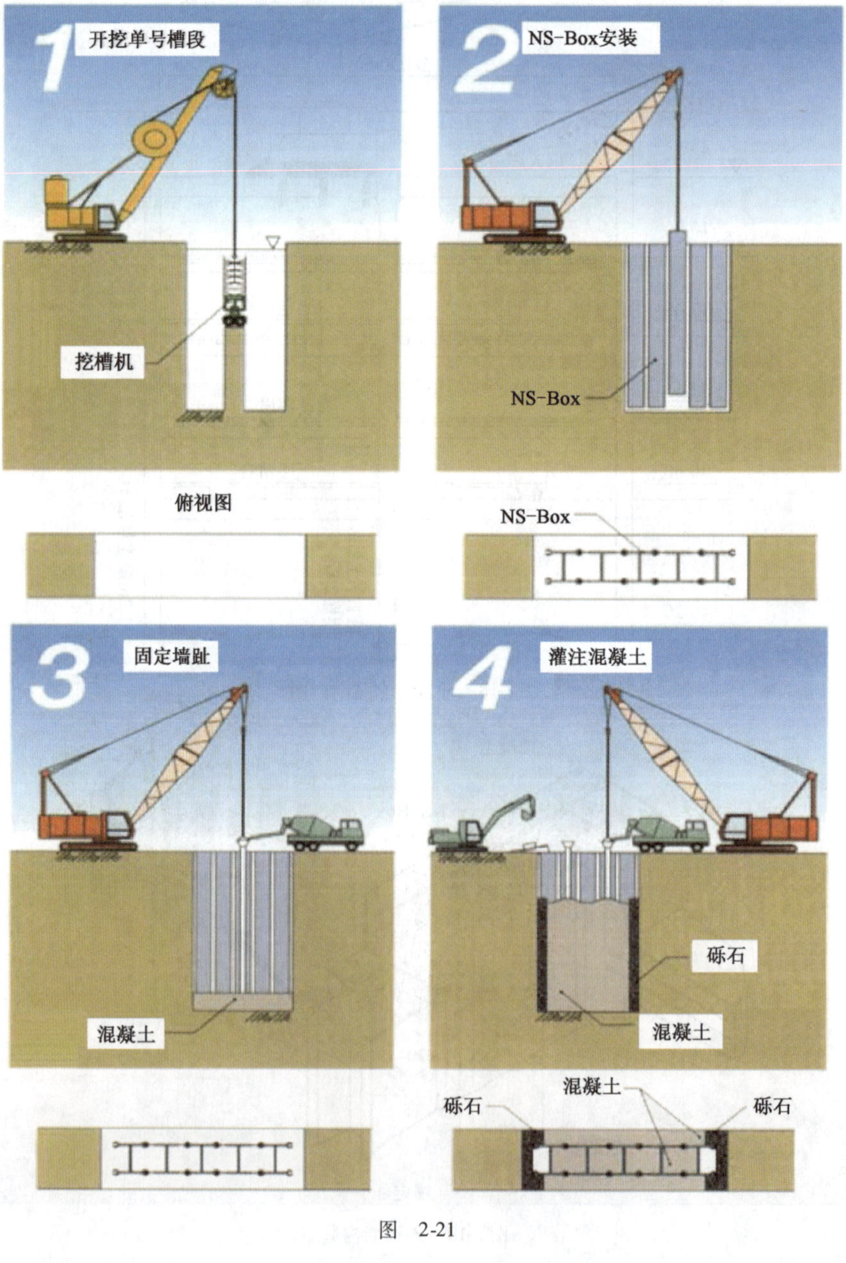

1 开挖单号槽段

挖槽机

俯视图

2 NS-Box安装

NS-Box

NS-Box

3 固定墙趾

混凝土

4 灌注混凝土

砾石

混凝土

砾石

混凝土

砾石

图　2-21

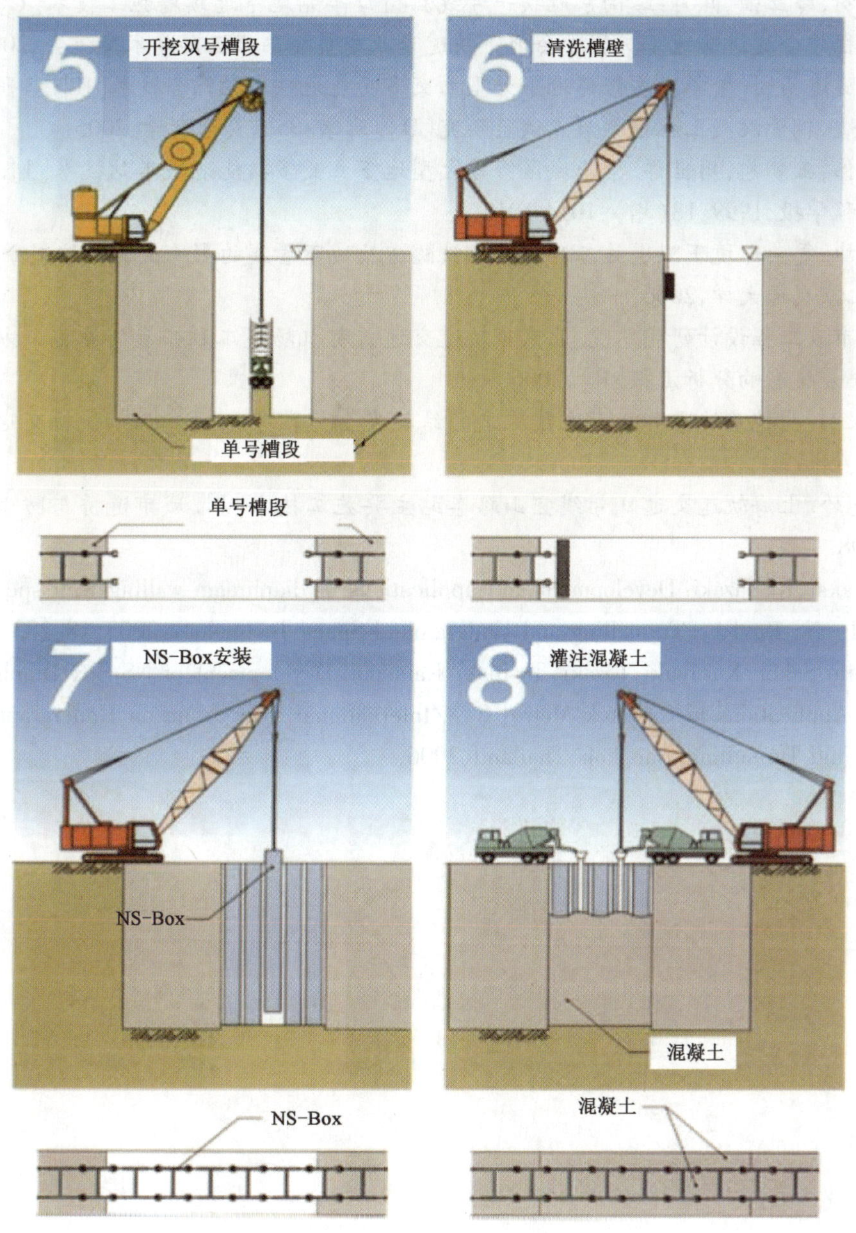

图 2-21　NS-Box 地连墙施工顺序

开挖过程中对连续墙的水平位移进行了监控，连续墙的水平位移 40mm，在最低开挖面以上 2m 位置。

参 考 文 献

[1] 何斌. 南京地铁一号线新街口站盖挖逆作施工关键技术研讨与实践[C]//2007 年中国城市地下空间开发高峰论坛论文集，2007.

[2] 董朝文. 盖挖逆作地下结构中间桩柱施工技术[J]. 岩土工程界，2006，9(4)：59-63.

[3] 鲁卫东. 南京地铁盖挖逆作车站结构设计案例[J]. 都市快轨交通，2006，19(5)：71-74.

[4] 潘秀明,薛立强,焦月红.南京地铁一号线新街口车站地下连续墙施工技术[C]//中国土木工程学会隧道及地下工程学会地下铁道专业委员会第十五届学术交流会,2003.

[5] 中铁隧道集团.繁华城区修建地下大型立交多功能地铁车站综合技术[R].洛阳,1997.

[6] 李辉煌.钢管混凝土柱框架节点试验研究[D].北京:北京交通大学,2005.

[7] 刘招伟,王梦恕,周世详.繁华城区修建大型地下立交多功能地铁车站技术[J].岩石力学与工程学报,1999,18(增):1014-1018.

[8] 沈良帅.复杂环境下隧道施工对邻近地铁隧道及地下管线的影响及变形控制分析[D].北京:北京交通大学,2006.

[9] 北京市政工程设计研究总院.北京市轨道交通首都机场线工程东直门站施工方案及对地铁13号线影响分析汇报[R],2006.

[10] 贾永刚.明挖基坑紧邻既有地铁施工的结构安全力学分析[J].都市快轨交通,2009,22(5):68-73.

[11] 徐志玲.上海轨道交通9号线宜山路车站主要施工技术[J].城市道桥与防洪,2008,8:95-98.

[12] K. Sakai, K. Tazaki. Development and applications of diaphragm walling with special section steel—NS-Box[J]. Tunnelling and Underground Space Technology, 2003, 18: 283-289.

[13] Kunito Sakai, Kazuyuki Tazaki, Toshiaki Kamenoi. Development of NS-Box Diaphragm Wall and Applications to Bangkok Metro[C]//International Symposium on Underground Excavation and Tunnelling. Bangkok, Thailand, 2006.

3 国内外地铁基坑工程事故

为了吸收以往工程经验教训，同时为本书后续章节的基坑安全风险分析做准备，本书著者着重对国内外城市地铁基坑工程在修建中发生的事故案例进行了收集、整理、分析，本章将对其中一些比较典型、影响较大且具有公开发表来源的案例进行介绍。

3.1 国外地铁基坑工程事故

3.1.1 新加坡尼浩大道垮塌(Nicoll Highway collapse)[1~9]

1)事故概述

2004 年 4 月 20 日下午 3:30 左右，新加坡地铁环线 C824 标段，位于 Nicoll Highway 车站和 Boulevard 车站之间的一段明挖基坑，在开挖到距地面约 30m 深时发生垮塌。事故的平面位置如图 3-1 所示，事故发生前、后的工地现场情况见图 3-2。

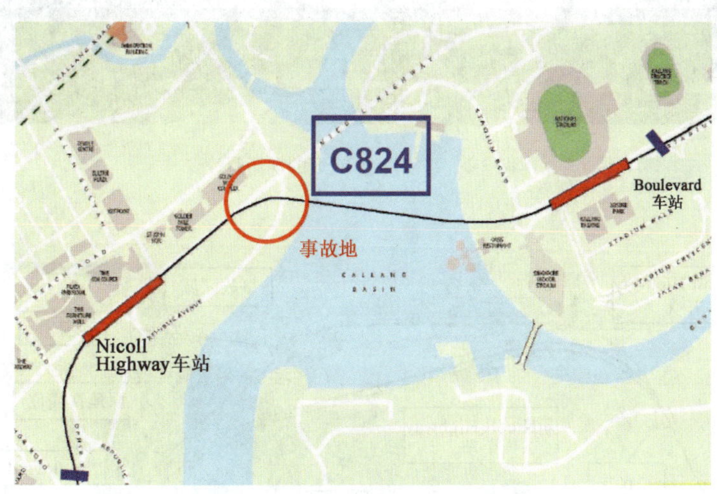

图 3-1 事故发生地的平面位置

事故坍塌区段长约 100m，直接后果是：新加坡主要的东西向港口前尼浩大道(Nicoll Highway)部分被破坏；4 人死亡；多人严重受伤；15000 人和 700 个商业活动受到影响；煤气管道受到破坏，导致爆炸和火灾；66kV 电缆损毁而导致新加坡部分区域断电；一条雨水管道被破坏；价值 41.4 亿美元的地铁环线项目延期，事故地段区域附近地铁线路重新定位，如图 3-3 所示。

2)工程概况

事故区段位于圆工作井(TSA)西侧 100m 范围内，有一根 66kV 的电缆穿过(见图 3-4)。基坑垮塌主要集中在 Type M2 和 Type M3 区域，Type M3 是开挖的关键位置，需要特别关注。Type M3 区域总长约 33m，该段围护结构为 12 幅地下连续墙(6 幅在北墙，6 幅在南墙)，墙厚 0.8m(在 66kV 电缆穿过的两侧地下连续墙墙厚由 0.8m 增加到 1m)。基坑开挖深度 34.5m，地下连续墙的设计深度 38.1 ~ 43.2m。

Type M3 区域地层以及围护结构设计情况如图 3-5、图 3-6 所示。基坑采用标准的明挖顺作法施工，从上到下共设 10 道 H 型钢支撑，支撑中间设立柱，立柱深入老冲积层(SW2)。在第 9 道和第 10 道支撑之间有 1.6m 厚旋喷加固层作为暗撑，在最终开挖面的底部有 3.0m 厚的旋喷加固层作为施工阶段的底板。设计时的控制原则是地下连续墙最大允许变形为 200mm，墙趾的最大位移为 40mm。

图 3-2　事故发生前、后的现场照片

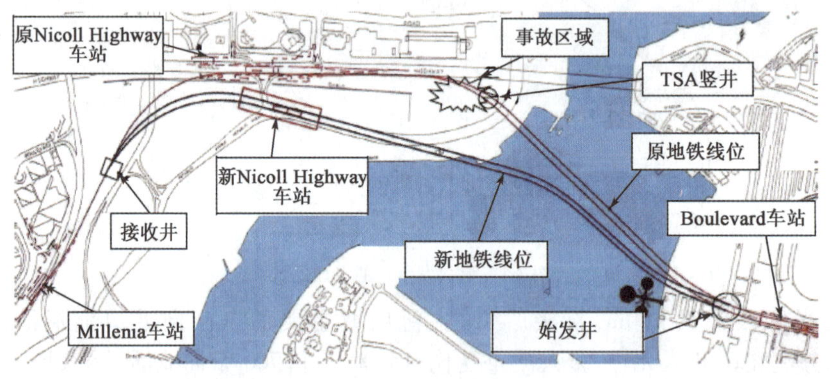

图 3-3　事故段地铁线路重新定位

3)事故原因分析

事故发生后，新加坡政府成立了以资深法官 Richard R Magnus 为主席的质询委员会(Committee of Inquiry，简称 COI)，COI 于 2005 年 5 月 11 日向政府提交了事故调查的最终报告，新加坡政府于 5 月 13 日正式向社会公布了该报告，该报告认为 Nicoll Highway 垮塌主要是由于在附近 MRT 环线项目 C824 标段开挖过程中，支撑—腰梁支撑体系失效所导致，在基坑支护体系中，几处腰梁的屈服破坏诱发了最终基坑连续墙的垮塌。

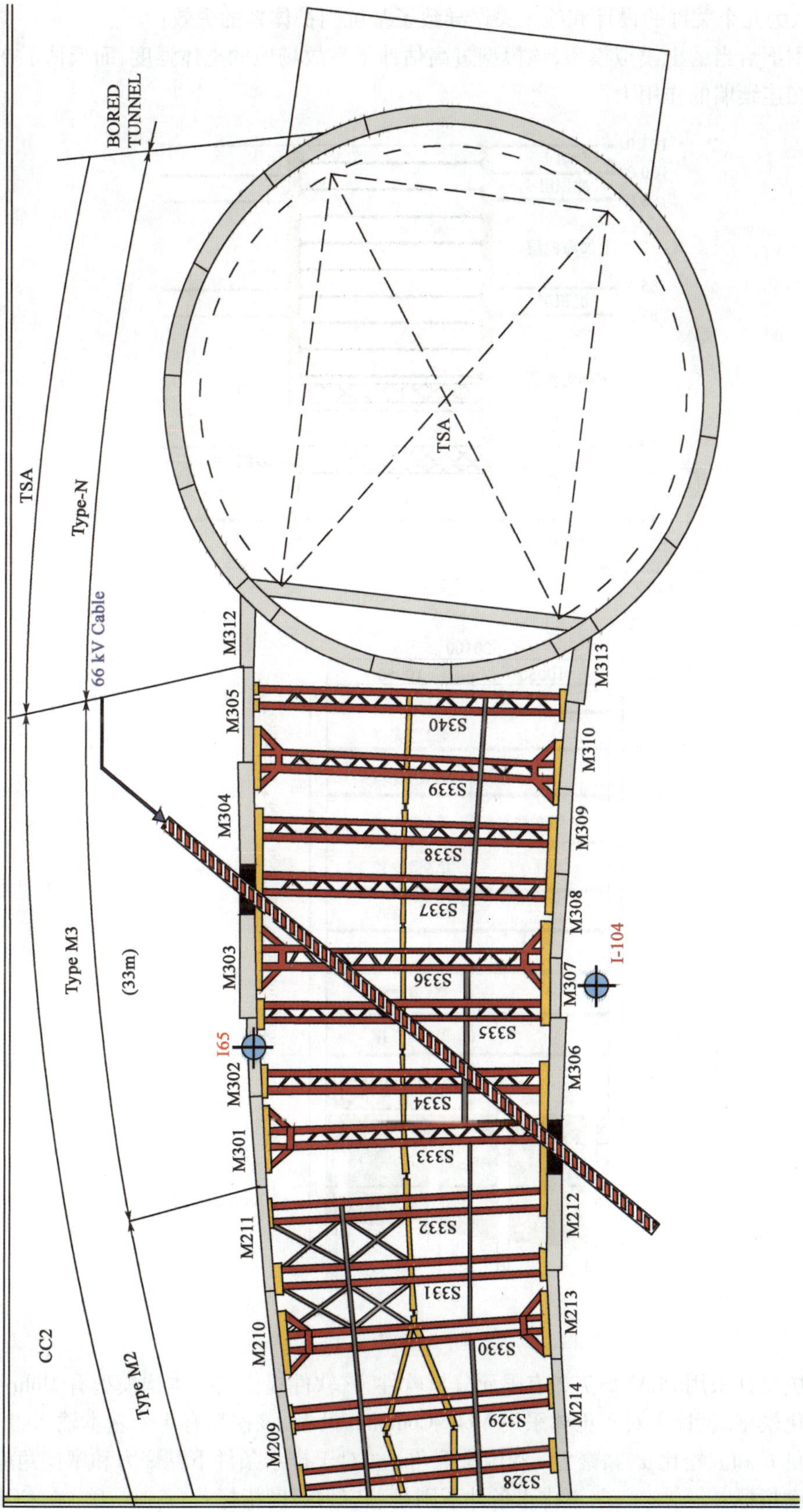

图3-4　事故区段基坑平面图

COI 认为几个关键的设计和施工失误导致了基坑围护体系的失效：

①使用不恰当的土模拟模型，该模型过高估计了事故场地的土体强度，而低估了在开挖过程中作用在连续墙的作用力。

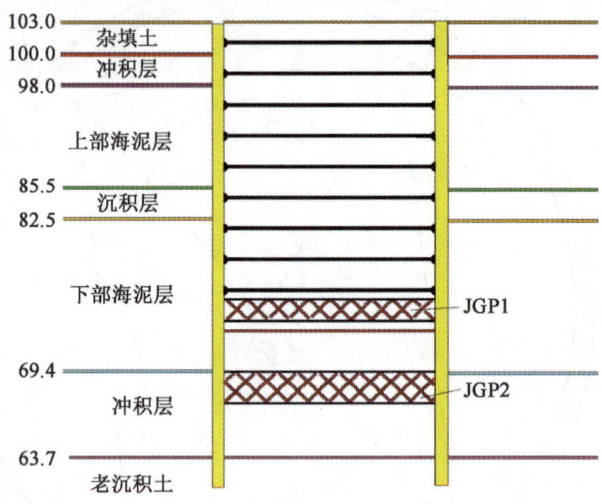

图 3-5　地质剖面

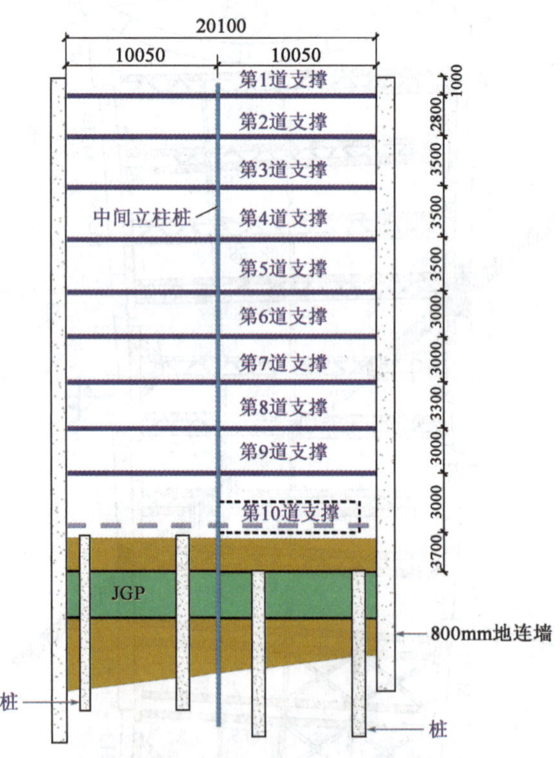

图 3-6　基坑围护结构图(尺寸单位：mm)

本基坑设计采用 PLAXIS 7.2 有限元分析软件，该软件提供的土本构模型有 Mohr-Coulomb 和土体软化模型，设计中对于土体采用 Mohr-Coulomb 模型，该模型有 4 个基本输入参数，分别为弹性模量 E 和波松比 μ、黏聚力 c 和内摩擦角 φ。对于排水条件下黏聚力和摩擦角应输入有效应力强度指标 $c=c'$，$\varphi=\varphi'$，不排水条件下则是总应力强度指标 $c=c_u$，$\varphi=0$。在 COI 的事故分析报告中，把采用不排水材料、M-C 土模型、输入有效应力强度参数的分析称为方法 A，而把采用不排水材料、M-C 土模型、输入不排水强度参数则称为方法 B。

原设计采用方法 A 来模拟海泥层的不排水特性是不正确的，对该土层采用排水强度指标会高估土体强度，这意味着会低估连续墙的弯矩和变形，从而导致围护体系的设计实际是偏于不安全。为对比两种方法对连续墙计算结果的影响，事故调查组采用方法 B 进行了平行模拟分析，两种方法得到的每层开挖完成后（共 10 层）的弯矩和变形情况如图 3-7 和图 3-8 所示。由图 3-7、图 3-8 可看出，方法 B 得出的地下连续墙的变形是方法 A 的两倍左右，而方法 B 得出的地下连续墙的弯矩多处超出包络图，峰值点超出两倍多。

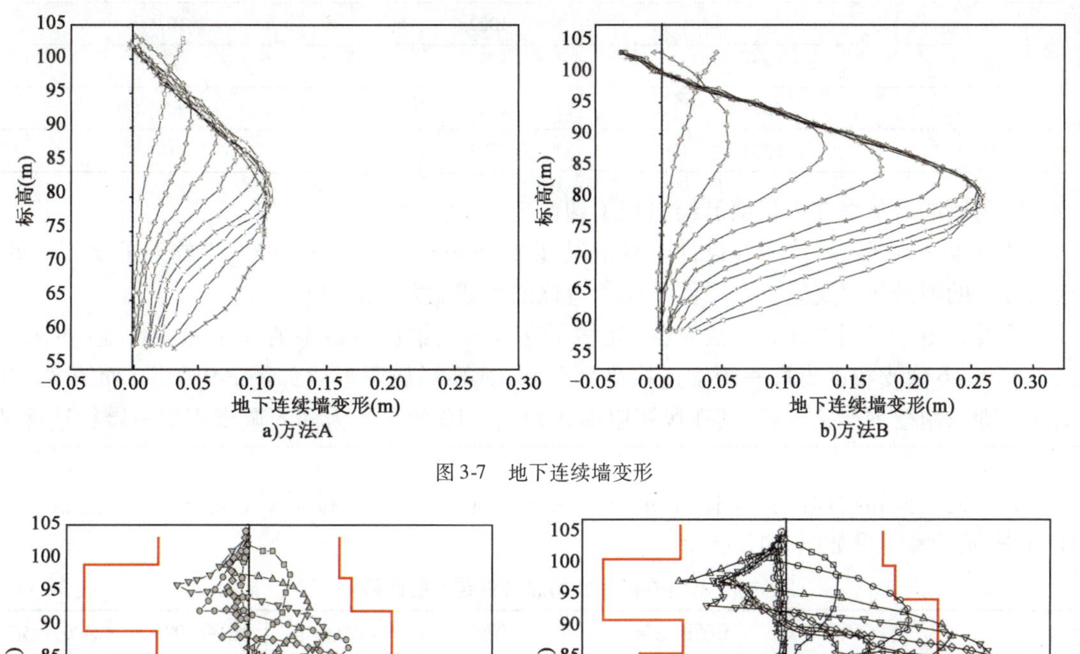

图 3-7　地下连续墙变形

图 3-8　地下连续墙弯矩

根据方法 A 和方法 B 计算得到的支撑荷载见表 3-1。可见，按照方法 A 计算得到的第 6 道和第 9 道支撑轴力荷载偏小，其中第 9 道支撑轴力设计荷载偏低 10% 左右。

事故调查专家组一致认为对 C824 标段的土质条件采用方法 A 进行土—结构相互作用分析是一个严重的设计错误。正确的方法应该是方法 B。采用方法 A 的计算结果进行围护体系设计会导致以下两方面的后果：

a. 两层作为暗撑的旋喷桩加固土层会因为地下墙变形过大而提前屈服，当开挖进行到相应标高时，暗撑已经不能发挥应有的作用；

支撑轴力荷载 表 3-1

支撑道数	支撑荷载(方法 B)(kN/m)	支撑荷载(方法 A)(kN/m)	支撑荷载比例(方法 B/方法 A)(%)
1	379	568	67
2	991	1018	97
3	1615	1816	89
4	1606	1635	98
5	1446	1458	99
6	1418	1322	107
7	1581	2130	74
8	1578	2632	60
9	2383	2173	110

b. 南侧的地下墙在坍塌前已经出现了塑性铰。

②支撑—腰梁连接体系在设计时有错误,设计不足;而施工不当进一步放大了设计不足,这两方面的因素使得支撑—腰梁体系比本应该的承载能力下降 50%。

原设计由于采用的计算方法有误,高估了支撑—腰梁连接体系的稳定屈服性能(见表 3-2)。第 1 ~ 6 道支撑的支撑—腰梁连接采用胫板,其现场屈服形式如图 3-9 所示,而第 7 ~ 10 道支撑则采用槽钢连接方式,其现场屈服形式如图 3-10 所示。为深入调查支撑—腰梁连接的局部失稳破坏模式,事故调查组委托有关单位对支撑—腰梁连接处的整个屈服破坏的过程进行了有限元模拟和物理试验模拟分析,模拟中对三种不同的连接形式(见图 3-11)进行了对比,有限元计算结果如图 3-12 所示。

不同连接形式的屈服稳定荷载比较 表 3-2

悬臂长度 b_1 (mm)	无胫板稳定屈服荷载 (kN)	有胫板(193.5 × 12)稳定屈服荷载 (kN)	槽钢(200 × 80 × 24.6)稳定屈服荷载 (kN)
400(原计算报告值)	2199	3129	3920
69(根据规范 BS 5950 计算)	1015	1946	2737

图 3-9 胫板连接及现场屈服照片

从图 3-12 曲线可看出，用槽钢代替胫板（12mm）对支撑—腰梁连接处加强，屈曲稳定的极限荷载有一定提高，但是峰值过后，随荷载增加曲线迅速跌落，表现为脆性破坏模式。

图 3-10　槽钢连接及现场屈服照片

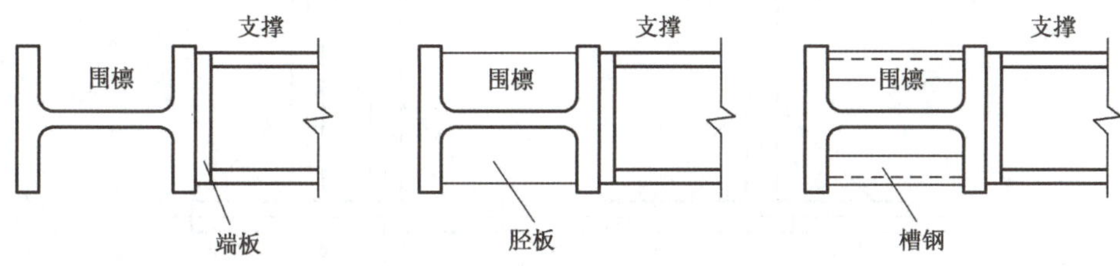

图 3-11　支撑—腰梁不同的连接形式

物理模拟试验得出的支撑轴力与变形关系曲线如图 3-13 所示。图 3-13 和图 3-12 呈现出相同的趋势，即两种连接形式峰值基本相当，而用槽钢代替胫板的连接表现为峰值后迅速跌落，两种模拟结果相互印证。物理模拟试验得到的槽钢连接的破坏形式如图 3-14 所示。

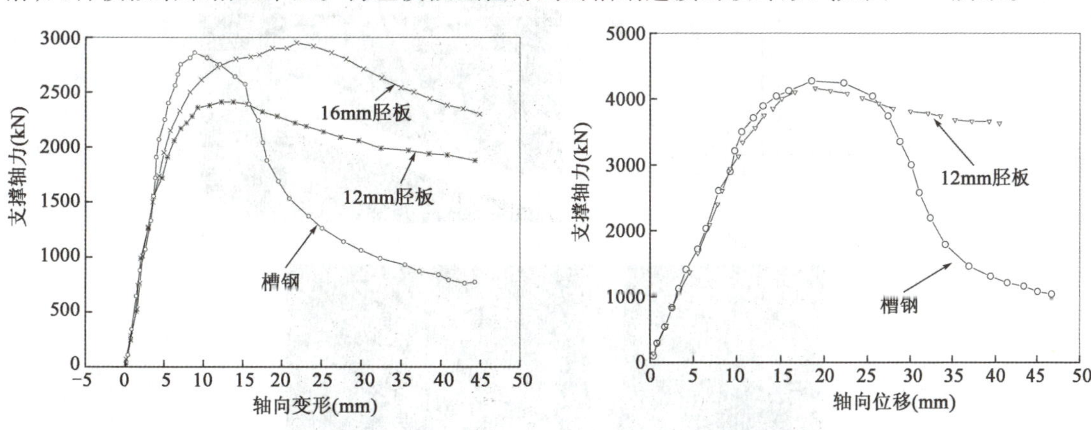

图 3-12　不同连接形式下支撑轴力—变形曲线（有限元计算结果）

图 3-13　不同连接形式下的支撑轴力—变形曲线（物理试验结果）

按照支撑设计报告和图纸，第 7 ~ 10 道支撑设有八字撑，八字撑的布设形式如图 3-15 所示，然而，现场并没有完全按图纸施工，基坑下部大部分支撑的八字撑被省略（见图 3-16）。基坑围护体系坍塌前最先屈服的 S335 支撑就没有八字撑。这就导致在支撑与腰梁的连接处实际承受比设计更大的荷载，原本就设计不足的支撑体系承载能力进一步下降，实际承载力是本应该的 50% 左右。

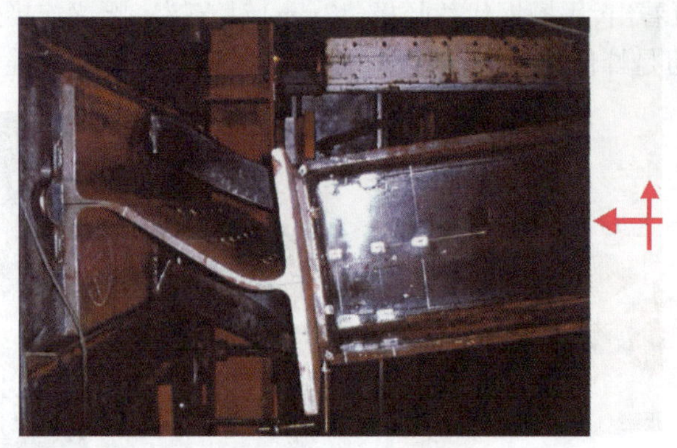

图 3-14 槽钢连接的破坏形式(物理试验结果)

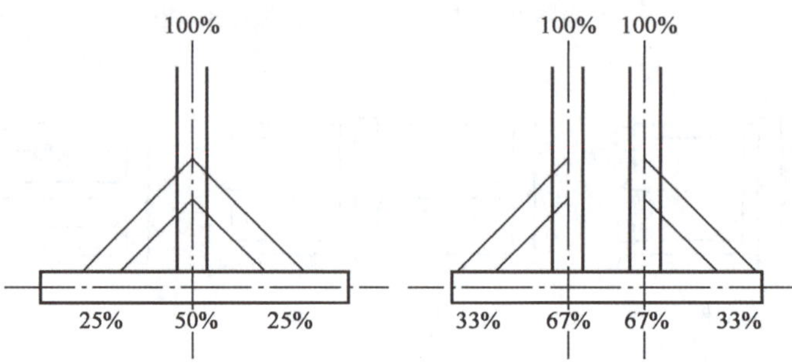

图 3-15 不同八字撑形式的反力分配情况

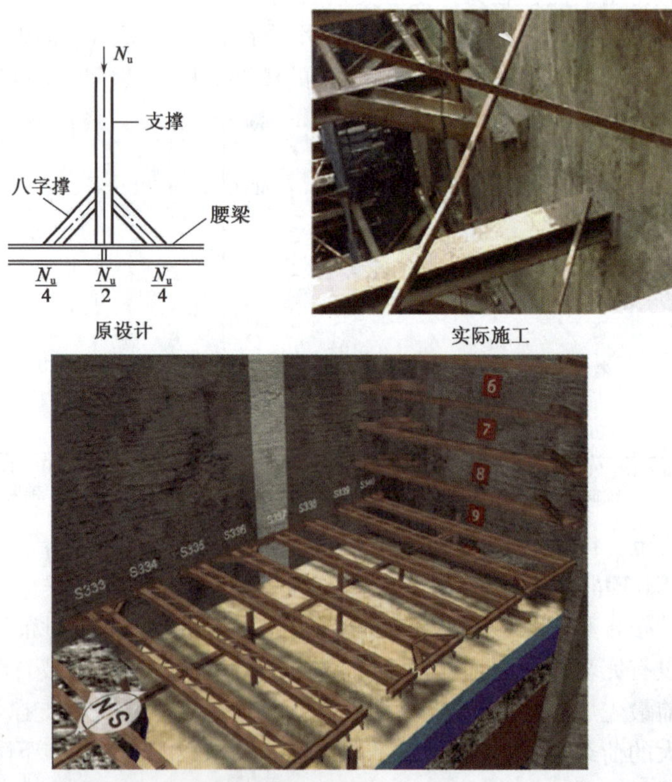

图 3-16 施工中省略八字撑

由于以上两个设计错误导致第 9 道支撑与腰梁连接屈服，第 9 道支撑失效导致荷载转移到第 8 道支撑，第 8 道支撑随之失稳屈服，引起 Type M3 区域整个挡土体系不能承受重新分布的荷载而崩溃、垮塌，并进而向西扩散引起 Type M2 区域的基坑垮塌。

③同时，COI 认为项目管理上的缺陷加重了设计错误，人为的和体系的失败包括：

a. 基坑监控不当；

b. 监测数据管理不正确；

c. 缺乏胜任的人员执行专业的工作；

d. 项目管理组和监理组在施工过程中不能识别不利的趋势，进而采取正确的措施；

e. LTA，NLCJV 以及子承包商之间沟通问题；

f. 项目各参与方之间决策缺乏透明。

在基坑坍塌前，有明显的监测反常信息，如地下连续墙变形、支撑轴力、孔隙水压力、地表沉降、现场观测信息反常等。实测的地下连续墙水平变形如图 3-17 所示，I-104 埋设在地下连续墙后的土体内，I-65 埋设在地下连续墙内。从图 3-17 可看出，两测孔在 2004 年 4 月 20 日塌方前的最大读数分别为 175.01mm（I-65）和 440.44mm（I-104）。在开挖第 1 ~ 7 层期间，两测孔的读数吻合较好，呈对称状态，从开挖第 8 层开始，I-104 的读数大幅度增长，而 I-65 读数稳定在 180mm 左右。事故调查专家组认为，尽管 I-104 埋设于土体中，其读数却真实地反映了测孔附近地下连续墙的变形情况，然而在基坑连续墙最大位移超出设计规定后，承包商进行的反分析中，却将实测变形折减 15% 当做地下连续墙的变形，该做法是错误的。

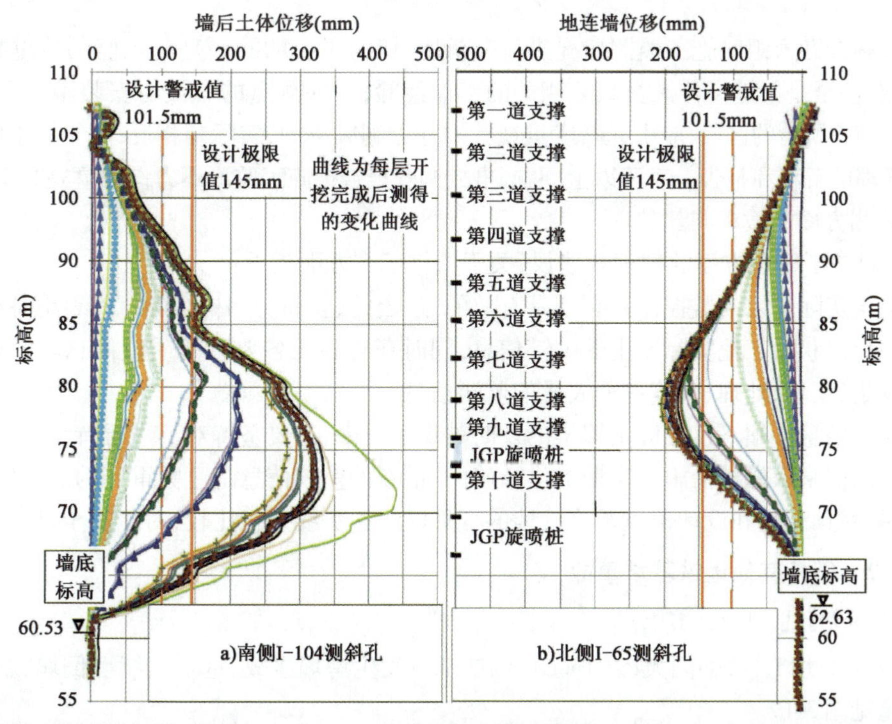

图 3-17　I-104 和 I-65 测斜数据

本工程中支撑轴力监测采用压力盒和应变计两种方式，S335 支撑第 1 ~ 5 道安装的是压力盒，读数总体上正确；第 6 ~ 9 道支撑安装的是应变计，读数都有一定的错误。第 6 道支撑（S335-6）本应该有四只应变计，但只安装了两只，通过将读数乘 2 倍得到轴力。S335-8 四只应变计中有一只不能用，S335-9 四只应变计中有一只不能用，尽管如此，事故调查专家组仍认为这些支撑轴力的变化趋势可以参考。S335 支撑的第 8、9 道支撑轴力的变化情况如图 3-18 所示。4 月 20 日上午 9:00 测得的 S335-9（第 9 道支撑）的轴力荷载为 3500kN，1h 后，轴力开始下降，在接下来的 4h 内，轴力呈直线下降，与此同时，S335-8 轴力则急剧增加。由此可推测，在这个过程中，S335-9 逐渐屈服并丧失承载能力，荷载转移到 S335-8 上。

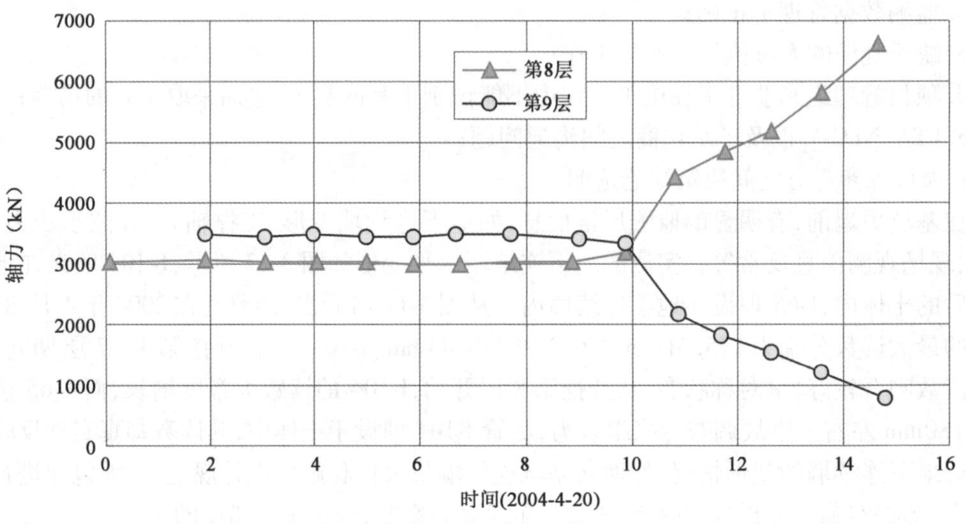

图 3-18　支撑轴力

事故调查专家组对施工监测情况进行分析后，认为主要的问题是施工监测单位的人员配备有问题，甚至是关键岗位人员缺乏相关的工作经验；一些测点的布设与安装不符合要求；对一些敏感和高风险的区段，应引起高度重视并增加监测频率的，实际却相反；对于异常的数据没有做出合理的解释和报告。基于以上问题，事故调查报告把施工监测不力作为事故的原因之一。

4）监测方面的教训与建议

COI 总结了安全方面的教训和建议，关于监控工作方面如下：

①基于实际效果的监控体系必须是有效的、适当的、全面的和持续的。需要将各种监控信息进行综合以获得工地实际发生的关键信息，同时获得施工各要素的质量信息。管理体系必须能够收集、汇总、处理、判读各种大量的监测信息。

②异常信息必须不仅能够足够早的及时被识别出来，还要坚持对其进行持续监控，并进行风险评价以能采取修正措施。定期提供精确的、最新的监控信息是至关重要的。正确、及时的判读，包括对预测值和设计值以及连续墙的变形时程趋势线进行比较，对于安全是必须的。

3.1.2　国外其他地铁基坑事故

1）韩国大邱地铁基坑垮塌[10]

2000 年 1 月 1 日，韩国大邱（Taego）地铁基坑发生垮塌事故，地下连续墙倒塌，基坑塌陷，事故现场见图 3-19。

事故后果：

损失 2400 万美元，工期延后 9 个月；公共汽车陷落，驾驶员严重受伤，3 名乘客死亡；临近建筑严重受损。

事故原因：

设计有缺陷，地下水位的急剧波动导致砂砾层的移动，地下连续墙的设计没有考虑附加荷载。

2）巴西圣保罗地铁车站基坑垮塌[10]

2007年1月15日，采用新奥法开挖直径18.5m、长45m的巴西圣保罗地铁车站隧道，隧道在靠近直径40m、深40m的竖井位置处发生垮塌，垮塌导致车站隧道和竖井的破坏。事故现场见图3-20。

隧道拱顶的沉降速率急剧增加，破坏发生前的2～3天内，沉降量已经达到15～20mm；多个车辆落入30m深的陷坑内；7人死亡。

事故原因：

对开挖场地的地质考虑不周，隧道支护强度不够。

图3-19　韩国大邱地铁基坑事故现场

图3-20　巴西圣保罗地铁基坑事故现场照片

3.2　国内地铁基坑工程事故

3.2.1　杭州地铁1号线湘湖车站基坑垮塌[11～14]

1）事故概述

2008年11月15日下午3时15分，杭州地铁湘湖站北2基坑施工过程中，基坑内钢支撑体系突然发生连锁倒塌，长107.8m、宽21.5m、深15.7～16.2m的基坑地下连续墙出现部分断裂、倾斜，基坑两侧大量淤泥涌入坑内。与此同时，位于基坑西侧的城市道路"风情大道"发生塌陷（长约75m、最大深度约6.5m），并导致地下污水等管道破裂，基坑东侧河道的河水倒灌。"风情大道"路面正等待绿灯信号的11辆车随路面一起下沉，多数车辆受淹。

基坑围护结构严重损毁，基坑一侧地下连续墙向内弯折断裂，混凝土破碎露出钢筋，另一侧地下连续墙与土体脱开、向坑内倾覆、冠梁错位剪断；钢管支撑与地连墙几乎全部脱离，部分钢管支撑折断。事故现场见图3-21～图3-24。

图3-21　基坑错位

图3-22　基坑地连墙倒塌

事故直接后果：

基坑附近道路塌陷，11 辆汽车下沉陷落；事故直接造成 21 人死亡，24 人受伤（其中重伤 4 人）；3 层建筑严重破坏被拆除；附近河水涌入基坑；110kV 电缆损坏；直接经济损失 4961 万元。

图 3-23 钢管支撑

图 3-24 道路塌陷，汽车被淹

2）工程概况

湘湖站为杭州地铁 1 号线二期工程起始站，位于萧山湘湖杭州乐园二期北侧，风情大道、湘西路相交路口东侧，沿风情大道南北向布置，南起杭州乐园前广场，北至大圩河，地处城乡结合部。本站包含出入场线部分和车站部分，出入场线部分南起杭州乐园前广场，北至奥兰多小镇主出入口中。车站部分南至正线右线盾构井，北至大圩河。车站平面位置如图 3-25 所示。

湘湖站为地下二层岛式车站，总长 936.53m，车站长为 377.37m，出入场线段为 559.16m。车站标准段宽度为 20.5m，出入场线标准段宽度为 11.7m。总建筑面积为 38578.59m^2，车站部分为 18565.18m^2，出入场线段为 20013.41m^2。本站共设置了 13 条出入口，并预留了 3 条出入口。

湘湖站基坑工程共有 8 个基坑，从北到南序号分别为北 1、北 2、北 3、北 4、南 4、南 3、南 2、南 1。发生事故的地段为北 2 基坑，长 107.8m，宽 21.05m，开挖深度 15.7 ~ 16.3m。基坑西侧紧临风情大道，交通繁忙，重载车辆多，道路下有较多市政管线（包括上下水、污水、雨水、煤气、电力、电信等）穿过，东侧有一河道（建设河），北 2 基坑平面位置如图 3-26 所示。

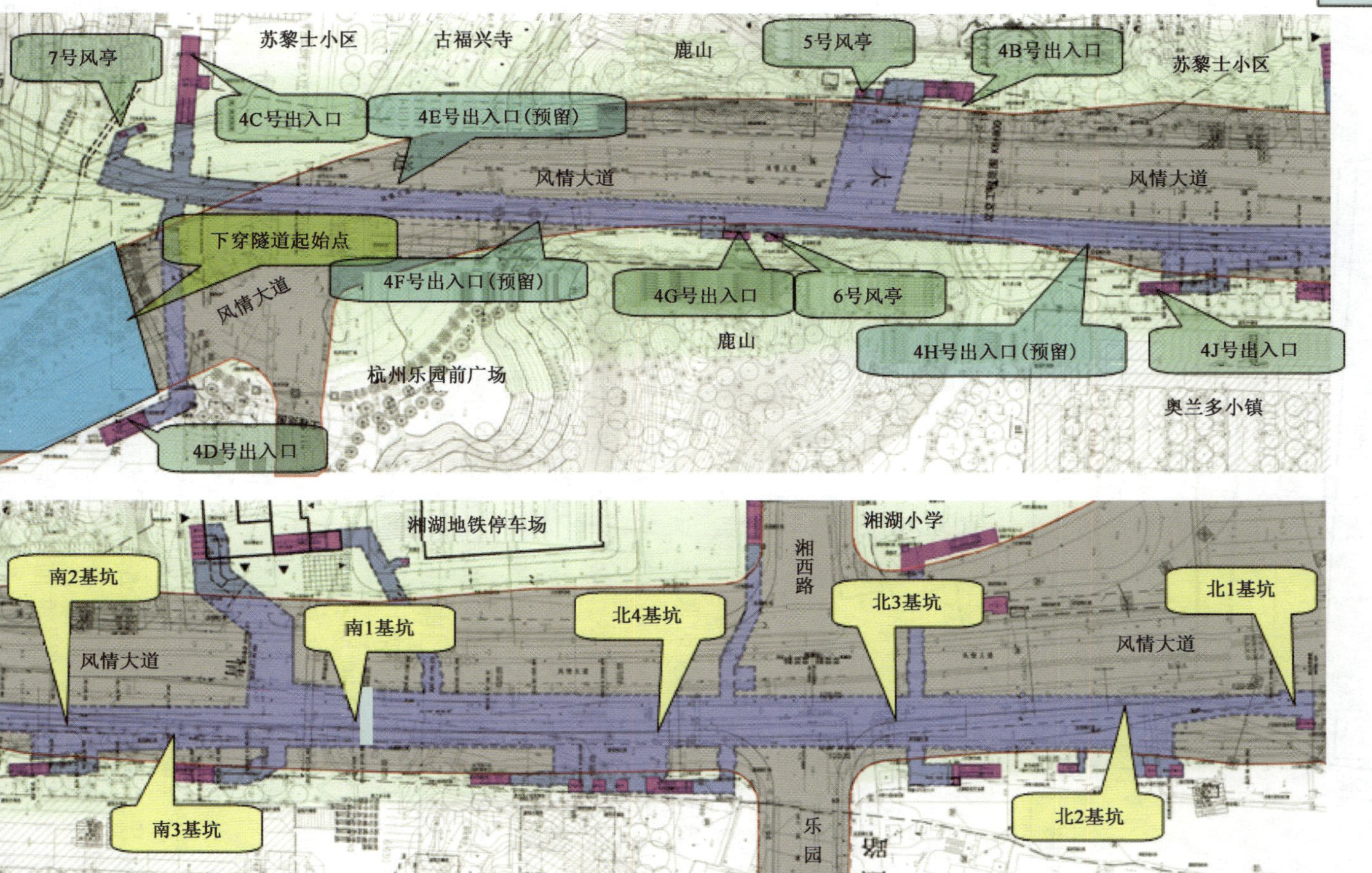

图3-25　湘湖车站位置示意图

基坑围护设计采用“地下连续墙 + 钢管内支撑”方案。地下连续墙厚800mm,深度分别为31.5m、33.0m、34.5m,标准段竖向设置4道ϕ609钢管支撑,支撑水平间距2.0~3.5m,支撑中部设置中间钢构立柱,围护体系平面、纵剖面如图3-27~图3-28所示。

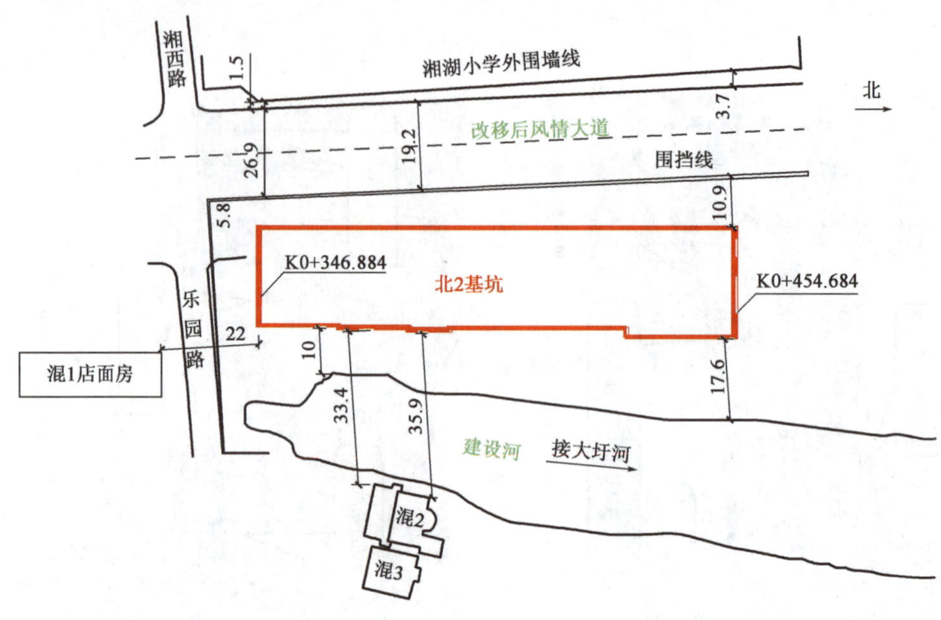

图3-26 北2基坑平面位置

标准段原设计采取被动区水泥搅拌桩抽条加固,后图审时取消改为自流深井降水土体加固;原设计采取墙底注浆,后图审时取消。

地质情况从上到下依次为①$_2$层素填土,②$_2$层黏质粉土,④$_2$层淤泥质黏土,⑥$_1$层淤泥质粉质黏土,⑧$_2$层粉质黏土夹粉砂。地下潜水位为0.5m,无承压水。

深度5~21m为第④$_2$层淤泥质黏土,呈灰色、饱和、流塑,含少量有机质,天然含水率40%~67%,孔隙比1.10~1.85,具有高压缩性、低强度和低渗透性特点。深度21~33m为第⑥$_1$层淤泥质粉质黏土,呈灰色、饱和、流塑~软塑,含少量有机质,夹薄层状粉土,天然含水率34%~52%,孔隙比0.95~1.50,具高压缩性。

基坑底坐落在④$_2$层淤泥质黏土上,地连墙的墙脚大部分位于⑥$_1$层淤泥质粉质黏土中。基坑地质情况如图3-29、图3-30所示。

3)事故经过

基坑土方开挖共分为6个施工段,总体由北向南组织施工。至事故发生前,第一施工段11月5日完成底板混凝土施工,第二施工段11月13日完成底板垫层混凝土施工,第三施工段完成土方开挖及全部钢支撑施工,第四施工段完成土方开挖及三道钢支撑施工、开始安装第四道钢支撑,第五、六施工段已完成三道钢支撑施工、正开挖至基底的第五层土方。事故前平面、纵剖面如图3-31、图3-32所示。

2008年11月15日下午事故发生前,第一施工段木工、钢筋工正在作业,第三施工段杂工进行基坑基底清理,技术人员安装接地铜条,第四施工段正在安装支撑、施加预应力,第五、六施工段坑内两台挖掘机正在进行第5层土方开挖。

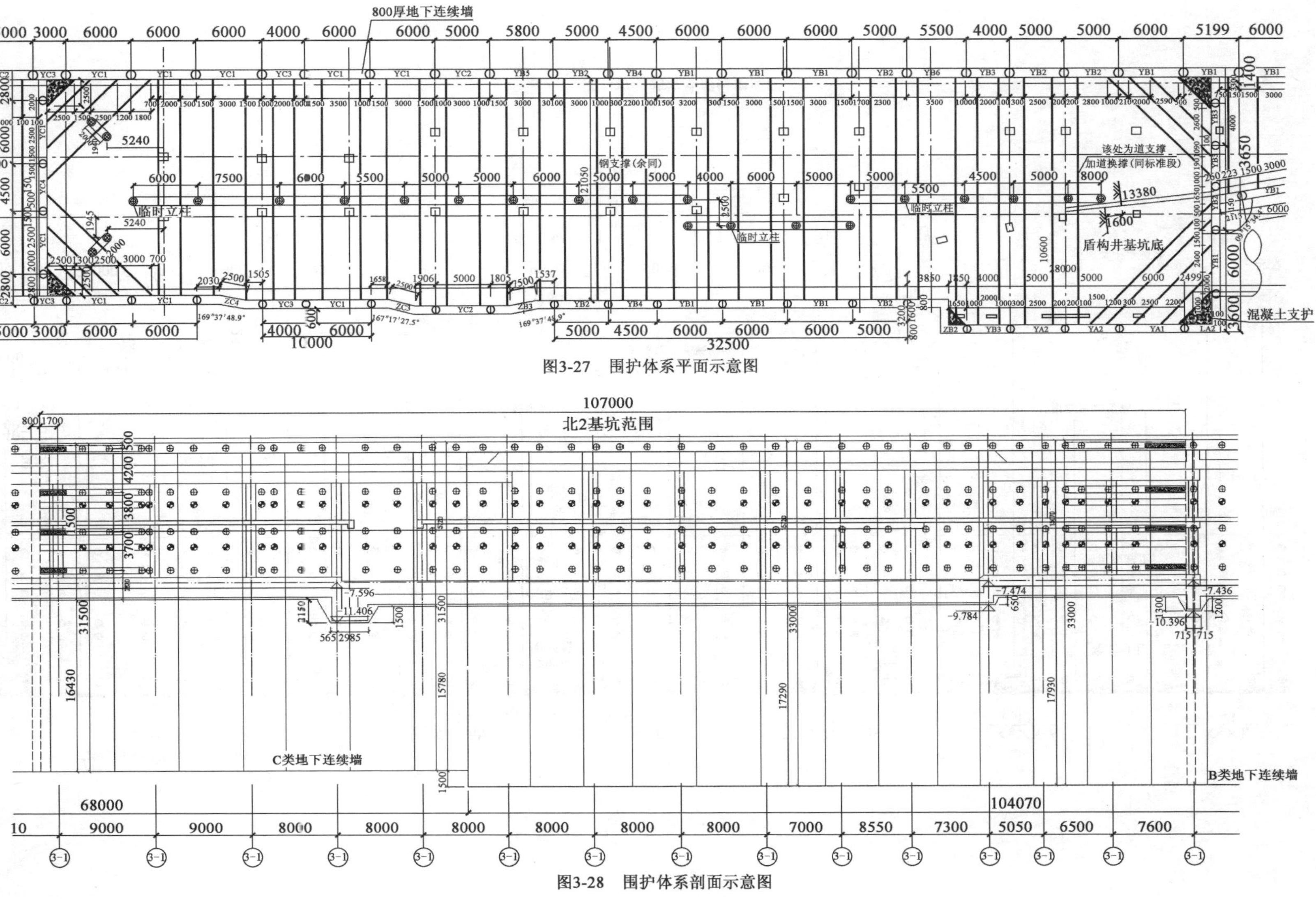

图3-27 围护体系平面示意图

图3-28 围护体系剖面示意图

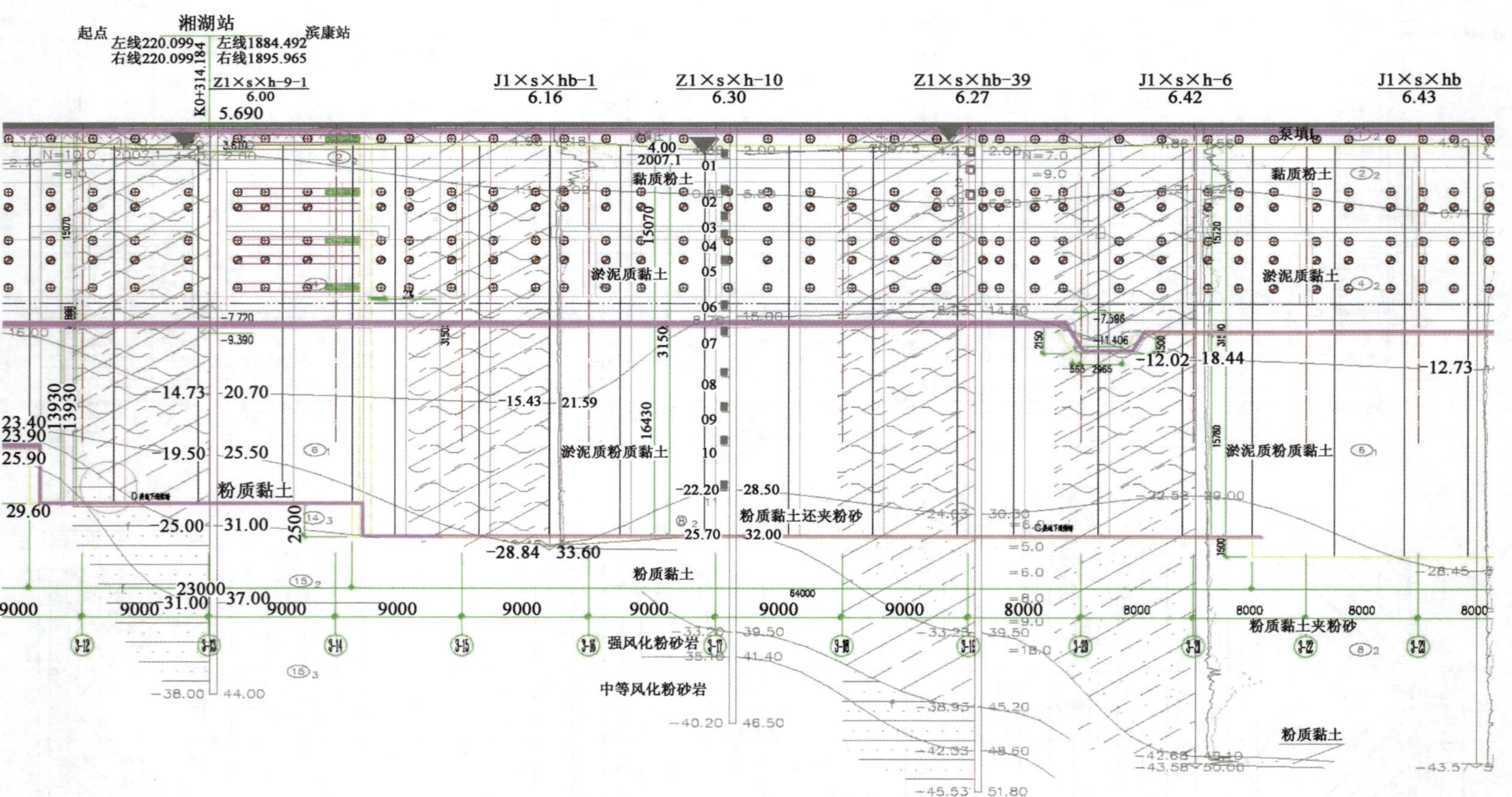

图3-29　基坑地质纵剖面图

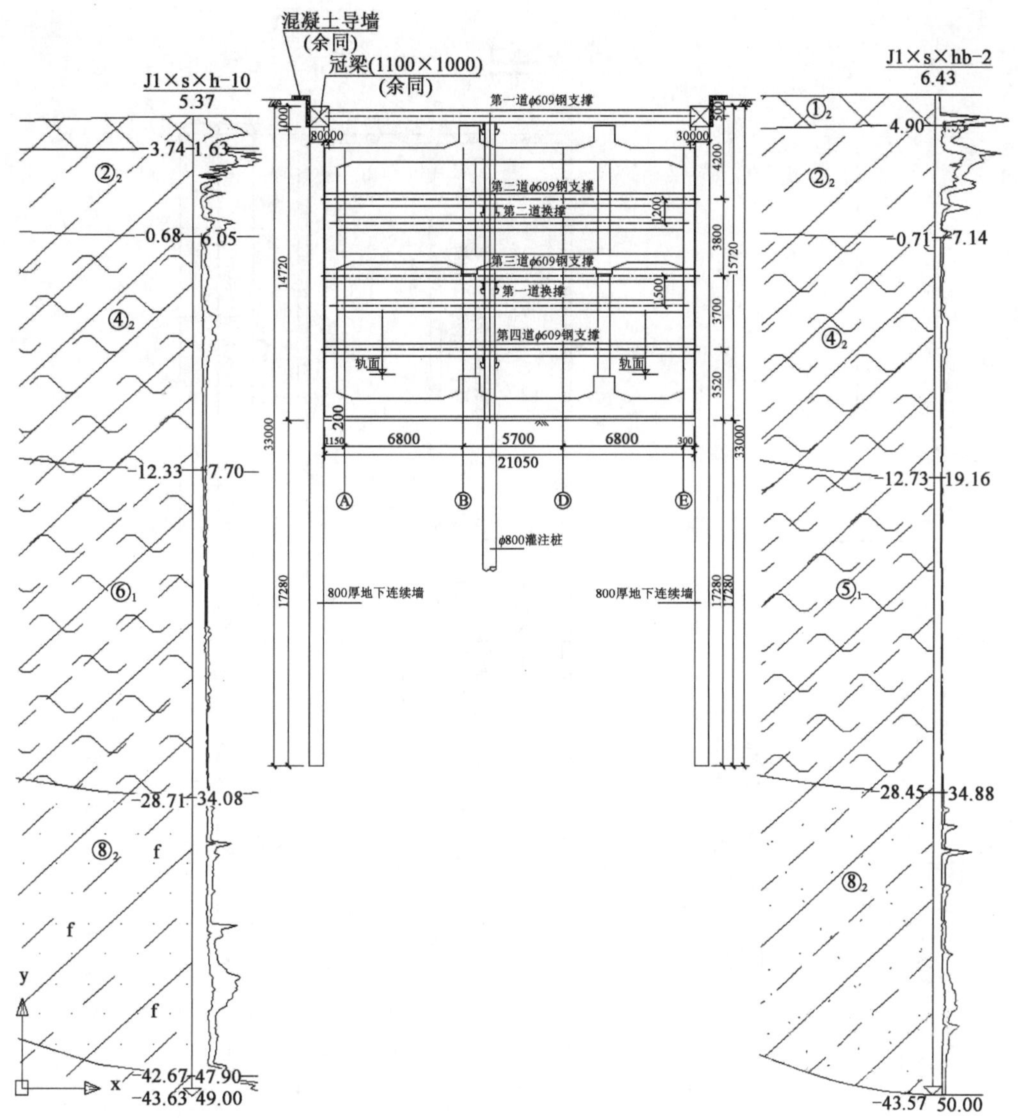

图 3-30　基坑横剖面

15 点 15 分左右，北 2 基坑部分支撑首先破坏，西侧中部地下连续墙横向断裂并倒塌，倒塌长度约 75m，墙体横向断裂处最大位移约 7.5m，东侧地下连续墙也产生严重位移，最大位移约 3.5m。由于大量淤泥涌入坑内，风情大道随后出现塌陷，最大深度约 6.5m。地面塌陷导致地下污水等管道破裂、河水倒灌造成基坑和地面塌陷处进水，基坑内最大水深约 9m。道路下的排污、供水、供电设施受到破坏。

4）事故原因分析

2008 年 11 月 16 日成立事故调查组。调查组对北 2 基坑的地理位置、地形、地貌，基坑坍塌范围及坍塌形态，地下连续墙及钢支撑的倒塌破坏形态，基坑周边环境等进行了多次现场踏勘；对相关单位的人员多次进行了解和询问。

①由静力触探试验表明，基坑土体破坏滑动面接近于基坑底部；地下连续墙墙底土体虽有较大的扰动，但没有产生明显的侧向流变。

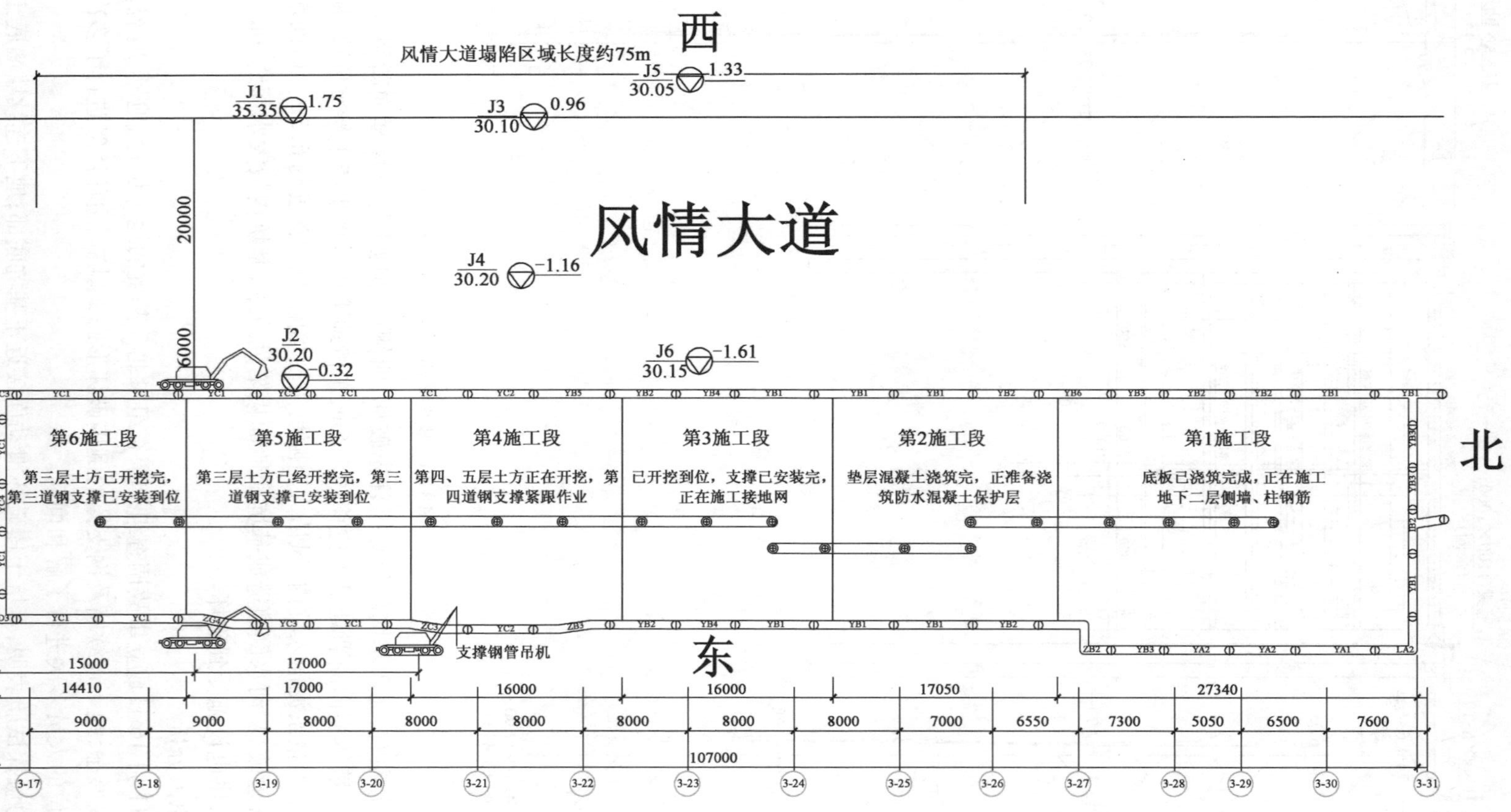

图3-31　事故发生前施工平面图

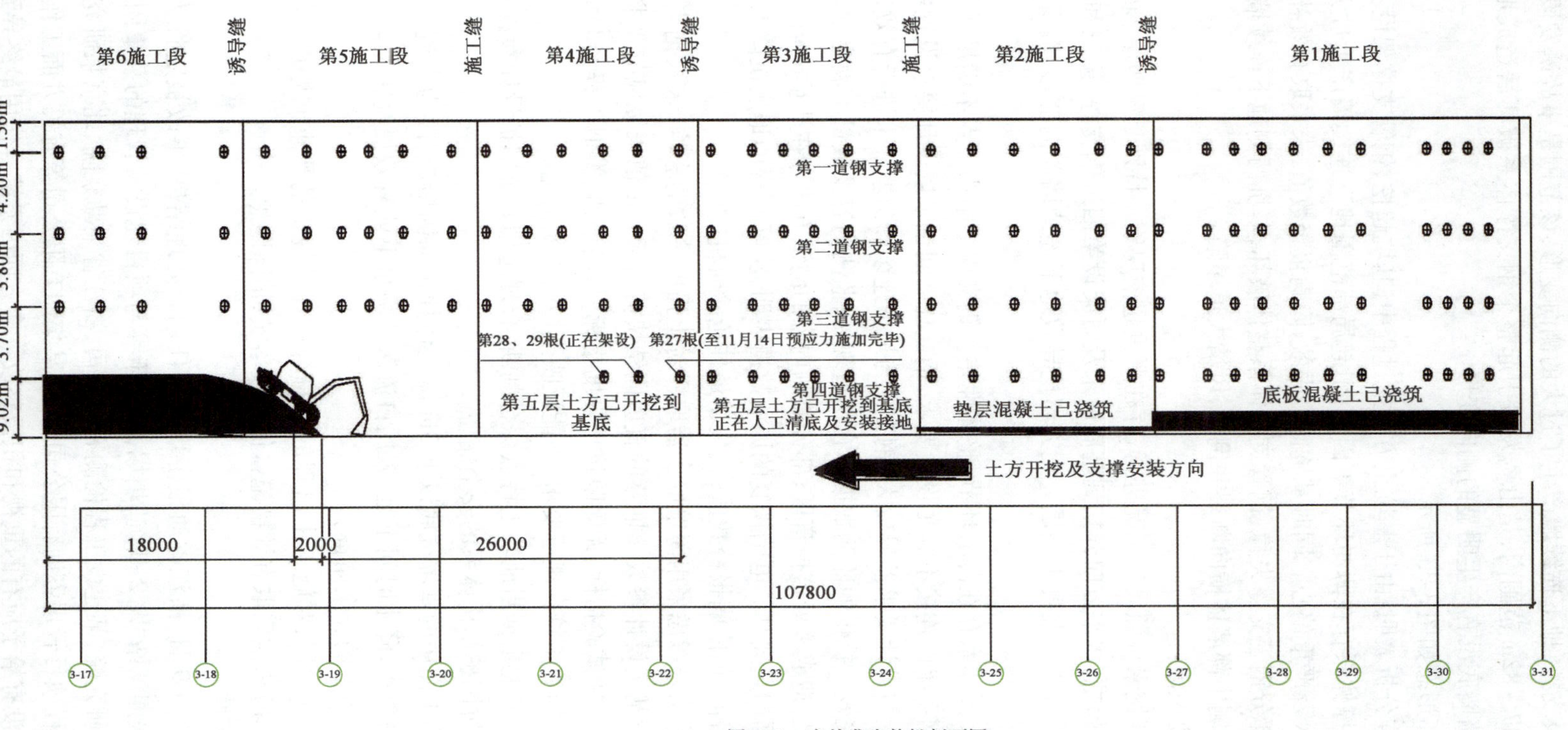

图3-32　事故发生前纵剖面图

②据调查，地下连续墙在距南端封堵墙 17 ~47m 范围内，由于第四层、第五层土方未按设计工况开挖及支撑，地下连续墙产生了过大的侧向变形，该范围是事故诱发段。地下连续墙距南端封堵墙 47 ~82m 范围内，是由诱发段引起整个钢支撑体系破坏后造成地下连续墙内倾，但地下连续墙墙底没有产生明显的侧向变形。

基坑破坏形态如图 3-33 所示。

事故调查分析表明：由于基坑土方开挖过程中，基坑超挖，钢管支撑架设不及时，垫层未及时浇筑，钢支撑体系存在薄弱环节等因素，引起局部范围地下连续墙产生过大侧向位移，造成支撑轴力过大及严重偏心。同时基坑监测失效，隐瞒报警数值，未采取有效补救措施。以上直接因素致使部分钢管支撑失稳，钢管支撑体系整体破坏，基坑两侧地下连续墙向坑内产生严重位移，其中西侧中部墙体横向断裂并倒塌，风情大道塌陷。

事故主要原因：

①土方开挖未按照设计工况进行，存在严重超挖现象。特别是第四层、第五层土方同时开挖，垂直方向超挖，水平方向开挖到基底后未及时架设第四道钢支撑，第三和第四施工段土方开挖到基底后未浇筑混凝土垫层。土方超挖导致地下连续墙侧向变形、墙身弯矩和支撑轴力增大。

②钢管支撑体系存在薄弱环节，整体性差。钢支撑活络头节点不满足强度性能要求；钢管支撑与工字钢系梁的连接不满足设计要求，钢立柱之间也未按设计要求设置剪刀撑；部分钢支撑的安装位置与设计要求差异较大；钢支撑与地下连续墙预埋件未进行有效连接。

③监测失效。提供的监测数据存在伪造现象；监测内容及数量不满足规范要求；测点破坏严重且未修复，造成多处监控盲区；部分监测内容的测试方法存在严重缺陷。以上因素导致提供的监测数据严重失真。电脑恢复的原始数据表明，实际测得的地表沉降及墙体侧向位移均超过设计报警值，但隐瞒报警数值，丧失了最佳抢险时机。

④勘察单位未考虑采用薄壁取土器取样对土强度参数的影响，未根据当地软土特点综合判断选用推荐基坑设计参数。推荐的直剪固结快剪指标 c、φ 值未按规范要求采用标准值。推荐的三轴 CU、UU 试验指标、无侧限抗压强度指标，与验证值、类似工程经验值相比差异显著，且各层土的子样数不符合规范要求，不能反映土性的真实情况。

设计单位未能根据当地软土特点综合判断、合理选用基坑围护设计参数，力学参数选用偏高，降低了基坑围护结构体系的安全储备。

⑤取消施工图中的基坑坑底以下 3m 深土体抽条加固措施，改为自流深井降水措施。由于土层渗透系数小，降水时间不足，采用自流深井降水不能有效提高被动区土体抗力，降低了基坑围护结构体系的安全储备。

⑥监理工作失职，对施工中出现的不符合设计及规范的严重问题（土方开挖、钢支撑施工、基坑监测等）未能采取有效措施督促整改落实，消除隐患。

5）事故定性

2010 年 2 月 9 日，浙江省通报了事故责任调查处理结果，事故被定性为重大责任事故。认为杭州地铁湘湖站“北 2 基坑”坍塌，是由于参与项目建设及管理的某集团的下属工程有限公司、某设计研究院、某建设工程检测有限公司、浙江省某勘察院、北京某研究总院有限责任公司、上海某工程项目管理咨询有限公司、杭州某集团有限公司等有关方面工作中存在严重缺陷和问题，并且没有给予应有的重视和积极整改。多方面因素综合作用最终导致了事故的发生，是一起重大责任事故。

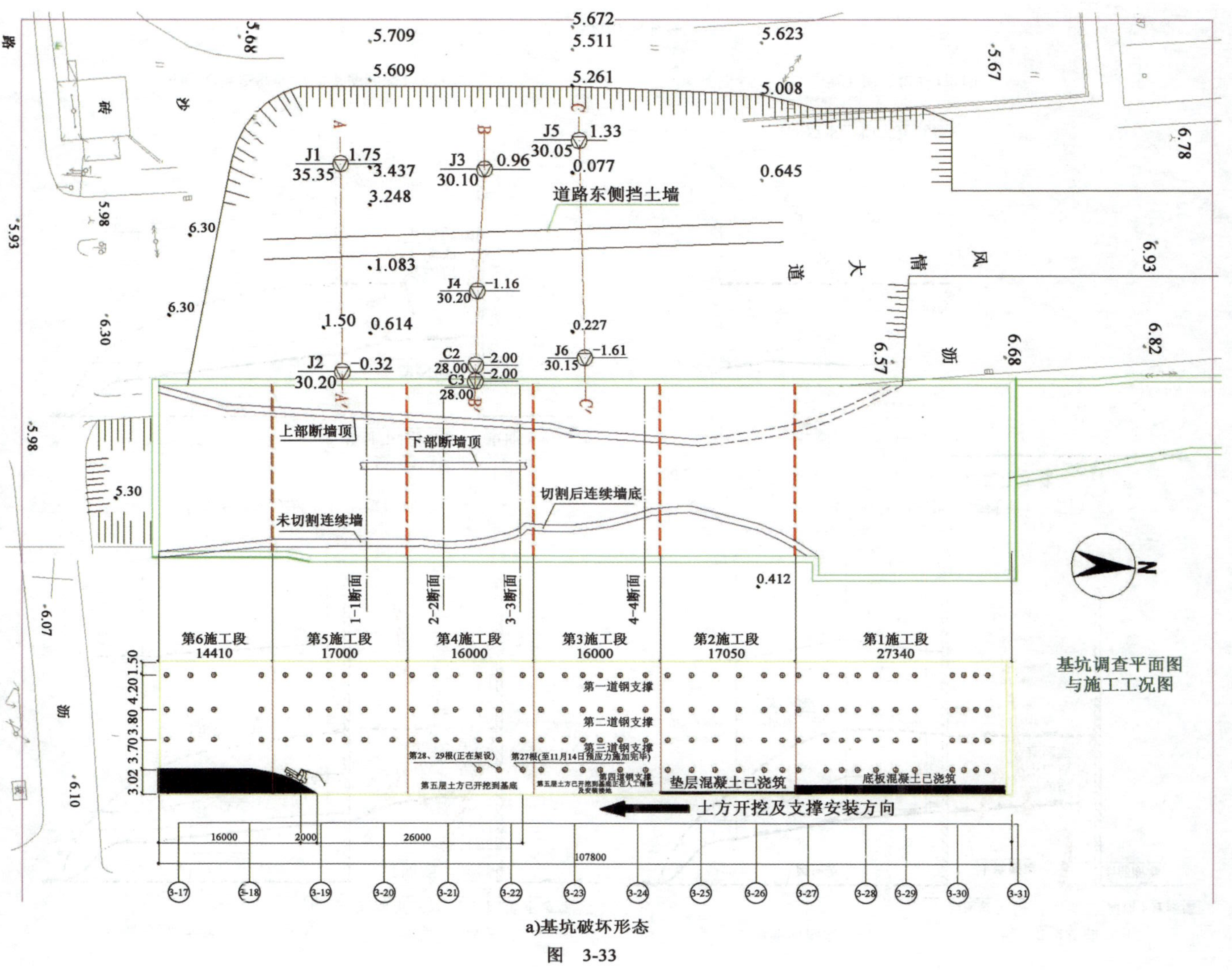

a)基坑破坏形态

图 3-33

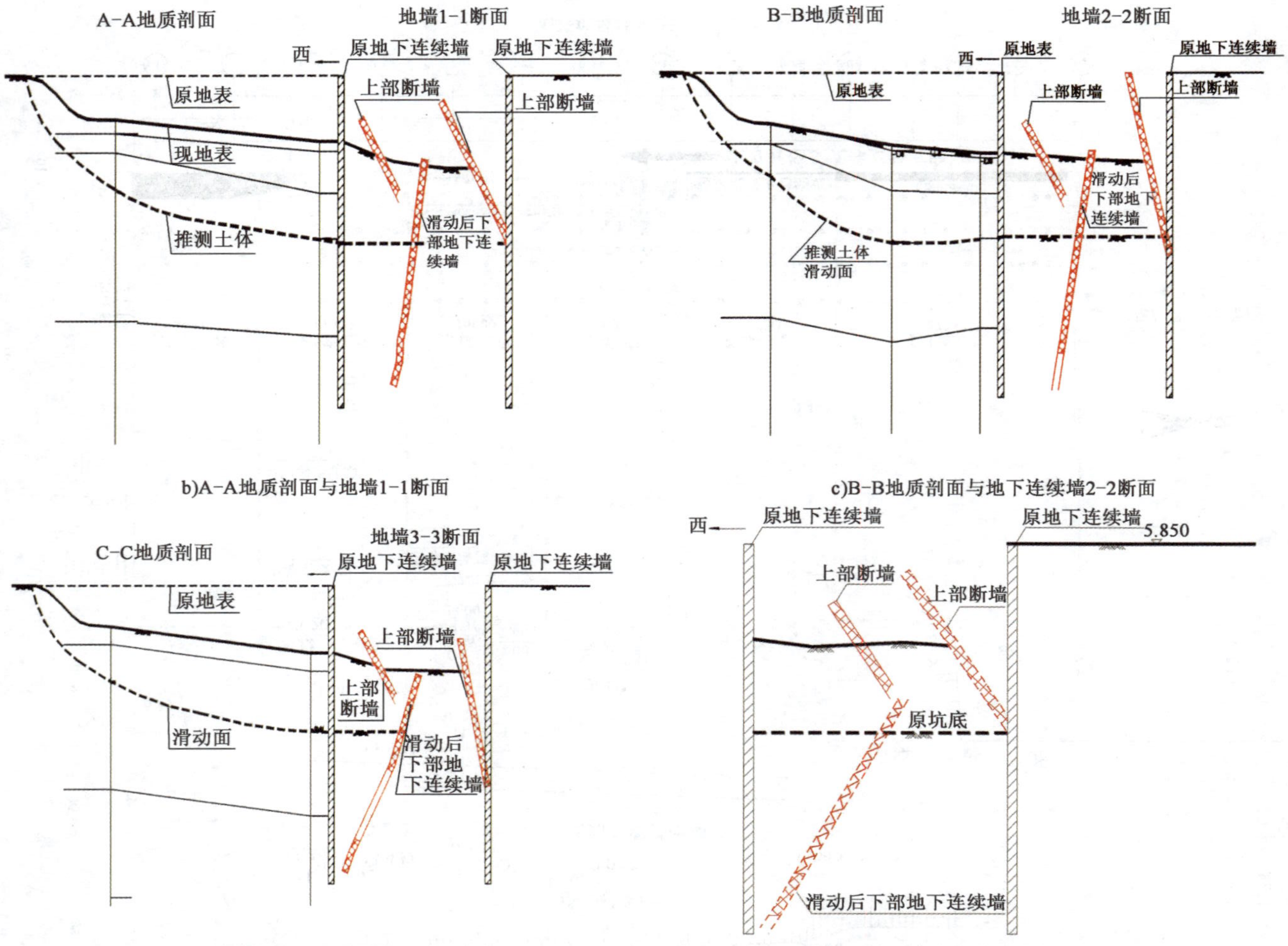

b)A-A地质剖面与地墙1-1断面

c)B-B地质剖面与地下连续墙2-2断面

d)C-C地质剖面与地下连续墙3-3断面

e)地下连续墙4-4剖面

图3-33 基坑破坏形态

①事故直接原因。施工单位违规施工、冒险作业，施工过程中基坑严重超挖，支撑体系存在严重缺陷，且钢管支撑架设不及时，垫层未及时浇筑，基坑监测失效，没有采取有效补救措施。

②事故间接原因。在施工、设计、勘察、监测、监理以及安全管理等方面不同程度地存在对安全风险认识不足、安全把关不严、安全隐患整改不力等严重疏漏和问题。还存在施工单位上级部门对湘湖站项目部管理失职，业主单位对地铁建设工程安全重视不够、管理不到位，建设主管部门监管不力等问题。

3.2.2 北京地铁10号线某车站基坑[15]

1）事故概述

2005年11月30日14:20，北京地铁10号线某标段基坑南侧渗水后倒塌，事故现场见图3-34。塌陷面积近500m²，深约16m。基坑东侧直径0.6m的自来水管断裂，自来水注入基坑内，同时造成一直径1.4m的上水管弯曲，一根燃气管线外露，多根通信电缆断裂。

图3-34 地铁10号线某基坑事故现场

14:20，基坑南侧有污水渗出，5min后，出现大量涌水，10min后，基坑南侧边上出现裂缝，正在施工现场的人员在发现情况后立即撤离，14:35，基坑南侧中间部分桩身出现倒塌，造成横向钢支撑体系脱落，引起东西两侧围护桩倒塌，倒塌范围：东西向24m、南北向20m。因撤离及时，事故中没有人员伤亡。

2）工程概况

事故车站位于北四环和北三环之间，地处北辰路与北土城路的交叉口，是北京地铁干线的重要组成部分，是10号线（南北向）与奥运支线（东西向）的换乘枢纽。

车站基坑采用明挖法施工。10号线车站为三层三跨框架结构，车站基坑深22m，长153m，北端标准断面宽25m，南端扩大端宽29.8m。支护体系采用钻孔灌注桩与钢管支撑，钻孔桩桩径 1m，间距 1.4m，桩顶设 1.0m×1.0m 的冠梁，桩间挂网喷射混凝土，桩嵌入底板深度为 6.3m；钢支撑采用 ϕ609 钢管（壁厚 14mm），从上向下设置 4 道，支撑水平间距 3.0m，竖向间距 5.8m，分别设置在冠梁、地下一层底板、地下二层底板以及地下三层底板之上。

10 号线车站主体结构由北向南施工，共分 8 个施工段，事故发生时施工形象进度如图3-35 所示。

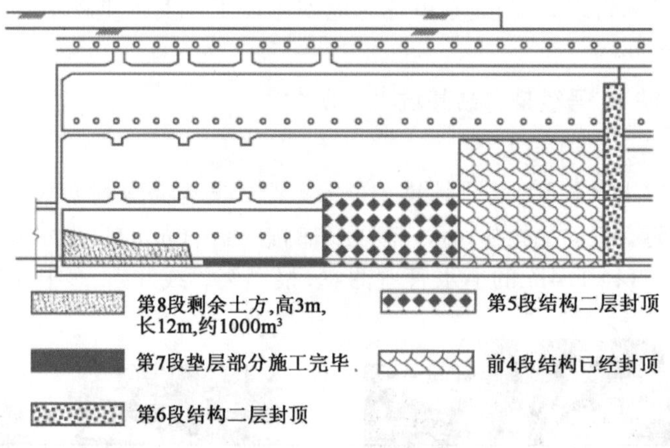

图 3-35　施工形象进度图

3）事故原因分析

（1）地质及周边环境因素

工程所处地质情况复杂，地层多为粉土、粉质黏土、粉细砂层及细中砂层，各层交叉出现，土体自稳性较差。

粉土、粉质黏土为饱和土层，土体自稳性差，在地下水的作用下强度大大降低，易发生坍塌。

粉细砂、中粗砂为含水层，在地下水作用下易发生漏水、流砂、塌方等地质灾害。

卵石层为富含水层，密实，属Ⅴ级围岩，有一定的自稳性。

从现场基坑开挖情况看，开挖地层内有一层粉细砂层和一层细中砂层。第一层粉细砂在地面以下 4.5～6.5m，第二层细中砂层在地面以下 15.0～16.5m，两砂层渗水量大。从事故现场可以看出，破坏滑裂面底部位于第二层细中砂上。基坑坍塌横断面示意如图 3-36 所示。

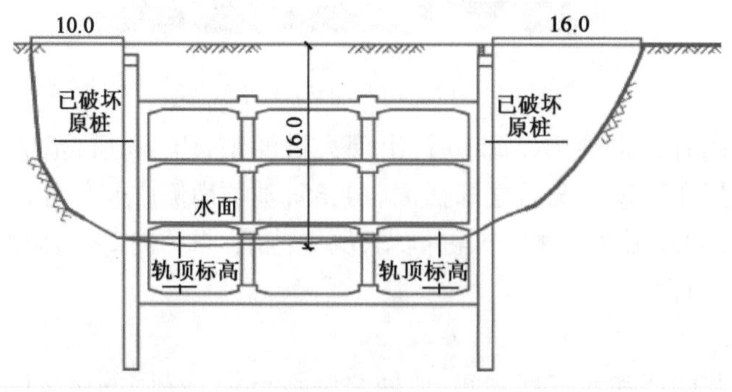

图 3-36　基坑坍塌横断面示意图

事故发生前，施工单位发现基坑南端渗水量加大，为调查其原因，委托某单位采用无损检测的方法进行了地质调查，检测结果显示，在检测区车站基坑南端、地下 8.0m 左右深度范围有明显的异常。推测该区域局部含水率较高,可能有积水渗入。此异常区域距离基坑南端仅有 6m,为雨水管、污水管等多条管线穿越区,且在基坑南端设有污水井及雨水井。

(2)设计施工因素

①施工与设计不符。相关设计为严格按先撑后挖施工,桩基无支撑长度为 2 个钢支撑设计垂向间距。该基坑采用挖掘机施工,基坑土方开挖接近尾声,第 8 施工段的第 3、4 道钢支撑均没有完全架设,造成部分围护桩无支撑长度与设计工况相比加大 2 倍以上,导致基坑围护结构受力过大。

②基坑边堆载。承包商为方便考虑,在基坑东南角堆载约 9000m^3 土,用于后续的基坑回填,堆土坡脚距基坑边缘约 3m。过量堆载致使基坑围护体系承受的土压力加大,受力状态更为不利。基坑坍塌时一部分堆载土方直接滑入基坑,剩余土方在事故发生后紧急运出。

③基坑日常监测不力。事故后检查发现,施工单位上报的监测数据基本正常。一般基坑坍塌前的征兆,如钢支撑轴力变化速率突然增大、围护桩水平变形异常、地表沉降加速、地表出现裂纹等在监测报告中没有任何体现。

3.2.3 南京地铁 2 号线集庆门大街车站基坑[16,17]

1)工程概况

集庆门大街站位于南京市河西地区江东中路与集庆门大街交叉路口下,是南京地铁 2 号线、2 号线西延支线及远期 6 号线的换乘站。

车站采用双岛式平行换乘模式,标准段宽度 48.4m,总长 312.2m。车站主体结构采用双层七跨现浇钢筋混凝土矩形框架结构,围护结构采用 ϕ1000mm 套管钻孔咬合桩,桩间距 800mm。车站结构总宽度 48.4m、总高度 12.46m,车站中心处覆土厚度 3m,底板埋深约 15.5m。车站标准段横剖面如图 3-37 所示。基坑竖向设 4 道(局部 5 道)支撑,第一道为钢筋混凝土支撑,其余均为钢管支撑。支撑设有临时中间支撑柱(梁),柱下设桩基础。

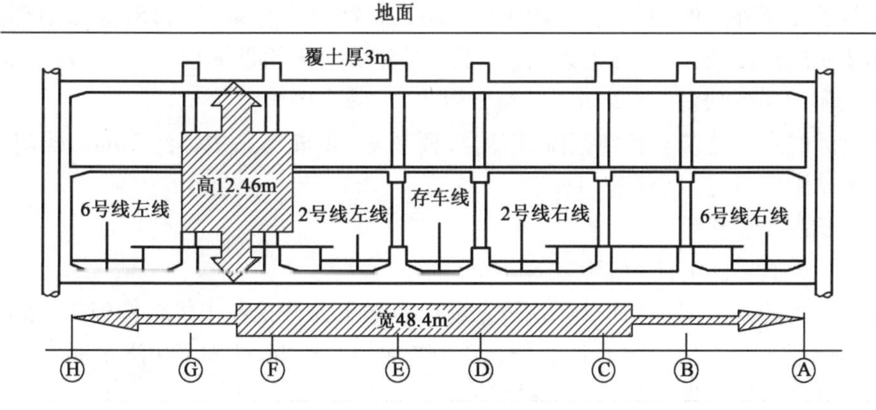

图 3-37 集庆门大街站标准段剖面图

基坑所在地层为典型南京河西地区软土层,大部分为淤泥质粉土,其特点是自稳性差、渗透困难、扰动后易成流塑状。车站范围内地层从上至下地层主要为杂填土层、淤泥质粉质黏土层、粉细砂层等,场地地层上部以淤泥质粉质黏土为主,下部以粉土、粉细砂为主。土层特征见表 3-3。

场地内地下水主要有潜水、承压水两种类型。勘察期间各钻孔实测稳定水位埋深介于 0.80~1.80m,相应高程在 5.77~6.85m。潜水位埋深介于 1.10~2.10m,相应高程约 5.77~

6.08m;承压水位埋深介于2.73～3.90m,相应高程约4.18～4.24m。观测结果表明:潜水位和承压水位存在约1.72m的水头差,深部地下水有一定的承压性。

土层特征表

表3-3

层号	名　称	特征描述	深度(m)
①	素填土	可塑～软塑,含少量碎砖、碎石,主要由黏性土组成,结构松散,均匀性差	0.00～1.6
②-1b1	粉质黏土	软塑,局部可～软塑,干强度中等,韧性中等	0.90～3.8
②-2b2	淤泥质粉质黏土	流塑,含有机质及少许腐殖质,夹少许薄层粉土或粉砂,土质较为均匀,切面光滑,摇振反应无～低,干强度中等,韧性中等	1.90～14.5
②-2d	粉砂	稍密,局部松散,饱和,含云母,夹少许黏性土薄层	10.4～20.0
②-3b3-4	淤泥质粉质黏土	流塑,局部软塑,含有机质及少许腐殖质,呈互层状,层间夹有粉土或粉砂薄层	13.0～22.2
②-3c2-3	粉土	稍密,局部中密,湿,含有机质,夹黏性土薄层,呈交互层状,摇振反应中等～迅速,干强度低,韧性低	20.4～27.0
②-3d2-3	粉砂	中密,局部稍密,饱和,含云母,夹少许黏性土薄层,夹细砂,偶含少许腐殖质	20.5～30.9
②-4b3-4	淤泥质粉质黏土	软～流塑,含有机质,夹粉土薄层,局部为粉质黏土,切面光滑～稍有光滑,摇振反应无,干强度中等,韧性中等	26.20
②-4d2-1	粉砂	中密,局部密实,饱和含云母、少许腐殖质,偶夹少许黏性土薄层	27.0～44.5

地下水主要来源为大气降水及人工用水的补给。深部承压含水层(②-3c2-3、②-3d2-3)中的地下水与长江及外秦淮河均有一定的水力联系。基坑开挖范围内,南端和中部土层以②-2b4、②-3b3-4层淤泥质、粉质黏土为主,中部局部含②-2d3粉砂薄层,北端以及中部偏西土层以②-2b4层淤泥质粉质黏土、②-2d3层粉砂层为主,降水困难。

车站附近的主要建筑有长江医院、诺玛特商场等,距离车站主体约20m。鹭鸣苑15幢与集庆门大街站距离最近,只有17.4m。

2)事故情况及原因

(1)2006年12月24日21:30

南北长条状的基坑围护结构封闭后,先进行南部土方开挖和主体结构施工,然后逐渐向北推进。当南部端头井部位土方开挖完毕,于2006年12月24日21:30浇筑底板时,在端头井中间的一根立柱桩周围发生突涌,共涌出泥砂120m^{3}左右。

本次突涌造成南端距基坑约17m的1幢6层点式居民楼向西倾斜,路面最大下沉量约30cm,立柱桩最大下沉量为6cm。突涌发生后,施工单位全面检查后发现,原在南端头井部位正常工作的12口降水井由于土方开挖坡度不合理,导致坑内土体滑移,造成其中8口井遭剪切破坏,至2006年12月24日仅有4口井正常作业。

(2)2007年1月13日

土方挖至桩628号和629号间时,开始有一股小涌泉出现,当挖机沿桩边向下再挖除一斗土后,突然发生管涌。涌出泥砂45m^{3}左右,造成最近的一处路面下沉约40cm,交通中断3天。

检查施工记录发现,628 号和 629 号桩成桩过程中未控制好垂直度,造成咬合桩开叉,后进行高压旋喷桩处理,旋喷深度达开挖面以下 3 m,未进行抗管涌验算。本次管涌是咬合桩开叉后加固深度不够造成的。

施工过程中,通过现场目测及环境监测发现,位于基坑东南位置,距基坑约 17m 的鹭鸣苑小区 15、14 幢住宅楼局部出现裂缝,且向基坑内侧发生倾斜。集庆门大街北侧的利德家园的一幢 14 层居民楼也同样面临开裂和沉降的问题,利德家园位于集庆门大街站东侧,距离地铁深基坑 20m 左右。综合南京河西地区软土地基基础研究成果可知,该区复合地基建筑主要沉降是由于复合地基下卧层固结或变形(扰动)引起的,而鹭鸣苑 15 幢住宅楼沉降主要因素为深层搅拌桩持力层水土流失,次要因素为复合地基处理深度范围内的压缩固结。

(3)2007 年 2 月 5 日 6:00 左右

基坑渗水塌陷,造成天然气管道断裂爆炸。附近 5000 多户居民停水、停电、停气;附近的金鹏大厦被爆燃的火苗"袭击",事故没有造成人员伤亡。事故现场照片见图 3-38。

图 3-38　南京地铁事故照片

3.2.4　台湾高雄捷运 O1 车站基坑[9,18]

1)事故概述

2004 年 8 月 9 日 13:20,高雄捷运橘线位于捷兴街与临海二路的 O1 车站在基坑开挖至 11.7m 时,发生严重的地下连续墙渗漏水事故。地下水从幅段 S60M 前面的基坑底部涌入,导致连续墙外侧砂土大量掏空,地表随之沉陷 3m 左右,四个连幢三层楼民宅 1h 内发生严重倾斜和结构破坏,靠近漏水处的一楼几乎全部陷入到地面之下,见图 3-39。坍塌范围长约 15m,宽约 19m,所幸当时住户及时逃生,无人伤亡。

2)工程概况

O1 车站属于高雄捷运橘线 C01 标,C01 标西起于西子湾临海二路寿山街口,东至中正四路自强路口(中华路)的 O4 车站东侧,总长约 3.6km,包括 3 个地下车站(O1 车站、O2 车站、O4 车站)、1 段明挖隧道、3 段盾构隧道等。

O1 车站的位置如图 3-40 ~ 图 3-41 所示。

O1 车站基坑采用标准明挖顺作法施工,事故段位于第二工区,该工区围护结构采用 0.8m 厚的地下连续墙,墙深 39m,开挖深度 19.95m,支撑采用 7 道 H 型钢支撑。基坑剖面如图 3-42 所示。

该区域地层自上而下为：

回填层(SF)：分布于地表下0.0～1.2m，为回填砂石级配。

砂质粉土层(SM)：分布于地表下1.2～4.3m，为极松散至松散砂质粉土夹细砂贝壳。

图3-39　高雄捷运O1车站连续墙渗水导致建筑沉陷

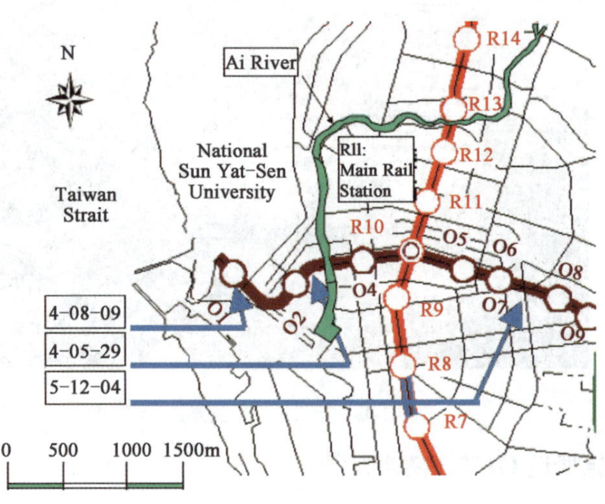

图3-40　O1车站的位置(O1车站事故以及其他两次事故的位置)

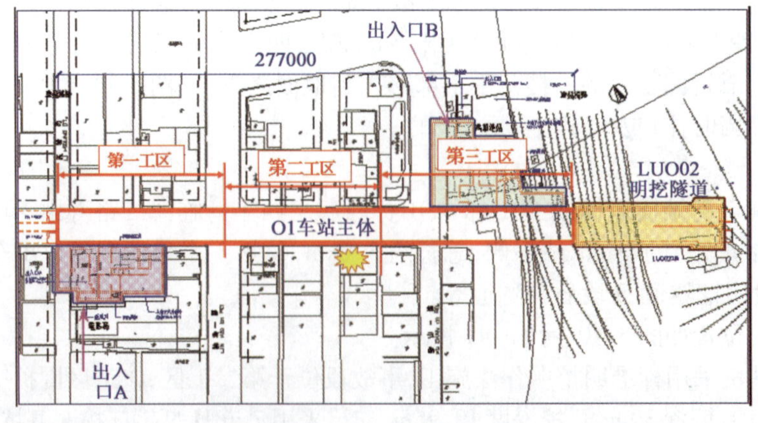

图3-41　O1车站平面位置

粉土质黏土层(CL):分布于地表下4.3~9.2m,为软弱粉质黏土夹细砂贝壳。

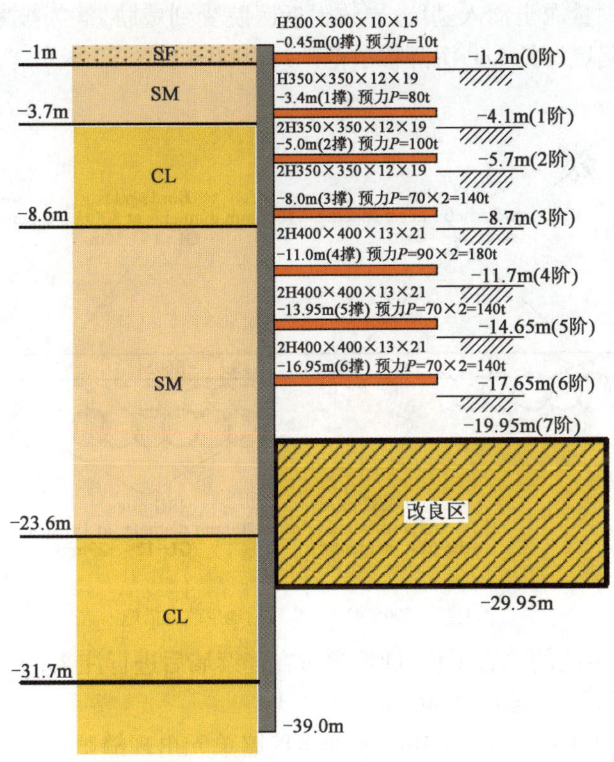

图3-42 基坑剖面图

粉土质中细砂层(SM):分布于地表下9.2~22.8m,为中等密实粉土质中细砂。

粉土质黏土与砂质粉土互层(CL):分布与地表下22.8~32.4m,为坚实至极坚实粉土质黏土与砂质粉土互层。

粉土质黏土层:分布于地表下32.4~50.0m,为中等坚实至坚实粉土质黏土层。

3)事故原因分析

高雄西海岸地层条件非常差,受扰动容易软化,或者在较大水头作用下发生液化,因此在施作连续墙时,槽段失稳现象较为普遍。很多情形下,采用迷你桩或微型桩来预防槽壁失稳,但即使这样,缩颈现象也常发生,导致连续墙断面减小。此外,地下水中含有很高的氯化物,由于氯化物的侵蚀,地下连续墙质量常迅速恶化,以至于不得不采取地层处理措施来防止地下水侵入地下连续墙。

O1车站比O2车站更靠近海,地质更差,发生事故的概率也更高。O1车站在基坑开挖区域的四周施作了一排CCP桩,以维持地下连续墙槽段在施作地下连续墙前的稳定。涌水事故发生后,在2004年的9月末进行了钻孔取芯工作,发现S59F幅段有缺损,在地表下15.95~16.55m位置局部有袋状的岩块和土块。在幅段S58M到S60M之间增加一排11个钻孔桩。在2004年11月进行了抽水试验以检查是否还有其他的有缺陷幅段。从6口井中抽取了3285m^{3}的地下水,开挖区域地下水位下降2.2m,然而在随后不到10天之内,水位由于局部渗漏又恢复到原来状态,抽水试验没有达到预期目的。

为安全起见,在车站四周又增加JSG桩,如图3-43所示,此外,JSG桩连接处,采用CCP桩进行处理。随后进行抽水试验以考核该措施是否有效,然而基坑内地下水位的恢复速度仅仅略微小于处理前的结果。于是决定在 S58M 幅段后增加 3 个桩。当 2005 年 7 月 7 日安装第 4 根桩时，地下水携带大量泥土涌入基坑，导致附近医院受到威胁，病人被紧急转移。此次事故相对破坏较小，地面陷坑深约 1m，沉降扩散范围约 $1000m^2$。

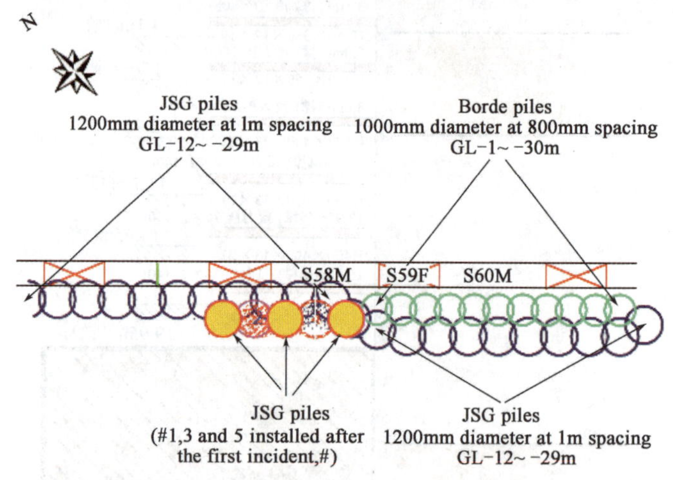

图 3-43　2005 年 7 月 7 日前地层改良措施

救援行动终止了事故的调查工作，随后通过在连续墙后进行注浆，于 2005 年 12 月恢复了基坑开挖工作，6 个月后开挖到基坑底部。

此事故主要是由于 GL－15 ~ －18m 范围连续墙单元出现缝隙（见图 3-44），该段地层为粉土质中细砂层（SM），大量地下水涌入开挖基坑内，导致地下连续墙外侧被掏空，进而引起地面塌陷、建筑破坏。渗水事故原因分析示意如图 3-45 所示。

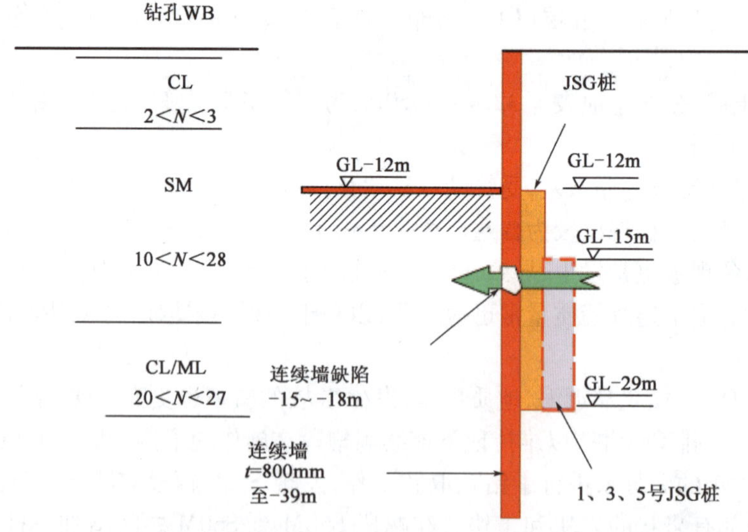

图 3-44　S58M 后的地层改良措施

4）经验与建议

地下水及地层特性是基坑工程施工中需要了解的重点，地层改良方法应不局限于单一方法，而应综合采取各种方法，以达到地层加固及避免灾害的目的。

安全监测系统的数据为施工管理的有效工具，尤其是地下水位以及地下水压的监控更为重要，然而，监测数据管理值的确定需要根据工程实际进行适当调整，不宜采用单一管理值作为唯一依据。

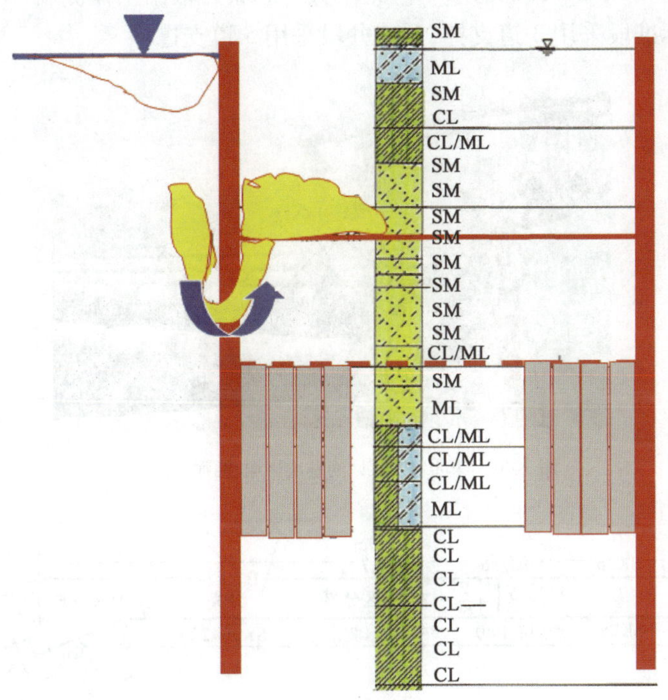

图 3-45　O1 车站渗水事故原因分析示意图

监测数据的分析应及时，并迅速反馈给施工承包商。

O1 车站基坑工程能够克服各种地质及水文上的不利因素，最终完成开挖作业，主要因为施工、设计、业主及咨询各单位成员之间的通力合作。

3.2.5　深圳地铁 1 号线续建工程某区间明挖基坑[19]

(1)事故概述

2008 年 3 月 9 日上午 11 时，深圳市南山区地铁 1 号线续建工程某区间基坑东侧支撑体系和围护结构向基坑内垮塌，垮塌长度 43m，约 5 万 m^3淤泥从垮塌处瞬间涌入基坑直至盾构井，基坑外淤泥流动影响范围长约 210m，宽约 120m，最深处可达 3m，并破坏供水管道和电力设备，全场断水停电。由于疏散及时，百余名作业工人安全撤离，无人员伤亡。事故现场见图 3-46。

(2)工程概况

该地铁区间基坑工程位于深圳市南山次中心前海片区，基坑总长 392.348m，宽 21.1 ~ 41.03m，深 14.23 ~ 19.098m。基坑平面如图 3-47 所示。

事故区域是以填海为主的 7.5km^2 的新兴区域，正在进行填海施工，周围空旷，无建筑物、管线、道路等。工程地质水文条件复杂，淤泥层厚。土质不均，呈坚硬 ~ 流塑状态，有球状风化残留体存在，容易引起不均匀沉降，开挖时易坍塌，属较不稳定土体。

基坑场地地下水按赋存条件主要分为孔隙水及基岩裂隙水。工程范围内的含水层主要为砂层，与双界河河水及海水有水力联系，结构松散，自稳性差，施工易发生坍塌、涌水、涌沙等现象。

基坑底部、外围有大片淤泥区，在基坑的东侧设挡淤泥围堤，以控制淤泥的扰动与变化。此地段基坑采用 ϕ1000mm@1.2m 冲孔桩 + ϕ600mm 旋喷桩止水围护结构，钢管支撑 ϕ600mm × 12mm、ϕ600mm × 16mm，水平间距不大于 3m，并根据主体侧墙、中墙、格构柱布置等适当调整。区间标准段采用 3 道支撑，盾构井段采用 5 道支撑。

图 3-46　深圳地铁某区间基坑垮塌、涌泥事故现场

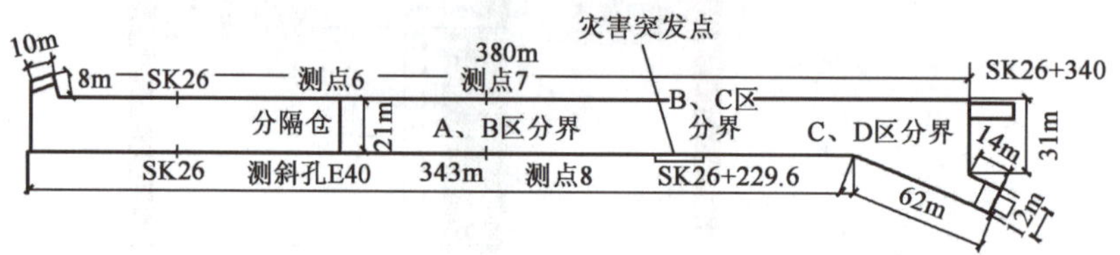

图 3-47　基坑平面示意图

由于基坑纵向很长，整个基坑共分 4 个开挖工作段（面），每个开挖段分为 9 个小段。基坑封闭后，进行坑内降水，然后由两端向中间开挖。盾构井及 2、3 段基坑采用分段放坡开挖，纵向由两端向中间依次推进，竖向每一段内从上到下分 6 层开挖。

为掌握基坑开挖引起围护结构位移和基坑周边土体的沉降、位移情况，在基坑角点及沿纵向每 60m 在基坑边缘设置了土压力、地表沉降监测点以及水位监测孔，同时在横向按间距 5m 的原则设 3 个沉降监测点，在基坑角点及沿纵向每 60m 设置围护桩水平测斜孔，在基坑角点及沿纵向每 30m 设置桩顶位移监测点，每 3 道钢支撑设置一个支撑轴力计。

（3）事故情况

2008 年 3 月 9 日 20:30，B 区、C 区交界处一根第 2 道钢支撑中间部位产生侧向挠曲，随即发生断裂，掉入坑底。其上层即第 1 道支撑的多处支撑产生上拱现象，基坑内出现异常声响。建设单位于是紧急疏散相关人员，同时从基坑南侧进行土方回填。22:00 ~ 23:00，陆续有钢支撑发生变形并伴随异常声响，特别是第 1 道支撑向上挠曲较大，并且东侧围护结构向内变形较大，桩间土块和围护结构层混凝土掉落。23:06，基坑东侧 SK26 + 190 ~ SK26 + 233 中间部位支撑体系和围护结构瞬间向内垮塌。淤泥从 C、B 区交界处涌入基坑直至盾构井，高度至第 1 道钢支撑下约 20cm 处。

（4）原因分析

①设计原因。

a. 本工程处于深圳填海区，未形成陆地之前分布有大片的鱼塘与滩涂，淤泥层范围很广，且淤泥层分布因场地不同而有差异，在基坑东侧有大片淤泥区，为安全隐患。

b. 围护结构采用排桩，该形式围护结构多用于深 7 ~ 15m 的基坑工程，而本基坑深度局部达 19m，且基坑纵向长达 290m，基坑围护结构的整体稳定性较差。

c. 围护结构土压力计算采用朗金土压力理论，而本基坑场地内填土、淤泥分布不均，与土压力理论的假设条件相差很大。此外，基坑东侧的市政填土工程还在不断加快，淤泥区的填土高度在不断增加，相应的基坑侧向土压力也在不断增加。

②施工原因。

a. 灌注桩施工场地地层复杂，存在大量孤石，桩基施工困难大，成孔质量和桩身强度均不能保证。

b. 基坑施工时，主体结构进度跟不上。

③施工监测原因。

a. 监测方案制订存在漏洞。

b. 没有对监测数据进行实时正确的处理，有隐患的地方没有引起足够重视。事故发生前，曾出现部分钢支撑产生侧向挠曲及基坑内钢支撑出现异常响声，监测方未给予足够重视。当发现桩体位移测点破坏时，未采取补救措施，监测不能反映施工现场的真实情况。

3.2.6 其他地铁基坑工程事故

(1)上海轨道 4 号线鲁班路站

2001 年 8 月 20 日 20:00 左右，⑯轴处土方突然开始发生滑坡，20:10，⑯ ~ ⑱轴处发生第二次大面积土方滑坡，滑坡土方由⑱轴开始冲至⑫轴，冲断了基坑内钢支撑 16 根。

事故后果:4 人被埋，窒息死亡；本起事故直接经济损失约为 140 万元。

事故原因:开挖范围内为淤泥质土，施工期间遭百年一遇特大暴雨影响，造成长达 171m 基坑纵向留坡困难。而在执行小坡处置方案时未严格执行有关规定，造成小坡坡度过陡，是事故直接原因。

(2)广州轨道交通 4 号线 10 标工程

2006 年 10 月 4 日上午 11:03，挖掘机驾驶员紧急操作失误，挖泥斗猛烈撞到高出地面的南侧支护钢板桩。由于碰撞振动导致该处南北向钢管支撑脱落，钢板桩受外侧淤泥土压力作用向基坑内严重倾斜变形，腰梁钢支撑与钢板桩因受外力影响，焊缝拉开，基坑三面的腰梁钢支撑和斜支撑掉落，最终导致基坑坍塌。

事故后果:基坑坍塌致 1 人死亡、3 人受伤，直接经济损失 48 万。

事故原因:挖掘机驾驶员违章作业是主因，在紧急情况下未正确操作，导致挖斗撞碰钢板桩，破坏基坑钢板桩支撑体系的稳定；基坑腰梁钢支撑和斜支撑的连接点电焊强度不够，未完成闭合的支撑体系不牢固，基坑在侧压力过大及挖掘机碰撞钢板桩的外力作用下失稳垮塌。

(3)广州地铁 3 号线沥胺站

2004 年 4 月 1 日 8:20，基坑连续墙垮塌，基坑塌陷，基坑北端的一栋 3 层高的居民楼斜向塌陷区，整个楼体倾斜 45°左右，23 户居民紧急搬迁，事故现场见图 3-48。

沥胺站临近珠江，土质结构从上到下依次为杂填土、淤泥和粉质砂，其中淤泥和粉质砂层厚达 8 ~9m，砂层中富含水，土层自稳能力极差。残积层及基岩全风化、局部有弱膨胀性，是该站区的特殊地质。加上连降暴雨，污水管膨胀，水从破裂处冲出，对北端的连续墙造成突然冲击，致使连续墙后水土压力加大。根据破坏时间短、破坏前没有明显预兆及直至事故前一天的监测数据反映基坑变形、钢支撑轴力都无明显异常等多方面情况来看，该事故属于墙后荷载突然增大引起的脆性破坏。

图 3-48 广州地铁 3 号线事故现场

(4)南京地铁 2 号线茶亭站

2007 年 5 月 28 日上午 8 点左右,正在施工的基坑第 6 段一侧,突然发生土体滑坡,数百立方米黑土倾泻而下,2 人当场死亡。事故现场见图 3-49。

图 3-49 南京地铁 2 号线茶亭站事故现场

地铁 2 号线茶亭站基坑围护结构采用地下连续墙,但在发生滑坡的地方,由于涉及高压电缆,无法施作地下连续墙,所以该位置采用了钻孔灌注桩围护结构。钻孔灌注桩局部因质量缺陷局部有渗漏水,而该处地层主要为粉细砂,在不能完全控制上部土层渗水的情况下,粉细砂容易失稳而造成滑坡。此外,工人在施工操作时,对底部土方挖得过猛,在施工次序上出现问题,导致滑坡。

参考文献

[1] The incident at the MRT circle line worksite that led to the collapse of the Nicoll highway on 20 April 2004[R]. Ministry of Manpower of Singapore,2004.

[2] COI(2005). Report of the Committee of Inquiry into the incident at the MRT circle line worksite that led to collapse of Nicoll Highway on 20 April 2004[R]. Ministry of Manpower,Singapore.

[3] MOM 2005a. Committee of Inquiry concludes string of critical design errors caused collapse at Nicoll Highway[EB]. *Press Release*,Ministry of Manpower of Singapore,2005.

[4] MOM 2005b. Government Response to the Final Report of the Committee of Inquiry into the Nicoll Highway Collapse[EB]. *Press Release*, Ministry of Manpower, Singapore, 2005.

[5] Javier Artola. A solution to the braced excavation collapse in Singapore[D]. Massachusetts: Massachusetts institute of technology, 2005.

[6] 肖晓春,袁金荣,朱雁飞. 新加坡地铁环线 C824 标段失事原因分析(一)——工程总体情况及事故发生过程[J]. 现代隧道技术,2009,46(5):66-72.

[7] 肖晓春,袁金荣,朱雁飞. 新加坡地铁环线 C824 标段失事原因分析(二)——围护体系设计中的错误[J]. 现代隧道技术,2009,46(6):28-34.

[8] 肖晓春,袁金荣,朱雁飞. 新加坡地铁环线 C824 标段失事原因分析(三)——反分析的瑕疵与施工监测不力[J]. 现代隧道技术,2010,47(1):22-28.

[9] Z. C. Moh, R. N. Hwang. Lessons Learned from Recent MRT Construction Failures in Asia Pacific[R]//16th Southeast Asian Geotechnical Conference, Kuala Lumpur, 2007.

[10] Wannick, H. P. 2006. The code of practice for risk management of tunnel works—Future tunnelling insurance from the insurers' point of view, [C]. Proceedings of *ITA Conference*, 25 April, Seoul.

[11] 浙政办发〔2010〕33 号. 浙江省人民政府办公厅关于杭州地铁湘湖站"11.15"坍塌重大事故的通报[EB]. 浙江省人民政府办公厅文件,2010.

[12] 北京城建设计研究总院有限责任公司. 杭州地铁 1 号线二期工程湘湖站出入场线段初步设计汇报[R],2009.

[13] 智慧启明星专家视角. 杭州萧山湘湖段地铁基坑事故原因分析[EB]. 同济启明星科技发展有限公司.

[14] 李宏伟. 杭州地铁湘湖站事故案例分析[EB]. http://www.pmdoudou.com/Data_View_4266.aspx.

[15] 姚国伟,吕高峰,杨永平,魏庆朝. 某地铁车站基坑坍塌引发的施工安全问题[J]. 都市快轨交通,2008,21(2):71-74.

[16] 赵翔,李俊才,等. 渗透变形引起的基坑事故分析及预防[J]. 建筑科学,2008,24(3):82-85.

[17] 李青. 地铁车站超宽基坑设计及施工探讨[J]. 四川建材,2009,35(2):161-162.

[18] 陈斗生. 高雄市捷运 O1 车站深开挖施工灾变之补救过程[C]//2007 海峡两岸地工技术/岩土工程交流研讨会,2007(4):16-18.

[19] 胡长明,周正永,等. 某地铁明挖基坑事故原因分析及处理方法[J]. 施工技术,2009,38(9):30-32.

4 基坑工程安全风险管理

近些年国内外在基坑工程领域频繁发生的工程事故，给参与建设的各方以及施工地造成了重大的经济损失，尤其对于本书重点关注的城市地铁基坑工程，第3章列出的一些典型事故案例充分表明，对于重大、特大事故，实际已演变成公共灾害，危及公共安全，具有社会危害性。同时，灾害事故的频繁发生，也充分暴露出地下工程建设的高风险性，这是由地下工程的投资大、施工周期长、施工项目多、施工技术复杂、不可预见风险因素多和对社会环境影响大等诸多特点决定的。以新加坡2004年尼浩大道垮塌(Nicoll Highway collapse)事故为例，COI建议：重大事故潜在可能性必须通过灾害识别和风险分析的手段予以识别和处理，这包括必须保证对于临时结构的设计是健壮的，独立复核，且定期审核。

4.1 风险的概念

4.1.1 风险的定义及特征

所谓风险"就是不幸事件发生的可能性，或者说是一个事件产生人们不希望后果的可能性(概率)"，尽管风险的概念在现实生活中运用较广泛，但其严格的定义并无一致意见，以地下工程界为例，国际隧道工程保险集团(International Tunnelling Insurance Group, ITIG)在 *A Code of Practice for Risk Management of Tunnel Works*(即《隧道工程风险管理实践规程》)中定义风险(Risk)[1]：风险是灾害(hazard)的后果(the consequence)或严重性(severity)与其概率(likelihood)的组合，即风险是灾害的后果/严重性与灾害发生概率的函数。

ITIG对于灾害(hazard)的定义是：灾害是一个可能对项目相关的事务产生影响的事件，它可能引起与下列有关的后果。

(1)健康与安全；

(2)环境；

(3)设计；

(4)用于设计的程序；

(5)用于设计的费用；

(6)项目施工；

(7)用于施工的程序；

(8)与施工有关的费用；

(9)第三方和既有设施，包括建筑物、桥梁、隧道、道路、地面和地下铁路、人行道、航道、防洪工程、地面和地下设施以及其他所有可能受此影响的构筑物和基础设施。

国际隧协(International Tunnelling Association, ITA)在《隧道风险管理指南》中定义风险(Risk)[2]：风险是灾害发生的频率与后果的组合(A combination of the frequency of occurrence of a defined hazard and the consequences of the occurrence)。

ITA对于灾害(hazard)的定义是：灾害是一种情况或状态，它可能导致：人员伤害，财产损失,环境破坏,经济损失或项目工期延期。

更具体的讲,ITA 的风险管理指南,涵盖以下风险或者后果:

(1)对工人健康和安全的风险,包括个人受伤,甚至死亡;

(2)对第三方的健康和安全的风险;

(3)对第三方财产的风险,尤其是既有建筑物和构筑物,文化古迹建筑,以及地上和地下的基础设施;

(4)对环境的风险,包括可能的陆地、水及空气污染及对动植物的破坏;

(5)对业主工期延迟的风险;

(6)对业主在财政及附加额外投资的风险。

风险与灾害的关系如图 4-1 所示。

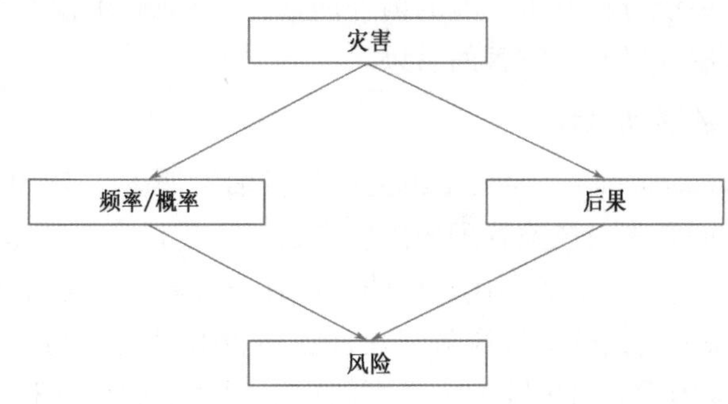

图 4-1　风险与灾害的关系

尽管风险定义有所不同,但一般均包含两个基本要素,即:不利事件发生的概率及其潜在的影响,但不同定义,一般这两个要素之间关系不尽相同,目前比较通用的,是用数学语言表达的风险函数,即:

$$R = f(p,c) \tag{4-1}$$

式中:R——风险;

p——不利的风险事件出现的概率;

c——不利事件的后果,即损失。

式(4-1)函数最简单且应用最多的是相乘关系,即:

$$R = p \times c \tag{4-2}$$

式(4-2)的风险函数定义,默认每一风险因素对应一个发生概率和后果,是一个定性的定义。

风险具有以下特征[3~5]:

①客观性。风险的存在取决于决定风险的各种因素的存在,而不管人们是否意识到风险,只要决定风险的各种因素出现了,风险就会出现。因此,要减少和避免风险,就必须及时发现可能导致风险的因素并进行有效管理。风险的客观性要求人们应充分认识风险、承认风险,采取相应的管理措施,以尽可能降低或化解风险。

②突发性。风险的产生往往给人以一种突发的感觉。当人们面临突然产生的风险,往往不知所措,其结果是加剧了风险的破坏性。风险的这一特点,要求我们要加强对风险的预测和防范研究,建立风险预警系统和防范机制,完善风险管理系统。

③相对性。一方面,人们对风险有一定的承受能力,但这种能力往往因活动、人和时间而不同。另一方面,风险和任何事物一样也是矛盾的统一体,一定的条件会引起风险的变化,某些风险可以较为准确地进行预测和估计,如天气预报,风险也因此具有相对性。

④多变性。风险的多变性是指风险会受到各种因素的影响,在风险性质、破坏程度等方面呈现动态变化的特征,如基坑工程的时空效应,是基坑工程的重要特征,即基坑的平面形状、开挖深度、周围环境与荷载条件、暴露时间长短等,都会对基坑围护结构的受力与变形产生影响。

⑤无形性。风险不像一般的物质实体那样能够较确切地描绘和刻画出来,因此,在分析风险中需要运用系统理论、概率、模糊数学等概念和方法进行界定或估计、测定,从定性和定量两个方面进行综合分析。

根据以上风险的定义和特征,可以看出:虽然认识和把握风险的难度很大,但只要掌握了风险管理的科学理论,系统分析产生风险的内外因素,恰当地运用技术方法和工具手段,是可以有效地管理风险,控制或者减轻灾害的后果。

4.1.2 风险管理的活动流程

风险管理(risk management)一词最初由美国的肖伯纳博士于1930年提出。在风险管理的发展过程中,由于不同学者对风险管理的出发点、目标、手段和管理范围等强调的侧重点不同,从而形成了不同的学说,其中最具代表性的学说有美国学说和英国学说。

美国学者通常从狭义的角度解释风险管理,他们把风险管理的对象局限于纯粹风险,且重点放在风险处理上。英国学者对风险的定义则侧重于对经济的控制和处理程序方面,英国伦敦特许保险学会的风险管理教材,定义风险管理为:为了减少不确定事件的影响,对企业各种业务活动资源的计划、安排和控制。

ITA对于风险管理(risk management)的定义为:风险管理是一系列活动的总称,它包括风险辨别、风险评估、风险分析、风险消除、风险降低和风险控制(Risk management is the overall term which includes risk identification, risk assessment, risk analysis, risk elimination and risk mitigation and control)。

风险管理的流程如图4-2所示。

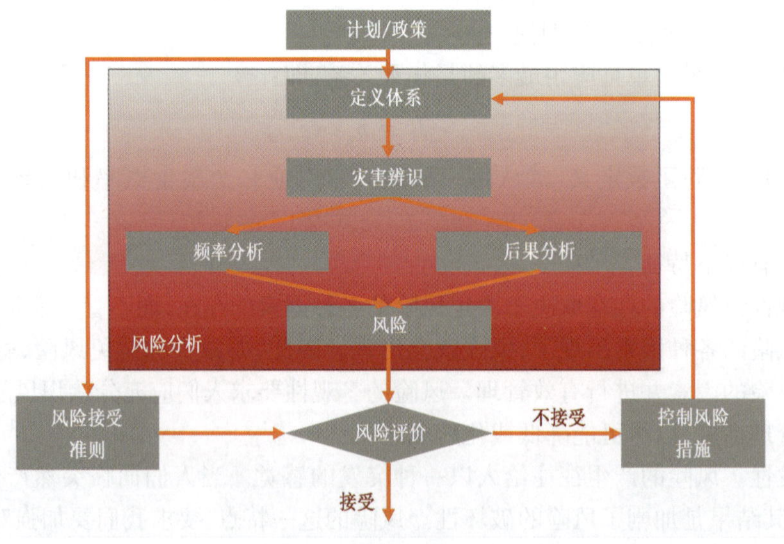

图4-2 风险管理流程

地下工程风险管理在美国、欧洲的研究较早。按照ITA的风险管理指南,业主的风险管理活动如图4-3所示。

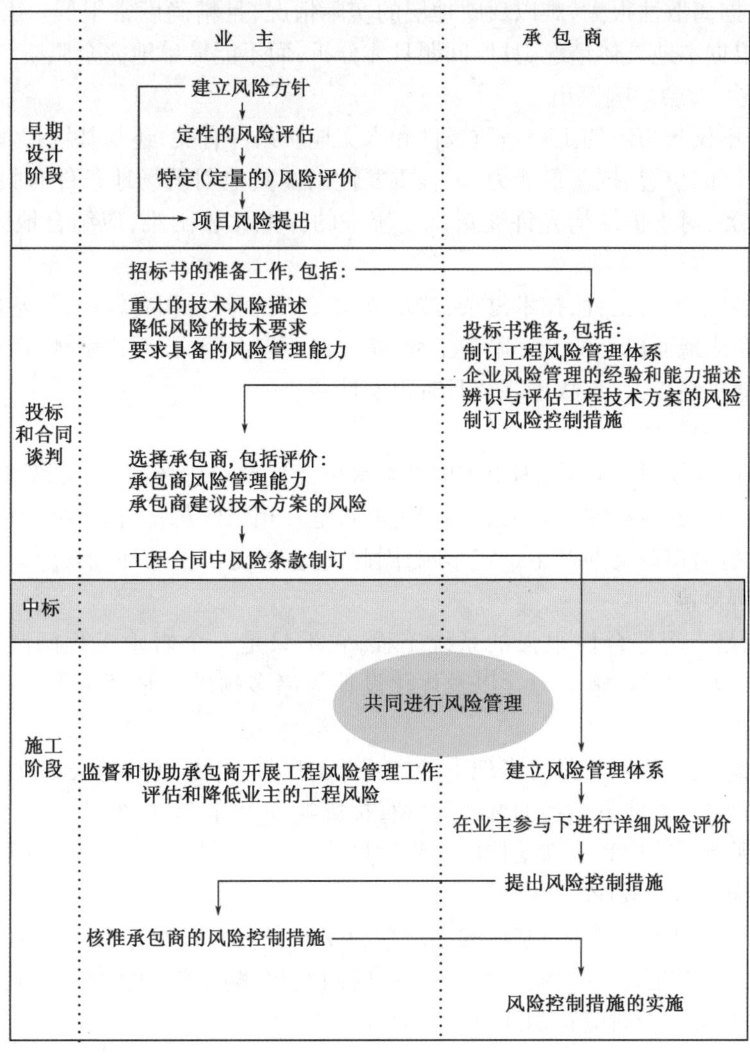

图4-3 风险管理活动

4.2 基坑工程项目特点

基坑工程是土木工程建设领域的特殊形式,作为建设项目的一个子项目,其具有一般建设项目的特点,即:在一定的建设时期内,在有限的资源条件下,需要在预定的时间内达到要求的规模和质量标准的一次性任务。它以形成固定资产为目的,有明确的项目建设规模、质量标准及使用周期,人、财、物的使用上都有明确的限制,通常由建安工程、设备、技术改造活动以及与此相联系的其他工作组成。但基坑工程项目作为建设项目中一个独特的子项目,它又有其自身的特殊性:

(1)地质条件差异性大

不同的工程地质和水文地质条件下，基坑工程差异性很大，不同城市、同一城市不同区域也有差异。正是由于岩土性质千变万化，地质条件和水文地质条件的复杂性、不均匀性，往往易造成勘察数据离散性很大，难以反映地层的实际情况，且精确度常很低。因此，深基坑开挖要因地制宜，根据本地具体情况，具体问题具体分析，而不能简单地完全照搬。

(2)高风险，社会影响突出

基坑工程不仅与当地的工程地质条件和水文地质条件有关，还与基坑相邻建筑物、构筑物及市政地下管网的位置、抗变形能力、工程重要性以及其他周围场地条件有关。因此，对深基坑工程进行分类，对支护结构允许变形规定统一的标准比较困难，应结合地区具体情况具体运用。

基坑工程是个临时工程，技术复杂，涉及范围广，安全储备相对较小；且基坑工程施工周期长，从开挖到完成地面以下的全部隐蔽工程，常常经历多次降雨、周边堆载、振动等诸多不利条件，安全度的随机性较大，事故也往往具有突发性。

(3)对环境影响大

基坑工程的开挖，将引起周围土体中地下水位变化及应力场改变，导致周围土体变形，进而对相邻建筑物、构筑物产生影响，影响严重的将危及相邻建筑物、构筑物的安全与正常使用。大量土方运输也对市政交通产生一定影响，因此，应注意施工中的环境效应。

(4)复杂程度高

基坑工程是一个综合性很强的系统工程，它不只是一个岩土工程问题，还涉及结构工程、材料工程、地质工程、施工力学以及优化设计等诸多领域。是理论上尚待发展的综合技术学科。

由于基坑开挖的区域就是将来地下结构施工的区域，甚至有时基坑的支护结构还是地下永久结构的一部分，而地下结构的好坏又将直接影响到上部结构，所以，必须保证基坑工程的质量，才能保证地下结构和上部结构的工程质量。

(5)有较强的时空效应

基坑的深度和平面形状，对基坑的稳定性和变形有较大影响。土体，特别是软黏土，具有较强的蠕变性，作用在支护结构上的土压力随时间变化，蠕变将使土体强度降低，使土坡稳定性减小，因此，基坑开挖时应特别注意时空效应。

4.3 基坑工程项目风险管理

基坑工程风险管理是指对威胁基坑工程项目既定目标实现的一切因素予以确认、评价和控制的过程。

基坑工程项目风险管理是一个连续不断的过程，存在于项目生命周期的任何一个阶段。对不同的项目，风险的因素和控制的方法也有所差异，但有一点是共同的，即越在项目早期进行风险分析和风险管理，效果就越好。在项目进行过程中出现未曾料到的新情况，或者是项目进展出现转折，或有一些特殊的目标需要实现时，项目风险管理的重要性就会更加突出。

基坑工程项目风险管理的目标通常分为两部分：一是损失发生前的目标，二是损失发生后的目标，两者构成了风险管理的系统目标。因此，基坑工程项目风险管理的目标就是控制和处理项目风险，防止和减少损失，减轻或消除风险的不利影响，以最低成本取得对项目安全保障的满意结果，保障项目的顺利进行。

基坑工程风险管理一般包括以下几个过程：

(1)风险识别

风险识别是深基坑工程风险管理的第一步。它是在风险发生之前，通过分析、归纳和整理各种统计资料，对风险的类型及风险的生成原因、可能的影响后果做定性估计、感性认识和经验判断。深基坑工程施工中可能遇到的风险有：

①因基坑变形过大、降水不当、围护结构渗漏导致邻近建筑(构筑)物开裂、破坏等周边环境损失；

②基坑稳定性破坏，如整体失稳、踢脚破坏、基坑底隆起、突涌、坑内土体滑坡等；

③强度破坏，如支撑系统强度不足或压屈、墙体强度不足等。

以基坑围护结构渗漏为例，引起基坑围护墙(桩)渗漏的原因是围护墙(桩)的止水效果不好或止水结构失效，可能致使大量的水夹带沙粒涌入基坑，严重的水土流失会造成支护结构失稳和路面坍塌的严重事故，还可能先在墙后形成洞穴而后突然发生地面坍塌。

(2)风险估计

它是在风险识别的基础上，通过对所收集的大量资料的分析，利用概率统计理论、专家调查等方法，估计和预测风险发生的可能性和相应损失的大小，风险估计是对风险的定量化分析。对深基坑工程来说，在识别了深基坑施工过程中可能出现的风险后，可根据事故统计资料对风险的发生概率和损失进行估计。

(3)风险评价

风险评价是在风险识别和风险估计的基础上，对风险发生的概率、损失程度及其他因素进行综合考虑，得到描述风险的综合指标——风险度或其他目标参数，以便对深基坑工程的单个风险因素进行重要性排序，并根据风险接受准则对深基坑工程项目的总体风险进行评价。

(4)风险控制

风险评价之后，风险管理者对深基坑工程项目存在的各种风险及潜在损失有了一定的认知，以此为基础，在众多的风险应对策略中，选择行之有效的策略，并寻求与之对应的既符合实际，又会有明显效果的具体应对措施，力图使风险转化为机会或使风险所造成的负面效应降到最低程度。

风险处置的方法主要有风险规避、风险预防、风险减轻、风险转移、风险自留和风险利用等。对深基坑工程来说，诸如非工作人员进入施工现场、场地排水问题等风险可采取风险回避的方法，此外，决策者通常会遇到无法依靠自身能力解决的风险，此时，可采用风险转移的方法。风险转移包括非保险转移和保险转移。非保险转移是指通过各种契约将本应由自己承担的风险转移给他人，例如将深基坑工程转包、施工机械设备的租赁等。保险转移则是通过购买工程保险从而通过保险公司获得可能的损失补偿，如人员伤亡意外保险。

(5)风险监控

风险监控是对深基坑工程项目风险的监视和控制。跟踪已经识别的风险，监视残留风险和识别新的风险，严格执行风险应对措施并适时调整，密切注视这些措施对降低风险的有效性，将项目的进展控制在决策者手中。

深基坑工程风险管理流程如图 4-4 所示[3]。

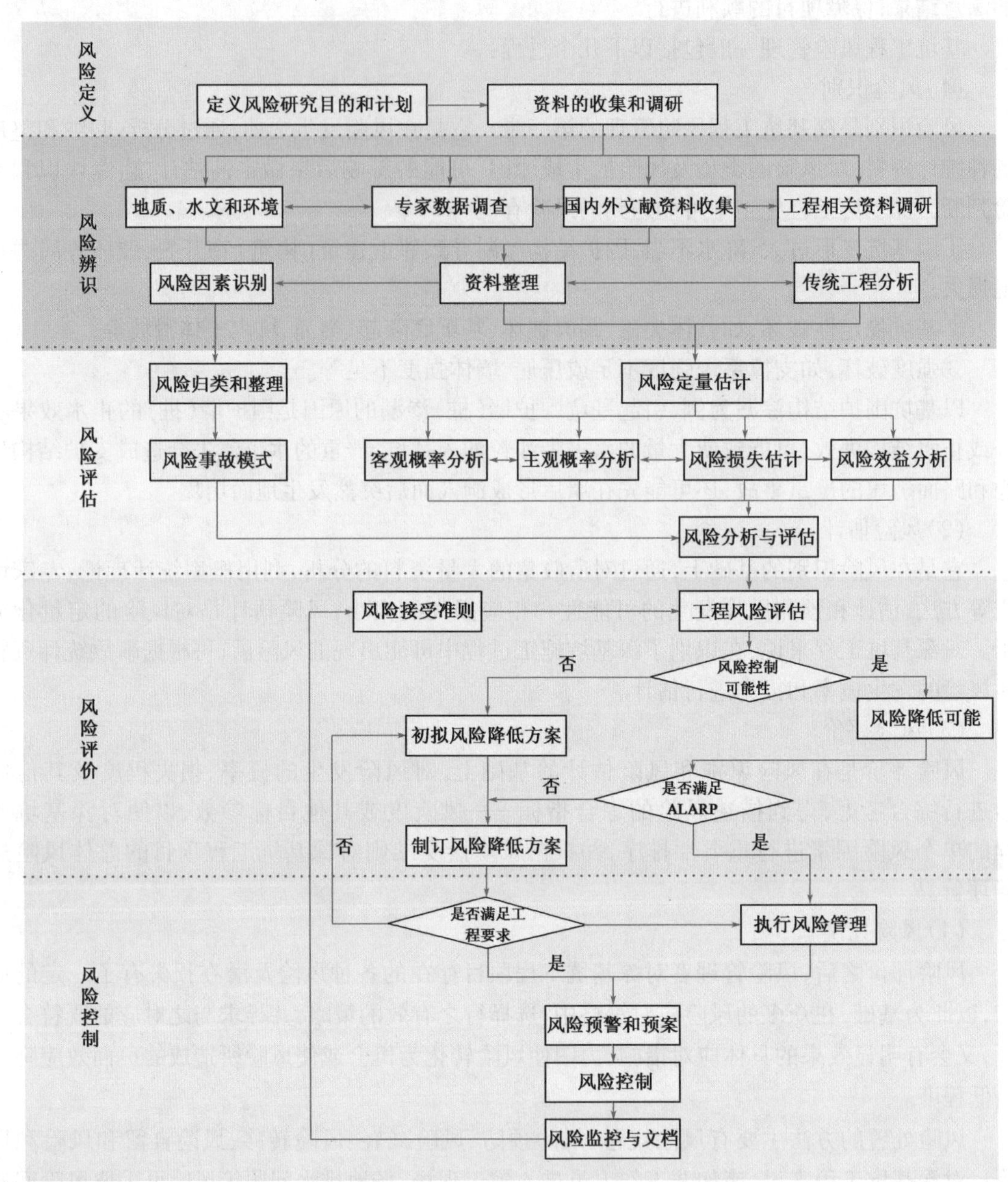

图 4-4 深基坑工程风险管理流程

4.4 基坑工程项目风险识别

风险识别就是从系统的观点出发，横观工程项目所涉及的各个方面，纵观项目建设的发展过程，将引起风险的极为复杂的事物分解为比较简单的、容易被识别的基本单元，从错综复杂的关系中找出各种因素之间本质的联系，在众多的影响因素中抓住主要因素，并且分析它们引起投入产出变化的严重程度。

风险识别主要依靠：

①了解世界范围内相似工程的运作经验；

②研究与承担的特定项目相关的灾害的内在特征；

③与项目团队成员和其他组织中的有能力和有经验的成员探讨。

4.4.1 基坑工程项目风险识别的过程

基坑工程风险识别包括确定风险事件和描述风险事件的特征，主要包括收集资料、确定风险事件、编制风险识别报告等过程。

（1）基坑工程风险识别的资料收集

收集资料主要应包括：

①工程项目的计划；

②自然和社会环境方面的资料；

③类似工程的有关资料；

④设计文件。

根据工程项目的章程、管理计划和风险管理计划，可采用核查表法、分解分析法、图解法（因果分析图、流程图）等识别深基坑工程的风险。

（2）确定风险事件

基坑工程可根据不同方案按采购（发包）、施工、拆除三阶段对进度、费用、质量（对正式工程施工的满足程度和安全）等目标进行不确定性查找和分析，在此基础上，确定风险事件。

（3）基坑工程风险识别报告

风险识别报告包括深基坑工程的分类风险表、风险征兆（triggers）、对其他方面的进一步需求等。风险可按项目目标风险、项目管理风险、组织风险、外部风险等分类，也可按风险的不同承受体如建设方、勘察、设计、施工、监理等分类。

4.4.2 基坑工程项目风险识别常用的方法

基坑工程项目是一个非常复杂的系统，其风险因素多，影响关系复杂，并且各个风险因素所引起后果的严重程度也不一样，进行项目决策时完全不考虑这些风险因素或是忽略了其中的主要因素，都将导致决策失误。但是，如果对每个风险因素都考虑，又会使问题过度复杂化，因此，要对风险进行识别，这包括识别出风险的来源、类型、影响及后果。该过程一般主观性较大。工程项目风险识别常用方法有：

（1）检查表法

如果把人们经历过的风险事件及其来源罗列出来，写成一张检查表，那么，项目管理人员看了就容易开阔思路，容易想到本项目会有哪些潜在的风险。检查表可包含多种内容，如以前项目成功或失败的原因、项目其他方面规划的结果（范围、成本、质量、进度、合同、人力资源与沟通等计划成果）、项目产品或服务的说明书、项目班子成员的技能、项目可用的资源等，还可以到保险公司去索取资料，认真研究其中的保险案例，这些信息能够提醒还有哪些风险尚未考虑到。

（2）流程图法

流程图可以帮助项目识别人员分析和了解项目风险所处的具体项目环节、项目各个环节之间存在的风险以及项目风险的起因和影响。通过对项目流程的分析，可以发现和识别项目风险可能发生在项目的哪个环节或哪个地方，以及项目流程中各个环节对风险影响的大小。项目流程图包括项目系统流程图、项目实施流程图、项目作业流程图等多种形式。

(3)头脑风暴法

头脑风暴(brain storming)是一种刺激创造性、产生新思想的技术。头脑风暴法作为一种创造性的思维方法在风险识别中得到广泛的应用。头脑风暴法一般采用专家小组会议的形式进行,参加的人数不要太多,一般只有五六个人,多则十来个人。大家以具体问题发表个人意见,畅所欲言,集思广益。对于参加人员,应注意合理选择,使参加者不感觉有什么压力和约束。头脑风暴法适用于探讨的问题比较单纯,目标比较明确、单一的情况。如果问题牵涉面太广,包含因素太多,就需要首先进行分析和分解,然后再采用此法分步进行讨论。对头脑风暴法的结论还要进行详细的分析,既不能轻视,也不能盲目接受。一般说来,只要有少数几条意见得到实际应用,就很有成效了。即使除原有结果外,所有头脑风暴产生的新思想都被证明不适用,那么头脑风暴作为对原有分析结果的一种讨论和论证,给领导决策也会带来益处。

(4)情景分析法

情景分析法是一种能够分析引起风险的关键因素及其影响程度的方法。一个情景就是对一事件未来某种状态的描述,它可以采用图表或曲线等形式来描述当影响项目的某种因素做各种变化时,整个项目情况的变化及其后果,供人们进行比较研究。情景分析的结果是以易懂的方式表示,大致可分为两类:一类是对未来某种状态的描述;一类是对一个发展过程的描述,即未来若干年某种情况的变化链。当各种目标相互冲突排斥时,情景分析就显得特别有用。它可以被看做是扩展决策者视野,增强他们确切分析未来能力的一种思维程序。因为所有情景分析都是围绕着分析者目前的考虑、现实的价值观和信息水平进行的,容易产生偏差,这一点需要分析者和决策者有清醒的估计,可以考虑与其他方法结合。

(5)德尔菲法

德尔菲法起源于20世纪40年代末,由美国兰德公司首先使用。使用该方法的主要程序是:首先选定与该项目有关的专家,并与这些适当数量的专家建立直接的函询关系,通过函调收集专家意见,然后加以综合整理,再反馈给专家,再次征询意见,这样反复多次,逐步使专家的意见趋于一致,作为最后识别的根据。德尔菲法是系统分析方法在预见和判断领域的一种有限延伸。它突破了传统的数据分析限制,为更合理地决策开阔了思路。由于该法能够对未来发展中的各种可能出现和期待出现的远景做出概率估计,因此可为决策者提供多方案选择的可能性,而用其他方法都很难获得这样重要的、以概率表示明确结论。但是理论上并不能证明所有参加者意见能收敛于客观实际。

(6)敏感性分析法

敏感性分析研究在项目寿命期内,当项目变数(例如产量、价格、变动成本等)以及项目的各种前提与假设发生变动时,项目的性能会出现怎样的变化以及变化范围如何,敏感性分析能够回答哪些项目变数或假设的变化对项目的性能影响最大,这样,项目管理人员就能识别出风险隐藏在哪些项目变数或假设下。

此外,项目风险识别过程中还可以应用专家调查法、SWOT分析法、决策树分析法和工作结构分解法(WBS)等。

4.5 风险分级

在风险管理中,应依据针对特定项目的规模和要求建立分级标准,对每一种灾害的发生频率和后果进行估计和评价。风险分级标准包括事故发生概率的等级标准(简称风险概率等级)和事故发生后的损失等级标准(简称风险损失等级),根据工程风险定义,制定相应风险的分级标准和接收准则。我国地铁及地下工程建设风险管理指南采用的风险分级标准与国际隧道协会(ITA)编制的风险管理指南中的风险分级标准比较接近,以下采用我国的风险分级标准[6]。

4.5.1 风险分级标准

(1)风险等级标准

根据风险发生的概率(或频率)可分为五级,具体等级标准见表4-1。

我国风险发生概率等级标准 表4-1

等级	A	B	C	D	E
事故描述	不可能	很少发生	偶尔发生	可能发生	频繁
区间概率	$P<0.01\%$	$0.01\%\leqslant P<0.1\%$	$0.1\%\leqslant P<1\%$	$1\%\leqslant P<10\%$	$P\geqslant10\%$

注:P为风险事故发生概率。

考虑风险损失不同的严重程度,建立风险损失等级标准见表4-2。不同风险承险体(工程自身、第三方或周边区域环境)的定量风险损失等级标准具体见表4-5~表4-11。

工程风险损失等级标准 表4-2

等级	1	2	3	4	5
描述	可忽略的	需考虑的	严重的	非常严重的	灾难性的

(2)风险评价矩阵

根据不同的风险概率等级和风险损失等级,建立风险分级评价矩阵(简称风险评价矩阵),风险评价矩阵见表4-3。

风 险 评 价 矩 阵 表4-3

风 险		风险损失				
		1.可忽略	2.需考虑	3.严重	4.非常严重	5.灾难性
发生概率	A:$P<0.01\%$	一级	一级	二级	三级	四级
	B:$0.01\%\leqslant P<0.1\%$	一级	二级	三级	三级	四级
	C:$0.1\%\leqslant P<1\%$	一级	二级	三级	四级	五级
	D:$1\%\leqslant P<10\%$	二级	三级	四级	四级	五级
	E:$P\geqslant10\%$	二级	三级	四级	五级	五级

(3)风险接受准则

不同等级的风险需要采取不同的风险控制对策与处置措施,结合风险评价矩阵,不同等级风险的接受准则和相应的控制对策见表4-4。

风 险 接 受 准 则 表4-4

等 级	接 受 准 则	控 制 方 案	应 对 部 门
一级	可忽略的	日常管理和审视	工程建设参与各方
二级	可容许的	需注意,加强日常管理审视	
三级	可接受的	引起重视,需防范、监控措施	
四级	不可接受的	需决策,制订控制、预警措施	政府部门及工程建设参与各方
五级	拒绝接受的	立即停止,整改、规避或启动预案	

4.5.2 工程自身损失等级标准

工程自身风险损失包括直接经济损失、人员伤亡和工期损失。

(1)直接经济损失

直接的经济损失是指工程风险事故发生后所造成工程项目的各种直接费用总称,包括工程建设的直接费用及事故修复所需的各种费用总和,直接经济损失等级的定义用直接经济损失费用总量表示,具体等级标准见表4-5。

直接经济损失等级标准　　表4-5

损失等级	1	2	3	4	5
经济损失(万元)	EL<500	500≤EL<1000	1000≤EL<5000	5000≤EL<10000	EL≥10000

注:EL=经济损失,参考国务院《生产安全事故报告和调查处理条例》(2007-06-01)。

(2)人员伤亡

人员伤亡是指与工程直接相关的各类建设人员,在参与施工过程中所发生的伤亡,根据人员伤亡的类别和严重程度,具体等级标准见表4-6。

人员伤亡等级标准　　表4-6

损失等级	1	2	3	4	5
人员伤亡(人)	SI<5	5≤SI<10 或 $F<3$	10≤SI<50 或 $3\leq F<10$	50≤SI<100 或 $10\leq F<30$	SI≥100 或 $F\geq 30$

注:SI=重伤人数,F=死亡人数(含失踪),参考国务院《生产安全事故报告和调查条例》(2007-06-01)和《企业职工伤亡事故分类标准》(GB 6441—86)。

(3)工期损失

工期损失是指工程风险事故引起工程建设延误的时间,针对不同的工程类型和建设工期,采用两种不同单位标准表示,短期工程I(建设工期两年以内)用"天"表示,长期工程II(建设工期两年以上)用"月"表示,具体等级标准见表4-7。非合理性工期提前所引起的工程损失也可参考此标准执行。

工期损失等级标准　　表4-7

损失等级	1	2	3	4	5
延误时间I(天)	$T<10$	$10\leq T<30$	$30\leq T<60$	$60\leq T<90$	$T\geq 90$
延误时间II(月)	$T<1$	$1\leq T<3$	$3\leq T<6$	$6\leq T<12$	$T\geq 12$

注:T=延误时间(/天,/月,每月按30天计算)。

4.5.3 第三方损失等级标准

第三方损失是指工程施工引起周边建(构)筑物、道路、管线及其他建(构)筑物等发生破坏或影响其正常使用功能所造成的经济损失,包括可能对非参与工程建设人员的意外伤害。

(1)经济损失

经济损失是指引起的直接经济损失和事故修复所需的各种费用的总和,用直接经济损失费用指标表示,具体等级标准见表4-8。

第三方经济损失等级标准　　表4-8

损失等级	1	2	3	4	5
经济损失(万元)	EL≤50	50<EL≤100	100<EL≤500	500<EL≤1000	EL≥1000

注:EL=经济损失。

(2) 人员伤亡

考虑不同的人员伤亡分类与严重程度，具体等级标准见表4-9。

人员伤亡等级标准　　表4-9

损失等级	1	2	3	4	5
伤亡数(人)	MI < 20	MI≥20 或 SI < 5	5≤SI < 10	F < 3 或 SI≥10	F≥3

注：F = 死亡人数(含失踪)，SI = 重伤人数，MI = 轻伤人数。

4.5.4 周边区域环境影响损失等级标准

工程施工引起的周边区域环境影响，包括自然环境污染与社会转移安置等，具体等级标准见表4-10。

周边区域环境影响损失等级标准　　表4-10

等　级	损失严重程度描述
1	涉及范围很小，无群体性影响，需紧急转移安置小于50人
2	涉及范围较小，一般群体性影响，需紧急转移安置50～100人
3	涉及范围较大，区域正常经济、社会活动受影响，需紧急转移安置100～500人
4	涉及范围很大，区域生态功能部分丧失，紧急转移安置500～1000人
5	涉及范围非常大，区域内周边生态功能严重丧失，紧急转移安置1000人以上，正常的经济、社会活动受到严重影响

注：参考《国家处置城市地铁事故灾难应急预案》(2006)、《建设项目环境保护管理条例》(1998-11-18)和《中华人民共和国环境影响评价法》(2003-09-01)。

4.5.5 社会信誉损失等级标准

任何灾害或事故的发生都会引起社会负面压力，严重影响公众和政府对工程建设的良好意愿，从而导致工程建设参与单位发生社会信誉损失。社会舆论与公众评价对地铁及地下工程的建设进展影响巨大，社会信誉损失是建设参与单位潜在风险损失的重要部分。社会信誉损失与不同风险事故的后果密切相关，特别是如造成第三方损失或对周边区域环境造成损害，将会引起严重的社会信誉损失。社会信誉损失具体等级见表4-11。

社会信誉损失等级标准　　表4-11

损失等级	1	2	3	4	5
描述	可忽略的	需考虑的	较严重的	严重的	恶劣的

4.6 风险估计

4.6.1 风险估计的概念

风险估计是在风险识别基础上，对收集的大量资料进行分析，运用概率统计理论，估计和预测风险发生的可能性及相应损失的大小。

风险估计又称为风险测定、测试、衡量和估算等，需要根据项目风险的特点，对已确认的风险，通过定性和定量分析方法量测其发生的可能性和破坏程度的大小，对风险按潜在危险大小进行优先排序和评价。

项目风险估计较多采用统计、分析和推断法。一般需要一系列可信的历史资料和相关数据以及足以说明被估计对象特性和状态的资料作保证,当资料不全时,常需依靠主观判断。

4.6.2 风险估计方法

风险与不确定性有区别,不确定性仅考虑事件发生的肯定程度,而从项目管理的角度来看,要真正判断一个项目是否“危险”,应全面了解事件发生/不发生所包含的潜在影响。因此,基坑工程项目风险估计至少要涉及三个方面:事件发生的概率、后果的严重性、主观判断。风险估计应综合考虑上述三个方面的综合影响,同时,由于项目风险的独特性、变动性和复杂性,风险估计、评价的方法应根据不同的项目特点采取不同的方法。根据项目风险管理人员掌握信息咨料的不同,有确定型、随机型和不确定型等三种风险估计方法。

(1)确定型风险

确定型风险是指那些项目风险出现概率为1,其后果是完全可以预测的,由精确、可靠的信息资料支持的项目风险估计问题,即:当风险环境只有一个数值且可以确切预测某种风险后果时,称为确定型风险估计。确定型风险估计一般常使用的方法有盈亏平衡分析、敏感性分析等。

①盈亏平衡分析。盈亏平衡分析是侧重研究项目风险管理中的盈亏平衡点的分析,即对项目的产量、成本和利润三者之间的平衡关系进行研究分析,确定项目在产量、价格、成本等方面的盈亏界限,据此判断在各种不确定因素作用下项目的适应能力和对风险的承受能力。

②敏感性分析。敏感性分析是指通过分析、预算项目主要制约因素发生变化时引起项目评价指标变化的幅度,以及各种因素变化对实现预期目标的影响程度,从而确认项目对各种风险的承受能力。

(2)随机型风险估计

随机型风险是指那些不但它们出现的各种状态已知,而且这些状态发生的概率也已知的风险,这种情况下的项目风险估计称为随机型风险估计。随机型风险估计一般按照期望收益最大或期望效益最大来估计。

(3)不确定型风险估计

不确定型风险是指那些不但它们出现的各种状态发生的概率未知,而且实际会出现哪些状态也不能完全确定的风险,与该情况对应的项目风险估计称为不确定型风险估计。由于掌握的有关项目风险的情况极少,可供参考的数据资料又少,人们在长期的管理实践中,总结归纳了一些公认的原则供参考,如等概率准则、乐观准则、悲观准则、最小后悔值准则等。

①等概率准则。等概率准则是项目管理人员认为既然无法判定各自然状态出现的概率,则假定某一状态比其他状态更可能出现是没有意义的,因此可视为每个状态出现的概率相等。

②乐观准则(又称大中取大准则)。选择该准则的项目管理人员对项目前景比较乐观,希望争取一切,获得最好结果的机会。

③悲观准则。选择该准则的项目管理人员对项目前景比较悲观,小心谨慎,从最坏处着想,一般从各备选方案中选择最坏的结局,然后再从诸结局中择优作为最佳方案。

④折中准则(又称悲观/乐观混合准则)。选择该准则的项目管理人员对项目前景的态度介于乐观和悲观之间,主张折中平衡。

⑤遗憾原则(又称最小后悔值准则)。由于基坑工程项目的复杂性和动态性,以及项目管理人员风险观念的不同,最终选择的项目备选方案不一定是最优的,即最后的项目收益不一定是最好的,项目各方案收益与项目理想收益之间存在着一个差值,这个差值就称为后悔值。

以上介绍的几种风险估计的方法,应以项目问题所处的客观条件为基础,可同时运用多种方法和决策准则,以保障估计的有效性。

4.7 基坑工程项目风险评价

4.7.1 基坑工程风险评价

风险评价是对项目风险进行综合分析,并依据风险对项目目标的影响程度进行项目风险分级排序的过程。它是在项目风险规划、识别和估计的基础上,通过建立项目风险的系统评价模型,对项目风险因素影响进行综合分析,并估算出各风险发生的概率及其可能导致的损失大小,从而找到该项目的关键风险,确定项目的整体风险水平,为处置风险提供科学依据,以保障项目的顺利进行。

基坑工程风险评价是基坑工程项目风险分析的最终目的。基坑工程项目风险评价是指对基坑工程项目风险值和风险评价标准进行比较,并确定其风险水平的过程。

基坑工程项目风险评价的目的一般有:

(1)对项目诸风险进行比较分析和综合评价,确定它们的先后顺序。

(2)挖掘项目风险间的相互联系。虽然项目风险因素众多,但这些因素之间往往存在着内在的联系,表面上看起来毫不相干的多个风险因素,有时是由一个共同的风险源造成的。风险评价就是要从项目整体出发,挖掘项目各风险之间的因果关系,保障项目风险的科学管理。

(3)综合考虑各种不同风险之间相互转化的条件,研究如何才能化威胁为机会,明确项目风险的客观基础。

(4)进行项目风险量化研究,进一步量化已识别风险的发生概率和后果,减少风险发生概率和后果估计中的不确定性,为风险应对和监控提供依据和管理策略。

4.7.2 基坑工程项目风险评价过程

在风险评价过程中,项目管理人员应详细研究决策者决策的各种可能后果并将决策者作出的决策与自己单独预测的后果相比较,进而判断这些预测能否为决策者所接受。由于各种风险的可接受度或危害程度互不相同,因此就产生了哪些风险应该首先处理或者是否需要采取措施的问题。风险评价一般有定量和定性两种,进行风险评价时,还要提出预防、减少、转移或消除风险损失的初步方法,并将其列入风险管理阶段要进一步考虑的各种方法之中。

风险评价过程活动是依据项目目标和评价标准,将识别和估计结果进行系统分析,明确项目风险之间的因果联系,确定项目风险整体水平和风险等级等。

风险的评价过程活动主要有以下内容:

(1)系统研究项目风险背景信息。

(2)确定风险评价基准。风险评价基准是针对项目主体每一种风险后果确定的可接受水平。

(3)使用风险评价方法确定项目整体风险水平。项目风险整体水平是综合了所有单个风险之后确定的。

(4)使用风险评价工具挖掘项目各风险因素之间的因果联系,确定关键因素。

(5)做出项目风险的综合评价,确定项目风险状态及风险管理策略。

4.7.3 基坑工程项目风险评价方法

基坑工程项目风险评价方法可分为定性分析方法、定量分析方法和半定量分析方法。其中:

定性分析方法,主要有专家评议法、专家调查法(包括头脑风暴法、德尔菲法)、“如果……怎么办”法(If…then)、失效模式和后果分析法(Failure Mode and Effect Analysis, FMEA)等。

定量分析法包括模糊综合评判法、层次分析法(Analytic Hierarchy Process,AHP)、蒙特卡罗模拟法(Monte Carlo)、等风险图法、控制区间记忆模型法(Controlled Interval and Memory Model, CIM)、神经网络方法(Neutral Network)、主成分分析法等。

半定量分析方法主要包括事故树法(Fault Tree Analysis, FTA)、事件树法(Event Tree Analysis, ETA)、影响图方法、原因-结果分析法、风险评价矩阵法,以及各类综合分析方法,如模糊层次综合评估方法、模糊事故树分析法、事故树与模糊综合评判组合分析法等。

(1)专家评议法

专家评议法主要是利用专家的经验等隐性知识,直观判断项目每一单个风险并赋予相应的权重,如0~10之间的一个数。运用该方法进行工程项目风险评价时,首先要识别出和评价对象相关的风险因素、风险事件或发生风险的环节,列出风险评价表。其次请有经验的专家对可能出现的风险因素或风险事件的重要性进行评价,赋予0~10之间相应的权重值(其中,0代表没有风险,10代表风险最大),然后把各个风险的权值加起来,同风险评价基准进行分析比较,综合得出风险水平。

专家评议法简单易行,比较客观。所得结论比较全面、正确,能够对各种模糊的、不确定的问题做出较为准确的回答。但该方法易受主观因素的影响,有可能使结果产生偏差,容易偏保守。

专家评议法适用于难以借助精确的分析技术而依靠集体的直观判断进行预测的风险分析问题。

(2)事件树法

事件树分析法是从初始事件根据可能的顺序描述到最后状态的发展过程。在初始事件的发展过程的中间状态,赋予不同的概率,则灾害后果的发生概率是初始事件的发生概率与产生该后果的事件的概率的乘积。

事件树法(ETA)是一种图解形式,层次清楚、阶段明显,可进行多阶段、多因素复杂事件动态发展过程的分析,预测系统中事故发展的趋势。事件树分析法可以定性、定量地辨识初始事件发展为事故的各种过程及后果,并分析其严重程度。根据事件树图可在各发展阶段采取有效措施,使之向成功方向发展。

事件树法的缺点是:在国内外数据较少,进行定量分析还需做大量的工作;用于大系统时,容易产生遗漏和错误;该方法不能分析平行产生的后果,不能进行详细分析。在事件树上不允许讨论条件独立关系。

ETA法可以用来分析系统故障、设备失效、工艺异常、人的失误等,应用比较广泛。但ETA法不能分析平行产生的后果,不适用于详细分析。

(3)事故树分析法(FTA)

事故树分析法是一种演绎的逻辑分析方法,遵循从结果找原因的原则,分析项目风险及其产生原因之间的因果关系,即在前期预测和识别各种潜在风险因素的基础上,运用逻辑推理的方法,沿着风险产生的路径,求出风险发生的概率,并且得出导致主事件发生的各子事件的最小组合数,得到最小组合数后,就可以找到哪些事件最有可能发生,对主事件的影响最大,并提供出各种控制风险因素的方案。如文献[3]编制的地下连续墙事故树如图4-5所示。

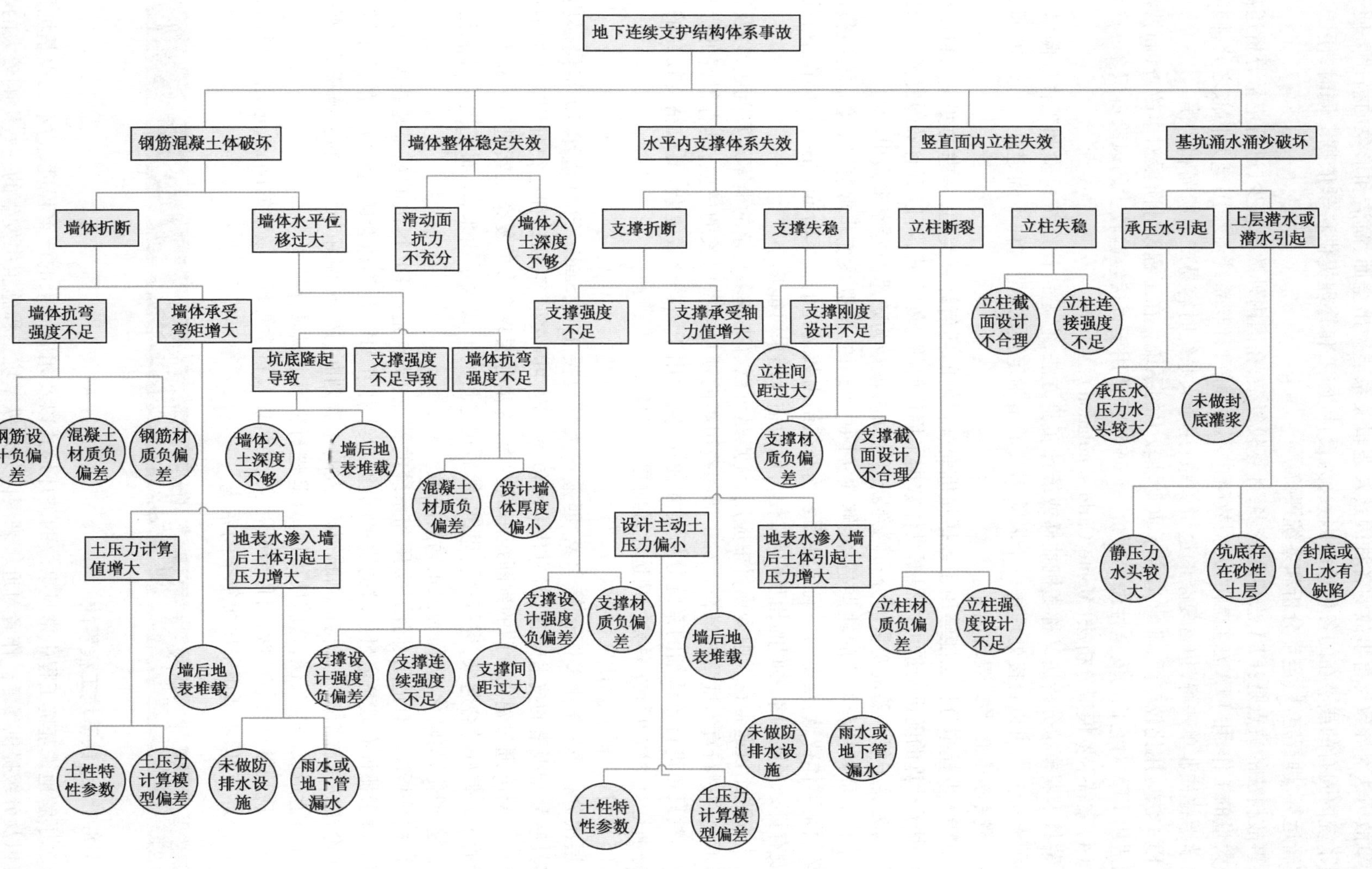

图4-5　地下连续墙支护体系事故树

事故树法对导致灾害事故的各种因素及逻辑关系能做出全面、简洁和形象的描述。便于查明系统内固有的或潜在的各种危险因素，为设计、施工和管理提供科学依据。同时，便于进行逻辑运算，进行定性、定量分析和系统评价。

事故树法的缺点是：FTA 法步骤较多，计算较复杂；在国内外数据较少，进行定量分析还需要做大量的工作；用 FTA 法编制的大型故障树不易理解，且与系统流程图毫无相似之处，同时在数学上往往非单一解，包含复杂的逻辑关系；用于大系统时容易产生遗漏和错误。

FTA 法应用比较广泛，非常适合于重复性较大的系统。在工程设计阶段对事故查询时，都可以适用 FTA 对它们的安全性做出评价。FTA 法经常用于直接经验较少的风险辨识。

(4)蒙特卡罗模拟分析法(Monte Carlo simulation)

蒙特卡罗模拟分析法又称随机抽样或统计实验方法，它是估计经济风险和工程风险常用的一种方法。它可以直接处理每一个风险因素的不确定性，并把这种不确定性在成本方面的影响以概率分布的形式表现出来。

蒙特卡罗模拟分析法能够用于包括随机变量在内的任何计算类型，考虑的变量数目不受限制，用于计算的随机变量可以根据具体数据采用任何的分布形式，可以更有效地发挥专家的作用，因为关于每一随机变量的分布的判断可由对参数最为熟悉的专家来做出。

蒙特卡罗模拟分析法的缺点是：能够在实际中采用的模拟系统非常复杂，建立模型很困难；必须是群体智慧，众多的不确定性因素均必须给出数量化的概率分布，在实际操作中有困难；没有计入风险因素之间的相互影响，使得风险估计结果可能偏小。

该方法比较适合在大中型项目中应用，优点是可以解决许多复杂的概率运算问题，以及适合于不允许进行真实试验的场合。对于那些费用高的项目或费时长的试验，具有很好的优越性。一般只在进行较精细的系统分析时才使用，它适用于问题比较复杂、要求精度较高的场合，特别是对少数可行方案实行精选比较时更为必要。

(5)层次分析法(AHP)

层次分析法最早由美国运筹学家，匹兹堡大学教授 T. L. Saaty 于 20 世纪 70 年代提出。许多具有复杂因素的技术问题，因为其中所包含的定性因素很多，所以往往很难用定量的模型来分析。AHP 通过建立所谓的判断矩阵的过程，逐步分层将众多的复杂因素进行分析并与决策者的个人偏好综合起来，进行逻辑思维，然后用定量的形式表示出来，从而使决策者能把复杂问题条理化、清晰化，进而做出正确的决策。

层次分析法具有适用、简洁、实用和系统的特点，缺点是：AHP 得出的结果是粗略的方案排序。对于那种有较高定量要求的决策问题，单纯引用 AHP 是不适合的；在 AHP 的使用过程中，无论建立层次结构还是构造判断矩阵，人的主观判断、选择、偏好对结果的影响极大，判断失误即可能造成决策失误，这就使得用 AHP 进行决策主观成分很大。

AHP 应用领域比较广阔，可以分析社会、经济以及科学管理领域中的问题，适用于任何领域的任何环节，但不适用于层次复杂的系统。

4.8 基坑工程项目风险控制

4.8.1 地铁基坑工程事故

为了解地铁基坑工程中常见事故的破坏形式以及相应后果的严重程度，为本工程基坑风险辨识及分级提供参考。作者对近年来国内外地铁基坑工程施工中发生的一些影响较大的事故的事件描述、事故后果以及产生原因等简要予以列出，见表 4-12[11~14]。

地铁基坑工程事故汇总表

表 4-12

序号	城市和工程		时间	事故描述	事故后果	事故原因
1	韩国	Taegu 地铁	2000-1-1	基坑垮塌	3 人死亡,工期延后 9 个月	设计有缺陷
2	新加坡	地铁 C824 标段明挖基坑	2004-4-20	基坑垮塌	4 人死亡,区间及车站线位改变	支护体系屈服失稳
3	巴西	地铁圣保罗站	2007-1-15	基坑垮塌		近邻隧道施工塌方
4	高雄捷运	盐埕 O2 车站	2004-4	地下墙壁渗沙渗水	路面塌陷,邻房受损	围护结构接缝夹泥
5		中山一路、八德路口明挖隧道	2004-7-16	连续壁接缝处涌水、涌沙	路面塌陷	围护结构接缝夹泥
6		鼓山 O1 车站	2004-8-9	连续壁渗水	附近民房下陷 3m	围护结构接缝夹泥
7		鼓山 O1 车站	2005-7	开挖面涌沙、涌水	路面塌陷,附近民房严重倾斜	海水渗入连续壁
8		中正路 O7 车站	2005-12-4	基坑坍塌,塌陷	交通瘫痪	联络通道未灌浆,涌水
9		中山路 R10 车站	2005-12-10	路面塌陷大坑洞		
10	南京	2 号线集庆门大街站	2006-12-24	涌沙	居民楼倾斜,路面下沉	降水井遭破坏
11			2007-1-13	桩间涌泥沙	路面下沉,交通中断	咬合桩开叉
12					附近住宅楼开裂、倾斜	住宅楼持力层水土流失
13			2007-2-5	渗水塌陷	天然气管道断裂爆炸	渗流破坏
14		2 号线元通站	2006-10-29	管涌,围护结构变形	路面塌陷	渗流破坏
15			2009-5-27	突涌	工地塌陷,地面开裂	降水不到位
16		2 号线茶亭站	2007-5-28	坑内土体滑坡	2 人死亡	桩间渗漏水
17		2 号线新街口站			路面塌陷	现场施工措施不当
18		西延线 TA26 标		吊车向基坑内侧翻	支撑被打断	吊车操作人员处置不当
19	深圳	1 号线续建工程 4 标大新站	2008-3-10	基坑变形,腰梁扭曲	南侧市政道路沉降,附近住户撤离	支撑失稳,机械碰撞
20			2008-10-6		坑外污水管井爆裂,污水涌入基坑	
21		1 号线续建工程鲤鱼门至新安区间南明挖段基坑	2008-3-9	基坑垮塌	淤泥从垮塌处涌入基坑直至盾构井	支撑失稳,钢围檩不按设计图施工

续上表

序号	城市和工程		时间	事故描述	事故后果	事故原因
22	深圳	地铁竹子林车辆段	2001-5-25	坑内滑坡	1 死 1 伤	暴雨
23		地铁国贸站	2002-4-19	吊车臂断裂	2 死 4 伤	
24		5 号线保安中心站 1 号风道基坑	2010-8-1	基坑塌方	基坑发生变形，局部连续墙位移过大	降雨
25		3 号线晒布路站	2009-7-6		两名工人井下作业时死亡	井下突然溢出毒气
26		1 号线续建工程坪洲站	2009-7-19	活动板房发生塌方	1 人受伤、1 人失踪	
27		龙岗区一地铁工程	2009-9-4	坑内滑坡	1 人死亡	
28		5 号线 5305 标	2009-10-3	土方坍塌	1 人死亡	
29	广州	4 号线区间 10 标	2006-10-4	基坑坍塌	1 人死亡、3 人受伤	挖机斗碰撞钢板桩
30		广佛地铁桂城站	2008-8-1	连续墙底部涌水涌沙	地面塌陷，地面下陷和裂缝，附近居民停水、停气	突涌
31		3 号线沥胺站	2004-4-1	基坑塌方 200 多立方米	一栋三层居民楼斜向塌陷区	连降暴雨
32		2 号线新港东路段基坑	2004-9-426	基坑塌方，路面塌陷	三辆摩托车跌落坑中，居民停水	重型车辆压爆自来水管
33		3 号线番禺大石站	2004-3-17	坑内滑坡	1 人死亡	降水不到位
34		3 号线石牌桥站		渗流破坏		
35	北京	10 号线熊猫环岛站	2005-11-31	渗水倒塌	坑周管线断裂	堆载；降水不到位
36		10 号线苏州街车站	2007-3-28	车站出入口塌方	6 人死亡	勘察不明
37		4 号线北宫门站	2005-10-25	钻机倒塌	中断交通	
38		5 号线		挖断电缆	万户居民通信中断	现场措施不当
39		4 号线中关村站		降水井旁地面塌陷		渗水浸泡所致
40		10 号线惠新东街站	2005-10-18	渗水	地面房屋塌陷	重物碾压导致水管破裂，渗流破坏
41		10 号线 10 标区间明挖段	2006-2-27	吊斗高空坠下	3 人死亡	吊斗钢缆断裂

续上表

序号	城市和工程		时　　间	事故描述	事故后果	事故原因
42	北京	5 号线崇文门车站	2003-10-8	斜撑底部地梁钢筋意外脱落，钢筋整体倾覆	2 死 2 伤	机械碰撞
43		10 号线燕莎桥站	2007-5-4		自来水管线断裂涌水	降水不到位（水管破裂）
44		4 号线宣武门站	2006-6-26	坑内滑坡		降水不到位
45		4 号线黄庄站	2005-9-24	路面塌陷，龙门吊倾倒		渗流破坏
46		10 号线 22 标段	2005-11-30	基坑塌陷		
47		10 号线区间段	2006-1-3	污水灌入施工区间	三环路南向北方向部分主辅路塌陷	污水管线发生漏水
48	上海	4 号线鲁班路站	2001-8-20	大面积土方滑坡	4 人死亡	施工措施不当
49		9 号线松江新城站	2004-9-21	涌水、涌泥沙	基坑旁路面发生大面积垮塌	重车导致渗流破坏
50		2 号线人民公园站	1997-8-27	土体纵向滑坡，塌方	严重影响周围环境	降雨，坡度太陡
51				坑内滑坡		土体坡度太陡
52			1996	坑内土体纵向滑坡		降雨，裂缝渗漏
53				地下连续墙渗漏水		地质较差，渗流破坏
54			2004-3	连续墙接缝处渗漏	基坑外路面沉降明显，并出现裂缝	渗流破坏
55			2007-1	地下连续墙渗漏水		渗流破坏
56			2006-8	1 号风井 SMW 桩间渗漏水		渗流破坏
57			2003	风井垮塌		渗流破坏
58			2006	基坑大变形		坑边超载
59			2005	围护结构大变形	坑周建筑物开裂	坑周超载，围护结构刚度不足

续上表

序号	城市和工程		时　　间	事 故 描 述	事 故 后 果	事 故 原 因
60	上海	1 号线衡山路站		支撑失稳		支撑抗力不足
61		4 号线溧阳路		坑底发生突然性隆起		踢脚过大,设计问题
62		4 号线浦电路		支护体系失稳,基坑坍塌		施工措施不当
63		9 号线一期七宝路		地层过度变形	建筑物明显沉降并导致开裂	设计未考虑邻近建筑物荷载
64		2 号线西延伸段		大面积渗水及地面塌陷		施工存在薄弱环节
65		8 号线曲阳路		地下连续墙接缝处涌沙		围护结构接缝夹泥,施工措施不当
66		1 号线上体馆站		围护结构错位变形		渗流破坏
67		4 号线海伦路站		踢脚破坏		设计未考虑承压水
68		10 号线淮海路站		起吊倾倒,机械伤人		起吊超重
69				机械伤人		
70				机械伤人		
80				渗流破坏		主要是围护结构接缝夹泥
81	西安	2 号线北大街车站	2008-12-13	锚索孔漏水,基坑积水	周边管道中断,道路交通封闭	地势和水压原因
82		1 号线洒金桥站	2009-8-2	冠梁沟槽坍塌	2 人死亡	开挖过深,支撑不及时
83	天津	子牙河明挖隧道		渗流破坏		
84	杭州	1 号线湘湖站	2008-11-15	基坑垮塌	21 人死、十余人受伤,河水涌入基坑	
85		1 号线风起路站	2009-1-26	坑内土体滑坡		
86		1 号线秋涛路站		渗流破坏	围护结构变形	降水不到位
87		1 号线七堡车辆基地	2010-11-3	邻近河水灌入	基坑被水淹	基坑渗水

笔者对表4-12按照事故的宏观表现形式以及破坏形式(事故分类方法参见本书绪论的1.2节深大基坑工程安全问题),将事故归纳为支护失稳、流砂及突涌、坑内滑坡、支护过度变形、围护结构渗漏、降水、机械伤人、周边环境突发影响8个类型,各类型事故的频数情况如图4-6所示,可见,对于近年来国内外影响较大的地铁基坑工程事故案例而言,围护结构渗漏、支护失稳、坑内滑坡是主要的事故破坏形式。但需要注意的是,图4-6中基坑支护过度变形和基坑降水引起的事故案例比实际情况偏小,大量的该类事故个案因影响相对较小,未被公开报道,从而不能参与事故的调查和统计。

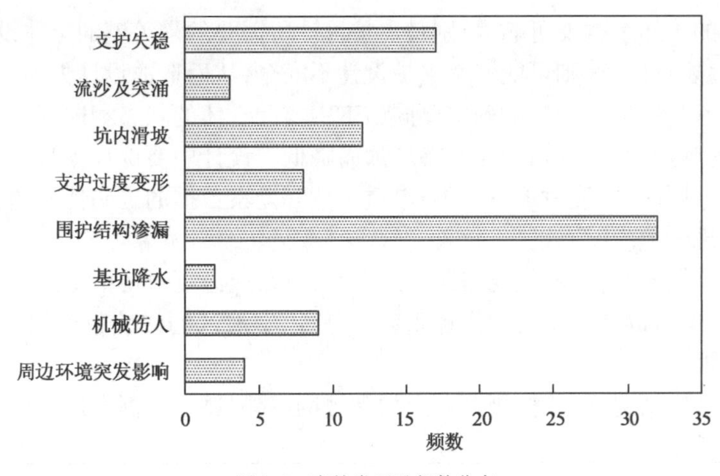

图4-6 事故类型及频数分布

国际隧道工程保险集团(ITIG)对施工现场发生安全事故原因的调查结果进行统计,结果如图4-7所示[10],由其可见,地下工程事故发生的原因是多方面的,施工方作为工程安全唯一责任主体无法根本避免事故的发生。

边亦海[3]对342个基坑工程事故进行了统计,按照事故主要责任部门将这些实例分为勘察单位失误、设计单位失误、施工单位失误、监理单位失误、监测单位失误和建设单位管理失误6类。按照这种统计方法,因很多工程事故是由多方面原因造成的,涉及较多单位,所以事故原因数一般要大于事故数,经统计,342个事故共计失事原因530项。各类事故频数分布情况如图4-8所示。在530项事故原因中,由于施工原因和设计原因引起的事故占85.2%。在我国深基坑工程中,施工单位和设计单位的失误是事故发生的主要原因。

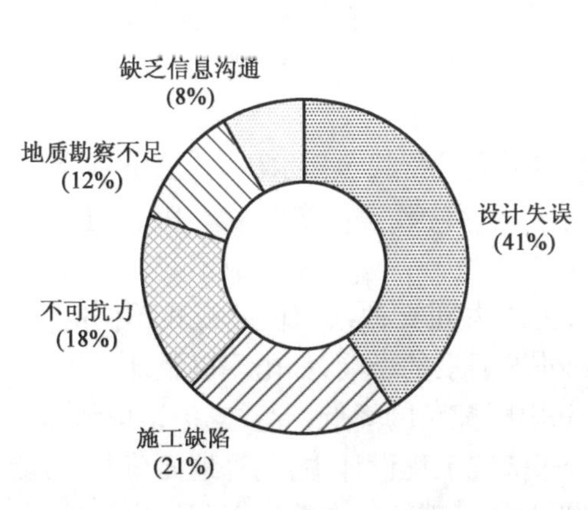

图4-7 ITIG对隧道事故原因的调查结果

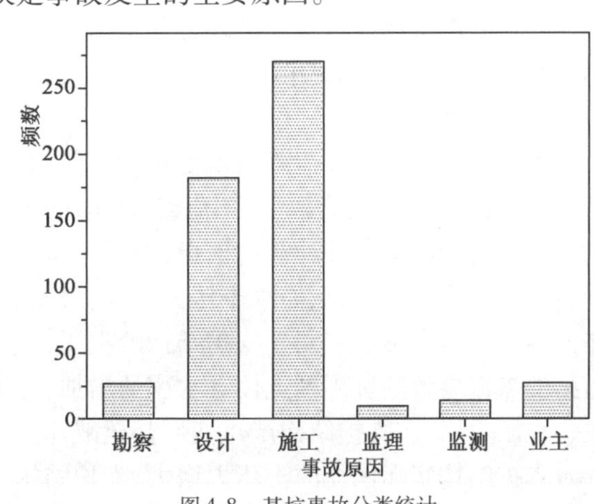

图4-8 基坑事故分类统计

4.8.2 地铁基坑工程风险控制

由前节内容可知，基坑工程事故的发生是由多种原因造成的，尽管一般在施工阶段才暴露出来，但对事故风险的控制必须由建设的各方（业主、设计、施工、监测、咨询）共同参与，同时，对风险的控制应贯穿整个项目的全过程（勘察、设计、施工），一般主要有以下途径：

(1)场地勘察

要严格按照规范和工程实际要求确定勘察范围，进行仔细、认真的实地勘察，勘察资料要详细、全面。

勘察所取得的土体参数要可靠，特别是支护设计所需要的最关键的土体设计参数：内摩擦力、黏聚力的取值要正确，否则可能使得支护设计不安全，从而造成设计失误。

要注意勘察资料提供的参数的确定要同施工中实际土体的状态相同，防止由于渗水、降雨等原因，土体的内摩擦力、摩擦角因含水率增加而降低。设计中要保证参数的采用符合土体实际工作中的工况。同时，要注意地下水位、渗透系数等勘察数据的准确性问题，否则，可能会使止水帷幕设计出现偏差。

重视水文地质勘察工作，不能忽略对上层滞水评价，应区别对待上层滞水和承压水。对承压水顶板、水头等参数以及各土层的渗透系数，不应以本地区的经验数据取代专门试验，防止因此导致计算错误。

要注意一些特殊情况下，除按规范规定的常规勘察外，还要根据本地区工程地质情况有针对性地进行特殊勘察。

(2)设计

基坑设计应严格按照规范规定由具备相应资质的单位设计完成，设计人员应具备理论基础与实践经验，具备相应的技术资质，应以实现经济合理和安全可靠为根本目的；设计人员不得在地形、地质、水文等资料不齐全，对周边环境又不熟悉的情况下，主观地凭经验进行设计，或胡乱套用和盲目照搬别人的资料，草率出图应付施工，这样既缺乏科学依据，又脱离实际情况。

支护方案的选择取决于深基坑开挖深度、地层物理力学性质、水文地质条件、周围环境、相邻建（构）筑物的重要性、相邻地下管道的限制程度、设计控制变形要求、工程造价、施工设备能力以及支护结构的受力特征等诸多因素，应根据这些条件选用正确的支护方案。不得未经验算或技术论证，盲目地套用相似或相近工程的支护结构方案。

支护方案选择应符合周围环境保护的要求，不能产生较大变形，引起周围地面沉降和相邻建筑物开裂，对于变形要求严格的深基坑工程不能采用放坡、悬臂式支护桩墙、土钉墙等变形较大的支护形式。

深基坑支护的设计荷载取值要正确。作用于支护结构上的荷载包括水压力、土压力、影响区范围内建（构）筑物荷载、施工荷载、场地堆载以及施工车辆荷载等可变荷载。其中，土压力的计算是支护结构设计计算的前提，但是土压力计算在深基坑开挖中不是一成不变的，而是随着各种因素变化而变化，如水土压力合算与分算问题，土压力随支护结构位移模式不同时，墙体位移对土压力影响不同。支护结构的土压力还受到外界因素的影响，如雨季以及地下水管、道路的渗流导致基坑周围土体含水率的增加，黏聚力和内摩擦角的降低，导致支护结构承受的主动土压力增大，支护结构严重变形甚至破坏。此外，深基坑工程设计中，漏算地面荷载，可能导致支护结构实际承受的土压力增大，支护结构严重变形甚至破坏。在特殊工程地质条件下，基坑设计需要考虑特殊性土体对支护结构的影响，如在寒冷地区，需要考虑冻胀力的影响。

支护结构设计中强度指标取值准确。支护结构设计中，合理地选择地基土强度指标（c、φ值）是深基坑开挖成败的关键因素，如果土体强度指标的取值不能代表实际情况，则深基坑支护设计计算再精确也是徒劳。所以，深基坑设计时，应根据实际情况选择合理的土体强度指标。

有限元分析方法要正确，应进行参数敏感度分析。

采用独立的第三方进行设计的审核工作。

（3）施工

施工单位应具备相应的资质和技术经验、管理经验。

应保证支护桩墙施工质量，如不得出现：钢筋混凝土支护桩桩体强度严重不足，缩颈，甚至断桩的现象；钢筋混凝土支护桩纵向钢筋布错，导致抗弯强度不足；施工时候钢筋数量偷工减料，造成强度降低，引起支护桩体折断；地下连续墙钢筋数量不足，墙体有蜂窝、露筋现象。

支撑锚固体系施工质量差。如井字形支撑长度长，且其交叉点的连接强度不足，造成支撑平面失稳或扭曲；支撑体系中中间立柱由于轴心偏差过大，造成偏心受压，导致中间柱失稳最终使整体支撑体系失稳破坏；各支撑杆件位置精度差，受力后杆件弯曲，附加弯矩超过设计值，造成险情；采用钢支撑时，由于部分采用旧钢管、再生钢管以及薄壁钢管，使得局部变形大，造成整体失稳；钢支撑未按要求施加预应力，或预应力偏小，造成支护桩（墙）变形过大；钢管支撑中细部焊缝质量差而造成连接失稳；在钢筋混凝土支撑中，因混凝土施工质量差而造成杆件被压坏。

地下水处理体系施工质量差。地下水处理体系施工中，因施工质量差、止水帷幕失效而造成相邻建筑物开裂、倾斜，相邻道路开裂、塌陷，基坑水满为患，坑壁坍塌。

深基坑工程各施工程序、工艺应考虑时空效应，采取分层、分块开挖，先撑后挖，减少每步开挖后无支撑的基坑挡墙暴露时间以及基坑开挖完后坑底的暴露时间。

施工方案不得随意更改。

加强安全教育，树立良好的企业安全文化。

（4）监控

由业主直接委派有理论基础和实际经验的、专业的、有资质、可胜任的团队进行独立的监控。

监测方案应科学、合理，应进行方案评审。

监测元器件的精度和可靠性应有实验报告，监测元器件的埋设质量应由第三方进行独立的检查和核实、监督。

监测数据不得弄虚作假。有的监测单位在已知监测元件被破坏或失效的情况下，不如实汇报监测元件的损坏情况，仍每天假报已损坏监测元件的监测数据，或没有进行监测，而伪造数据，欺骗施工单位和业主，使得施工单位无法对施工的安全性进行判断，导致深基坑发生破坏前无法事先发现事故征兆，从而导致深基坑工程事故的发生。

监测数据处理、分析及报警应及时，不得迁就施工单位的要求，监测数据已经达到了报警界限，也迟迟不肯报警；监测数据错误或报警标准不准确，导致报警不及时，错过抢险机会或施工单位对监测数据报警不能及时做出正确处理对策，采取合适的应急措施，从而导致事故。

（5）监督

由业主委托独立的第三方（专业的咨询机构）进行项目全过程的监督、检查、审核。

参考文献

[1] ITIG. A code of practice for risk management of tunnel works[S]. The International Tunnelling Insurance Group,2006.

[2] ITA 2004(International Tunnelling Association, Working Group No.2). Guidelines for tunnelling risk management[J]. *Tunnelling and Underground Space Technology*,2004,19: 217-237.

[3] 边亦海.基于风险分析的软土地区深基坑支护方案选择[D].上海:同济大学,2006.

[4] 吴静.深基坑支护结构事故预警系统研究[D].武汉:华中科技大学,2002.

[5] 陈玉平.基坑工程项目风险管理研究[D].上海:同济大学,2005.

[6] 中国土木工程学会,同济大学.地铁及地下工程建设风险管理指南[M].北京:中国建筑工业出版社,2007.

[7] 江见鲸,龚晓南,王元清等.建筑工程事故分析与处理[M].北京:中国建筑工业出版社,1998.

[8] 唐业清,等.基坑事故分析与处理[M].北京:中国建筑工业出版社,1999.

[9] 钱七虎,戎晓力.中国地下工程安全风险管理的现状、问题及相关建议[J].岩石力学与工程学报,2008,27(4).

[10] 侯艳娟,张顶立,李鹏飞.北京地铁施工安全事故分析及防治对策[J].北京交通大学学报,2009,33(3).

[11] 朱胜利,王文斌,刘维宁等.地铁工程施工的风险管理[J].都市快轨交通,2008,21(1):56-60.

[12] 周红波,蔡来炳,高文杰.城市轨道交通车站基坑事故统计分析[J].水文地质工程地质,2009,2:67-71.

[13] 张佳,付修华.成都地铁工程施工安全监督管理初探[J].建筑安全,2006,9:1-33.

5 天津站交通枢纽深大基坑工程

5.1 天津站交通枢纽工程概况

天津站交通枢纽位于天津市中心城区的几何中心位置,海河经济发展带的中部,是集普速铁路、京津城际铁路、津秦客运专线、城市轨道交通、公交中心、地下停车场和市政交通为一体的大型综合项目。集中在以天津站前后广场为核心,东至李公楼立交,北至新环路,西至五经路,南至海河东路的范围内,规划总占地面积 $92.44\times10^4 m^2$。

天津站交通枢纽按功能分为铁路客站、交通广场(后广场)、景观广场(前广场)、站后公交中心、站前公交中心(副广场)等5个分区(见图5-1、图5-2),分区之间及各分区不同层次之间均设联系通道。

功能区一:铁路客站。京津城际铁路、津秦客运专线引入天津站,对原有铁路站场(6台11线)进行改造,新设京津城际客运车场4台7线、津秦客运专线车场3台6线,保留原有普速铁路车场3台5线。采用地面、地下进站,东西两侧地下出站,南北进出的模式。拆除原有广场子站房及高架候车厅,在后广场建城际客站,主站房建筑面积 $2.15\times10^4 m^2$;保留前广场进站口和副广场出站口,新建东出站地道,实现铁路前后广场出站功能。城际铁路站房东侧安排一处机动车、非机动车停车楼和枢纽配套设施。

功能区二:交通广场(后广场)。地铁2、3号线和9号线(津滨轻轨二期)交汇于天津站后广场地下,形成枢纽轨道换乘中心。在2、3号线联络线北侧地下设置出租车上客区和机动车停车库,后广场形成以地铁换乘枢纽站为核心,地铁、长途客运、公交、出租等多种交通方式空间联通的大型交通换乘枢纽。地面为环路集散广场,环岛占地 $2.4\times10^4 m^2$。

功能区三:景观广场(站前广场)。地面规划为人流集散广场,占地4万多平方米,海河堤岸按两岸规划要求设置自行车通道、亲水平台及游船码头。地下一层沿海河一侧设置沟通进步道、六纬路的地道,规划双向六车道,宽26m。主广场前方的地道两侧设置地下公交车停靠岛。前主广场地下规划为停车场,安排机动车停车位450个,非机动车位2000个。

功能区四:站后公交中心。站后公交中心总占地面积 $1.9\times10^4 m^2$,集中安排8个公交发车位,供8条公交线路的使用,满足公交日客运量2万人次要求;安排19个长途车位,满足不同时间、不同方向长途日客运量1万人次要求。地块中部为地铁换乘竖井。站后公交中心建成后可以从根本上解决人车分流问题,各功能之间互不交叉,既保证乘客安全、便捷地实现交通工具的换乘,以及相关商业、服务功能,又可为内部管理、办公提供方便、安全的环境。

功能区五:站前公交中心(副广场)。占地面积 $1.7\times10^4 m^2$,总建筑面积为 $4\times10^4 m^2$,地面为16条公交线路始末车场,前后广场联系通道及铁路出站通道将南北广场连接在一起。地下一层为出租车停靠排队区及集散大厅,地下二层为社会车辆停车场,可停放320辆车。

天津站交通枢纽工程按照位置和功能划分为铁路客站改造工程、前广场工程、后广场工程和周边市政交通工程,各子项工程如图5-3所示。

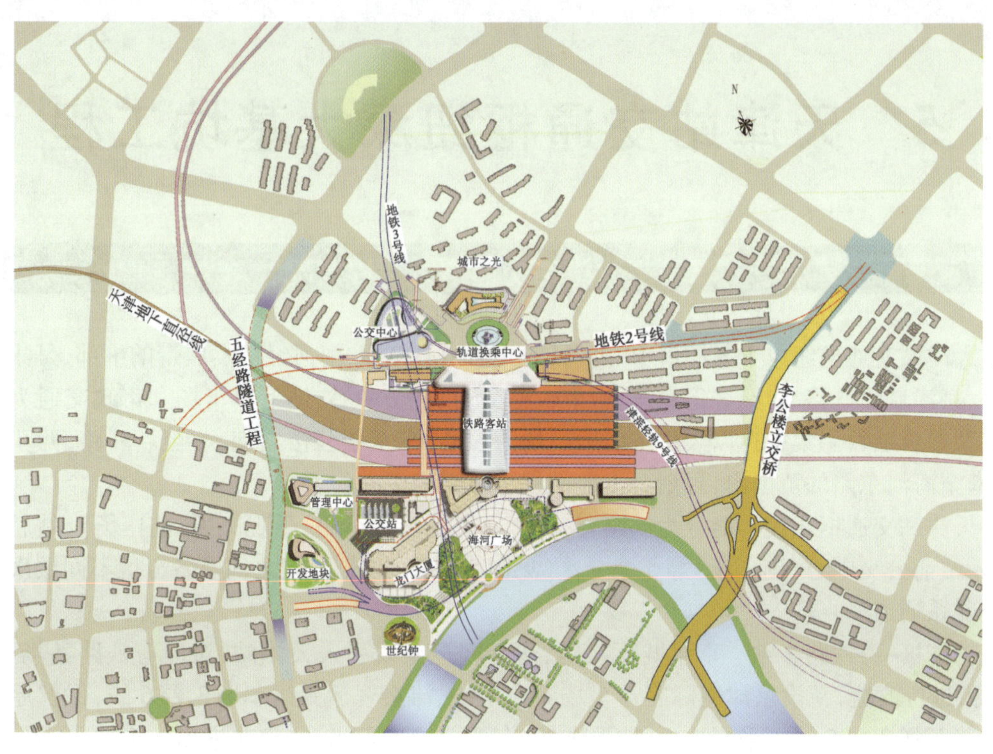

图 5-1　天津站交通枢纽工程平面图

图 5-2　天津站交通枢纽鸟瞰图

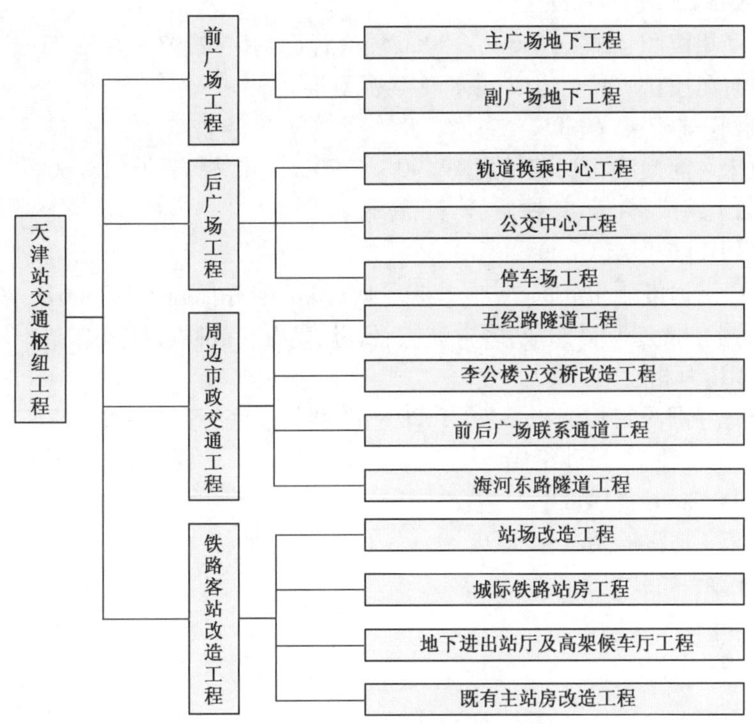

图 5-3　天津站交通枢纽工程子项工程

5.2　工程地质与水文地质

5.2.1　工程地质

本工程场区地层由上而下主要分为:

第一层:人工填土层(Q^{ml})

本层为人工堆积,层厚 0.40 ~ 5.60m,层底标高 2.66 ~ -0.30m,主要由杂填土和素填土组成。

第二层:新近沉积层($Q_4^{3N}si$)

本层为坑底淤积,仅局部分布,层厚 0.60 ~ 3.90m,层底标高 0.13 ~ -1.80m,主要由粉质黏土、黏土组成,有淤泥质土夹层。

第三层:新近沉积层($Q_4^{3N}al$)

本层为故河道冲积,层厚 0.60 ~ 3.20m,层底标高 0.85 ~ -1.92m,主要由粉质黏土、黏土组成,有粉土夹层。

第四层:第Ⅰ陆相层(Q_4^3al)

本层为河床 ~ 河漫滩相沉积,层厚 0.70 ~ 4.30m,层底标高约 -1.45 ~ -4.96m,主要由黏土、粉质黏土和粉土组成,夹淤泥质粉质黏土、淤泥质黏土、淤泥透镜体。

第五层:第Ⅰ海相层(Q_4^2m)

本层为浅海相沉积,本层厚 8.00 ~ 10.80m,层底标高约 -11.17 ~ -12.50m,主要由粉质黏土、粉土、淤泥质粉质黏土组成。

第六层：第Ⅱ陆相层（Q_4^1h）

本层为沼泽相沉积，层厚0.90～1.80m，层底标高约－12.93～－13.50m，本层主要由粉质黏土、粉土、淤泥质粉质黏土组成，顶部多为泥炭层。

第七层：第Ⅱ陆相层（Q_4^1al）

本层为河床～河漫滩相沉积，层厚2.90～6.70m，层底标高约－15.60～－17.70m，主要由粉质黏土、黏土组成，含云母、铁质、姜石、螺壳。

第八层：第Ⅲ陆相层（Q_3^eal）

本层为河床～河漫滩相沉积，层厚9.40～12.90m，层底标高约－26.67～－28.14m，主要由粉质黏土、黏土、粉土、粉砂组成，多含铁质、云母、姜石、有机质，具锈染。

第九层：第Ⅱ海相层（Q_3^dmc）

本层为滨海～潮汐带相沉积，层厚1.20～4.50m，层底标高约－28.27～－30.14m，主要由粉质黏土、黏土及粉土、粉砂组成。

第十层第Ⅳ陆相层（Q_3^cal）

本层为河床～河漫滩相沉积，厚度11.6～18.8m，层底标高－37.6～－46.15m，主要由粉质黏土、黏土、粉土、粉砂组成。

地层剖面如图5-4所示。

5.2.2 水文地质

天津地下水受基底构造、地层岩性和地形、地貌、气象以及海进、海退等综合因素影响，水文地质条件复杂。地下水类型可分为松散岩类孔隙水和碳酸盐类岩溶裂隙水。松散岩类孔隙水赋存于第四系、第三系松散堆积层中，碳酸盐类岩溶裂隙水赋存于碳酸盐岩溶裂隙中。从地下水资源评价和地下水开采条件方面将地下水划分为浅层地下水和深层承压水，一般将埋藏较浅、由潜水及与潜水有水力联系的微承压水组成的地下水称为浅层地下水，而将埋藏相对较深（一般70m以下）、与浅层地下水没有直接联系的地下水称为深层承压水。

天津地区在自然条件下总的地下水补、径、排特点是：在水平方向上，浅层水和深层水由北向南形成地下径流，在垂直方向上，下伏含水岩组接受上覆含水岩组的越流渗透补给。

浅层地下水有下列补、径、排特点：

补给：地下水接受大气降水入渗和地表水入渗的垂直补给和区域地下水的侧向径流补给，地下水具有明显的丰、枯水期变化，丰水期水位上升，枯水期水位下降。

径流：由于含水介质颗粒较细，水力坡度小，地下水径流十分缓慢。

排泄：排泄方式主要有蒸发、向深层承压水渗透、人工开采和区外侧向径流排泄。

根据场地地层特性及区域水文地质条件，本场地地面以下50m深度范围的地层，可以划分为两个含水层组。

第一含水层组（潜水），地下埋藏较浅，地下水位埋深2.378～2.436m（水位标高2.179～2.261m），含水层岩性为粉土$③_2$、粉土$④_2$层，含水层层底标高－10.94～－10.82m，含水层平均厚度8.00m，其下伏地层粉质黏土$⑥_1$层为相对隔水层。含水层水平、垂直向渗透性差异较大，当局部地段夹有粉砂薄层时，其富水性、渗透性相应增大。接受大气降水和地表水入渗补给，地下水具有明显的丰、枯水期变化，丰水期水位上升，枯水期水位下降，多年变化平均值0.8m。主要含水介质颗粒较细，水力坡度小，地下水径流十分缓慢。排泄方式主要有蒸发、人工开采和下渗补给下部承压水。

天津站
DK12+252.833
建国道
新开路
高程(m)
Ztjz-17
2.39
Ztjz-20
2.50
Ztjz-23
2.41
Qml
Qml

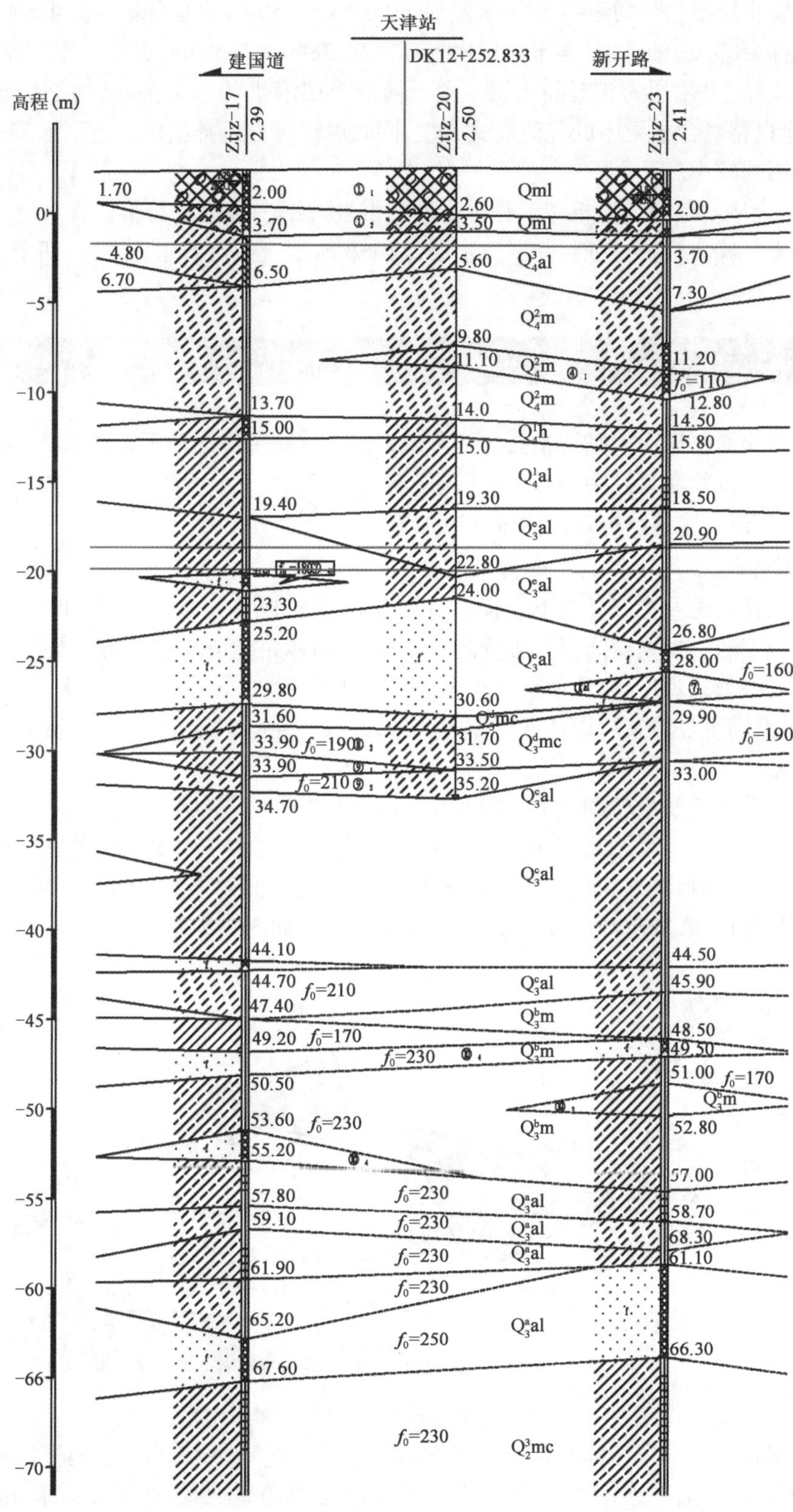

图 5-4　地层剖面图

第二含水层组(微承压水)地下水埋深5.907~5.950m(水位标高-1.418~-1.359m),含水层岩性为⑦$_4$粉细砂层,含水层层底标高-27.78~-27.55m,含水层平均厚度8.00m,下伏地层粉质黏土⑨$_1$层为相对隔水层。主要接受上层潜水的渗透补给,与上层潜水水力联系紧密,排泄以相对含水层中的径流形式为主,同时以渗透方式补给深层地下水。该层地下水水位受季节影响较小。

根据《天津站综合交通枢纽工程抽水试验报告》,第一含水层与第二含水层之间的隔水层为粉质黏土,局部与粉土互层,为弱透水层,两个含水层之间具有水力联系,两个含水层之间可以产生越流补给。

5.3 基坑工程

天津站交通枢纽深大基坑主要包括海河东路隧道及主广场地下工程、副广场地下工程、五经路隧道工程以及轨道换乘中心工程(后广场)。

5.3.1 海河东路隧道及主广场地下工程

(1)工程概况

海河东路隧道及主广场地下工程紧临站前主广场,既是站前广场进、出站的主要通道,又有大量过境交通。根据交通枢纽工程总体规划,海河东路隧道及主广场工程建成后,天津站站前地面广场改为景观广场,地面机动车全部转入地下,公交车需在站前地下广场设站,社会车辆、出租车既满足过境又可以从各个方向送站,并设有440辆地下停车位,机动车在地下实现了全互通。

海河东路隧道及主广场地下工程西起建国道和进步道,东至天津站邮政中心门前,与李公楼立交匝道相接。工程总建筑面积78000m^2,隧道总长度949.353m,地下主广场位于隧道线路里程中部,沿隧道线路长度285m,宽度125m。基坑平面面积32000m^2。隧道及主广场结构平面呈不规则形状,外轮廓局部呈曲线,工程平面分布如图5-5所示。

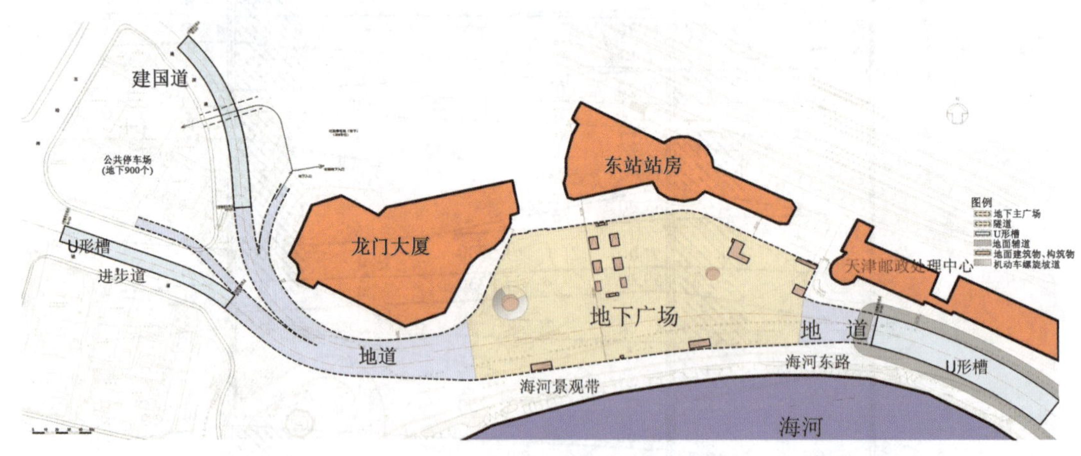

图5-5　主广场地下工程平面图

隧道采用双向6车道标准,单箱双室标准净跨为12.5m+12.5m,与地下副广场及待建开发地块建筑地下室相连的匝道净跨为7.5m,隧道单跨最大跨度为23m,隧道行车净空高4.5m,隧道主体结构形式采用箱形钢筋混凝土框架结构,敞开段为U形钢筋混凝土框架结构。隧道部分基坑深度为1.5~10.5m,基坑宽度15~60m。

主广场工程为地下二层。地下一层主要为过境公交车的停靠站、出租车及私家车的停靠站、部分停车场、设备管理用房等，地下二层为停车场。在地下主广场范围内，所包含隧道部分位于地下一层，设置双向 6 ~8 车道，钢筋混凝土箱形多跨隧道单室最大跨度 21.5m。地下主广场主体结构形式为钢筋混凝土框架结构。主广场基坑深度约 14.5m，单层广场基坑深度为 10.5m。地下主广场结构平面形状不规则，外轮廓局部呈曲线，最大宽度达 125.4m，最大长度达 284.71m，基坑总面积达到 32000m^2，属于超大超宽深基坑工程。

(2)周边环境

主广场基坑北侧为天津站主站房，结构形式为 5 层钢筋混凝土框架结构，基础为 21m 钢筋混凝土预制方桩，站房与本工程基坑最近距离约 7.5m(此部位广场基坑深约 14.5m)。东侧为单层(局部两层)邮局办公用房，基础形式为柱下条形基础，该建筑外轮廓与基坑最近距离约 9m。西侧为龙门大厦商业建筑，均为 3 ~4 层钢筋混凝土框架结构，部分基础为钢筋混凝土 14m 预制方桩，部分为短桩复合地基独立基础，建筑外轮廓与基坑最近间距 10m(此部位广场基坑深约 10m)。南侧距离海河护岸约 25m。

(3)工程结构设计

目前基坑支护安全等级的确定主要根据工程现场周边环境要求进行评定，可按周围不同环境条件分段划分基坑保护等级。针对本工程的周边环境特点，综合考虑主广场周边建、构筑物及管线切改情况，确定主广场基坑支护安全等级为二级。

认真分析基坑所处的周边环境：周围建筑绝大部分为桩基础，受基坑变形影响较小；基坑尺寸较大，有条件采用周边放坡开挖中心岛施工基坑围护结构的设计。因此，本设计在天津首次提出这种超大超宽深基坑放坡开挖中心岛围护结构设计的方案。

①隧道支护结构形式。

本工程隧道部分根据不同基坑深度，采用不同的基坑支护形式。

基坑深度在 1.5 ~4.0m 范围内，围护结构采用水泥土挡土墙，墙长 4.5 ~9m，由于部分敞开段 U 形结构采取抗浮措施，此范围围护结构采用钢筋混凝土钻孔灌注桩 ϕ800@ 1200mm 兼作抗拔桩，支护结构外侧采用 ϕ600@ 400mm 单排水泥搅拌桩作为止水帷幕(见图 5-6)。基坑深度在 4 ~10.5m 范围内，围护结构采用 SMW 工法桩 ϕ850@ 600mm，桩入土深度为 3.8 ~10.0m，桩长 7.5 ~20.3m，间隔布置型钢(见图 5-7)。

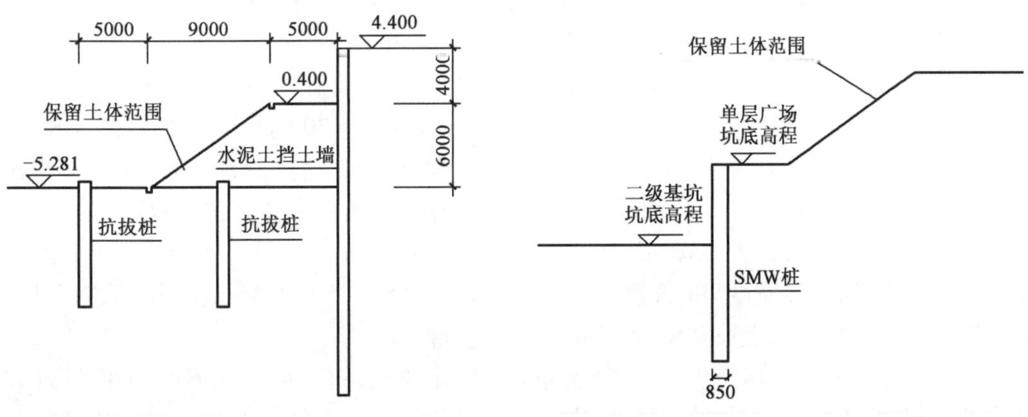

图 5-6　一级基坑围护结构示意图

图 5-7　二级基坑围护结构示意图

隧道基坑采用 $\phi600$ 钢管内撑体系。隧道封闭段采用三道支撑，敞开段根据深度采用一或两道支撑。

②主广场支护结构形式。

本工程主广场基坑支护采用 $\phi800$mm 钢筋混凝土地下连续墙作为基坑支护结构兼作止水帷幕。单层广场连续墙入土深度约 10m，墙长 18.35m。双层广场连续墙入土深度约 11m，墙长 24m。基坑典型剖面如图 5-8 所示。

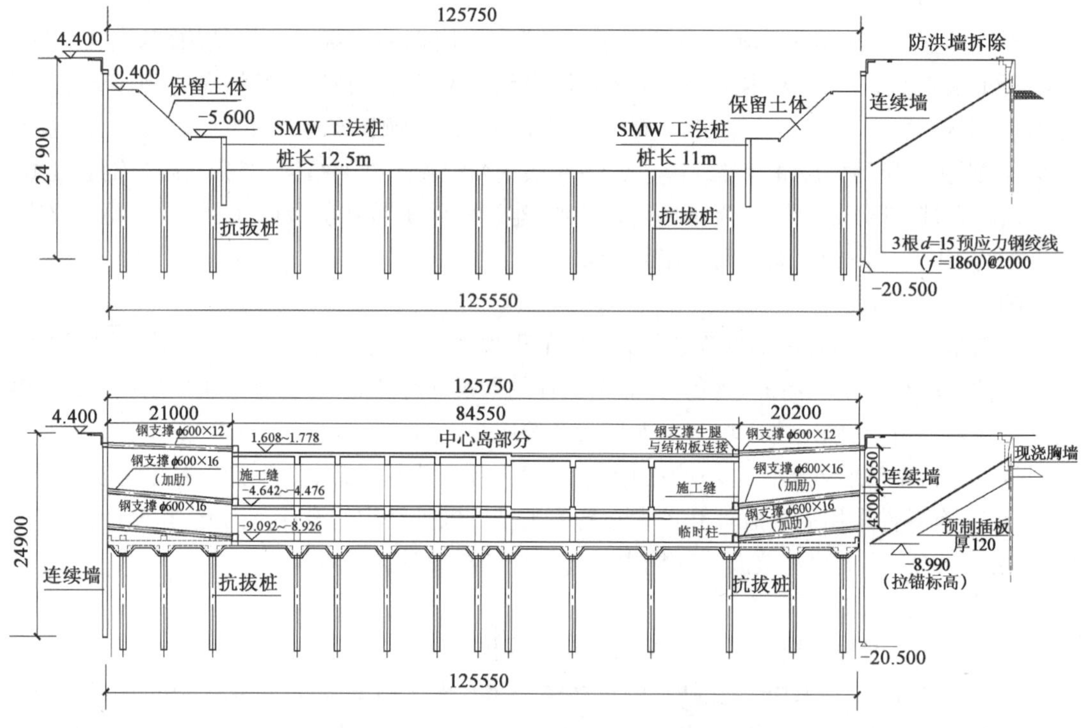

图 5-8　主广场基坑支护设计剖面(尺寸单位:mm)

(4)施工工艺

根据本工程中心岛加周边逆作法的结构受力特点，中心岛施工阶段利用坑内保留土体和周边逆作部分顶板和工具柱抵抗坑外水平荷载。中心岛主体结构完成，施工周边逆作中板、地板结构阶段，利用周边逆作部分顶板、中板作为围护结构支撑。

主广场采用 800mm 厚钢筋混凝土地连墙，作为施工阶段围护、止水结构，并作为使用阶段主体结构复合墙外衬。由于主广场南北短(125m)，东西长(300m)，在南北两侧各预留 15 ~ 20m 保留土体，作为中心岛施工阶段支撑体系，待中心岛施工完成后，利用连续墙与已施工完的主体结构间设置 $\phi600$ 钢支撑，明挖顺作周边保留土体范围主体结构。双层广场设置土坡宽度 20m，土体设两级台阶，第一级台阶位于连续墙顶下 4m 处，宽 5m，以 1 : 1.5 自然放坡开挖至第二级台阶，放坡宽度 9m，深度 6m；第二级台阶宽 5m，还有 4.5m 高土体，采用 SMW 工法桩悬臂支护。单层广场土坡宽度 15m，仅设置一级台阶。

中心岛基坑开挖采用分步开挖，分层分区内降水原则，由于存在承压水，采用设置减压井的方式，尽量自流减压，避免抽水量大，影响周边建筑物。

主广场地下工程预留反压土盆式开挖施工顺序如图 5-9 所示。

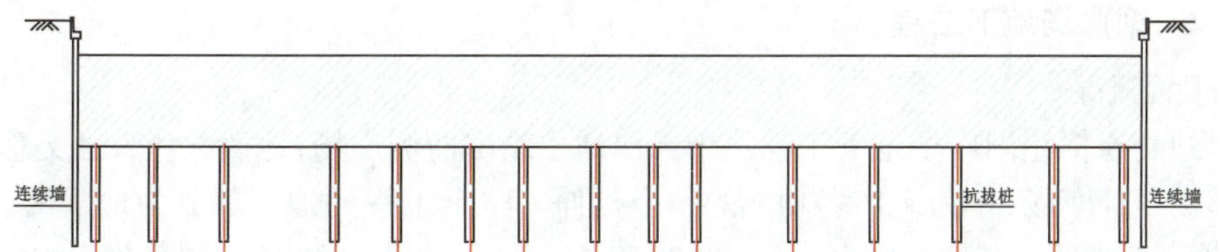

工序一:现场准备工作,三通一平；基坑围护结构施工：破除路面做导墙,机具准备、地下连续墙挖槽、钢筋笼制作,浇筑水下混凝土等。同时施工基坑内中心岛开挖后无条件施工的水泥土搅拌桩等二级围护结构和钻孔灌注桩(抗拔桩)，管井井点降水，广场范围上部4m深度土体开挖

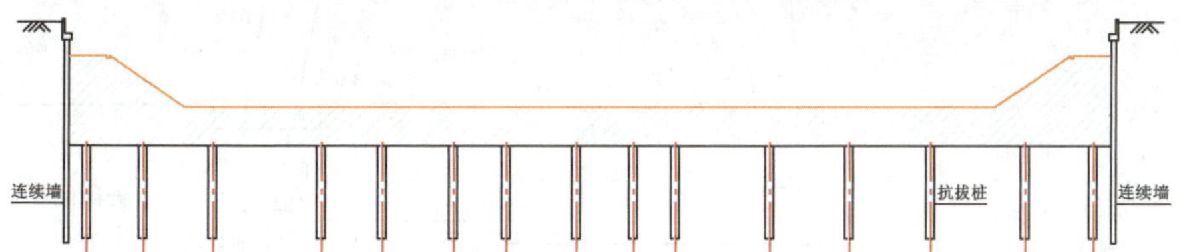

工序二:继续开挖中心岛部分土体至第二步保留土体平台标高，周边按照图纸要求放坡

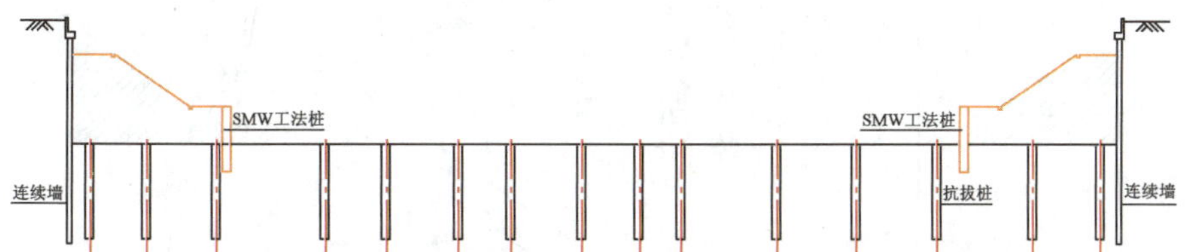

工序三:继续开挖中心岛部分土体至基坑设计标高，保留围护结构内侧用于平衡基抗外荷载的土体。将地下水分层降至基坑底以下500~1000mm

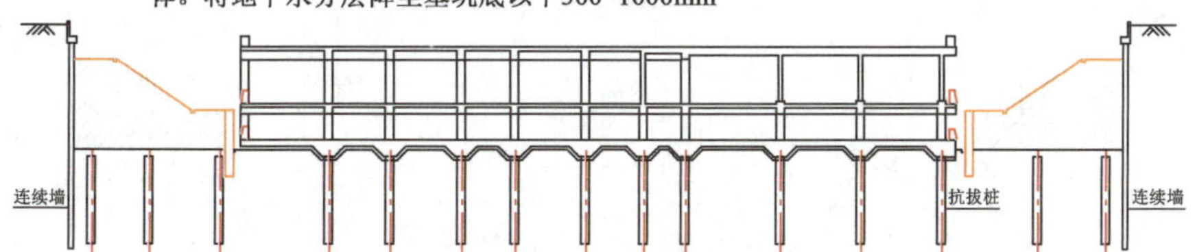

工序四:施工中心岛部分底板下垫层、外防水层、保护层。中心岛部分主体结构顺作底板、中板、夹层板、顶板

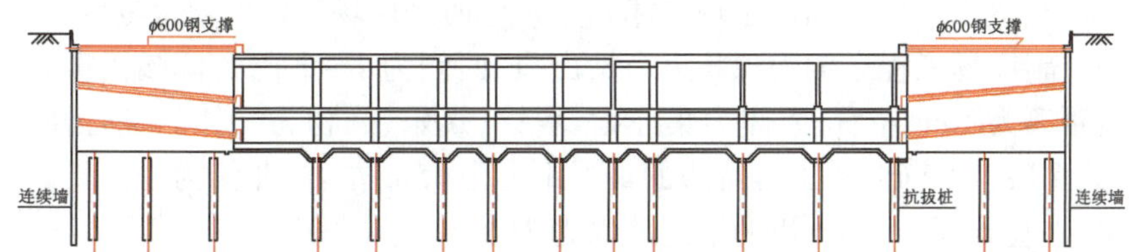

工序五:待顶梁、顶板混凝土强度达到100%后，设置第一道支撑，并预加轴力。挖运保留土体范围土方、自上而下安装支撑等，并连续开挖到基坑设计标高

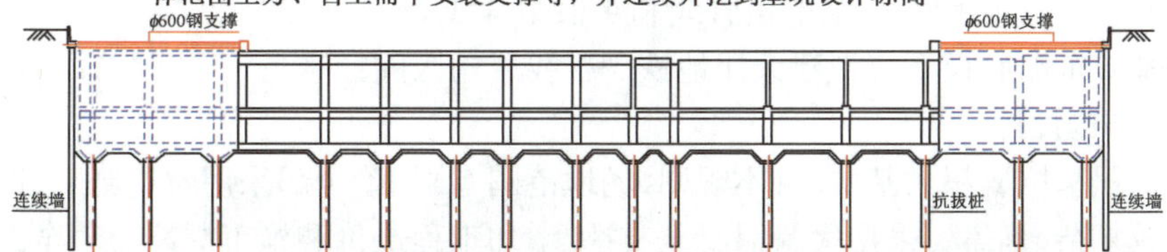

工序六:顺作周边反压土范围主体结构至顶板,完成主体结构施工。顶板混凝土强度达到100%后，拆除第一道支撑，做箱体顶板防水层，保护层。回填覆土,按道路设计标准恢复路面，停止降水

图 5-9　主广场地下工程施工顺序图

5.3.2 副广场地下工程

(1)工程概况

天津站交通枢纽副广场地下工程位于天津站主站房西侧广场,地面设计为公交总站,地下为出租车场及停车场,作为主广场功能的一个延伸。整个工程的地下部分为地下两层框架结构,局部设一小夹层。基坑长度 196.5m,宽度 50.6 ~ 108.6m,深度约 15m,局部集水坑深 17m,顶板覆土 2.6m,占地面积 17213m^2,总建筑面积为 39047m^2。工程平面情况如图 5-10 所示。

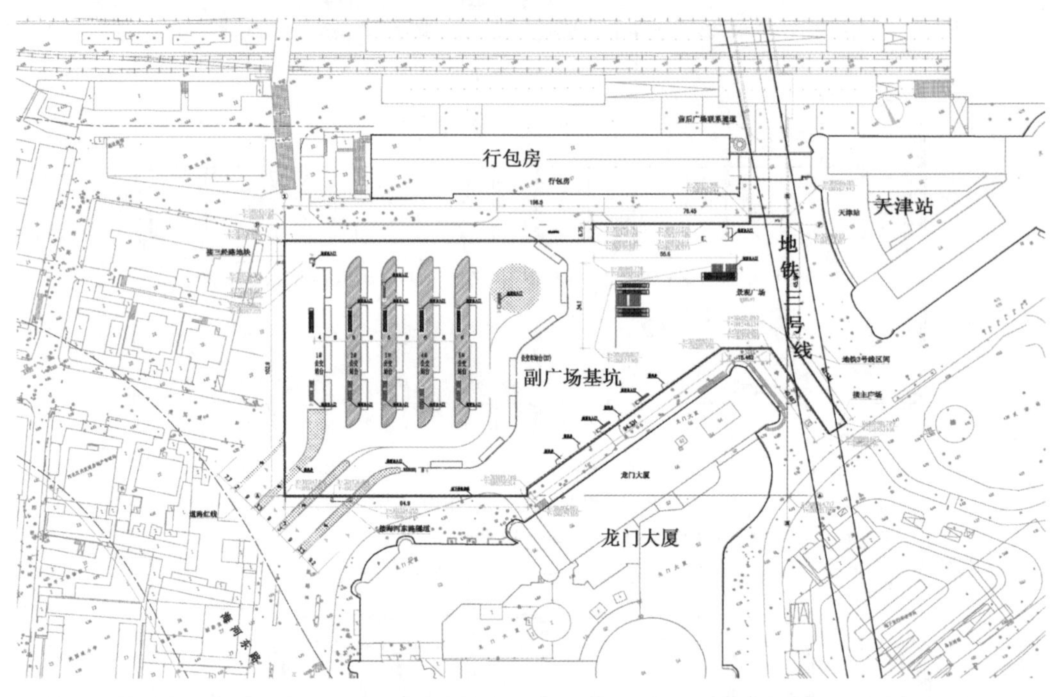

图 5-10　副广场地下工程平面图

(2)周边环境

天津站交通枢纽副广场工程位于现天津站主站房西侧广场三角区域范围内,现状公交、出租车停车场内。副广场工程东侧为现状火车站出口;西侧为 1 ~ 2 层的低矮楼房区,楼房距工程坑边的最近距离为 10m 左右;南侧为集住宿、餐饮、娱乐、购物为一体的综合性大厦——龙门大厦,大厦共 6 层,桩基础,距工程坑边的最近距离为 15m 左右;北侧为现有天津站行包房,行包房共 7 层,桩基础,距工程坑边的最近距离为 21m 左右。

本工程所处三角区域内管线较多,但并无重大管线,主要有 4 根热水管线、3 根给水管线、4 根煤气管线、3 根雨污水管、5 根电信管线和 4 根路灯线等。

本工程基坑东侧底板下有拟建天津地铁 3 号线盾构区间穿越。

(3)工程结构设计

由于本工程基坑属超大基坑,且不规则,场地范围有限,若全部采用明挖施工,坑内支撑体系布置会比较复杂,且需要采用大量混凝土支撑,增加工程造价和施工周期。若全部采用盖挖逆作法,工序复杂,工期较长,满足不了工程需要。而环行逆施中心顺作法既能充分利用楼板和顶底板作为支撑结构,节省临时支撑的费用,同时可将中心顺作区作为盖挖逆作部分出土通道,且设备进出方便,大大节约工期,具有结构安全可靠、工期满足、经济合理等综合优势,因此,经综合比较分析,选择采用环行盖挖逆施中心顺作法。

①围护结构。围护结构采用800mm厚地下连墙，有效墙深22m，地连墙外设双排直径600mm、间距450mm、深度7m的搅拌桩止水帷幕。水平支撑为各层环形板结构，中间支撑直接利用中立柱桩。

②水平支撑体系。水平支撑体系采用地下结构先行施工的环形结构，如图5-11所示。本工程为地下二层钢筋混凝土框架结构，局部设小夹层。标准段三层板自上而下依次为700mm、400mm、800mm。

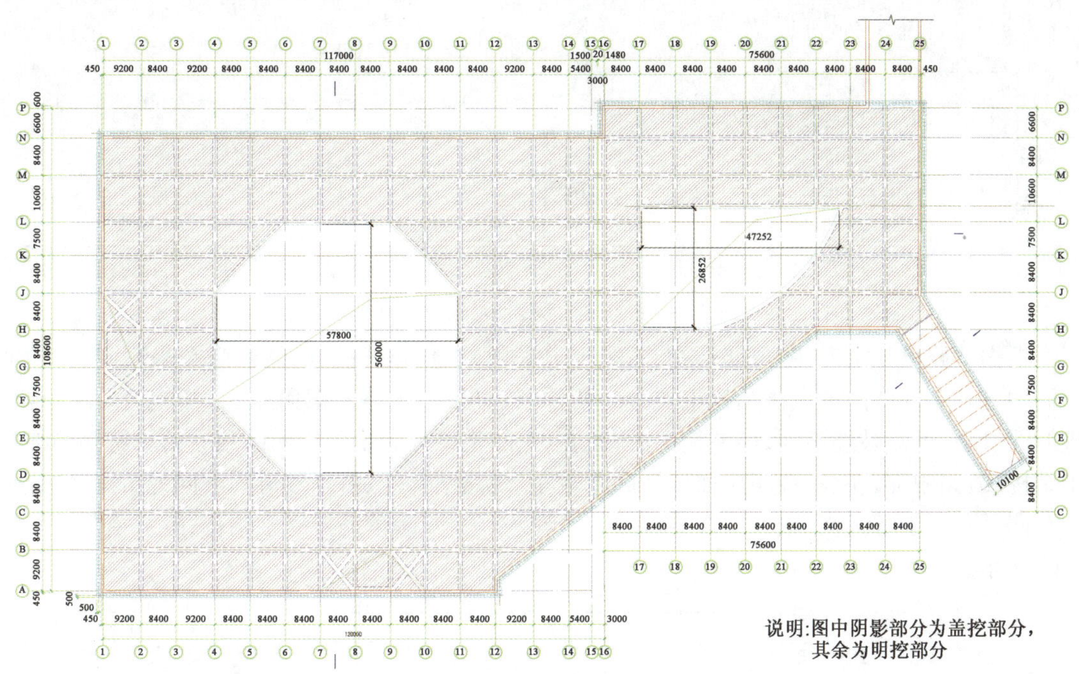

图5-11　环行盖挖逆施中心顺作法水平支撑

③环行逆施竖向支撑体系设计。中间支撑柱盖挖部分采用直径800mm钢管柱，明挖部分采用直径800mm钢筋混凝土柱，为一桩一柱，整个工程设有中间桩220根，桩径为1800mm，底部扩大至3000mm。

本工程中间柱桩为一柱一桩体系，在施工阶段，环形盖挖范围的中间桩为承压桩，在使用阶段，由于工程地下水位较高，所有桩作为抗浮桩使用。

由于桩数量较多，因此采用了可实现扩底的AM桩。

(4)施工方法

环行盖挖逆施中心顺作法的思路是，先施工基坑围护桩(墙)和中间桩柱，浇注工程边跨以及与边跨相邻的若干跨梁、板，形成环形支撑体系(见图5-12中实线部分)，然后在环形支撑体系的保护下，进行开挖基坑，由上而下依次施工周边若干跨的主体结构，然后再由下而上依次施工中间部分的主体结构(见图5-12中虚线部分)，最后回填土方，恢复地面。

5.3.3　五经路隧道工程

(1)工程概况

五经路隧道工程位于天津站西侧，呈南北走向，起点接华龙道，终点接五经路，是连接河东区与和平区的跨铁路快速通道。隧道设计速度为 40km/h，隧道建筑限界净高 4.5m，净宽 12.25m，双向六车道标准，机动车专用，隧道内设单侧路面排水沟。左幅隧道长约 999m，右幅隧道长 730.456m。

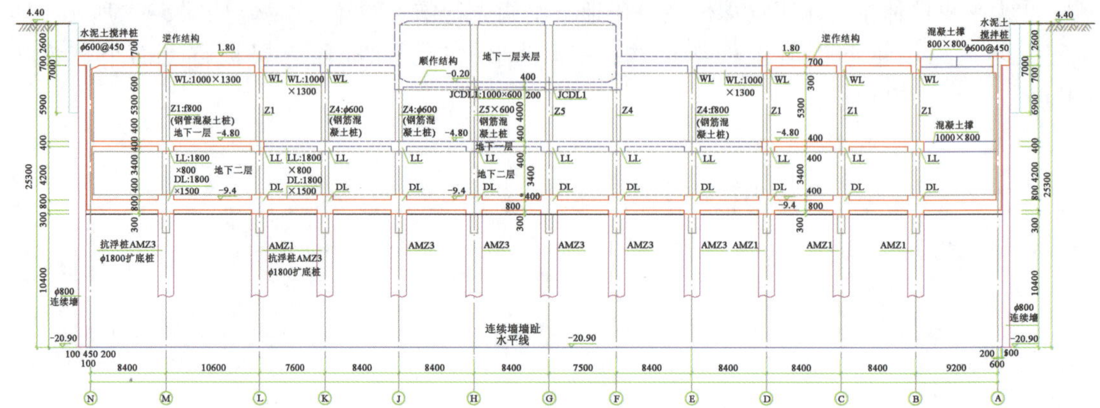

图 5-12　环行盖挖逆施中心顺作法示意图

根据线路设计情况，隧道北端左、右幅隧道采用异地、异坡进洞；隧道南端采用同坡、同地出洞的方式。因此隧道主体结构主要分为两种结构形式：线路北部因左、右幅隧道异地、异坡进洞，隧道长度及坡度不同，高差较大，因此左、右隧道结构分别采用两个独立的单跨钢筋混凝土结构；线路中部，左、右线路路面设计高差较小，线路南部左、右幅隧道同坡同地出洞，隧道高程相同，因此，中部及南部左、右幅隧道结构合建为一个双跨钢筋混凝土结构，隧道横断面如图 5-13 所示。

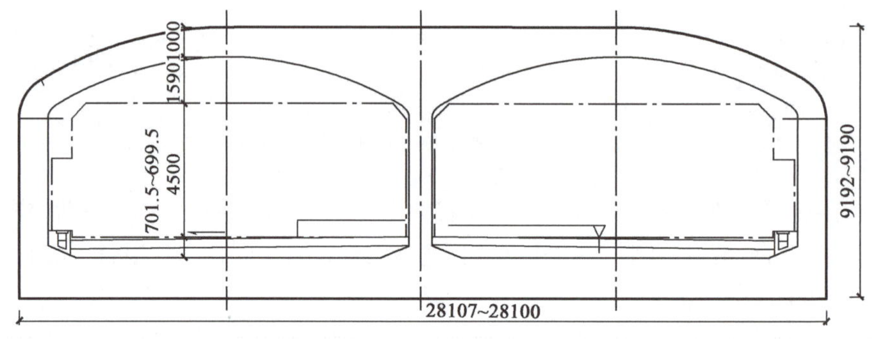

图 5-13　五经路隧道横断面图(尺寸单位：mm)

(2)周边环境

从北向南沿五经路隧道，两侧的主要建筑物有三十二中学、阳光老人院、铁路行车公寓、河北区人大原意大利领事馆、津都大厦等，其中河北区人大原意大利领事馆为市级重点保护建筑物。

隧道北端左幅隧道基坑距地面建筑物最近距离约 6m，右幅隧道基坑距地面建筑物最近约 9m。两段基坑沿线路前进方向围护结构外侧均有地下管线。

隧道南端基坑距地面建筑物最近约 6m。沿线路前进方向围护结构外侧均有地下管线。

(3)结构设计

五经路隧道主体基坑开挖深度 8.7 ~ 15.8m。根据天津地区工程地质与水文地质状况和天津市相关工程建设的工程经验以及工程工期等诸多因素，对五经路隧道基坑分段进行设计。

①隧道北部基坑。

隧道北端左、右幅隧道为两个独立的单跨结构,施工采用分槽施工的方法。

分槽施工段左幅隧道基坑设计范围为 ZK0 + 600 ~ ZK0 + 940 段,基坑宽约 14.85m,深 9.2 ~14.4m,局部设泵房,基坑总宽 20.55m,深约 11.55m;分槽施工段右幅隧道基坑设计范围为 YK0 +760 ~ YK0 +946.409,基坑宽 14.7 ~ 15.7m,最深约 12.2m,局部设泵房,基坑总宽 21.34m,深约 11m。基坑围护结构安全等级为一级,地面最大沉降量≤0.1%H,围护结构最大水平位移≤0.14%H,且≤30mm。

该两段基坑除洞口段基坑较浅,围护结构采用 ϕ850@600 SMW 工法外,其余围护结构采用 ϕ1000@1200 钻孔灌注桩,外侧加三轴水泥搅拌桩止水帷幕 ϕ850@600。

②隧道中部基坑。

ZK0 +940 ~ ZK1 +069.384 段为左、右线从不同设计标高过渡为相同设计标高段落,相应右线设计里程为 YK0 +946.409 ~ YK1 +069.384。该段左、右幅隧道结构为一个双跨混凝土结构,采用同槽施工的方法。K1 +069.384 ~ K1 +240 段,左、右线路为同标高、同坡度设计,主体结构合建为双跨混凝土结构,采用同槽施工的方法。

两段基坑宽 28.3 ~34.3m,基坑最深约 15.8m,局部设泵房段宽 35.9m,深约 16.3m。本段路线位于铁路站场段,采用侧边施工对行车进行过渡。基坑围护结构安全等级为二级,地面最大沉降量≤0.2%H,围护结构最大水平位移≤0.3%H,且不大于 50mm。

考虑隧道在 ZK1 +000 ~ ZK1 +060 段上跨规划天津地铁 2 号线盾构区间,为保证 2 号线盾构施工的顺利通过,以及直径线的畅通,本段基坑围护采用 ϕ850@600 SMW 工法施工,其他段围护结构采用 ϕ1000@1200 钻孔灌注桩。

③隧道南部基坑。

隧道南部 K1 +240 ~ K1 +599 段左、右线同标高、同坡度设计,左、右幅隧道合建为一个双跨混凝土结构。基坑宽 28.3m,最深约 14.6m,局部设泵房,基坑总宽 34m,基坑深约 11.6m。基坑围护结构安全等级为一级。

除洞口段基坑较浅,基坑支护采用 ϕ850@600SMW 工法外,其余部位采用 800mm 厚的地下连续墙。

④支撑体系。

五经路隧道全线基坑横撑采用 ϕ600 钢管,t = 12mm 和 t = 16mm 两种,横撑水平间距为 3.0m左右。基坑典型位置的支护及支撑剖面如图 5-14、图 5-15 所示。

(4)施工方法

五经路隧道基坑采用明挖顺作法施工。

5.3.4 轨道换乘中心工程

(1)工程概况

交通枢纽轨道换乘中心工程位于天津站后广场新广路、华兴道、新兆路交叉口处,包括东西向的地铁 2、9 号线车站,南北向的地铁 3 号线车站,2、3 号线联络线,2 号线站后渡线和 9 号线交叉渡线等,工程平面情况如图 5-16 所示(图中用虚线标记),透视效果如图 5-17 所示。本工程总占地面积约 $6.7\times10^4m^2$,建筑面积 $15.1\times10^4m^2$。地下工程为地下三层、地下四层和地下一层结构。地下一层为地铁、城际铁路和其他市政交通的公共人流集散层,地下二层为地铁 2、3、9 号线站厅层,地下三层为 2、9 号线站台层和 3 号线设备层,地下四层为 3 号线车站站台层。地下三层结构底板埋深 25m,地下四层结构底板埋深 32m,基坑最深达到 33.5m,整个基坑宽度 80 ~ 180m，基坑形状极不规则，同时工程结构顶板上方还有同时施工的京津城际站房、公交中心枢纽、35kV 变电站，考虑到地上地下同时施工以及周边环境等因素，采用盖挖逆作法进行施工。

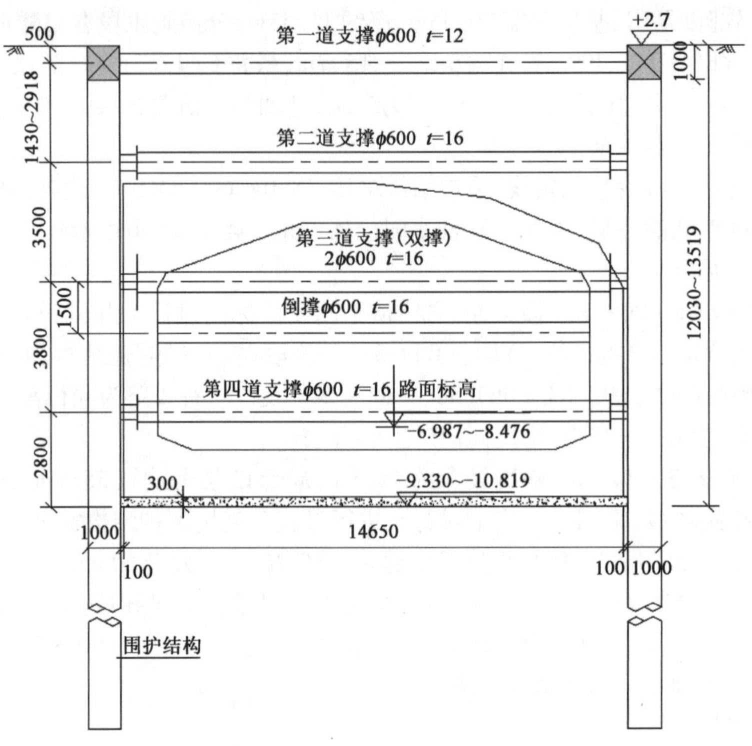

图 5-14　ZK0 + 920 基坑支护剖面图

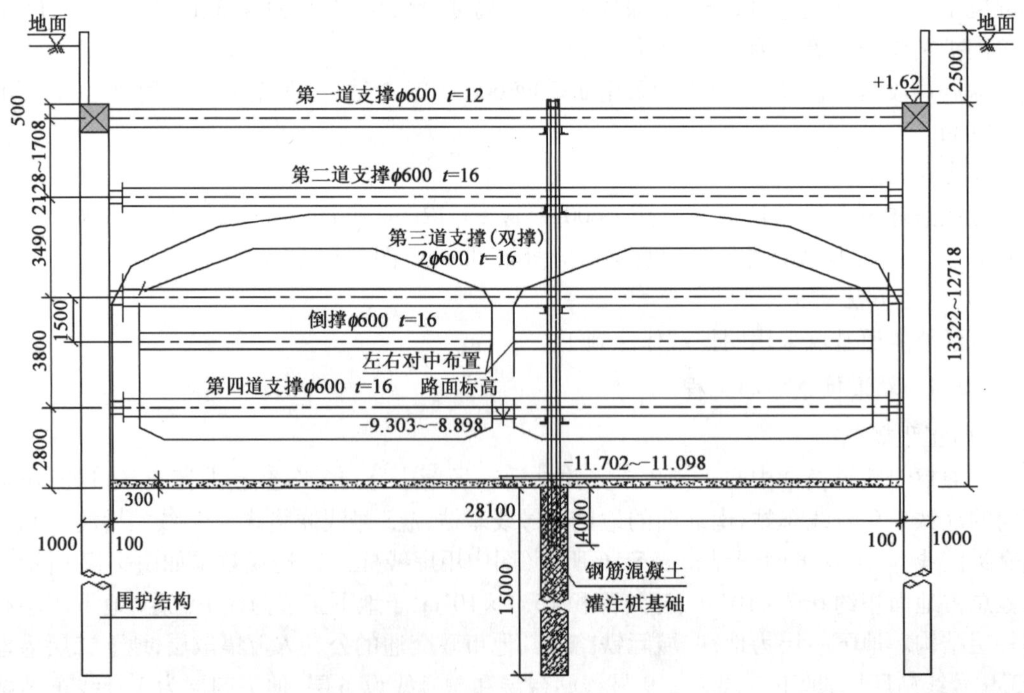

图 5-15　ZK1 + 170 基坑支护剖面图

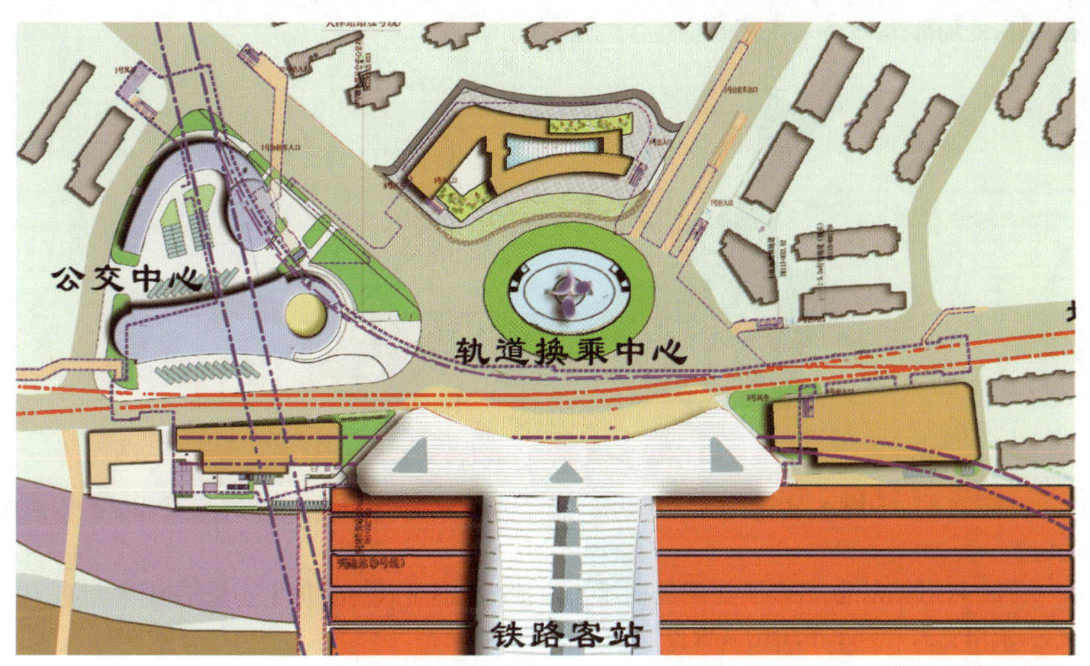

图 5-16　交通枢纽轨道换乘中心平面图

图 5-17　交通枢纽轨道换乘中心效果图

轨道换乘中心工程共划分为 4 个相对独立的土建施工分区(见图 5-18):

分区 1(⑰～㊾轴):占地约 $2.1\times10^4m^2$,地下三层结构,其中京津城际站房位于地下结构顶板之上,地下结构基坑深度为 25～28m,采用盖挖逆作法施工。

分区 2(①～⑰轴):占地约 $2.1\times10^4m^2$,地下三层和四层结构,地下结构顶板上有公交中心枢纽和35kV变电站两座结构物，地下三层基坑深25m左右，地下四层基坑深28～32m左右，最深处局部达33.5m，采用盖挖逆作法施工。

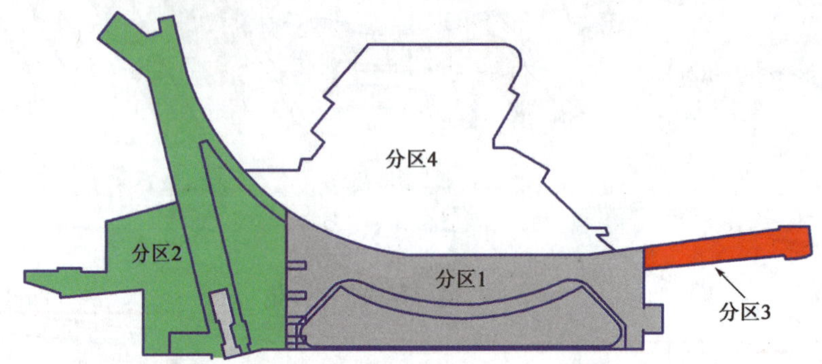

图5-18　轨道换乘中心工程基坑工程土建分区

分区3(㊾～㊿轴)：占地约$1.7\times10^3m^2$，地下四层结构，基坑深25～27m，采用盖挖半逆作法施工。

分区4(Ⓗ轴以北，环岛下沉广场区域)：占地约$2.4\times10^4m^2$，地下一层结构，基坑深10m左右，采用了大开口水平结构梁板替代支撑的逆作形式。

(2)周边环境

轨道换乘中心南侧为同期建设的城际铁路站场，线位距基坑边缘约12m；西侧的站后电话枢纽局距基坑边缘最近处仅约2m；东侧有美震写字楼等建筑群。同时，基坑周边密布通信管沟、雨污水、煤气、电力等多条市政主管管线。

(3)基坑支护方案

①围护结构。

轨道换乘中心工程地处天津站后广场，周边建筑物、地下各类管线非常多，周边的环境保护要求高，基坑深、面积大、形状极不规则，因此，须选择一种确保安全、有成熟设计与施工经验的基坑围护方案。地下连续墙作为一种刚度大、变形小、止水效果好的围护结构形式，可有效地减少围护结构的变形，保证周边环境的安全，因而本基坑全部采用地下连续墙作为围护结构。其中，第1、2、3分区因基坑深度较深，采用了1.2m厚的C30P10地下连续墙，地下连续墙的接头采用了十字钢板接头和工字型钢接头两种形式，第4分区由于基坑深度相对较浅，采用了0.8m厚的地下连续墙。图5-19为三种施工接头形式。

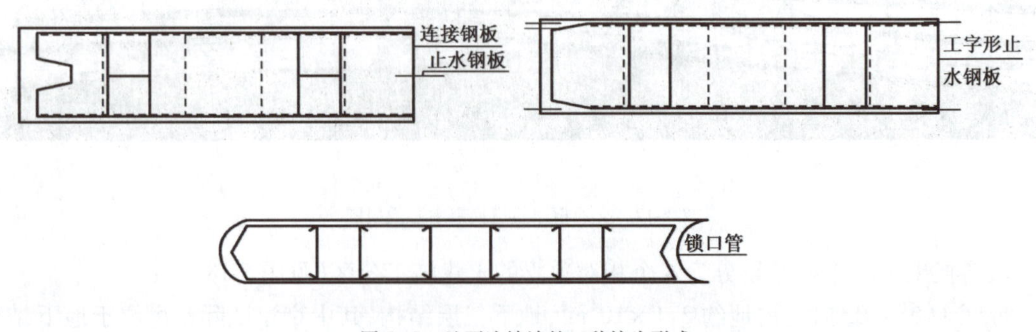

图5-19　地下连续墙的三种接头形式

地下连续墙的插入深度与基坑深度的比值均大于0.7，考虑到第二层微承压水的影响，地下连续墙进行了适当加深，最深达55m。

结构接头：地下连续墙在结构顶板、底板位置处预留钢筋接驳器，与顶板和底板刚性连接。

一般，地下连续墙仅需考虑承受水平作用力，不作为竖向承重结构。但由于本工程采用盖挖逆作法施工，结构顶板上部的京津城际站房的部分结构立柱作用于地下连续墙顶部，因此，需对施工期间的地下连续墙进行竖向承载力检算。为满足城际站房立柱荷载的要求，该部分地下连续墙设计采用T形槽段以增加竖向的承载力，同时，对地下连续墙墙底进行注浆减少连续墙的沉降。

接缝渗漏水处理：由于地下连续墙较深且土层较差，为防止因连续墙的接头质量问题而出现渗漏水，在基坑外侧连续墙幅段接缝处施作旋喷桩进行止水，外侧无施工条件的，在基坑内侧裙边施作旋喷桩。

②水平支撑体系。

本工程采用盖挖逆作法，因此，施工期间采用各层结构板作为围护结构的水平支撑，并在结构板上预留了足够的出土口，以加快施工进度。

在结构的负三层和负四层，由于结构层高较高，需要在层高中间位置加设一道支撑，由于基坑宽度较大，架设水平对撑较复杂，为此，充分利用该工程特点（负三、负四层层高，且基坑面积大），局部采用中心岛的方式开挖中间土方，先行施工中间部位底板，跳槽开挖斜支撑上部反压土（见图5-20），在底板上架设斜撑，开挖周边反压土后施作剩余结构。

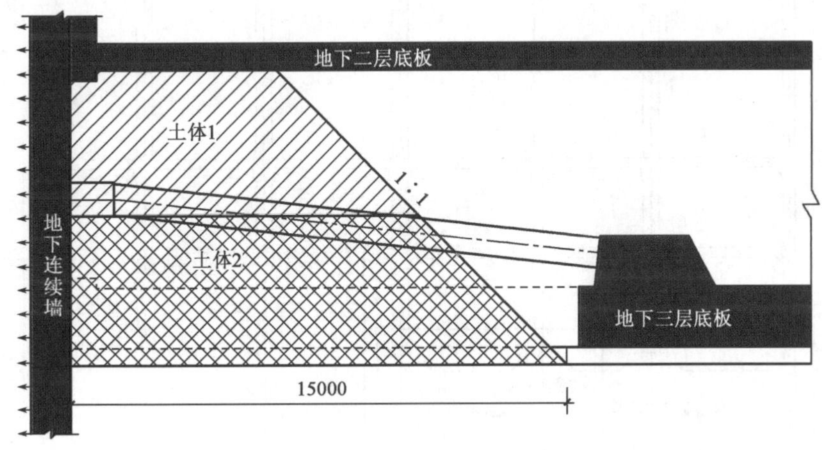

图5-20　斜支撑示意图

③竖向支撑系统。

逆作施工过程中，主体结构竖向支撑采用一柱一桩的结构形式，其中，第1、2和4分区采用永久支撑和临时支撑相结合的形式，第3分区则采用临时格构柱。第1、2分区支撑柱采用ϕ1000mm的钢管柱，柱下桩基础采用ϕ2200mm的钻孔灌注桩，桩长50m左右（有效桩长），钢管柱插入钻孔灌注桩2.5m；第3分区支撑柱采用2HN700×300型钢格构柱，格构柱下桩基础采用ϕ1500mm的钻孔灌注桩，桩长28m（有效桩长），格构柱插入钻孔灌注桩2.5m，主体结构封闭后切除临时格构柱；第4分区支撑柱采用4L200mm×18mm型钢格构柱，钢格构柱截面为500mm×500mm，格构柱下桩基础采用ϕ1200mm的钻孔灌注桩，桩长28m，格构柱插入钻孔灌注桩2.5m，正常使用期间格构柱外包混凝土，作为结构柱使用。

本工程柱下工程桩在施工阶段承受向下的竖向荷载,使用阶段由于水浮力较大,承受向上的抗拔力,因此,工程桩的桩长需要考虑两种计算工况后确定。

(4)主体结构设计

主体结构方案,必须与施工方法相匹配,尽可能地使主体结构的形式简洁实用,从而达到简化规模、安全、经济的目的。同时,应根据该处的工程及水文地质条件、结构使用功能、荷载特性、施工方法等来确定合理的结构形式。

根据天津站所在区域的工程地质和水文地质情况、管线规划方案、建设工期要求和施工工法、使用要求、与相邻工程的结构关系等综合考虑确定,天津站交通枢纽轨道换乘中心工程主体结构形式为钢筋混凝土矩形框架结构,根据使用功能要求,3 号线及 3 号线与 2、9 号线换乘节点处为四层多跨钢筋混凝土框架结构,如图 5-21a)所示,2、9 号线处的结构为三层多跨钢筋混凝土框架结构,如图 5-21b)所示,轨道换乘中心东侧 2 号线渡线段为 4 层框架结构,如图 5-21c)所示,出租车等候区为一层多跨框架结构。

因结构形式不同,后广场基坑工程共设置 3 个变形缝,将 4 个相对独立的施工分区隔开。

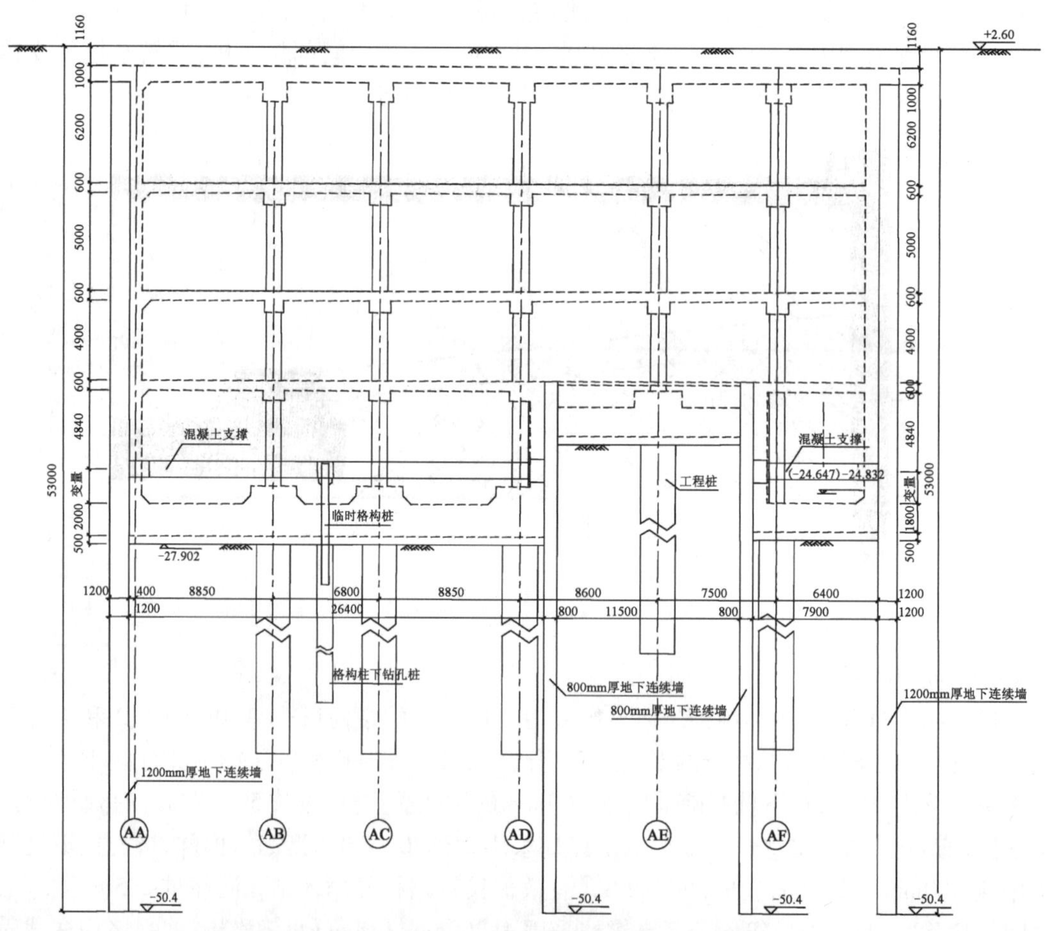

a) 第2分区(3号线与2号线联络线处)典型剖面图

图 5-21

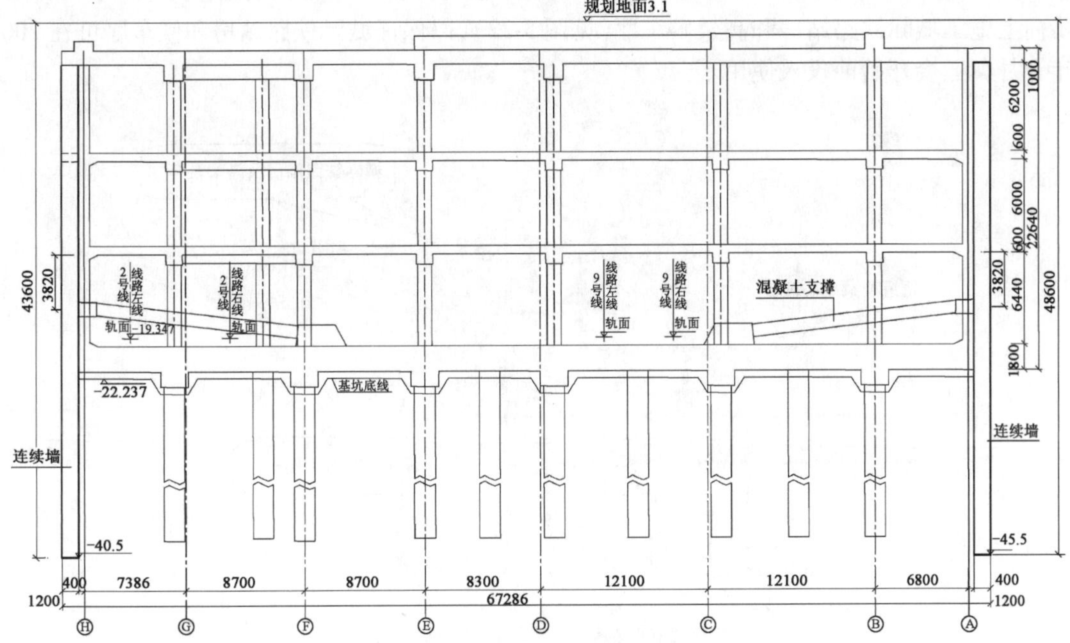

b)第1分区典型结构剖面

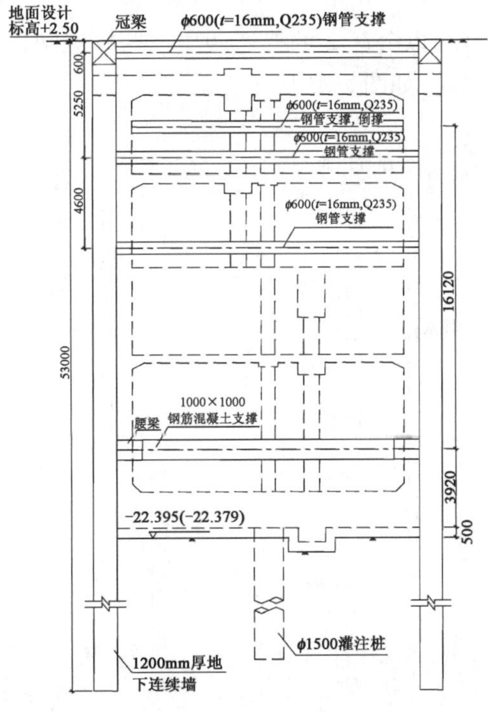

c)第3分区典型结构剖面

图 5-21 轨道换乘中心工程剖面图

(5)施工方法

交通枢纽轨道换乘中心工程采用盖挖逆作法施工，在换乘中心顶板施作完成后，即开始同步向上施工城际铁路站房和高架候车厅（见图5-22），以保证城际铁路站房和候车厅可在2008年8月奥运会开始前投入使用。

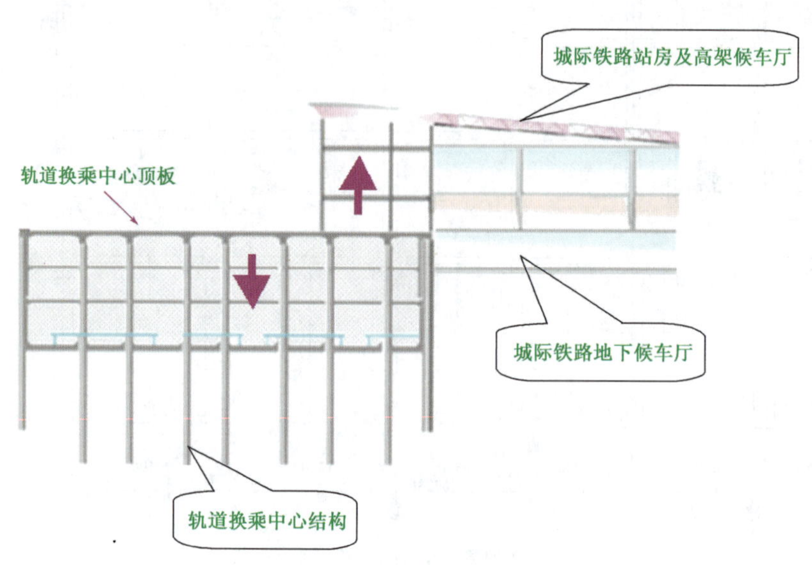

图5-22 轨道换乘中心工程与城际铁路站房施工顺序示意图

基坑盖挖逆作法施工顺序（以分区2的普通四层三跨框架结构处为例，其他位置多跨结构施工顺序与此类似，不再赘述）如图5-23所示。

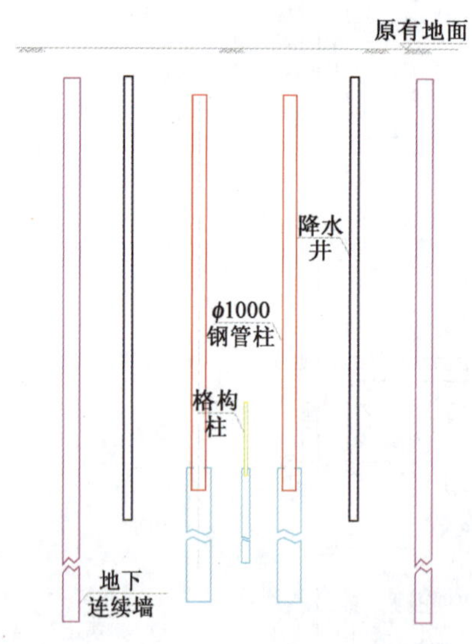

a)施作地下连续墙、立柱、临时立柱及灌注桩，进行坑内降水

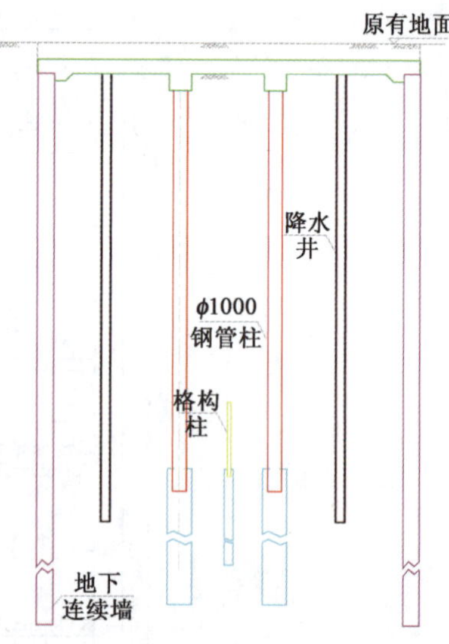

b)提前降水至开挖面以下1.0m，开挖到顶板底，构筑顶板、顶层纵梁，施作防水层。回填土，恢复路面

图 5-23

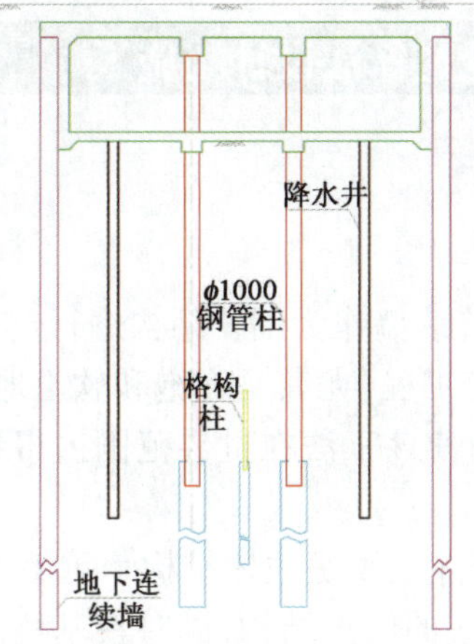

c)开挖土体到地下一层底板底位置，施作地下一层底板、纵梁、横梁和侧墙

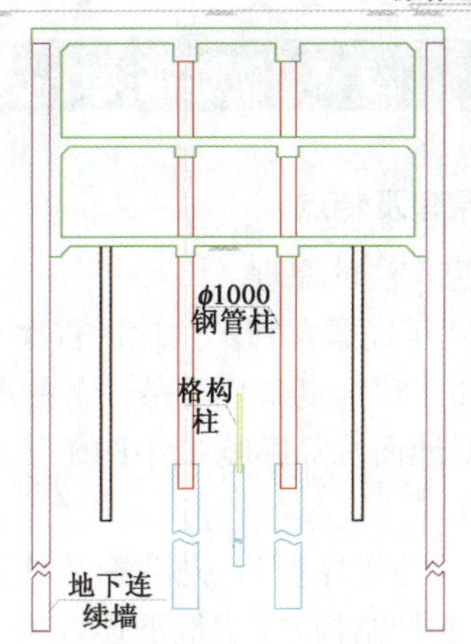

d)开挖土体到地下二层底板底位置，施作地下二层底板、纵梁、横梁和侧墙

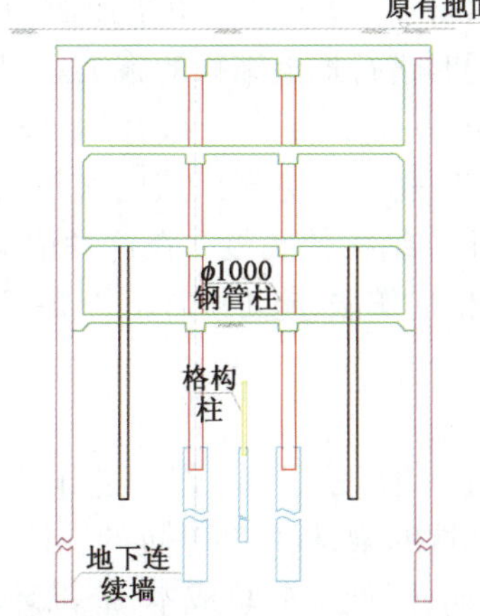

e)开挖土体至地下三层底板，施作地下三层板、纵梁。施作侧墙防水层、侧墙，封闭三层结构

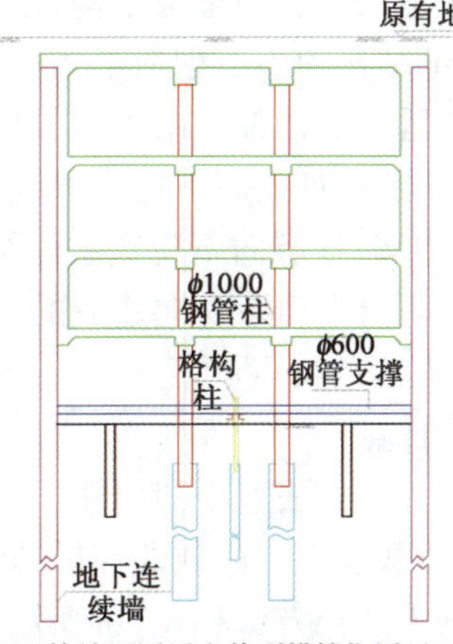

f)开挖地下四层土体到横撑位置下500mm，施作连系梁和横向钢支撑

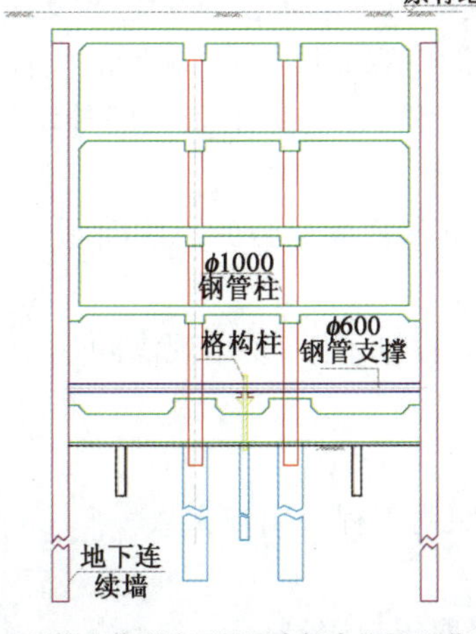

j)开挖土体到地下四层底板底位置,施作底板、底纵梁

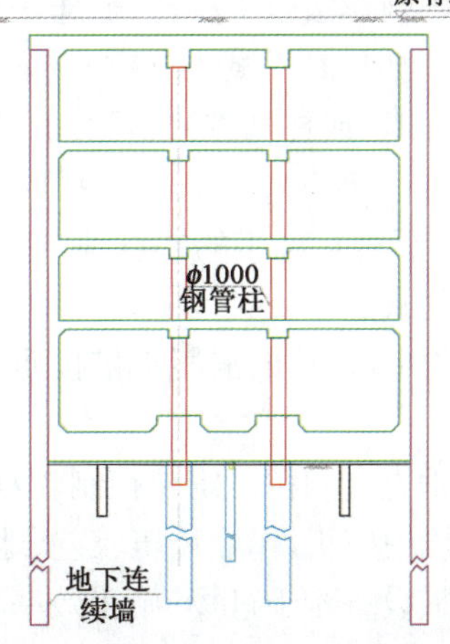

h)待底板混凝土达到设计强度后拆除横向支撑和连系梁，施作侧墙防水层、侧墙，封闭地下四层结构

图 5-23　盖挖逆作法施工顺序

5.4 轨道换乘中心工程盖挖逆作法设计与施工

5.4.1 原理及特点

(1)盖挖逆作法的原理

20世纪50年代意大利米兰地区首次利用地下连续墙作为围护结构进行过街地道的盖挖逆作法施工,该工法为复杂环境条件下的深基坑开挖工程(尤其是在饱和软土地层中)提供了一种最安全、对地面沉降影响最小的施工方法,从而使该工法在世界范围内得到迅速推广和应用。

盖挖逆作法施工原理为:先沿着基坑轴线(地下连续墙是主体结构承重墙)或周围(地下连续墙只用作支护结构)施工地下连续墙或其他形式的围护结构,同时在基坑内部的相关位置设置中间支承桩和柱,作为施工期间(基坑底板浇筑之前)承受上部结构自重和施工荷载的支撑。然后施工地面一层的梁板结构,作为围护结构的支撑体系。由于地面一层的层板结构已经完成,为上部结构的施工创造了条件,所以可同时进行地上结构的施工。

基坑内部以后的工作都在结构顶板的保护下开展:自地下负1层开始,按照负1层、负2层、负3层、…的顺序,自上而下逐层开挖,每开挖完一层,即浇筑该层的底板(同时也是其下一层的顶板)和边墙,逐层向下建造主体结构直至主体结构的底板。在这种情况下,永久结构是在盖挖的方式下自上而下逆向建成的,故称之盖挖逆作法,施工顺序如图5-23所示。

(2)盖挖逆作法的特点

①逆作法的优点。

a. 节约材料。该方法直接利用柱下桩及地下连续墙(围护桩)作为逆作法施工期间承受地上、地下结构荷载及施工荷载的构件,同时利用基坑的梁、板作为基坑的支撑。

b. 与传统的大开挖方法相比,可缩短工程总工期,降低工程总成本,周围环境及季节变化对工程施工影响较小。

c. 各层梁、板的模板可采用土模,从而简化施工程序,减少支模工料。

d. 与一般的顺作法施工相比,逆作法施工不会发生因为基坑换撑引起的支撑系统内力重分布;也不存在(如果是混凝土支撑)爆破振动与支撑突然卸载对周围环境的危害。

e. 地下连续墙(或柱列桩)既可作挡土止水结构,又可作为地下工程的外墙(或基础桩),降低成本。

f. 克服了露天开挖施工的缺点,避免了基坑长时间暴露而导致的一些问题。

②逆作法的缺点。

a. 地下结构中墙、柱的混凝土搭接质量较难控制,控制不力,易出现渗漏水、承载力降低等后果。

b. 立柱的垂直度和精确定位控制较难。

c. 封闭环境中施工,作业环境较差,地下通风与照明工程费用较大。

d. 大型机械设备难于进场,施工效率较低。

e. 土方垂直运输采用专用取土设备,运输能力受取土口限制。

5.4.2 关键技术

天津交通枢纽轨道换乘中心基坑工程属国内首屈一指的超深、多跨、大面积的盖挖逆作基坑工程，技术难度较大，涉及大尺度超深地下连续墙施工技术、大直径超深钻孔灌注桩基础施工技术、竖向超长钢管混凝土柱施工技术、降水技术、考虑时空效应降水与主体结构施工的基坑开挖技术、竖向支撑系统不均匀沉降影响及控制、梁板柱节点与大体积混凝土质量控制、综合防水技术八大关键技术。以下重点对其中的连续墙接头防水技术、钢管柱精确定位技术、降水技术以及土方开挖技术进行简要介绍。

(1)地下连续墙的接头防水技术

①刷壁。成槽完成后，在相邻一幅已经完成地下墙的接头上多有黏附的淤泥，如不及时清除会产生连续墙夹泥现象，可能导致基坑开挖过程中地下连续墙渗漏水，因此，必须采取刷壁措施，起吊专用的刷壁器，在接头上上下反复清刷，确保接头干净，防止连续墙渗漏水事故的发生。

②十字止水钢板。地下连续墙防水采用十字止水钢板，以 ZB-1 为例(见图 5-24)，十字止水钢板由连接钢板(宽 1180mm、厚 12mm，上端连接钢板长 39m，底端下连接钢板长 2.45m)和止水钢板(宽 600mm，厚 14mm，长 39.0m)焊接而成。十字止水钢板与钢筋笼焊接固定在一起下放。

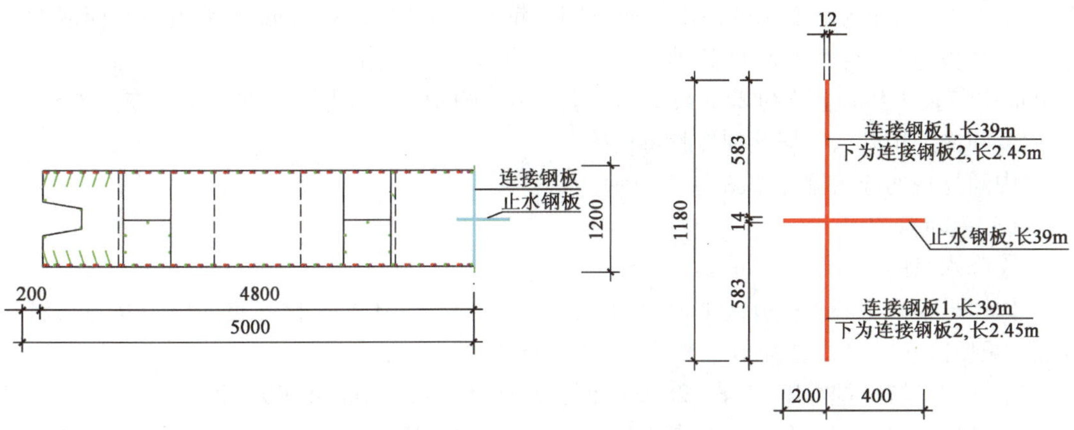

图 5-24　十字止水钢板加工示意图

③接头箱吊放。槽段清基合格后，即吊放接头箱。要求两块整体 600mm 宽接头箱夹住已经焊接在钢筋笼上的十字止水钢板(见图 5-25)，并保证接头箱的中心应与设计中心线相吻合，底部插入槽底以下 30 ~ 50cm，以保证密贴，防止混凝土倒灌。接头箱后侧填砂，防止倾斜。

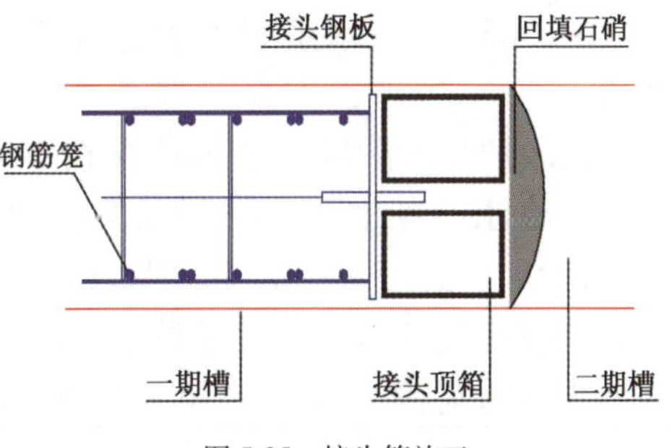

图 5-25　接头箱施工

④水下混凝土浇筑。水下混凝土浇筑须保证混凝土连续灌注。灌注混凝土时，随着地下连续墙槽中混凝土上升，导管与之同步向上提升，禁止导管拔出混凝土面。浇筑中，要使导管做 30cm 左右的上下运动，尤其在地下连续墙幅段的接头部位更应如此。

⑤接头箱顶拔。为减小开始顶拔时的阻力，可在混凝土开始浇筑后 4h 后启动液压顶管机顶动接头箱，但顶升高度不宜过大，若顶升高度过大，可能会使管脚脱离插入的槽底土体，导致管脚处尚未达到初凝状态的混凝土坍塌。

正式开始顶拔接头箱的时间，应以开始浇灌混凝土时做的混凝土试块达到初凝状态所经历的时间为依据。一般情况下，开始顶拔接头箱应在开始浇灌混凝土5h以后进行，如商品混凝土掺加了缓凝型减水剂，开始顶拔接头箱时间需相应延迟。

一般在混凝土浇筑4h后，开始顶高10cm，以后每隔20～30min顶拔一次，每次幅度不大于30cm。混凝土浇筑结束6～8h，即混凝土初凝后，逐步全部拔出接头箱。

⑥旋喷桩止水帷幕施工。在地下连续墙阴角部位和新旧地下连续墙相接处施作ϕ800mm旋喷桩止水帷幕。

(2)钢管柱的精确定位

永久立柱(ϕ1000mm钢管柱)中间柱采用两点定位法精确定位，临时立柱(ϕ800mm钢管柱)中间柱采用盲投法定位。

中间立柱采用ϕ1000mm钢管(壁厚$t=18$mm，材料为16Mn钢)内灌注C50微膨胀混凝土构成的钢管混凝土柱。中间立柱基础为C30钢筋混凝土钻孔灌注桩，桩径为1500mm、2000mm、2200mm三种规格。

钢管柱施工过程中，为在其基础—灌注桩的顶部安装自动定位器，需要预先施工临时钢套管(钢护筒)，以便为施工人员提供作业空间。钢套管采用壁厚14mm的钢板卷制而成，并焊接加强肋板，直径与其下部桩基础直径相同。钢套管分成上、中、下三节，下节长度不小于5.0m，中节长3.0m，上节约27m或22m。上、中两节间内采用内法兰螺栓加橡胶垫连接，中、下两节间内采用外法兰螺栓加橡胶垫连接。

中间立柱的施工流程如图5-26所示。

(3)基坑降水

①降水目的。

以轨道换乘中心工程分区1为例(⑰轴～㊻轴、Ⓐ轴～Ⓛ轴)，降水目的层为$⑨_4$层及以上地层，减压降水的目的层为$⑦_4$、$⑦_5$、$⑨_{21}$和$⑨_4$层中的微承压水。

本区域基坑开挖深度25.8～28.9m，围护结构埋深43.00m、48.00m和53.00m。

在基坑开挖范围内存在两个含水层组，第一含水层组(潜水)，地下埋深较浅，主要由$③_2$砂质粉土、黏质粉土及$④_2$砂质粉土、黏质粉土组成；第二含水层组(微承压水)，地下水位埋深2.79～2.839m，含水层岩性为$⑦_2$、$⑦_4$粉土、粉砂层，该层粉土、粉砂普遍埋深在24.0～28.0m。

在围护结构深度范围内还存在着第三含水层组(微承压水)，地下水位埋深3.073～3.38m，含水层岩性为$⑨_{21}$砂质粉土、黏质粉土层，层底埋深在47.0～49.0m，局部有$⑨_4$层粉砂分布，含水丰富，下卧地层粉质黏土$⑩_1$、$⑪_1$层为隔水层。本含水层组由于受地墙深度的控制，基坑南侧已基本被地下连续墙切断，其余三侧与坑外联通，本含水层组的降水会对坑外东、西和北侧的周围环境产生不良影响；第四含水层组(微承压水)，地下水埋深12.245～12.355m，含水层岩性为$⑪_4$粉细砂，层底埋深69.8m。

可见，在基坑开挖范围内存在大量地下潜水，且由于$⑦_4$粉砂与其上下各层之间存在着一定的水力联系，因此，该含水层虽然被围护结构完全隔断，仍然具有一定的承压性；$⑨_4$粉砂含水层在本区段没有被围护结构完全隔断，因此，$⑨_4$粉砂含水层可能会造成基坑坑底突涌。

根据以上分析，确定本区域必须进行长时间的地下降水，降水目的分为开挖面以上的疏干降水和开挖面以下的防突涌降水两种，即疏干降水与减压降水。

②降水体系。

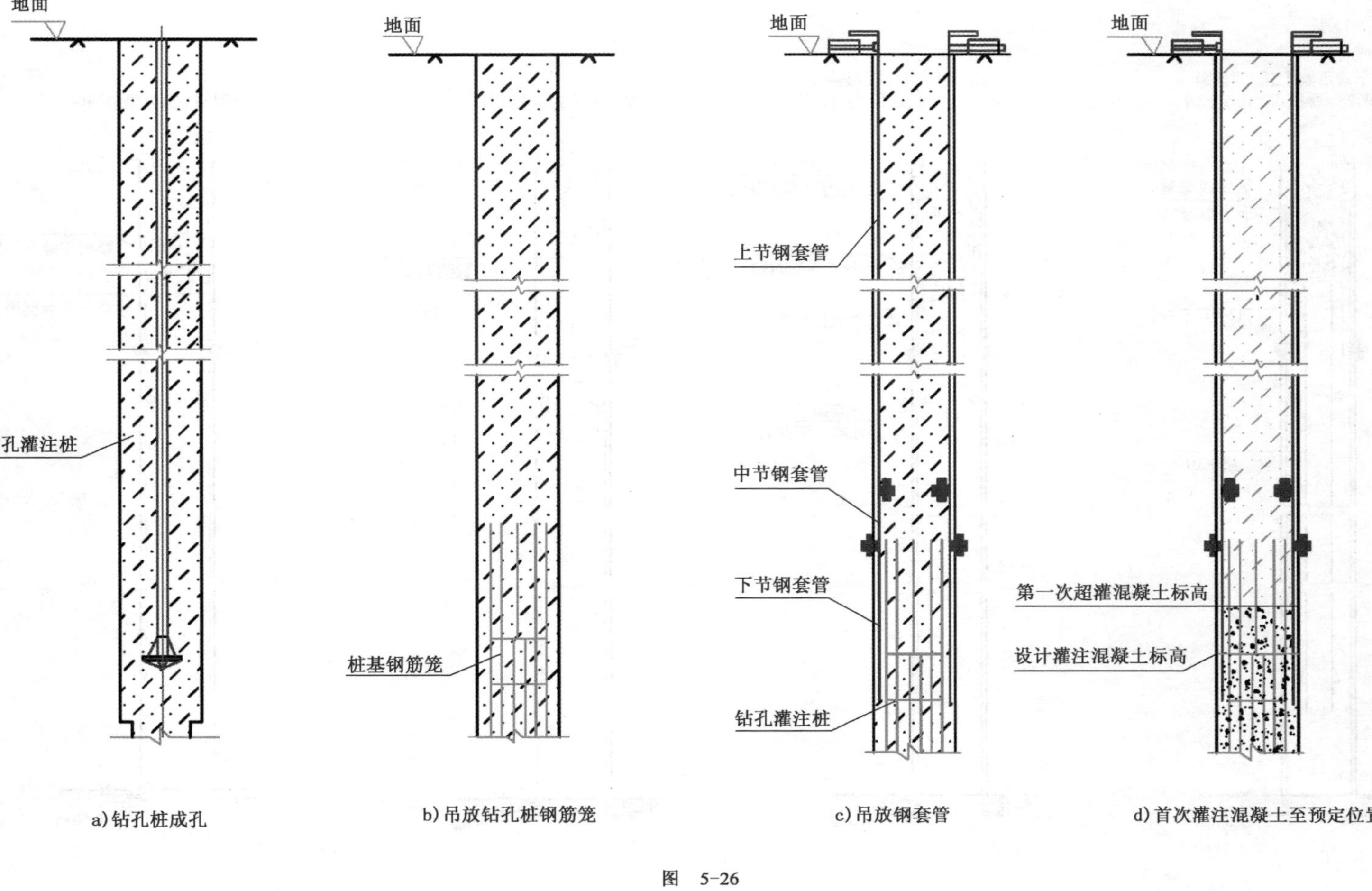

a)钻孔桩成孔　b)吊放钻孔桩钢筋笼　c)吊放钢套管　d)首次灌注混凝土至预定位置

图 5-26

地面
第一次超灌混凝土标高
设计灌注混凝土标高
钻孔灌注桩
e)抽排钢套管内的泥浆
地面
设计灌注混凝土标高
钻孔灌注桩
f)凿除桩基表层混凝土
地面
打开上下钢套管
间主连接螺栓
安装自动定位器
第二次超灌混凝土标高
钻孔灌注桩钢筋笼
g)安装自动定位器，打开上
下钢套管间主连接螺栓
地面
ϕ1000钢管柱
自动定位器
钻孔灌注桩
桩基钢筋笼
h)吊放中间立管柱与定位器
接驳后，其下端定位完成

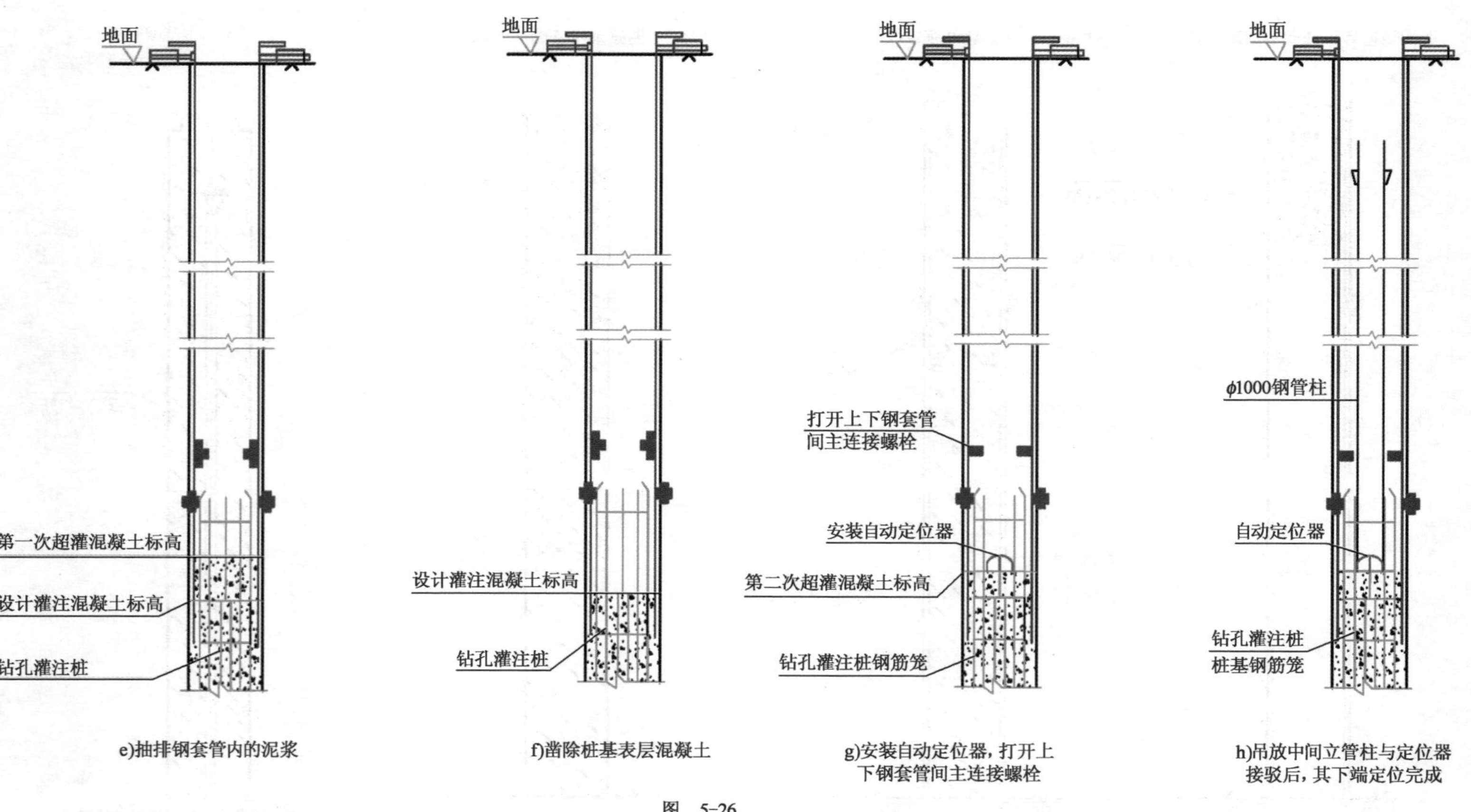

图 5-26

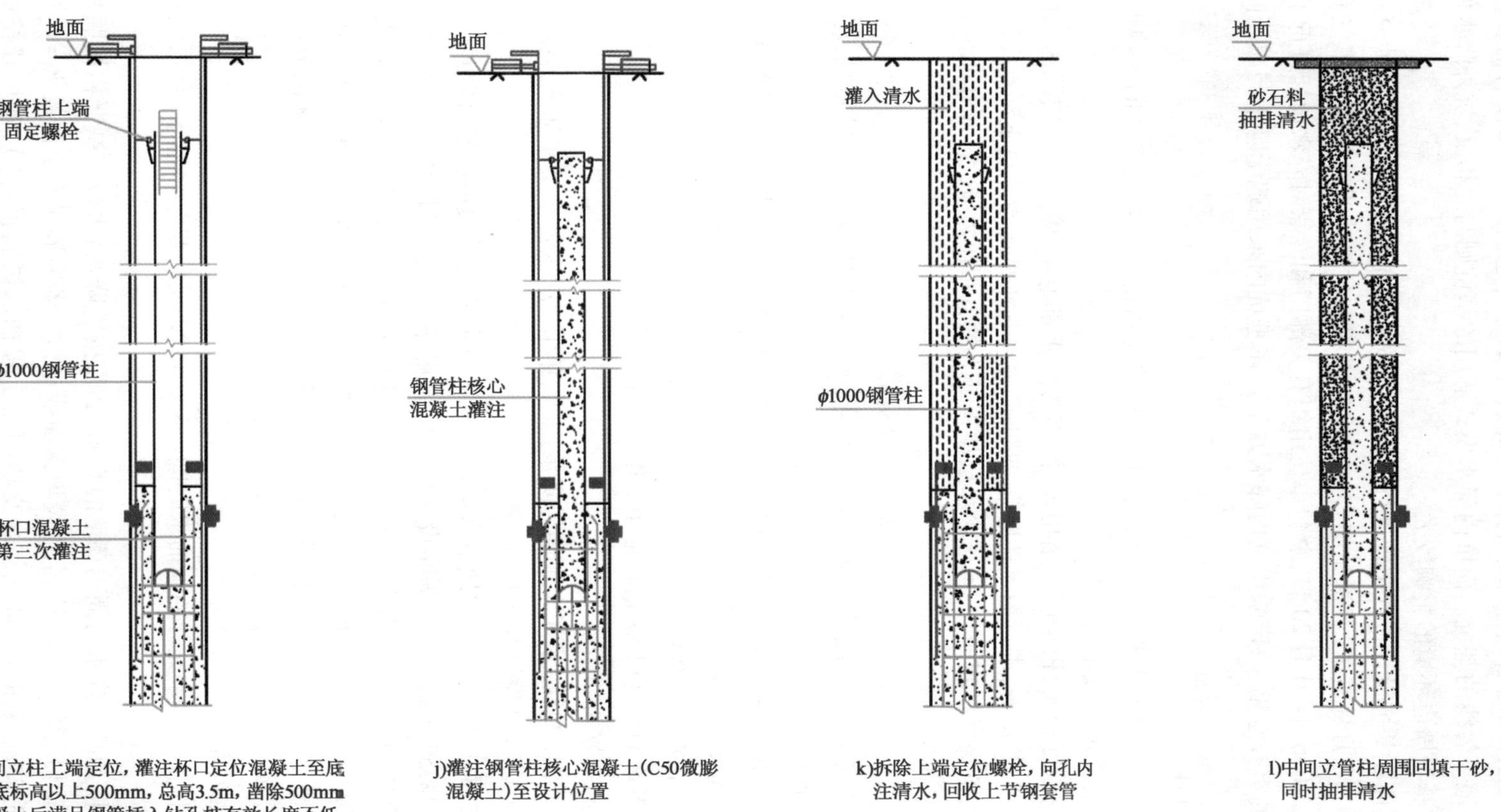

i)中间立柱上端定位，灌注杯口定位混凝土至底板底标高以上500mm，总高3.5m，凿除500mm混凝土后满足钢管插入钻孔桩有效长度不低于2.5m

j)灌注钢管柱核心混凝土(C50微膨混凝土)至设计位置

k)拆除上端定位螺栓，向孔内注清水，回收上节钢套管

l)中间立管柱周围回填干砂，同时抽排清水

图5-26　立柱的施工流程图

降水模式一般分坑内降水和坑外降水。坑外降水模式适用于止水围护结构底端置于影响坑底稳定性的承压含水层层底埋深之上，基坑周边无重要的建（构）筑物，没有需要重点保护的道路、桥梁及地下管线的基坑。而坑内降水模式适用的基坑则与之相反，坑外降水便于基坑开挖施工，但对基坑周边环境的影响较大。

为此，承包商在基坑设计过程中曾进行了坑内、坑外、基坑内外联合降水三种模式的方案对比，于2006年10月提交了《天津站综合交通枢纽工程基坑降水设计》，提出了三套可行的基坑降水方案。2006年10月20日，总包单位组织有关部门和专家对降水设计进行了评审。

根据专家的审查意见，决定采用坑内降水方案。在基坑内采用疏干降水与减压降水的降水体系。

③降水井设计。

降水井设计分为两个步骤：a. 基坑稳定性验算，确定可能造成坑底突涌的影响地层；b. 数值模型计算，确定降水井数量与布置。

本基坑开挖深度较大，根据围护结构设计，需考虑下部$⑨_{21}$、$⑨_4$和$⑪_4$层承压水的顶托力对基坑突涌稳定性的影响，进行稳定性验算，防止产生高水头承压水从最不利点突涌。

基坑底板的抗突涌稳定条件：承压含水层顶板处土的自重压力应大于承压水的顶托力，计算公式为：

$$h_s\gamma_s \geqslant F\gamma_w h_w$$

式中：h_s——基坑底至承压含水层顶板之间的距离（m），计算时，承压含水层顶板埋深取最小值（m）；

γ_s——基坑底至承压含水层顶板之间的土的层厚加权平均重度（kN/m^3），取20.2kN/m^3；

h_w——承压含水层顶板以上的承压水头高度（m）；

γ_w——地下水的重度（kN/m^3），取10.0kN/m^3；

F——安全系数，取1.2。

根据验算：第$⑨_{21}$和$⑨_4$承压含水层需降承压水；第$⑪_4$承压含水层在基坑开挖至坑底时，对坑底没有影响，不需要降该层承压水。

通过水文地质概念模型，建立地下水运动三维非稳定流数学模型，经反演分析计算，共需布置16口减压井，56口疏干井。另布设9口减压观测井（坑内3口，坑外6口），坑内3口观测井和备用井合二为一。坑内布设3口浅层疏干观测井、5口深层疏干观测井。依据地质勘察报告显示的$⑨_4$含水层的分布情况，绘制出$⑨_4$含水层的分布图，将降水井布置在含水层的分布图上，利用已经建立的三维渗流数值模型反复进行模拟计算，得出最优的分区井位布置图。减压井及其观测井位置如图5-27所示。

④降水井运行控制。

对于疏干井，必须给予充分的预抽水时间（不少于20天），尽量多抽水，将水位控制在基坑开挖面以下1～3m。

对于减压井，为减少降水对周围环境的影响，必须按需降水，水位控制严格按照基坑稳定性分析中的基坑开挖深度和承压安全水位埋深曲线进行。若要满足安全系数$F=1.2$，当静止水头为地面下3.20m（根据《天津站综合交通枢纽工程抽水试验报告》），基坑开挖深度小于18.95m时不需要降低第$⑨_4$层承压水位（主要以疏干井工作为主）；基坑开挖深度为25.80m时，承压水位控制在地面下14.73m，能保证基坑开挖施工的安全运行；基坑深度为28.00m

时，承压水位控制在地面下 18.43m，能保证通道基坑的安全开挖；基坑深 29.50m 左右时，承压水位控制在地面下 20.96m，能保证电梯井基坑的安全开挖。

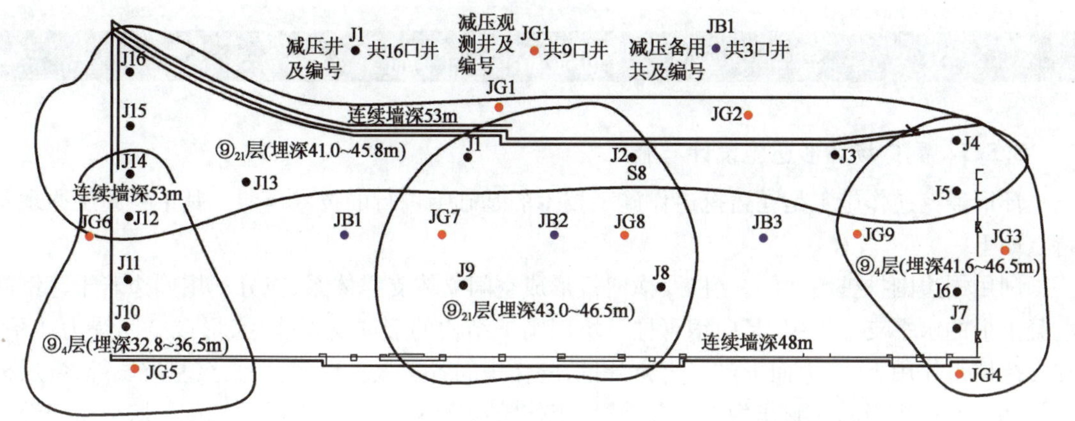

图 5-27　减压井及观测井位置

此外，为确保降水运行的正常进行和基坑开挖安全，必须采用双电源，并安装切换装置，须用柴油发电机作为备用电源，必须确保柴油发电机在急需时能立即启动发电。

(4)土方开挖

①土方施工原则。

采取考虑时空效应的基坑开挖与支撑技术，合理确定施工单元数，并根据监测结果不断调整优化施工参数。遵循分单元、分段、分层、纵向放坡开挖，并及时架设支撑，及时施工结构，以减小围护结构变形，确保周边环境稳定。

待上一层逆作梁板结构混凝土强度达到设计强度的 70% 时，才能进行下层土方的挖掘施工。

土方开挖过程中，密切注意对周边环境的保护，切实减小围护结构、中间柱的变形及混凝土结构的不均匀沉降。

采取对称方式进行土方开挖，即纵向、横向均由中间向两侧开挖，以免产生偏压现象。

开挖过程中，按规范要求进行放坡，严禁掏挖。

加强对开挖标高的控制，开挖接近设计标高时，预留 20cm 厚土层人工验底，严禁超挖。

尽量缩短围护结构暴露时间，土方开挖满足混凝土结构施作条件后，即展开混凝土结构的施工。

施工过程中，避免土方开挖机械对围护结构、中间立柱、降水井管、顶板结构混凝土的碰撞破坏，上述部位附近的土方开挖由人工进行。

②土方开挖总体方案。

采用掏槽法，即竖向分层、纵向分块、纵向拉槽、横向扩边。

竖向分层：按结构形式，将地下土方分层，土层的分界线为梁板结构下边线，待上层梁板结构完成并达到设计强度后，才能转入下层土方的施工，开挖顺序为由上而下逐层开挖。

纵向分块：沿本工程纵轴线方向将土方划分为若干施工单元，以便于组织土方工程及结构工程的流水施工。

纵向拉槽：在每一层的土方施工中，在横断面跨中开中槽，由本工程两端沿纵向相向掘进。

横向扩边:中槽纵向贯通后,由中槽向两边跨横向挖土,并由中槽贯通面向开挖面始端背向开挖作业。

5.5 其他工程设计与施工

5.5.1 副广场环形逆施设计与施工

环形盖挖逆作施工是在盖挖逆作施工技术的基础上进行的技术延伸。其主要施工原理及特点如下。

利用周边围护桩墙、竖向立柱及横向板形成空间立体支撑体系,充分利用周边若干跨钢筋混凝土板的水平支撑作用,竖向钢管柱及坑周围护结构的竖向支撑作用,形成空间受力体系。在支撑体系作用下,自上而下进行土方开挖,施作中间各层板环形部分,直至基坑底部,各层板中间部分预留相当的孔洞作为出土孔,然后施作结构底板,最后自下而上施作各层板中间部分结构,形成整个地下工程结构。

本施工技术特点主要是改变一般盖挖逆作法施工中大面积浇筑各层板所带来的出土孔不够以及大体积混凝土浇筑问题,充分利用周边水平向环形结构板的强度刚度,通过模拟计算选择合理的板跨,在减少对周边环境影响的同时,最大限度地预留出土孔,加大出土面积,大大加快了施工进度,提高了施工技术作业水平。

5.5.2 主广场盆边预留反压土设计与施工

盆式开挖预留反压土施工,主要需解决盆式开挖阶段的支护结构稳定,同时在周边顺作阶段,与中心岛连接的支撑体系应具有足够的刚度支撑周边围护结构。

(1)围护结构的确定

无论采用什么样的基坑围护结构形式,土方开挖,主体结构施工,在天津地下水位较高的土层中,先止水再内降水是常用的施工方法。本工程采用厚800mm的钢筋混凝土连续墙,插入微透水或不透水层,将周围地下水阻隔后,再坑内降水。确定采用厚800mm钢筋混凝土连续墙基于以下原因:止水效果好;由于连续墙刚度较大,放坡开挖时在一定深度内可采用悬臂结构作为支护;可与主体结构组成复合结构共同受力,减小主体结构侧墙厚度。

(2)放坡开挖土体自身稳定性

放坡土体作为中心岛工法的支护结构,首先要保证土体自身稳定性。工程场地深度范围内,土层主要为:人工填土层,新近沉积层、第Ⅰ陆相层、第Ⅰ海相层的粉质黏土、粉土,且地下水位较高,表层潜水水位埋深为1.5~2m。根据天津地区经验,土体边坡稳定坡度允许值在1:1.25~1:1.5。设计中,结合地区经验和边坡稳定计算,确定保留土体放坡坡度为1:1.5,且在放坡开挖阶段放坡土体同时降水,以增强土体的稳定性。

(3)放坡开挖土体形式的确定

根据上述分析,主广场基坑深度为14.5m,按1:1.5放坡,水平长度应为21.75m,但这种直接放坡,施工不便。根据以往施工的成功经验,800mm厚钢筋混凝土连续墙悬臂4m是可以的。悬臂4m后放5m平台,不仅对连续墙支撑有利,而且方便施工,再放1:1.5坡,放坡水平长度9m,高度6m,再放5m平台,约还有4.5m基坑深度,做一个二级支护结构对土体进行支挡。这样基坑支护总长度为19m,留出1m施工距离,合计20m作为第二阶段顺作施工范围。第一阶段中心岛施工范围为85m。中心岛放坡开挖形式及荷载简图如图5-28

所示。

(4)二级基坑支护结构形式的选择

在上述放坡开挖和中心岛施工基坑围护结构形式中,二级基坑支护结构作为悬臂支护结构,必须具备足够刚度。二级基坑支护结构的稳定、安全对整个基坑安全起着重要作用,为此进行了多方案比选(见表5-1)。

经综合比较,SMW工法桩具刚度较大,桩顶通过压顶梁连接,具有良好的整体性和协调变形能力;同时此工法施工速度快,钢材可回收,具有很好的经济性。因此,选用SMW工法桩作为二级基坑支护结构。

(5)考虑周边顺作法施工对放坡开挖土体形式的影响

中心岛主体结构施工完成后,在主体与连续墙之间设置横向钢支撑,再明挖顺作放坡土体范围内主体结构。支撑采用使用比较普遍的ϕ600钢支撑,间距最小控制在3m,经计算,为避免支撑长度过长而设置工具柱,增加施工难度及施工工期,支撑长度原则上控制在20m左右,即放坡土体范围应控制在20m以内。

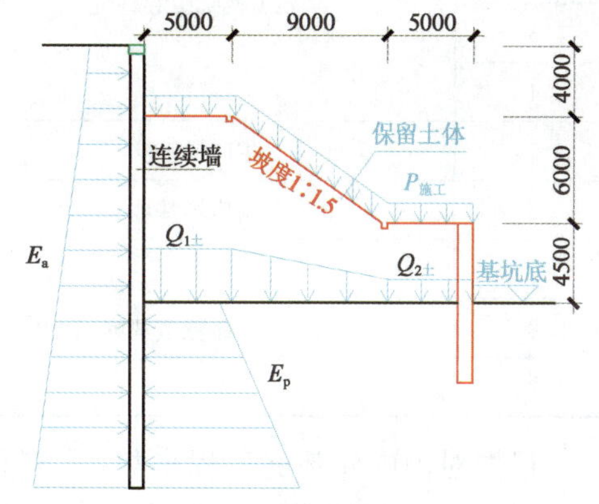

图5-28 中心岛施工阶段围护结构形式及荷载简图

二级基坑围护结构形式比较 表5-1

支护结构形式	桩顶计算变形值	优、缺点比较
2.6m厚格构式水泥土挡墙	29mm	施工简便,造价较低。但墙顶位于地面下10m,墙底位于地下20m左右,水泥土施工质量难以控制
ϕ800@1200钢筋混凝土钻孔灌注桩	16.7mm	结构刚度大,对地层条件适应性强,机具简单、应用广泛。但开挖放坡土体阶段需对灌注桩进行大量凿除,影响施工进度,且混凝土钢筋浪费较多,造价较高
ϕ850@600SMW工法桩(内插700×300×12型钢,间距1200mm)	16.4mm	具有良好的整体性和协调变形能力,刚度大;施工速度快,钢材可回收,造价低

5.6 风险源辨识与分级

为便于安全风险监控和管理,参考天津市轨道工程建设的工程特点、地质环境条件及既有经验,重点考虑工程安全风险控制的技术难度、工程安全风险事件的后果严重度及影响性,按“分区分段”原则,依据以下标准对交通枢纽的各基坑工程进行风险等级定性划分(见表5-2)。

(1)特级风险工程:指下穿既有轨道线路(含铁路)的工程。

(2)一级风险工程:指下穿既有建(构)筑物、重要市政管线和上穿既有轨道线路(含铁路)的工程,基坑深度在25m以上(含25m)的深基坑工程,暗挖车站,需特殊处理的暗挖工程,采用“四新”技术的工程。

(3)二级风险工程:指临近既有建(构)筑物及下穿重要市政道路、河流的工程,基坑深度在15~25m(含15m)的深基坑工程。

(4)三级风险工程：指下穿一般市政管线、一般市政道路及其他市政基础设施的工程，基坑深度在5～15m(含5m)的深基坑工程，无特殊环境要求的暗挖工程。

风险工程等级 表5-2

序　号	风险工程	分区分段	风险等级
1	轨道换乘中心基坑	分区1	一级
2		分区2	一级
3		分区3	一级
4		分区4	二级
5	主广场基坑		二级
6	副广场基坑		一级
7	五经路隧道基坑	南部	一级
8		中部	二级
9		北部	一级

根据对国内外基坑工程事故，尤其是对近些年来城市地铁基坑工程事故的统计和分析，对地铁基坑工程潜在风险源进行了归纳。依据我国风险管理指南的相关规定，结合天津站交通枢纽各基坑工程的工程地质、水文地质、开挖深度、围护体系和施工方法的特点，采用风险分级中目前常用的专家打分法，对本工程可能遇到的风险因素实施风险评价，见表5-3。

风险评价表 表5-3

编　号	风险源	工程及分区	P（概率）	C（损失等级）	R（风险分级）	备　注
1	基坑垮塌	换乘中心1～2分区、主广场	A	5	四级	风险大需要采取措施
		换乘中心3分区、副广场、五经路	D	5	五级	
2	坑内土体滑坡	换乘中心1～3分区、主广场、副广场	B	3	三级	
3	坑底隆起过量	换乘中心1～2分区	D	4	四级	风险大需要采取措施
4	流砂、突涌	换乘中心、主广场、副广场、五经路	C	3	三级	
5	抽降承压水引起的问题		C	3	三级	
6	围护结构渗漏水		D	4	四级	风险大需要采取措施
7	基坑大变形	换乘中心1～2分区、主广场	B	3	二级	
		换乘中心3分区、副广场、五经路	D	3	四级	风险大需要采取措施

续上表

编号	风险源	工程及分区	P（概率）	C（损失等级）	R（风险分级）	备注
8	管线沉降过大影响使用	换乘中心2分区	B	2	二级	
9	周边近距离建筑物破坏	换乘中心、主广场、副广场、五经路	E	3	四级	风险大需要采取措施
10	受周边环境事故的被动影响		B	2	二级	
11	机械倒塌等安全事故		C	2	二级	

注：表中的工程名采用的是简写名，换乘中心表示轨道换乘中心工程，主广场表示海河东路隧道及主广场地下工程，副广场表示副广场地下工程，五经路表示五经路隧道工程。

6 基坑工程安全监测设计

基坑施工时,基坑围护结构承受土体土压力、地下水水压力以及其他附加的动、静荷载,这些外荷载以及基坑降水引起的土体固结效应会导致基坑围护结构和坑周土体产生相应的变形和移动,从而对周边环境产生影响。围护体系受力变形过大或坑周土体移动过大,可能危及基坑的安全稳定和周围建筑物、地下管线等设施的正常使用,因此,基坑施工过程中,必须制订详细的监测方案,对基坑围护体系、施工影响范围内建筑物和地下管线等进行跟踪监测,掌握其实际受力、变形和稳定等情况,确保工程安全。

6.1 安全监测的目的及设计原则

基坑工程是一个高风险的土木工程项目,尤其对于在城市中心的深基坑工程,受自身和外界的影响因素多,极易发生事故,危害公共安全,导致人员伤亡、财产损失、影响周围环境,对建设方、管理方等各个参与部门在经济上和声誉上造成损害,为此,在管理中必须采取专业仪器和设备,由有经验的专业技术人员组成团队,设立专项资金,成立第三方(独立方),对施工全过程进行系统、科学、客观的监控,保证施工安全,为紧急情况下的措施制订提供依据。

天津交通枢纽,具有工程庞大、结构复杂的特点,基坑工程多而杂,安全监测的主要目的为:

(1)掌握基坑支护体系的受力和变形情况,对其安全稳定性进行评价;

(2)对基坑附近受施工影响的道路、建筑物、地下管线等的沉降情况进行监控和评价,确保其在基坑施工过程中处于安全状态;

(3)监视分析基坑周围土体及其地下水的动态变化情况;

(4)为施工日常管理提供基础数据;

(5)配合工程科技攻关课题的需要,为其提供相关资料。

根据以上监测目的需要以及对国内外事故教训的分析、思考,凝练出以下应遵循的监测方案设计原则:

(1)重点原则

监测设计前,须根据特定基坑各方面情况,进行安全风险评价,确定安全监控的重点,进而确定需要采取的监控项目以及关键位置、关键时间段。在关键位置和关键时间段,对于重点监控项目必须重点关注。

对基坑事故的统计分析表明,基坑事故的破坏形式、发生概率等是与工程地质和水文地质情况、支护形式、基坑深度等多种因素相关的,对于不同的基坑,其安全监测重点应是不同的。如:不同支护结构类型对应的事故频数如图 6-1 所示[1],统计显示,排桩支护结构采用频率最高,事故发生频率也最高,达到 63.7%(其中:悬臂式为 33.6%,桩撑式为 14%,锚撑式为 11.1%),其次是土钉支护(频率为 10.5%),然后是深层搅拌桩(频率为 9.9%),地下连续墙发生事故的频率也比较高,为 7%。

(2)冗余原则或者面状监控原则

对于由原则(1)确定的监测项目要全面布置测点。2006 年 10 月 4 日广州轨道交通 4 号线 10 标基坑垮塌事故表明,基坑设计没有冗余,单个构件的局部失效导致基坑围护体系失稳破坏,造成灾难性后果。

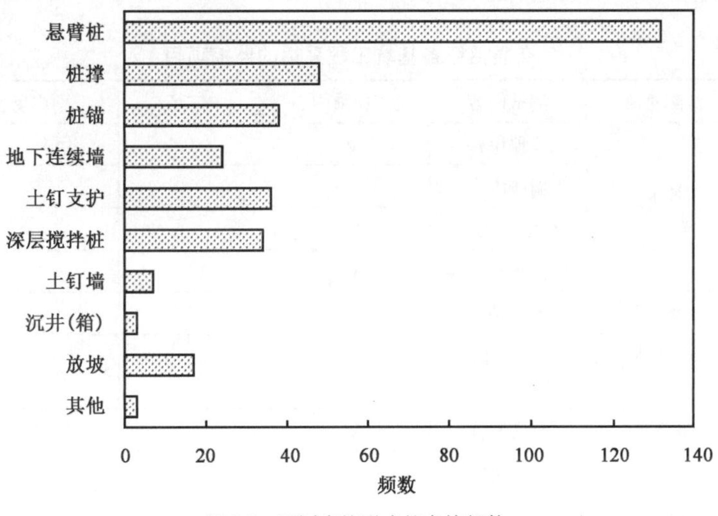

图 6-1　不同支护形式的事故频数

(3)时效原则

安全监控的核心是预警,尤其对于关键项目在关键时期,安全监控工程的功能类似于天气预报或者灾害预报,对于安全事故的防范是以预防为主,必须要及时。

(4)[原则(3)导出]实时和全天候原则

在作者统计的地铁事故中,至少有 4 起事故是与降雨有直接关系。基坑工程尤其是明挖法施工的基坑受季节、雨水的影响较大,降雨期间是影响基坑安全稳定的关键时间段,而恶劣的天气却恰恰无法进行常规的监控工作,这对于基坑安全是非常不利的,因此,需要采取特殊措施,保证 24h 不间断的全天候监控。

(5)可靠原则

测量原理、元器件、数据必须可靠,重要的是元器件必须耐久,不允许失效或者被破坏。埋设元器件前必须进行相应的试验,保证其精度以及耐久性。

可靠性包括监测元器件本身可靠、埋设过程可靠、测试过程可靠、监测结果判读可靠。

(6)直接原则

直接获得需要的应力或者位移,最好不要进行推导。这方面主要是支撑轴力和房屋测斜、管线受力等项目。

安全监控应属于灾害预防的范畴,其设计原则的核心为重点原则、冗余原则和时效原则。

6.2　监测内容和测点布设

6.2.1　监测内容

根据确定的深大基坑安全监控原则及基坑风险源辨识和分级情况,并考虑实际安全监测项目的经费情况,在轨道换乘中心基坑工程采取传统监测方法和以静力水准仪为测试手段建立起来的远程自动化监控系统相结合的总体监控方案，以满足安全监控“时效原则”，从而保证在关键项目上实现24h不间断的全天候监控，而主广场、副广场以及五经路隧道工程的监控方案则采用传统测试手段。

交通枢纽各基坑工程采用的监控项目见表6-1，各监控项目的测试方法及测点布置原则见表6-2。

交通枢纽各基坑工程采用的监控项目 表6-1

序 号	监测对象	测试内容	轨道换乘中心	主广场	副广场	五经路隧道
1	地下连续墙	墙顶位移	√	√	√	√
2		墙体内力	√			
3		墙侧土压力	√			
4		墙体水平位移	√	√	√	√
5	支撑	支撑轴力	√	√	√	√
6	中间柱（支撑柱）	柱轴力、隆起、下沉	√	√	√	√
7	基坑底	坑底回弹	√	√	√	√
8	地层	地表沉降	√		√	√
9		土体分层沉降	√	√	√	
10		地层水平位移	√	√	√	
11	地下管线	沉降	√	√	√	√
12	相邻建筑物	垂直沉降	√	√	√	√
13		倾斜	√	√	√	√
14		裂缝观察	√	√	√	√
15	轨道	沉降	√			
16	基坑内外地下水	坑内、外水位	√	√	√	√
17		地下水水压	√			
18	主体结构	层板下沉	√			√
19		层板内力	√			
20		结构侧墙立柱水平收敛	√			

注：上表中凡测试项目有符号√，则表示实施了该监测项目。

监控项目测试方法及测点布置原则 表6-2

序号	监测对象	测试内容	测试方法及精度	测 点 布 置	监 测 频 率
一	围护结构				
1	地下连续墙	墙顶位移	精密水准仪、铟钢尺、全站仪，±0.1mm	布置于围护墙（桩）顶	基坑开挖时，1次/d，变形异常时2~3次/d
2		墙体内力	钢筋计、频率接收仪	布置于墙体内竖向主筋上	
3		墙侧土压力	土压计、频率接收仪	沿墙体外侧布设于土体内	
4		墙体水平位移	测斜管、测斜仪	沿墙体内布设观测孔	

续上表

序号	监测对象	测试内容	测试方法及精度	测 点 布 置	监 测 频 率
5	支撑	支撑轴力	钢筋计、应变计(混凝土支撑)、轴力计、频率接收仪(钢支撑)	布设在支撑一端或中间	开挖初期1次/d,挖至基底2~3次/d
6	中间柱	柱轴力、隆起、下沉	应变计、精密水准仪和铟钢尺、静力式水准系统,±0.1mm	沿基坑纵向及横向布设断面	开挖期间全程监测
7	基坑底	坑底回弹	分层沉降管、沉降仪	沿基坑纵向布设横断面	基坑开挖1次/d
二	相邻环境				
8	地层	地表沉降	精密水准仪、铟钢尺,±0.1mm	沿坑周边布设,间距30m,垂直于基坑长边设观测断面	1次/d
9		土体垂直位移	分层沉降管、沉降仪	对应墙体水平位移布设于基坑外,距围护结构3~5m处	
10		地层水平位移	测斜管、测斜仪		
11	地下管线	地下管线沉降及位移	精密水准仪、铟钢尺、全站仪,±0.1mm	根据管线状况并与管线管理单位协调后布置,间距10~15m	基坑开挖期间1~2次/d
12	相邻建筑物	垂直沉降	精密水准仪、铟钢尺,±0.1mm	设在建筑物的四角(拐角)上,高低悬殊或新旧建筑物衔接处,伸缩缝与不同埋深基础的两侧;每栋建筑物不少于4个沉降测点、两组(每组2个)倾斜测点。测斜时在墙面上、下垂直布设两点	1次/d
13		倾斜	全站仪、经纬仪		1次/d
14		裂缝观察	目测、测缝仪		1次/d
15	轨道	沉降	精密水准仪、铟钢尺,±0.1mm	布置于轨道路基上,间距25~30m	基坑开挖期间1~2次/d
三	地下水				
16	基坑内外地下水	坑内、外水位	水位计;±1mm	坑内沿基坑纵向中线布设深层承压水位孔,坑外设置监测断面,重要建筑物附近设水位孔	1次/1~2d
17		地下水水压	孔隙水压计	沿墙体结构外侧布设于土体内	
四	主体结构				
18	主体结构	层板下沉	精密水准仪、铟钢尺,±0.1mm	布于层板上,横断面间距30m左右	1次/1~2d
19		层板内力	钢筋计、频率接收仪	布于层板横向中点及两侧上下面主筋上	1~2次/d
20		结构侧墙立柱水平收敛	收敛计	布设于盖挖结构两侧中间柱与侧墙间,间距25~30m	1次/1~2d

6.2.2 测点布置

轨道换乘中心、副广场等基坑工程的测点位置如图6-2~图6-5所示。主广场基坑以及五经路隧道工程因呈条状分布,为表达清楚起见,将在后续章节监测成果分析时对涉及的测点详细位置情况再做图示。

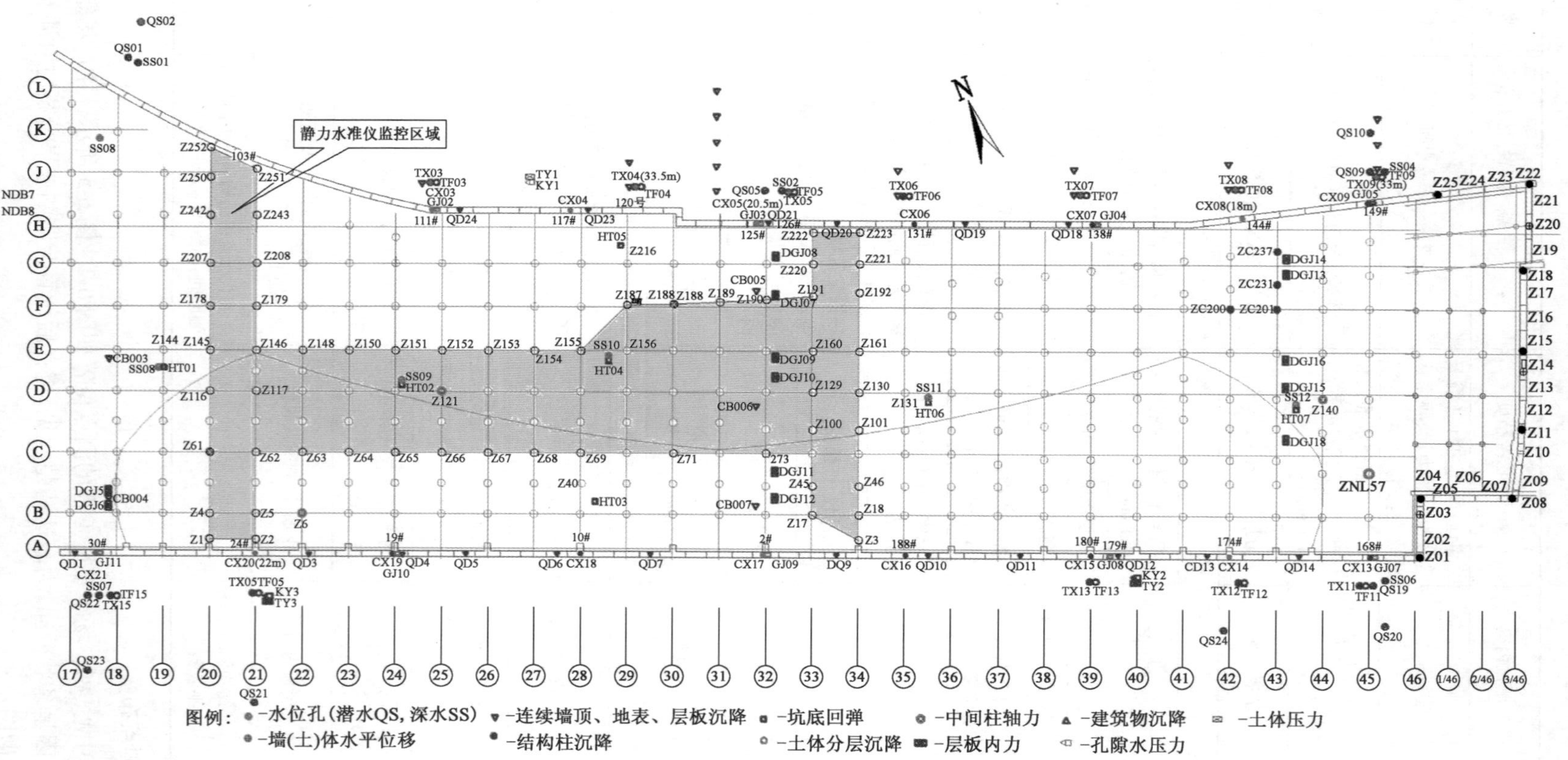

图6-2 轨道换乘中心分区1测点布置图

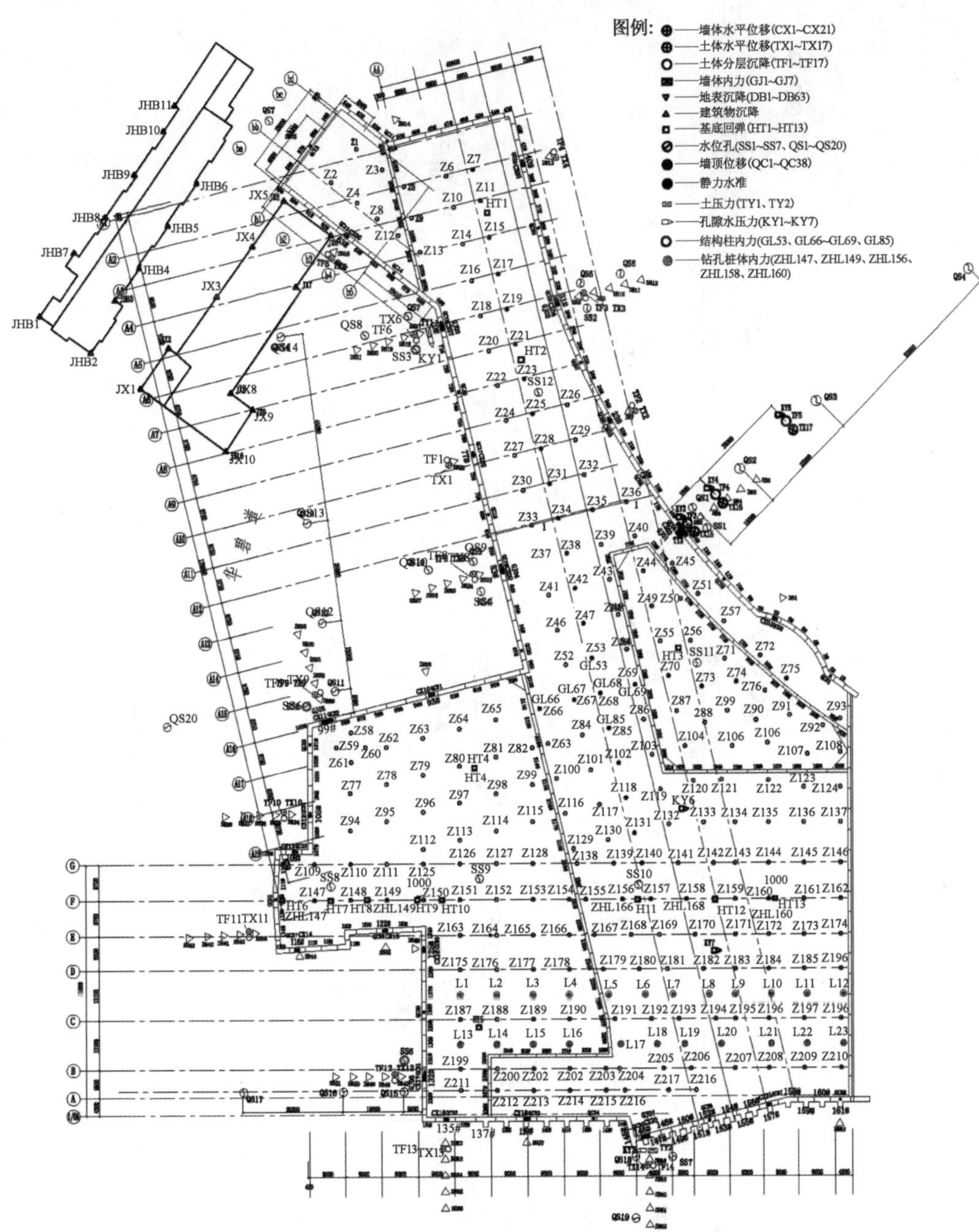

图 6-3　轨道换乘中心分区 2 测点布置图

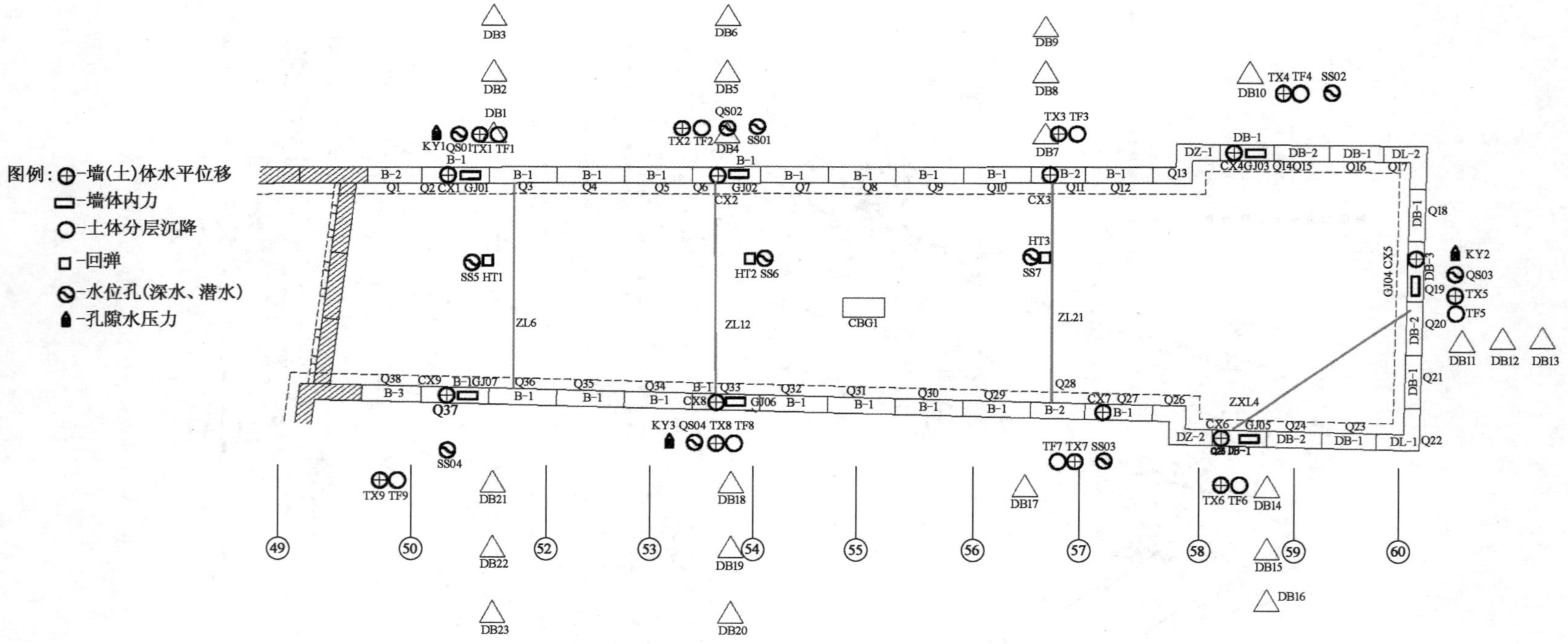

图例：⊕-墙(土)体水平位移
▭-墙体内力
○-土体分层沉降
□-回弹
⊘-水位孔(深水、潜水)
▲-孔隙水压力

图6-4　轨道换乘中心分区3测点布置图

北
中铁快运
基坑明挖口Ⅱ
基坑明挖口Ⅰ
盖板
图例:
▲ -围护桩桩顶水平位移及沉降点
● -建筑物沉降测点
△ -管线沉降测点
● -水位监测点
■ -测斜孔
○ -地表沉降测点
○ -盖板与中间柱沉降测点
→ -支撑轴力

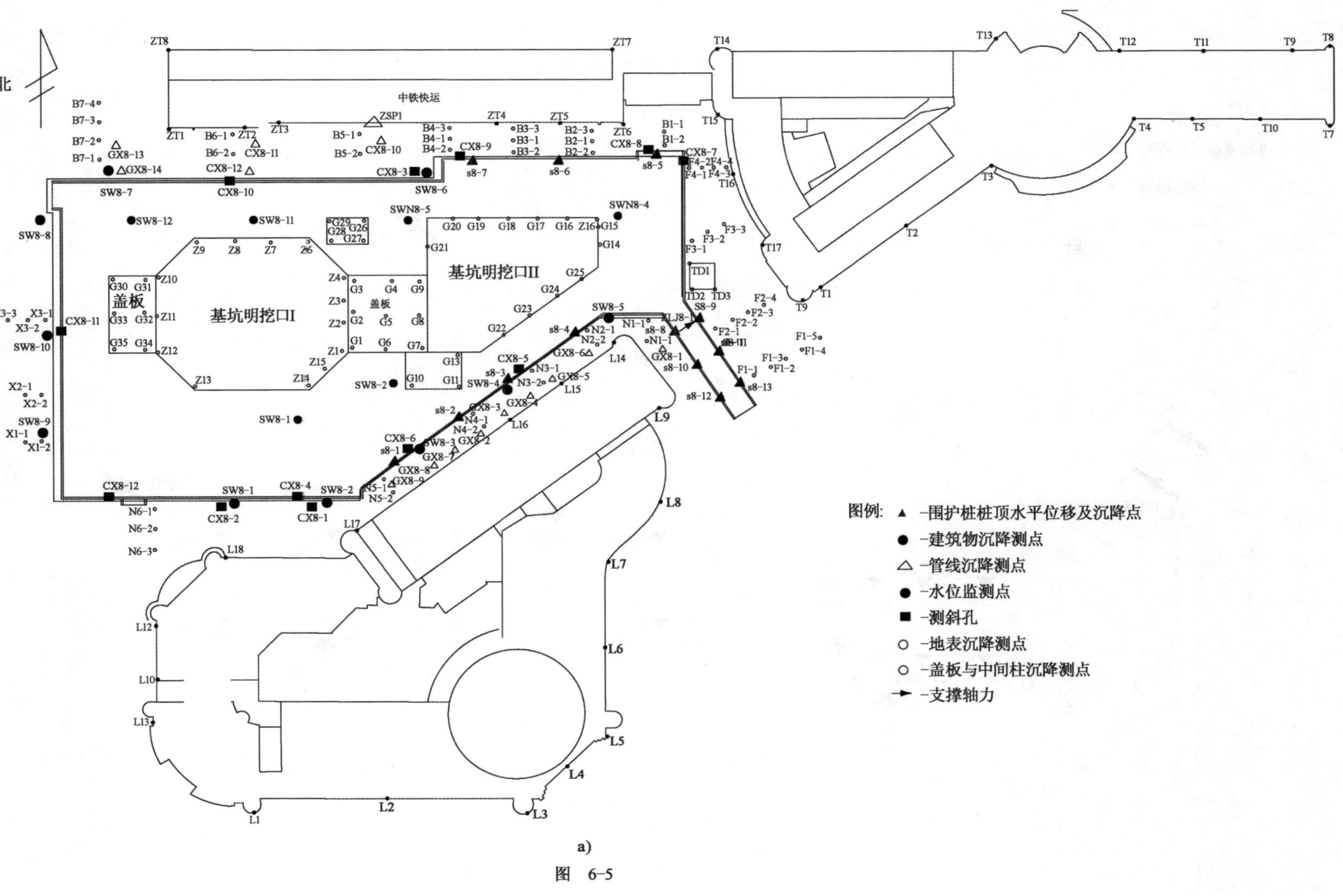

a)

图 6-5

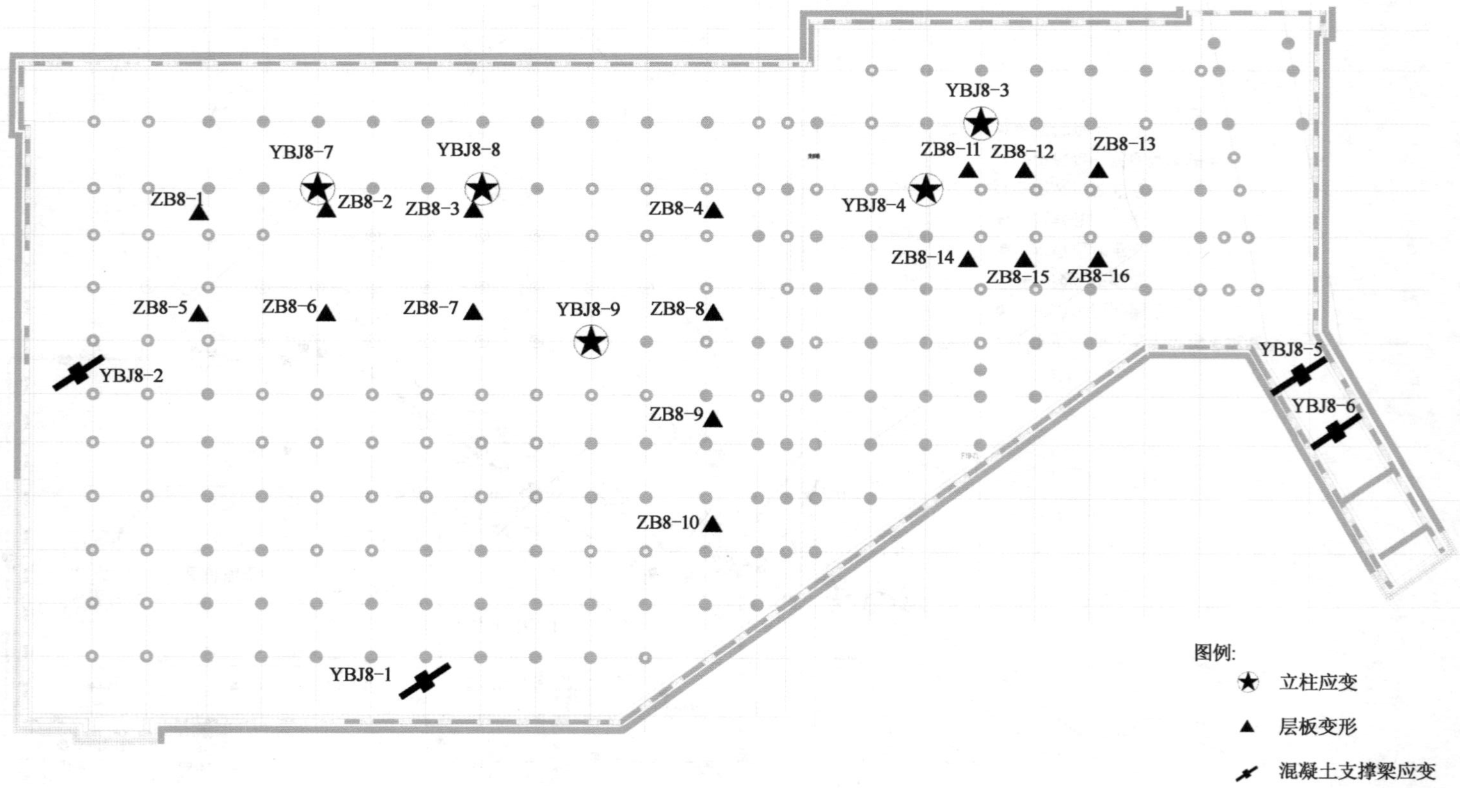

图例:

★ 立柱应变

▲ 层板变形

混凝土支撑梁应变

b)

图6-5 副广场基坑工程测点布置图

6.2.3 测点埋设

(1)建(构)筑物测点

每幢建筑物上一般至少在四个角布置4个观测点,特别重要的建筑物布置6个或更多测点。主要布点原则为:

建筑的四角、核心筒四角、大转角处及沿外墙每10~20m处或每隔2~3根柱基上。

高低层建筑、新旧建筑、纵横墙等交接处的两侧。

建筑裂缝、后浇带和沉降缝两侧、基础埋深相差悬殊处、人工地基与天然地基接壤处、不同结构的分界处及填挖方分界处。

对于宽度大于等于15m或小于15m而地质复杂以及膨胀土地区的建筑,应在承重内隔墙中部设内墙点,并在室内地面中心及四周设地面点。

邻近堆置重物处、受振动有显著影响的部位及基础下的暗沟处。

框架结构建筑的每个或部分柱基上或沿纵横轴线上。

筏形基础、箱形基础底板或接近基础的结构部分之四角处及其中部位置。

重型设备基础和动力设备基础的四角、基础形式或埋深改变处以及地质条件变化处两侧。

对于电视塔、烟囱、水塔、油罐、炼油塔、高炉等高耸建筑,应设在沿周边与基础轴线相交的对称位置上,点数不少于4个。

建筑物测点埋设时先在建筑物的基础或墙上钻孔,然后将预埋件放入,孔与测点四周空隙用水泥砂浆填实。测点基本布设在被测建筑物的角点上,测点的埋设高度应方便观测,同时测点应采取保护措施,做好明显标志,并进行编号,避免在施工和使用期间受到破坏。

建筑物倾斜测点通过在建筑物外表面上粘贴专用反射片,见图6-6,观测点及底部固定点沿着对应测站点建筑主体竖直线,在顶部和底部上下对应布设;对于分层倾斜,按分层部位上下对应布设。

地下管线测点布设一般采用地层模拟法和抱箍法,即在管线位置上方钻50~80cm深的孔,然后将预埋件放入并用水泥砂浆固定,或结合管线的改移,用抱箍将测杆与管路紧密连接,伸至地面,地面处布置相应的窨井,保证道路交通和人员正常通行。

测点应采取保护措施(见图6-7),避免在施工和使用期间受到破坏。在地下管线沉降点设置前,对地铁施工影响范围内的重要管线进行实地调查,其中应特别了解有压管线的结构、材料情况和雨污水管的接头和渗漏状况。地下管线测点重点布置在有压管线(如煤气管线、给水管线等)上,对抗变形能力差、易于渗漏和年久失修的雨污水管也应重点监测。测点布置在管线的接头处,或者对位移变化敏感的部位。

图6-6 反射片

图6-7 管线测点布设图

在建筑物的裂缝上，布置裂缝计(crack meters)，见图6-8。

(2)土体水平位移测点

土体深层水平位移监测点布置在基坑周边的中部、阳角处以及有代表性的部位。监测点水平间距宜为20～50m，每边监测点数目不应少于1个。

测斜管长度不宜小于基坑开挖深度的1.5倍，并应大于围护墙的深度。以测斜管底为固定起算点时，管底应嵌入到稳定的土体中。

在需要监测位置钻垂直孔，直径不应小于100mm，钻至设计深度，逐节接入测斜管。测斜管与钻孔间的空隙回填细砂或黏土球。安装和埋设时，检查测斜管内的一对导槽，其指向应与欲测位移方向一致。埋设结束后，及时做好孔口保护装置。钻孔过程中应特别注意地下管线及构筑物安全，应先挖探孔，准确探明管线和构筑物位置后，再开始钻孔，应严格控制钻孔速度，遇到异常，应立即停钻，查明原因，防止对地下管线和构筑物造成破坏。测斜管钻孔埋设如图6-9所示。

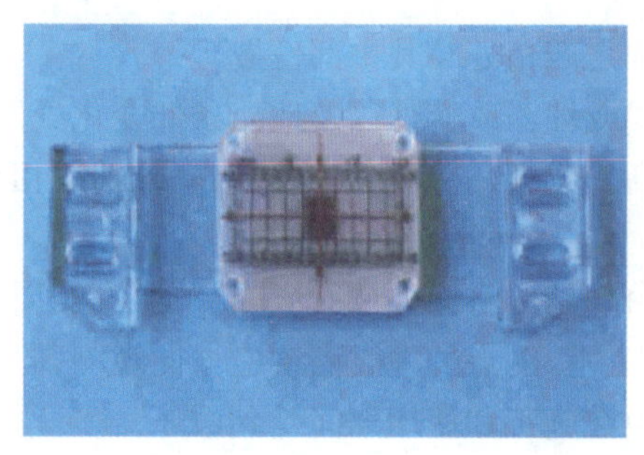

图6-8　裂缝计

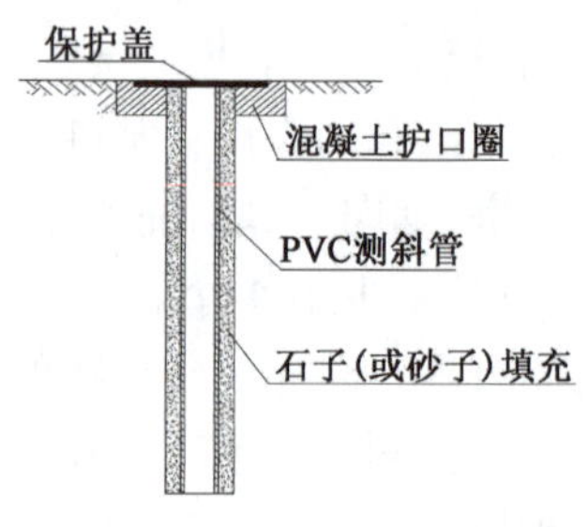

图6-9　测斜管钻孔埋设示意图

(3)坑底隆起测点

用钻机在预定孔位上钻孔，用纸绳将磁环的三脚爪捆套在管外各预定部位，然后放入沉降导管。纸绳受水断开后，磁环的三脚爪即张开，使磁环嵌入土体中。分层沉降管见图6-10。

(4)水位观测孔

测点埋设采用地质钻钻孔，孔深根据要求而定，应确保测出施工期间水位的变化。用地质钻机钻直径89mm孔，水位孔的深度在最低设计水位之下(坑外孔深同基底，坑内孔深达到基坑底下1～2m)，成孔完成后，放入裹有滤网的水位管，管壁与孔壁之间用净砂回填至离地表0.5m处，再用黏土进行封填，以防地表水流入。水位管用ϕ55mm的PVC塑料管作滤管，管底加盖密封，防止泥砂进入管中。下部留出0.5～1.0m深的沉淀管(不打孔)，用来沉积滤水段带入的少量泥砂，中部管壁周围钻6～8列ϕ6mm左右的孔，纵向间距5～10cm，相邻两列的孔交错排列，呈梅花形布置。管壁外包扎上滤网或土工布作为过滤层，上部再留出0.5～1.0m作为管口段(不打孔)，以保证封口质量(见图6-11)。

如需对承压水水位进行观测，则应埋设深层承压水位孔，承压水位孔的钻设基本同于上述普通水位孔，其深度必须进入承压水层，滤水段位于承压水层内，其外部用中细砂充填，而其余段直至地面均不设渗水孔，管外采用不透水材料密封，以切断地层内承压水与上部地层的水力联系。

地下水位观测井位置应符合以下规定：

①基坑内地下水位采用深井降水时，水位监测点布置在基坑中和两相邻降水井的中间部位；当采用轻型井点、喷射井点降水时，水位监测点宜布置在基坑中央和周边拐角处，监测点数

视具体情况确定。

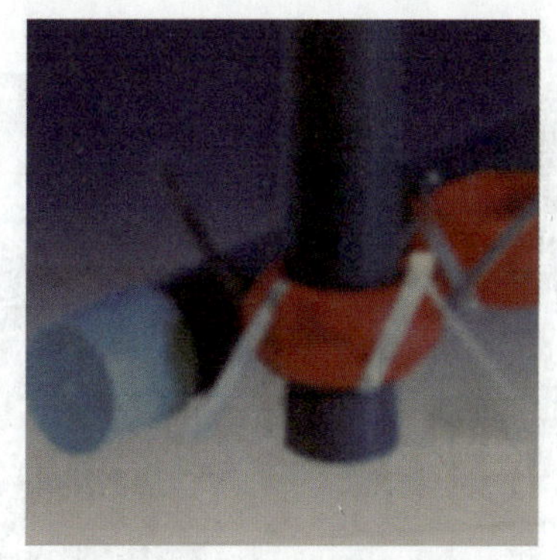

图 6-10　分层沉降管

图 6-11　水位孔孔口保护

②基坑外地下水位监测点应沿基坑、被保护对象的周边或在基坑与被保护对象之间布置；监测点间距为 20 ~ 50m，相邻建筑、重要的管线或管线密集处应布置水位监测点；当有止水帷幕时，布置在止水帷幕的外侧约 2m 处。

③水位观测管的管底埋置深度应在最低设计水位或从最低允许地下水位之下 3 ~ 5m。承压水水位监测管的滤管应埋置在所测的承压含水层中。

④回灌井点观测井应设置在回灌井点与被保护对象之间。

(5)墙体位移测点

测斜管应布设在基坑每边中部、阳角处以及有代表性的部位，并埋设在围护结构桩墙内或其外侧的土体内，其埋设深度应与围护结构入土深度一致。监测点水平间距为 20 ~ 50m，每边监测点不少于 1 个。

将 PVC 测斜管逐节绑扎在墙体钢筋骨架上，管间用套管连接，接头用自攻螺丝拧紧，并用防水胶带密封(见图 6-12)。管壁内有两组互为 90°的导向槽，固定时使其中一组导槽与围护结构体水平延伸方向基本垂直，并在管内注满清水，防止其上浮，测斜管管底及管顶用布料堵塞，盖好管盖。下钢筋笼和浇混凝土时应注意对测斜管的保护，并保证测斜管位于钢筋笼内远离基坑一侧。

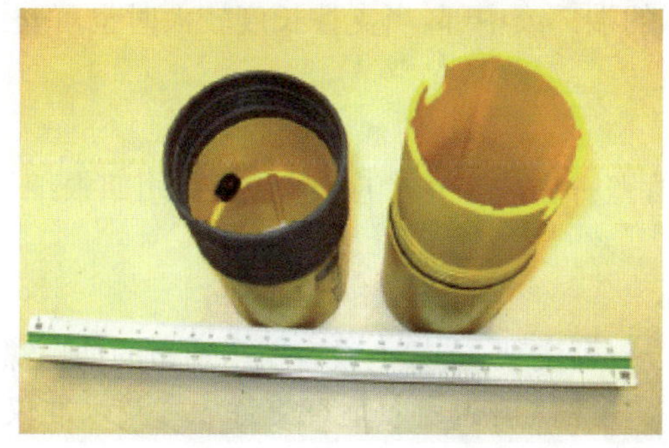

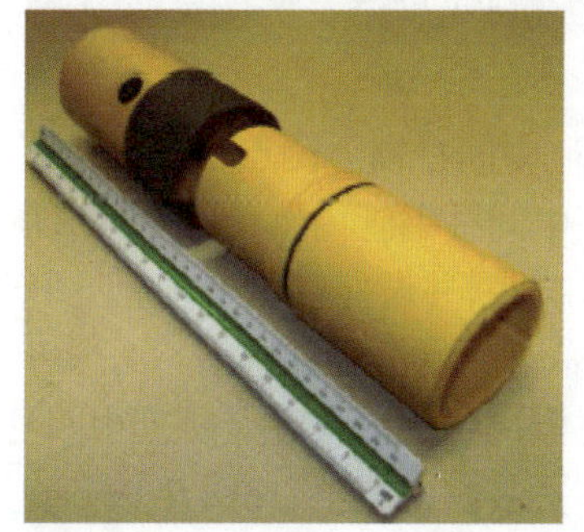

图 6-12　测斜管以及中间接头

墙顶位移采用全站仪监控，预先埋设反射棱镜，见图 6-13。

(6)墙体应力、土压力、孔隙水压力

围护结构墙(桩)钢筋笼制作前，在钢筋计预埋位置将主筋切断，焊接钢筋计拉杆，连接上钢筋计，见图 6-14；如果钢筋主筋采取螺纹套管连接，则在钢筋计预定埋设位置断开钢筋后，将两端钢筋接头车丝，直接将钢筋计拉杆拧在钢筋接头上，然后绑扎钢筋笼。钢筋计在钢筋笼上的竖向主筋上间距一般为 5 ~ 10m。

图 6-13　反射棱镜

图 6-14　墙体应力钢筋计

应在钢筋笼焊接过程中注意对钢筋计及导线的保护，避免被烧坏、烫坏。所有导线均应引至接近钢筋笼或型钢顶端，并进行标号标记，外加保护管或保护箱。为防止破除桩头混凝土过程中损坏，应在导线端头 1.0 ~ 2.0m 位置上用不同颜色防水胶带缠绕，并记录编号与颜色的对应关系，以备导线破坏后，再次编号时备用。

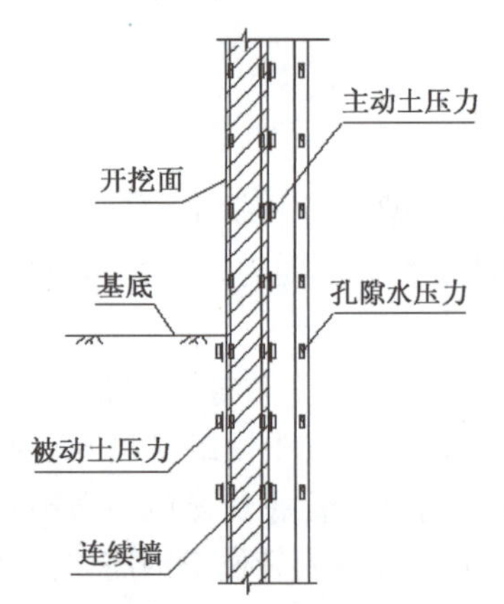

图 6-15　围护结构内力、侧土压力、孔隙水压力测点布设示意图

围护结构侧土压力及孔隙水压力分别采用压力计、孔隙水压计测试，测点布设如图 6-15 所示。土压力计采用钻孔法埋设，在墙外侧钻孔至设计埋设深度后，将绑有压力计的钢筋支架下入孔内，其竖向与钢筋计位置相对应，并固定导线。孔隙水压力同于土压力计埋设，每两只孔隙水压力计之间用不透水材料封堵，竖向位置与钢筋计及压力计相对应。

(7) 钢支撑轴力

盖挖结构底层斜撑及明挖结构钢支撑轴力采用钢弦式应变计测试。测点布设随钢支撑架设同时进行。架设钢支撑时，将应变计支架焊接于钢管支撑固定端，应变计放入支架内，并保护好引线。测点布设见图 6-16 ~ 图 6-17。测点一般布置在支撑的端部或中部，当支撑长度较大时也可安设在 1/4 点处。

(8) 中间柱轴力测点

在中间柱钢管内侧，选取一断面，沿着管壁一周均布 4 个应变计，分别用四根细导管将导线引至端头，并做好端头处理，见图 6-18。

(9) 静力水准测点

在盖挖结构设计测点所处中间柱侧安设仪器支架，支架上设有三个均布的伸出螺杆，将仪器主体安装在支架上，见图 6-19，通过水准器在主体顶盖表面垂直交替放置及水准仪观测，同时调节螺杆螺丝使仪器表面水平及高程满足要求，将仪器及连通管系统连接好，将浮子放于主体容器内，将装有电容传感器的顶盖板装在主体容器上，用专用的 3 芯屏蔽电缆与电容传感器焊接，并进行绝缘处理，最后将传感电缆固定后引至监控中心与电脑连接。

(10) 主体结构测点

主体结构测点主要包括层板下沉、层板内力、结构侧墙及立柱水平收敛等项目。

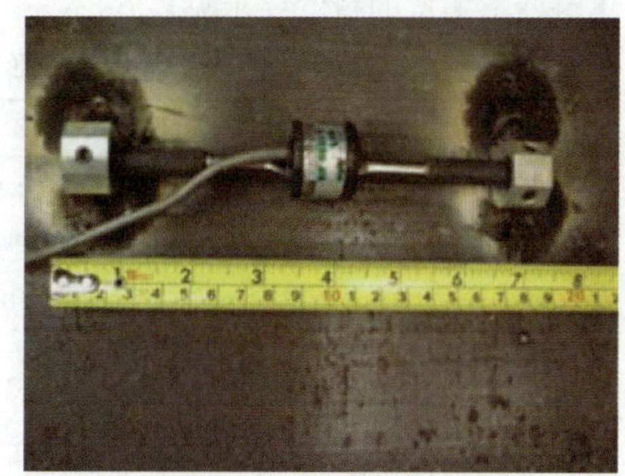

图 6-16　钢支撑轴力测点布设图

图 6-17　应变计的保护措施

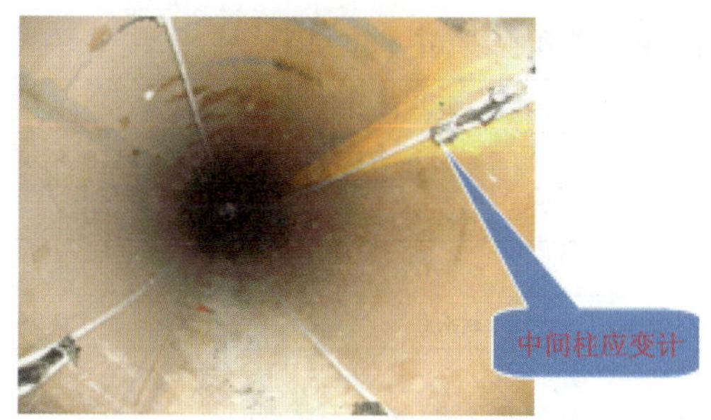

图 6-18　中间柱钢管混凝土应变计现场安装

图 6-19　静力式水准测点布设图

层板下沉测点布设时用水泥钉或射钉打入层板内即可，也可以直接在层板上喷漆做点；收敛测点埋设时分别在钢管柱外侧用带钩的抱箍将测点固定在立柱或结构上，注意调整好两点的水平高度。层板内力在埋设时分别在层板钢筋绑扎时上下各选取一根主筋，采取搭接焊或螺纹套筒形式将钢筋计固定在主筋上，埋设方法和墙体内力相似；混凝土应变测试可采用混凝土应变计，直接将混凝土应变计埋入混凝土土中待测位置，并将测线引出、编号和保护。

6.3　监测方法及精度要求

6.3.1　几何水准测量

管线沉降、建筑物沉降、连续墙顶沉降以及主体结构层板下沉等监测项目均采用几何水准测量的方法，通过监控预埋测点的高程变化来了解该位置的沉降情况。

建筑变形测量的精度要求见表6-3。

建筑变形测量的精度要求 表6-3

变形测量等级	沉降观测	位移观测	适用范围
	观测点测站高差中误差（mm）	观测点坐标中误差（mm）	
特级	±0.05	±0.3	特高精度要求的特种精密工程变形观测
一级	±0.15	±1.0	地基基础设计为甲级的建筑的变形测量，重要的古建筑和特大型市政桥梁等变形测量
二级	±0.50	±3.0	地基基础设计为甲、乙级的建筑的变形测量，场地滑坡测量，重要管线的变形测量，地下工程施工及运营中变形测量，大型市政桥梁变形测量
三级	±1.50	±10.0	地基基础设计为乙、丙级的建筑的变形测量，地表、道路及一般管线的变形测量，中小型市政桥梁变形测量

注：观测点测站高差中误差，系指水准测量的测站高差中误差或静水力水准测量、电磁波测距三角高程测量中相邻观测点相应测段间等价的相对高差中误差；观测点坐标中误差，系指观测点相对测站点（如工作基点）的坐标中误差、坐标差中误差以及等价的观测点相对基准线的偏差值中误差、建筑物或构件相对于底部固定点的水平位移分量中误差。观测点点位中误差为观测点坐标中误差的$\sqrt{2}$倍；规范以中误差作为衡量精度的标准，并以2倍中误差作为极限误差。

本工程采用Ⅰ级标准，监测仪器：Leica NA_2 水准仪及 GPM_3 测微器、铟钢尺等。

水准观测的有关技术要求：

①水准观测的视线长度、前后视距差和视线高度应符合表6-4的规定。

水准观测的视线长度、前后视距差和视线高（单位：m） 表6-4

级别	视线长度	前后视距差	前后视距差累积	视线高度
特级	≤10	≤0.3	≤0.5	≥0.8
一级	≤30	≤0.7	≤1.0	≥0.5
二级	≤50	≤2.0	≤3.0	≥0.3
三级	≤75	≤5.0	≤8.0	≥0.2

注：1. 表中的视线高度为下丝读数。

2. 当采用数字水准仪观测时，最短视线长度不宜小于3m，最低水平视线高度不应低于0.6m。

②水准观测的限差应符合表6-5的规定。

水准观测的限差（单位：mm） 表6-5

级别		基辅分划读数之差	基辅分划所测高差之差	往返较差及附和或环线闭合差	单程双测站所测高差较差	检测已测测段高差之差
特级		0.15	0.2	$\leqslant 0.1\sqrt{n}$	$\leqslant 0.07\sqrt{n}$	$\leqslant 0.15\sqrt{n}$
一级		0.3	0.5	$\leqslant 0.3\sqrt{n}$	$\leqslant 0.2\sqrt{n}$	$\leqslant 0.45\sqrt{n}$
二级		0.5	0.7	$\leqslant 1.0\sqrt{n}$	$\leqslant 0.7\sqrt{n}$	$\leqslant 1.5\sqrt{n}$
三级	光学测微法	1.0	1.5	$\leqslant 3.0\sqrt{n}$	$\leqslant 2.0\sqrt{n}$	$\leqslant 4.5\sqrt{n}$
	中丝读数法	2.0	3.0			

注：1. 当采用数字水准仪时，对同一尺面的两次读数差不设限差，两次读数所测高差之差的限差执行基辅分划所测高之差的限差。

2. 表中n为测站数。

③使用的水准仪、水准标尺在项目开始前和结束后应进行检验,项目进行中也应定期检验。当观测结果出现异常,经分析与仪器有关时,应及时对仪器进行检验和校正。

④水准观测作业应符合下列要求:

应在标尺分划线成像清晰和稳定的条件下进行观测。不得在日出后或日落前约半小时、太阳中午前后、风力大于四级、气温突变时以及标尺分划线的成像跳动而难以照准时进行观测。阴天可全天观测。

观测前半小时,应将仪器置于露天阴影下,使仪器与外界气温趋于一致。设站时,应用测伞遮蔽阳光。

每次观测应记录施工进度、荷载量变动、建筑倾斜裂缝等各种影响沉降变化和异常的情况。

凡超出规定限差的成果,均应先分析原因再进行重测。当测站观测限差超限时,应立即重测;当迁站后发现超限时,应从稳固可靠的固定点开始重测。

6.3.2 建筑物倾斜观测

建筑物倾斜观测应测定建筑顶部观测点相对于底部固定点或上层相对于下层观测点的倾斜度、倾斜方向及倾斜速率。

建筑物倾斜观测方法很多,一般常用的是利用相对沉降量间接确定建筑整体倾斜,该方法又分以下两种:

(1)倾斜仪侧记法。可采用水管式、水平摆倾斜仪、气泡倾斜仪或电子倾斜仪进行观测(见图6-20)。

图6-20 倾斜仪(EAN-70M便携式倾斜仪)

EAN-70M便携式倾斜仪主要技术指标:

传感器:单轴

范围:偏离垂直±15°

敏感度:10弧秒(1度=3600弧秒)

精度:±0.1% FS(FS是Full Scale的缩写,即满量程)

温度范围:-20 ~ 50℃

(2)测定基础沉降差法。可在基础上选设观测点,采用水准测量方法,以所测各周期基础的沉降差换算求得建筑整体倾斜度及倾斜方向。

本项目采用激光扫描技术,即采用全站仪进行直接测读。

全站仪法的精度要求:角度±2″,测距±(2mm+2ppm)。

仪器采用徕卡全站仪TC1800和专用反射片。在待测建筑物不同高度(应大于2/3建筑物高度)建立上、下两观测点,在大于2倍上、下观测点距离的位置建立观测站,采用TC1800型(精度:角度1″,测距1mm+2ppm)全站仪按国家二级位移观测要求测定待测建筑物上、下观测点的坐标值,通过计算两次观测坐标差值即可计算出该建筑物的倾斜变化量。

该方法的特点是测量速度快、精度高,仪器可自由设站。

6.3.3 建筑物裂缝观测

建筑物的沉降和倾斜必然导致结构构件应力调整而产生裂缝,裂缝开展状况的监测通常作为施工影响程度的重要评判依据之一。采用直接观测的方法,将裂缝进行编号并划出测读位置,通过裂缝观测仪进行裂缝宽度测读。同时,用数码相机对裂缝进行拍照保存。由于裂缝数量和位置无法估计,监测数量和位置也无法确定,应根据现场情况确定。

采用裂缝观测仪进行裂缝宽度观测,精度 0.1mm。裂缝长度监测可采用直接量测法,精度不小于 1mm。

6.3.4 墙体(土体)水平位移监测

墙体水平位移监测应测定基坑围护结构墙顶水平位移和墙深层挠曲。墙水平位移可使用视准线法、测小角法、前方交汇法或极坐标法等,同时使用测斜仪进行观测。精度要求:1mm。

(1)监测仪器

SINCO 50302510 型测斜仪(见图 6-21),PVC 测斜管。

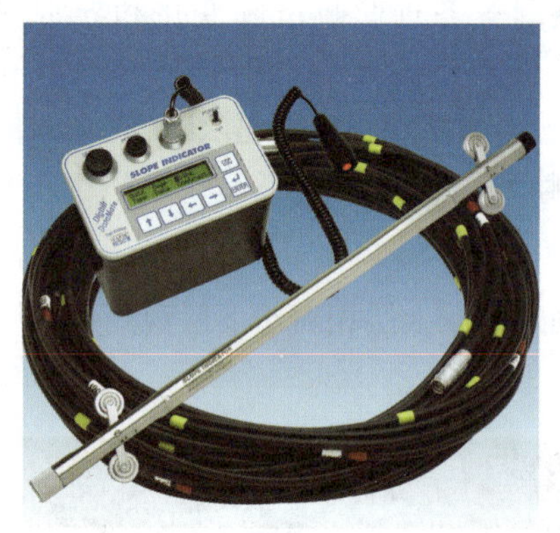

图 6-21 SINCO 测斜仪

(2)技术指标

量程:偏离垂直 ±53°;

轮距:500mm;

分辨率:0.02mm/500mm;

重复性:±0.01% FS;

系统精度:±6mm/50 个读数;

工作温度:-20~50 ℃;

传感器类型:二力平衡的伺服加速度计。

(3)测试原理

测斜仪按 0.5m 点距由下往上逐点进行读数,即将测斜管分成了 n 个测段,每个测段的长度 l_i =500mm,在某一深度位置上所测得的两对导轮(500mm)之间的倾角为 θ_i,通过计算可得到这一区段的变位 Δ_i。计算时假定管底作为基准点,由下而上累计计算某一深度的变位值 δ_i,直至管顶,然后再根据测得的该点桩顶位移对水平变位值进行修正。

(4)测试方法

采用孔底为假设不动点,以孔顶平面位移值作为测斜修正值的测斜方法。测试时采用带导轮的测斜探头按 0.5m 点距由下往上逐点进行读数,采取 0°、180°双向读数。在基坑开挖前,完成测斜数据初始值测定工作,并确定初始值。

墙顶水平位移采用全站仪测试,精度与建筑物测斜相同,墙顶沉降采用几何水准测量的方法,精度应满足表 6-3。

6.3.5 地下水位监测

地下水位监测通过孔内设置水位管,采用电测水位计进行量测。精度要求:水位计的标尺最小读数为 1mm。

(1)监测仪器

电测水位计 JTM-9000 型钢尺水位计。

(2)主要指标

最小读数:1mm;

重复性误差:±2mm;

测量深度:30~200m。

(3)监测方法

将电测水位计的探头沿孔套管缓慢放下,当测头接触水面时,蜂鸣器响,读取孔口标志点

处测尺读数 a,测得管口标高 H,水位标高即为 $(H-a)$。水位标高之差即是水位的变化数值。

(4)技术要求

潜水水位管应在基坑施工前埋设,滤管长度应满足量测要求;承压水位监测时被测含水层与其他含水层之间应采取有效的隔水措施。

6.3.6 钢支撑轴力监测

采用轴力计在端部直接量测支撑轴力,或采用表面应变计间接量测和计算支撑轴力。精度要求:不低于1/100FS。

(1)采用仪器

钢弦式应变计 JM-110、轴力计 JM-400 及 XP-02 型频率接收仪。

(2)轴力计 JM-400 指标

防渗水压力:0.4MPa;

测量范围:0 ~ (500 ~ 6000)kN;

分辨率:≤0.08% FS。

(3)监测原理

传感器中的钢弦振动频率(f)与外力(T)满足关系式,当传感器外壳钢管受轴力作用后,引起钢弦张力(T)变化,从而改变其自振频率(f),由频率仪测得钢弦频率变化,通过标定曲线即可计算得到钢筋所受应力的大小。

$$f = \frac{1}{2L}\sqrt{\frac{T}{w}} \tag{6-1}$$

式中:L——钢弦的长度;

w——钢弦单位长度的质量。

当采取表面应变计间接推算支撑轴力时,采取如图 6-22 所示的布置方式,取 4 个位置的平均值作为计算该位置的应变计算值。

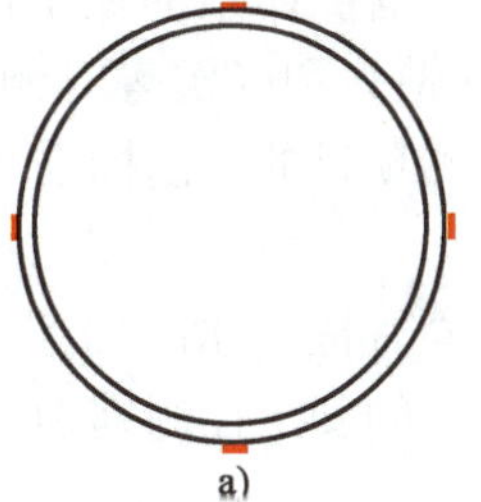

a)

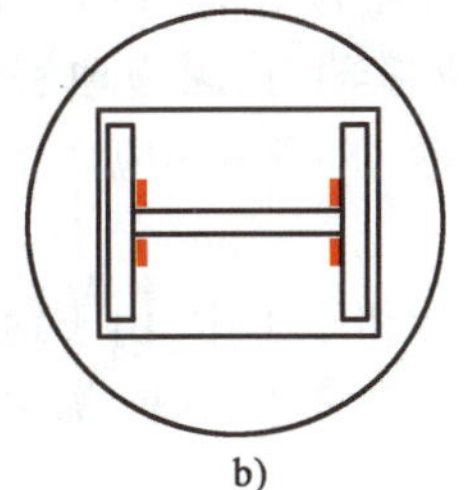

b)

图 6-22 应变计埋设位置

并按照以下计算:

$$\Delta\varepsilon = \varepsilon_i - \varepsilon_0 \tag{6-2}$$

$$F_{\text{strut}} = -EA\Delta\varepsilon_{\text{avg}} \tag{6-3}$$

式中: ε_i——测读应变;

ε_0——初始应变;

E、A、$\Delta\varepsilon_{\text{avg}}$——支撑材料的弹性模量、横截面积、4 个位置的平均应变。

计算支撑轴力时,应按照下式修正温度影响:

$$F_{\text{fixed}} = EA\alpha\Delta T \tag{6-4}$$

式中:α——支撑钢材的热膨胀系数;

ΔT——温度变化量。

6.4 安全监测控制基准

6.4.1 控制基准制订的原则[2,3]

监测项目的控制基准是基坑安全监测设计的重要组成内容。一般需要根据工程自身特点以及相邻环境(地面道路、管线、建筑物、既有轨道交通、铁路等)的要求,遵循“安全第一、技术可行、经济节约”的宗旨,按照一定的原则合理确定。监测技术人员在监测实施过程中,则以此控制基准作为评判工程施工是否安全可靠的依据,进而建议工程建设方正常进行施工还是需要调整施工步骤或变更设计方案。因此,安全监测项目控制基准的确定至关重要。

一般,监测控制基准的确定应遵循以下原则:

(1)满足现行的相关规范、规程的要求。

(2)满足设计计算的要求。

(3)满足测试对象的安全要求,达到保护的目的。

(4)满足周边环境被保护对象的使用(拥有)者或主管部门提出的要求。

(5)在保证安全的前提下,应综合考虑当前技术条件、既有的工程案例、经济效益等因素,避免因标准设置过高而造成工程不必要的投入。

6.4.2 控制基准制订的方法

基坑工程的监测控制基准的合理制订是较为复杂的研究课题,需要认真考虑和严肃对待,国家规范和一些地方规程对监测的控制基准有一些规定,但一般不可能涵盖所有监测项目,或者仅给出了取值范围,具体取值需要监测设计单位根据具体工程特点具体确定。

实际工程中,一般参照以下四方面的数据和资料制订。

(1)设计计算值

基坑围护结构设计单位在设计阶段需进行基坑围护体系的稳定性、强度等检算,对围护(桩)墙位移和内力、支撑轴力、周边地层位移、立柱轴力和隆沉等有预估值,并从安全控制角度提出相应的控制指标,这些指标应该作为相应监测项目的控制标准制订的基础。

(2)经验类比值

在地下工程的设计和施工中,由于地下工程的固有特点,既有工程经验十分重要。依据已建类似工程项目的受力和变形规律,提出并确定相应的安全控制判别准则,常可以取得较好的效果。

(3)施工影响范围内其他设施(工程)的主管单位提出的具体指标

在基坑施工过程中,对邻近的建筑物、重要设施(煤气管线、上下水管等)、已经投入运营的轨道交通线等会不可避免的产生影响,这些建筑物、设施、轨道交通线的容许变位值常由其所有单位或主管单位提出,这些标准是基坑整个施工过程中必须遵守的。

(4)有关规范、规程的规定

随着基坑工程经验的积累,国家以及一些地区对工程管理部门以国家规范、地区规范、规程、手册(指南)等形式对某些监控项目的控制标准做出了相应的规定,如高层建筑物的沉降、差异沉降、倾斜、地下连续墙的墙顶沉降和最大水平位移等。在有相应规范(地方规程)规定的监控项目的控制标准制订时,应以其作为主要制订依据,不得与其相矛盾或冲突。

其中,因基坑开挖工程特有的个性与较强的区域性,上述的第四方面通常是作为主要的控制标准制订依据。实际做法一般是根据工程具体的地质条件、施工因素与环境要求,并结合有关规定来确定各监控项目的控制标准。

为此,下面列出一些较典型规范(规程)的相关规定以及国际隧道协会(ITA)的研究成果,供设定监测控制标准时参考。

(1)国标《建筑基坑支护技术规程》(JGJ 120—99)

对于安全等级的规定,见表6-6。而对于变形在规范中没有明确规定(3.8.6 基坑监测项目的监控报警值应根据监测对象的有关规范及支护结构设计要求确定;3.1.4 支护结构设计应考虑其结构水平变形、地下水的变化对周边环境的水平与竖向变形的影响,对于安全等级为一级和对周边环境变形有限定要求的二级建筑基坑侧壁,应根据周边环境的重要性、对变形的适应能力及土的性质等因素确定支护结构的水平变形限值)。

基坑侧壁安全等级及重要性系数 表6-6

安全等级	破坏后果	γ_0
一级	支护结构破坏,土体失稳或过大变形对基坑周边环境及地下结构施工影响很严重	1.10
二级	支护结构破坏,土体失稳或过大变形对基坑周边环境及地下结构施工影响一般	1.00
三级	支护结构破坏,土体失稳或过大变形对基坑周边环境及地下结构施工影响不严重	0.90

注:有特殊要求的建筑基坑侧壁安全等级可根据具体情况另行确定。

(2)国标《建筑基坑工程监测技术规范》(GB 50497—2009)

基坑及支护结构监测报警值应根据土质特征、设计结果及当地经验等因素确定;当无当地经验时,可根据土质特征,设计结果以及表6-7确定。

基坑及支护结构监测报警值 表6-7

<table>
<tr><th rowspan="4">序号</th><th rowspan="4">监测项目</th><th rowspan="4">支护结构类型</th><th colspan="9">基坑类别</th></tr>
<tr><th colspan="3">一级</th><th colspan="3">二级</th><th colspan="3">三级</th></tr>
<tr><th colspan="2">累计值</th><th rowspan="2">变化速率(mm/d)</th><th colspan="2">累计值</th><th rowspan="2">变化速率(mm/d)</th><th colspan="2">累计值</th><th rowspan="2">变化速率(mm/d)</th></tr>
<tr><th>绝对值(mm)</th><th>相对基坑深度(h)控制值</th><th>绝对值(mm)</th><th>相对基坑深度(h)控制值</th><th>绝对值(mm)</th><th>相对基坑深度(h)控制值</th></tr>
<tr><td rowspan="2">1</td><td rowspan="2">围护墙(边坡)顶部水平位移</td><td>放坡,土钉墙、喷锚支护、水泥土墙</td><td>30~35</td><td>0.3%~0.4%</td><td>5~10</td><td>50~60</td><td>0.6%~0.8%</td><td>10~15</td><td>70~80</td><td>0.8%~1.0%</td><td>15~20</td></tr>
<tr><td>钢板桩、灌注桩、型钢水泥土墙、地下连续墙</td><td>25~30</td><td>0.2%~0.3%</td><td>2~3</td><td>40~50</td><td>0.5%~0.7%</td><td>4~6</td><td>60~70</td><td>0.6%~0.8%</td><td>8~10</td></tr>
<tr><td rowspan="2">2</td><td rowspan="2">围护墙(边坡)顶部竖向位移</td><td>放坡,土钉墙、喷锚支护、水泥土墙</td><td>20~40</td><td>0.3%~0.4%</td><td>3~5</td><td>50~60</td><td>0.6%~0.8%</td><td>5~8</td><td>70~80</td><td>0.8%~1.0%</td><td>8~10</td></tr>
<tr><td>钢板桩、灌注桩、型钢水泥土墙、地下连续墙</td><td>10~20</td><td>0.1%~0.2%</td><td>2~3</td><td>25~30</td><td>0.3%~0.5%</td><td>3~4</td><td>35~40</td><td>0.5%~0.6%</td><td>4~5</td></tr>
</table>

续上表

序号	监测项目	支护结构类型	基坑类别								
			一级			二级			三级		
			累计值		变化速率(mm/d)	累计值		变化速率(mm/d)	累计值		变化速率(mm/d)
			绝对值(mm)	相对基坑深度(h)控制值		绝对值(mm)	相对基坑深度(h)控制值		绝对值(mm)	相对基坑深度(h)控制值	
3	深层水平位移	水泥土墙	30~35	0.3%~0.4%	5~10	50~60	0.6%~0.8%	10~15	70~80	0.8%~1.0%	15~20
		钢板桩	50~60	0.6%~0.7%	2~3	80~85	0.7%~0.8%	4~6	90~100	0.9%~1.0%	8~10
		型钢水泥土墙	50~55	0.5%~0.7%		75~80	0.7%~0.8%		80~90	0.9%~1.0%	
		灌注桩	45~50	0.4%~0.5%		70~75	0.6%~0.7%		70~80	0.8%~0.9%	
		地下连续墙	40~50	0.4%~0.5%		70~75	0.7%~0.8%		80~90	0.9%~1.0%	
4	立柱竖向位移		25~35	—	2~3	35~45	—	4~6	55~65	—	8~10
5	基坑周边地表竖向位移		25~35	—	2~3	50~60	—	4~6	60~80	—	8~10
6	坑底隆起		25~35	—	2~3	50~60	—	4~6	60~80	—	8~10
7	土压力		(60%~70%)f_1		—	(70%~80%)f_1		—	(70%~80%)f_1		—
8	孔隙水压力										
9	支撑内力		(60%~70%)f_2		—	(70%~80%)f_2		—	(70%~80%)f_2		—
10	围护墙内力										
11	立柱内力										
12	锚杆内力										

注：1. h 为基坑设计开挖深度，f_1 为荷载设计值，f_2 为构件承载能力设计值。
2. 累计值取绝对值和相对基坑深度(h)控制值两者的小值。
3. 当监测项目的变化速率达到表中规定值或连续3d超过该值的70%，应报警。
4. 嵌岩的灌注桩或地下连续墙位移报警值宜按表中的数值的50%取用。

基坑周边环境监测报警值应根据主管部门的要求确定，如主管部门无具体规定，可按表6-8采用。

建筑基坑周边环境监测报警值 表6-8

监测对象 \ 项目				累计值(mm)	变化速率(mm/d)	备注
1	地下水位变化			1000	500	—
2	管线位移	刚性管道	压力	10~30	1~3	直接观察点数据
			非压力	10~40	3~5	
		柔性管线		10~40	3~5	
3	邻近建筑位移			10~60	1~3	—
4	裂缝宽度		建筑	1.5~3	持续发展	—
			地表	10~15	持续发展	—

注：建筑整体倾斜度累计值达到2/1000或倾斜速度3d大于0.0001H/d(H为建筑承重结构高度)时应报警。

基坑周边建筑、管线的报警值除考虑基坑开挖造成的变形外，尚应考虑其原有变形的影响。

当出现下列情况之一时，必须立即进行危险报警，并应对基坑支护结构和周边环境中的保护对象采取应急措施：

①监测数据达到监测报警值的累计值；

②基坑支护结构或周边土体的位移值突然明显增大或基坑出现流砂、管涌、隆起、陷落或较严重的渗漏等；

③基坑支护结构的支撑或锚杆体系出现过大变形、压屈、断裂、松弛或拔出的迹象；

④周边建筑的结构部分、周边地面出现较严重的突发裂缝或危害结构的变形裂缝；

⑤周边管线变形突然明显增长或出现裂缝、泄露等；

⑥根据当地工程经验判断，出现其他必须进行危险报警的情况。

(3)国标《建筑地基基础设计规范》(GB 50007—2010)

根据地基复杂程度、建筑物规模和功能特征以及由于地基问题可能造成建筑物破坏或影响正常使用的程度，将地基基础设计分为三个设计等级，设计时应根据具体情况，按表6-9选用。

地基基础设计等级 表6-9

设计等级	建筑和地基类型
甲	重要的工业与民用建筑物； 30层以上的高层建筑； 体型复杂，层数相差超过10层的高低层连成一体建筑物； 大面积的多层地下建筑物(如地下车库、商场、运动场等)； 对地基变形有特殊要求的建筑物； 复杂地质条件下的坡上建筑物(包括高边坡)； 对原有工程影响较大的新建建筑物； 场地和地基条件复杂的一般建筑物； 位于复杂地质条件及软土地区的二层及二层以上地下室的基坑工程
乙	除甲级、丙级以外的工业与民用建筑物
丙	场地和地基条件简单、荷载分布均匀的七层及七层以下民用建筑及一般工业建筑物，次要的轻型建筑物

建筑物的地基变形允许值，按表6-10规定采用。

建筑物的地基变形允许值 表6-10

变形特征	地基土类别	
	中、低压缩性土	高压缩性土
砌体承重结构基础的局部倾斜	0.002	0.003
工业与民用建筑相邻柱基的沉降差 (1)框架结构； (2)砌体墙填充的边排柱； (3)当基础不均匀沉降时不产生附加应力的结构	 0.002 l 0.0007 l 0.005 l	 0.003 l 0.001 l 0.005 l
多层和高层建筑的整体倾斜 $H_g \leq 24$ $24 < H_g \leq 60$ $60 < H_g \leq 100$ $H_g > 100$	 0.004 0.003 0.0025 0.002	

注：1. 本表数值为建筑物地基实际最终变形允许值。

2. 有括号者仅适用于中压缩性土。

3. l为相邻基的中心距离(mm)，H_g为自室外地面起算的建筑物高度(m)。

4. 倾斜是基础倾斜方向两端点的沉降差与其距离的比值。

(4)上海市标准《基坑工程设计规程》(DBJ 08-61—97)

一、二级基坑变形的监测控制指标见表 6-11。

一、二级基坑变形的监测的控制 表 6-11

基坑等级	墙顶位移(mm)	墙体最大位移(mm)	地面最大沉降(mm)	变化速率(mm/d)
一级	30	50	30	≤2
二级	60	80	60	≤3

各类建筑物对差异沉降的承受能力可按表 6-12 和表 6-13 的规定确定相应的控制标准。对重要、特殊的建筑结构应做专门的调查，然后决定允许的变形控制标准。

各类地下管线对差异沉降的承受能力因管线的新旧、埋设情况、材料结构、管节长度和接头构造不同而相差甚远，必须事先调查清楚。接头是管线最易受损的部位，规范的表 12.1.5 列出的几种接头技术标准，可作为管接头对差异沉降产生相对转角的承受能力的设计和监控依据。对难以查清的煤气管、上水管及重要通信电缆管，可按相对转角 1/100 作为设计和监控标准。

差异沉降和相应建筑物的反应 表 6-12

建筑结构类型	$\frac{\delta}{L}$ (L 为建筑物长度，δ 为差异沉降)	建筑物反应
一般砖墙承重结构，包括有内框架的结构，建筑物长高比小于 10，有圈梁，天然地基(条形基础)	达 1/150	分隔墙及承重砖墙产生相当多的裂缝，可能发生结构破坏
一般钢筋混凝土框架结构	达 1/150	发生严重变形
	达 1/500	开始出现裂缝
高层刚性建筑(箱型基桩、桩基)	达 1/500	可观察到建筑物倾斜
有桥式行车的单层排架结构的厂房，天然地基或桩基	达 1/300	桥式行车运转困难，不调整轨面水平难运行，分隔墙有裂缝
有斜撑的框架结构	达 1/600	处于安全极限状态
一般对沉降差反应敏感的机器基础	达 1/850	机器使用可能会发生困难，处于可运行的极限状态

建筑物的基础倾斜允许值 表 6-13

建筑物类别		允许倾斜
多层和高层建筑基础	$H \leqslant 24$m	0.004
	$24\text{m} < H \leqslant 60$m	0.003
	$60\text{m} < H \leqslant 100$m	0.002
	$H > 100$m	0.0015
高耸结构基础	$H \leqslant 20$m	0.008
	$20\text{m} < H \leqslant 50$m	0.006
	$50\text{m} < H \leqslant 100$m	0.005
	$100\text{m} < H \leqslant 150$m	0.004
	$150\text{m} < H \leqslant 200$m	0.003
	$200\text{m} < H \leqslant 250$m	0.002

注：1. H 为建筑物地面以上高度。

2. 倾斜是基础倾斜方向两端点的沉降差与其距离的比值。

本规程 3.0.1 规定:基坑工程根据其重要性分为以下三级。

符合下列情况之一时,属一级基坑工程:支护结构作为主体结构的一部分时,基坑开挖深度大于等于 10m 时,距基坑边两倍开挖深度范围内有历史文物、近代优秀建筑、重要管线需要严加保护时。

开挖深度小于 7m,且周围环境无特别要求时,属于三级基坑。

除一级和三级以外的均属于二级基坑工程。

(5)北京市地方标准《建筑基坑支护技术规程》(DB 11/489—2007)

根据基坑的开挖深度 h、邻近建(构)筑物及管线与坑边的相对距离比 α 和工程地质、水文地质条件,按破坏后果的严重程度将基坑侧壁的安全等级分为三级(见表 6-14),支护结构设计中应根据不同的安全等级选用重要性系数:一级取 $\gamma_0 = 1.10$,二级取 $\gamma_0 = 1.00$,三级取 $\gamma_0 = 0.90$。

基坑侧壁安全等级划分 表 6-14

<table>
<tr><td rowspan="3">开挖深度 h
(m)</td><td colspan="9">环境条件与工程地质、水文地质条件</td></tr>
<tr><td colspan="3">$\alpha < 0.5$</td><td colspan="3">$0.5 \leqslant \alpha \leqslant 1.0$</td><td colspan="3">$\alpha > 1.0$</td></tr>
<tr><td>Ⅰ</td><td>Ⅱ</td><td>Ⅲ</td><td>Ⅰ</td><td>Ⅱ</td><td>Ⅲ</td><td>Ⅰ</td><td>Ⅱ</td><td>Ⅲ</td></tr>
<tr><td>$h > 15$</td><td colspan="3">一级</td><td colspan="3">一级</td><td colspan="3">一级</td></tr>
<tr><td>$10 < h \leqslant 15$</td><td colspan="3">一级</td><td colspan="2">一级</td><td>二级</td><td>一级</td><td colspan="2">二级</td></tr>
<tr><td>$h \leqslant 10$</td><td>一级</td><td colspan="2">二级</td><td>二级</td><td colspan="2">三级</td><td>二级</td><td colspan="2">三级</td></tr>
</table>

注:1. h——基坑开挖深度。

2. α——相对距离比 $\alpha = \frac{x}{h_a}$。为管线、邻近建(构)筑物基础边缘(桩基础桩端)离坑口内壁的水平距离与基础底面距基坑底垂直距离的比值,见图 6-23。

3. 工程地质、水文地质条件分类:

Ⅰ复杂——稍密以下碎石土、砂土和填土,软塑~流塑黏性土,地下水位在基底标高之上,且不易疏干;

Ⅱ较复杂——中密碎石土、砂土和填土,可塑黏性土,地下水位在基底标高之上,但易疏干;

Ⅲ简单——密实碎石土、砂土和填土,硬塑~坚硬黏性土,基坑深度范围内无地下水。

坑壁为多层土时可经过分析按不利情况考虑。

4. 如邻近建(构)筑物为价值不高的、待拆除的或临时性的,管线为非重要干线,一旦破坏没有危险且易于修复,则 α 值可提高一个范围值;对变形特别敏感的邻近建(构)筑物或重点保护的古建筑物等有特殊要求的建(构)筑物,当基坑侧壁安全等级为二级或三级时,应提高一级安全等级;当既有基础(或桩基础桩端)埋深大于基坑深度时应根据基础距基坑底的相对距离、附加荷载、桩基础形式以及上部结构对变形的敏感程度等因素综合确定 α 值范围及安全等级。

5. 同一基坑周边条件不同可分别划分为不同的安全等级。

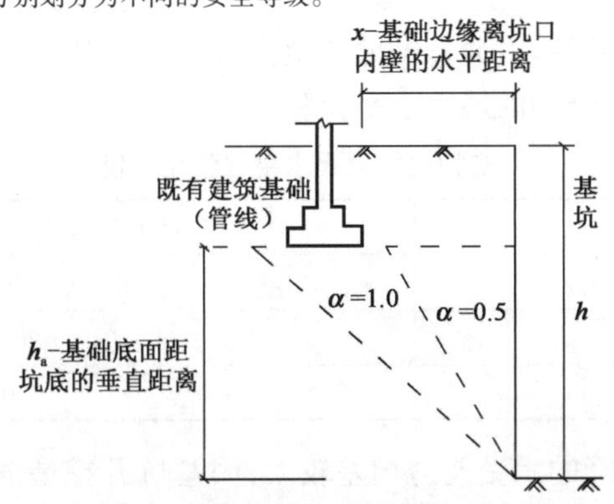

图 6-23 相邻建筑基础与基坑相对关系示意图

规程 3.1.5 规定:支护结构设计应考虑其结构水平变形、地下水的变化对周边环境的水平及竖向变形的影响,并应符合下列规定。

对于安全等级为一级和对周边环境变形有限定要求的二级建筑基坑侧壁,应确定支护结构的水平变形限值。最大水平变形值应满足正常使用要求。

应按邻近建筑结构形式及其状况控制周边地面竖向变形。

当邻近有重要管线或支护结构作为永久性结构时,其水平变形和竖向变形应按满足其正常工作的要求控制。

当无明确要求时,最大水平变形限值:一级基坑为 $0.002h$,二级基坑为 $0.004h$,三级基坑为 $0.006h$。

(6)广州地区《建筑基坑支护技术规定》(GJB 02—98)

根据建筑基坑工程实施可能造成的破坏后果,对基坑侧壁应按表 6-15 确定其安全等级。

建筑基坑侧壁安全等级 表 6-15

安全等级	破坏后果	基坑和环境条件
一级	支护结构破坏或土体失稳或过大变形对基坑周边环境和工程施工影响很严重	1. 开挖深度大于或等于 10m; 2. 在 3 倍开挖深度范围内有重要建(构)筑物、重要管线和道路等市政设施; 3. 在 1 倍开挖深度范围内有基础埋深小于坑深的建筑物; 4. 基坑位于地铁、隧道等大型地下设施安全保护区范围内; 5. 地下水埋深小于 2m,支护深度范围内软土层厚度大于 5m
二级	支护结构破坏或土体失稳或过大变形对基坑周边环境影响一般,但对地下结构施工影响严重	除一级和三级以外的基坑工程
三级	支护结构破坏或土体失稳或过大变形对基坑周边环境及地下结构施工影响不严重	1. 开挖深度小于 6m; 2. 在周围 3 倍开挖深度范围无特殊要求保护的建(构)筑物、管线和道路等市政设施; 3. 地下水埋深大于 5m,支护深度范围内软土层厚度小于 2m

注:1. 凡符合基坑和环境条件中的一个条件即属于该侧壁安全等级,对同时满足不同安全等级条件的侧壁,应按基坑工程施工可能造成的破坏后果确定安全等级。

2. 有特殊要求的建筑基坑侧壁安全等级可根据具体情况另行确定。

支护结构设计应考虑其结构水平变形及地下水位变化对周边环境的水平与竖向变形的影响。应根据周边环境的重要性,由变形的允许范围及土层性质等因素确定支护结构的水平变形值。除特殊要求外,支护结构的最大水平位移不宜超过表 6-16 的允许值。

支护结构最大水平位移允许值 表 6-16

安全等级	支护结构最大水平位移允许值
一级	30mm
二级	60mm
三级	150mm

各类建筑物对差异沉降的承受能力相差较大,因基坑开挖造成对环境的影响其允许变形可参考表 6-17 和表 6-13 进行控制。桩基础建筑物允许最大沉降值不应大于 10mm,天然地基

建筑物允许最大沉降值不应大于30mm。对邻近的破旧建筑物,其允许变形值应根据实际情况由设计确定。

采用承插式接头的铸铁水管、钢筋混凝土水管两个接头之间的局部倾斜值不应大于0.0025,采用焊接接头的水管两个接头之间的局部倾斜值不应大于0.006,采用焊接接头的煤气管两个接头之间的局部倾斜值不应大于0.002。

单层和多层建筑物的地基变形允许值 表6-17

变形特征	地基变形允许值	
	中、低压缩性土	高压缩性土
砌体承重结构基础的局部倾斜	0.002	0.003
工业与民用建筑相邻柱基的沉降差		
(1)框架结构	$0.002l$	$0.003l$
(2)砖石墙填充的边排柱	$0.0007l$	$0.001l$
(3)当基础不均匀沉降时不产生附加应力的结构	$0.005l$	$0.005l$

注:1. 有括号者仅适用于中压缩性土。
2. l 为相邻桩基的中心距离(mm)。
3. 倾斜指基础倾斜方向两端点的沉降差与其距离的比值。
4. 局部倾斜指砌体承重结构沿纵向6~8m内基础两点的沉降差与其距离的比值。

(7)北京市地方标准《地铁工程监控量测技术规程》(DB 11/490—2007)

地铁结构多修建在繁华的街区,根据基坑的开挖深度、周围环境保护要求将基坑的安全等级划分为三级,见表6-18。

基坑安全等级划分 表6-18

安全等级	周边环境保护要求
一级	1. 基坑周边以外0.7H范围内有地铁结构、桥梁、高层建筑、共同沟、煤气管、雨污水管、大型压力总水管等重要建(构)筑物或市政基础设施; 2. $H \geq 15$m
二级	1. 基坑周边以外0.7H范围内无重要管线和建(构)筑物,而离基坑0.7H~2H范围内有重要管线或大型的在用管线、建(构)筑物; 2. $10 \leq H < 15$m
三级	1. 基坑周边以外2H范围内没有重要或较重要的管线、建(构)筑物; 2. $H < 10$m

注:H为基坑的开挖深度。

明(盖)挖法施工监控量测值控制标准见表6-19。

(8)上海市工程建设规范《基坑工程施工监测规程》(DG/TJ 08-2001—2006)

基坑周边环境和围护体系的监控报警值见表6-20~表6-21。

(9)上海地铁总公司提出的基坑变形控制等级标准

上海地铁总公司按上海软土地层深基坑工程经验资料而提出的基坑变形控制保护等级标准见表6-22。

(10)ITA工作组2006年的研究报告[4]

ITA认为对既有结构的破坏可大体分为三类:影响结构的外观的建筑破坏;影响结构功能的功能破坏;影响结构稳定的结构破坏。对于年代较久的砖石结构,可采用裂缝作为结构破坏的关键评价指标之一，见表6-23。该分类不适合刚性的混凝土结构。

地铁明(盖)挖法施工监控量测值控制标准 表6-19

序号	监测项目及范围	允许位移控制值 U_0(mm)			位移平均速率控制值(mm/d)	位移最大速率控制值(mm/d)
		一级基坑	二级基坑	三级基坑		
1	围护桩(墙)顶部沉降	≤10			1	1
2	地表沉降	≤0.15% *H* 或≤30，两者取小值	≤0.2% *H* 或≤40，两者取小值	≤0.3% *H* 或≤50，两者取小值	2	2
3	围护桩(墙)水平位移	≤0.15% *H* 或≤30，两者取小值	≤0.2% *H* 或≤40，两者取小值	≤0.3% *H* 或≤50，两者取小值	2	3
4	竖井水平收敛	50			2	5
5	基坑底部土体隆起	20	25	30	2	3

注：*H* 为基坑的开挖深度。

基坑周边环境监控报警值 表6-20

项目 监测对象	变化速率(mm/d)	累计值(mm)	备 注
煤气、供水管线位移	2	10	刚性管道
电缆、通信管线位移	5	10	柔性管道
地下水水位变化	300	1000	—
邻近建(构)筑物位移	1~3	20~60	根据建(构)筑物对变形的适应能力确定

围护体系监控报警值 表6-21

<table>
<tr><th rowspan="2">基坑工程监测等级
监测项目</th><th colspan="2">一 级</th><th colspan="2">二 级</th><th rowspan="2">三 级</th></tr>
<tr><th>变化速率(mm/d)</th><th>累计值(mm)</th><th>变化速率(mm/d)</th><th>累计值(mm)</th></tr>
<tr><td>围护墙顶变形</td><td rowspan="8">2~3</td><td rowspan="8">25~30
40~50
25~30</td><td rowspan="3">3~5</td><td>50~60</td><td rowspan="8">宜按二级基坑的标准控制，当条件允许时，可适当放宽</td></tr>
<tr><td>围护墙侧向最大位移</td><td>65~80</td></tr>
<tr><td>地面最大沉降</td><td>50~60</td></tr>
<tr><td>孔隙水压力</td><td colspan="2" rowspan="5">设计控制值的60%~80%</td></tr>
<tr><td>土压力</td></tr>
<tr><td>支撑轴力</td></tr>
<tr><td>锚杆拉力</td></tr>
<tr><td>桩、墙、柱内力</td></tr>
</table>

注：1. 报警值取值应根据基坑各侧边环境、开挖深度及围护体系类型等综合确定。

2. 特级监测工程报警值除按一级监测工程外，尚应根据委托方及相关单位的特殊要求确定。

基坑变形控制保护等级标准 表 6-22

保护等级	地面最大沉降量及围护墙水平位移控制要求	环境保护要求
特级	1. 地面最大沉降量≤0.1% H; 2. 围护墙最大水平位移≤0.14% H; 3. $K_S^0 \geq 2.2$	离基坑 10m 周围有地铁、共同沟、煤气管、大型压力总水管等重要设施必须确保安全
1 级	1. 地面最大沉降量≤0.2% H; 2. 围护墙最大水平位移≤0.3% H; 3. $K_S^0 \geq 2.0$	离基坑 H 范围内设有重要干线、水管、大型正在使用的构筑物、建筑物
2 级	1. 地面最大沉降量≤0.5% H; 2. 围护墙最大水平位移≤0.7% H; 3. $K_S^0 \geq 1.5$	在基坑周围 H 范围内设有较重要专线管道及一般建筑、设施
3 级	1. 地面最大沉降量≤1% H; 2. 围护墙最大水平位移≤1.4% H; 3. $K_S^0 \geq 1.2$	在基坑周围 30m 范围内设有需保护建筑设施和管线、构筑物

注:H 为基坑开挖深度,约 17m;K_S^0 为抗隆起安全系数,按圆弧滑动公式算出。

破 坏 分 类 表 6-23

破坏类型	破坏程度	破坏描述	裂缝宽度(mm)①
0	可忽略	微小裂缝	<0.1
1	很轻微破坏	建筑破坏	<1
2	轻微破坏	建筑破坏	<5
3	中等破坏	功能破坏	5~15,或多条>3mm 的裂缝
4	严重破坏	结构破坏	15~25②
5	非常严重破坏	结构破坏	>25②

注:①裂缝宽度仅是破坏的一个方面,不可以用作直接评价指标。
②也应考虑裂缝的数量。

标准结构的临界拉应变和开裂的对应关系见表 6-24。结构变形允许值见表 6-25。

临界拉应变与裂缝关系 表 6-24

破坏类型	0	1	2	3	4、5
ε_{crit}(%)	≤0.050	0.050< ≤0.075	0.075< ≤0.150	0.150< ≤0.300	>0.300

结构变形的允许值 表 6-25

结 构 类 型	控 制 参 数	允 许 值
框架结构	相对转动	0.2%
有独立基础的标准结构	累计沉降	50mm
	相邻柱差异沉降	20mm
高耸结构	倾斜	0.4%

管线对地层移动的敏感度主要取决于管线的材料和垫片材料,可采用张拉应变作为控制参数。其正常使用极限状态(serviceability limit state)和最终极限状态(ultimate limit state)的张拉应变见表 6-26。

市政设施(上水管、下水管、煤气管、电缆、油管)的极限张拉应变　　表 6-26

材料类型	使用极限状态	最终极限状态
铸铁	0.03%	0.1%
混凝土	0.03%	0.1%
钢管	0.05%	0.1%
可锻铸铁管	0.1%	0.2%
塑料管	0.7%	2%

6.4.3 本工程采用的控制基准

(1)建筑物沉降控制标准

建筑物允许沉降差和倾斜控制标准见表 6-10 和表 6-13。

(2)逆作法中的桩柱隆沉

施工中应严格控制支承桩柱之间及支承桩柱与地下连续墙之间的差异沉降,要求柱累计沉降量≤20mm,差异沉降≤15mm,累计隆起量≤10mm。

(3)基坑外水位

坑内降水或基坑开挖引起的坑外地下水位下降不超过 1000mm,下降速率不得超过 500mm/d。

(4)围护结构位移

围护结构水平位移≤30mm,速率不超过 5mm/d。

围护结构顶部沉降≤10mm。

6.5 基坑工程安全预警与响应

基坑工程安全监控并非仅是传统意义上(信息化施工)的监控量测,在某些方面比传统监控有更高的要求。安全监控系统实质是建立安全预警系统,对未来趋势进行预测,对不利因素和风险因素进行预估,并根据一定的标准发出警报。

既有的深基坑重大安全事故分析表明,多数事故在破坏前有明显的征兆,如地表沉降过大、支护结构开裂、邻近房屋开裂和倾斜等。尽管并非出现这些征兆就会导致诸如基坑坍塌等类的恶性事故,但所有的出现恶性事故的一个共性就是漠视这些征兆的存在,抱有侥幸心理。因此,合理评价基坑围护体系的安全性,并根据一定准则进行报警,是预防事故的关键之处。

本工程根据以往经验参照《铁路隧道喷锚构筑法技术规范》(TBJ 108—2002)的Ⅲ级管理制度作为监测数据管理方式及报警准则,见表 6-27。

监测数据管理表　　表 6-27

管理等级	判别准则	施工状态
Ⅲ	$U_0 < U_n/3$	可正常施工
Ⅱ	$U_n/3 \leqslant U_0 \leqslant 2U_n/3$	应注意,并加强监测
Ⅰ	$U_0 > 2U_n/3$	报警,应采取加强支护等措施

注:U_0——实测值;U_n——监测控制标准。

监测反馈程序如图 6-24 所示。

根据上述监测管理基准对监测频率做适当调整：一般在Ⅲ级管理阶段监测频率可适当放大一些；在Ⅱ级管理阶段则应注意加密监测次数；在Ⅰ级管理阶则应密切关注，加强监测，监测频率可达到1～2次/d或更多。

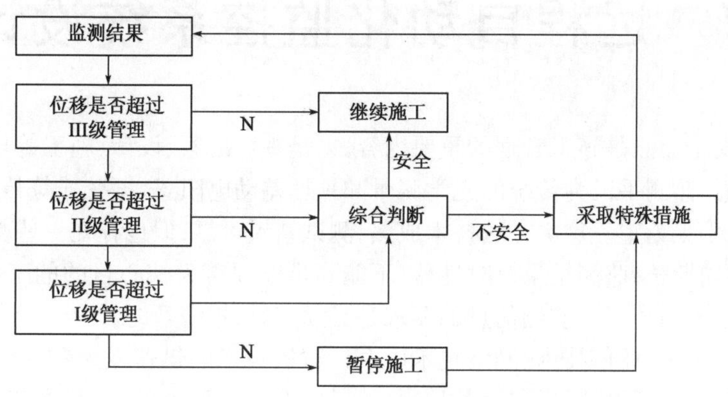

图6-24　监测反馈程序

本工程在以上述指标作为主要报警准则的同时，也随时注意变化速率的情况，当变化速率突然增大，则常表明工程受力状态发生改变，如果持续发展，意味着工程风险不断积聚，就有可能发展成工程事故：在监测数据突变时，马上进行响应，立即分析原因并采取措施进行处理。

变化速率的报警准则以及响应措施见表6-28。

变化速率报警准则以及响应措施　　表6-28

监测项目	报警准则以及响应措施
周边地下管线位移	煤气、自来水：变形速率超过2mm/d； 通信：变形速率超过5mm/d
墙体水平位移	最大变形速率超过4～5mm/d，并持续有发展迹象的，工程进入警戒状态，加密监测频率，查找原因； 最大变形速率超过10mm/d，并有持续发展迹象的，工程进入报警状态，立即停工，并采取合理有效的工程措施，限制变形继续发展
次要评判指标	次要评判指标（如土压力、坑底隆起等）测点数较少，可作为工程危险的参照指标，当主要评判指标预示存在工程危险时，起验证作用

参考文献

[1] 边亦海. 基于风险分析的软土地区深基坑支护方案选择[D]. 上海：同济大学，2006.

[2] 刘俊岩. 建筑基坑工程监测技术规范实施手册[M]. 北京：中国建筑工业出版社，2010.

[3] 林鸣，徐伟. 深基坑工程信息化施工技术[M]. 北京：中国建筑工业出版社，2006.

[4] ITA/AITES Report 2006. Settlements induced by tunneling in Soft Ground[J]. *Tunnelling and Underground Space Technology*, 2007, 22: 119-149.

7 远程自动化监控系统设计

基坑工程安全监测是施工管理的重要内容,也是基坑勘察、设计、施工等规范的强制内容,当前,主要采用的监测手段为传统的光学测量和预埋差动电阻式、振弦式等传感器进行人工测读,数据处理以手工为主。这类方法技术成熟,测试结果可靠,但也存在一些弊端,如监测频次有限,信息反馈周期长,监测结果及时性差,不能满足以预警为核心目的的工程安全监控的要求。工程安全预警系统对于监测信息的要求是必须实时,报警及时。

随着微电子技术、通信技术、网络技术以及计算机技术的迅速发展和广泛应用,国内外一些重要工程,如大坝、桥梁、隧道、基坑以及其他一些有特殊要求的工程,在工程安全监测中开始采用自动化实时监控技术[1,2]。

7.1 国内外监测新技术应用综述

监控系统根据各部分功能不同可分为三个子系统:传感器系统、数据采集系统、数据处理系统。先进的监控系统一般是实现数据采集系统自动化,同时,采用数据库技术进行数据的处理和管理。如 Geokon 公司的 BGK-Micro-40 分布式网络测量系统、BGK-FBG-8600 数据采集系统,RockTest 公司的 Model SENSLOG 1000X,Solexperts 公司的 GeoMonitor 数据采集系统,DGSI 公司的以 CR1000 Datalogger 为内核的 ADAS(自动数据采集)系统,这些采集系统一般带有专用的数据处理软件,如 GeoMonitor 的系统软件和辅助 GeoCAE 软件,DGSI 公司的 LoggerNet 软件以及基于 WEB 的 Atlas 数据管理系统。自动化监控系统的运行模式如图 7-1 所示。

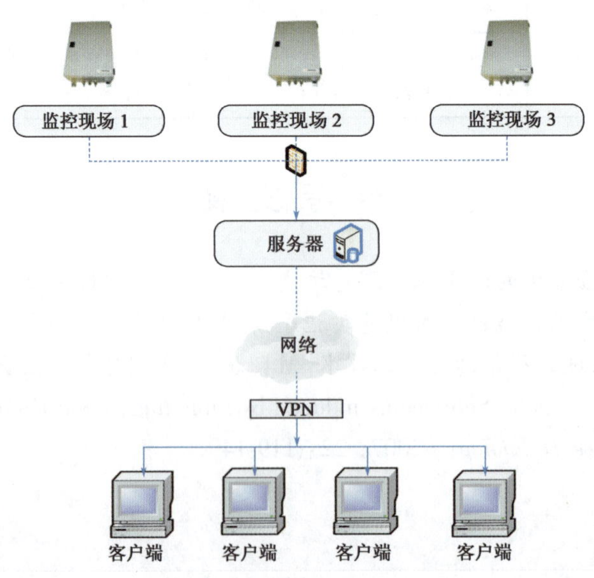

图 7-1 自动化监控系统构成示意图

根据传感器的原理和测试方法的不同,可将当前的自动化监控系统分为传统的传感器(如差动电阻式、钢弦式传感器等)、光纤式传感器、激光扫描技术、静力水准测量。

(1)传统的传感器(如差动电阻式、钢弦式)

常规的传感器类型有电阻式、电感式、钢弦式、电容式等,在实际的工程应用中,主要采用的是用于应力、应变监测的差动电阻式传感器、钢弦式传感器以及用于水平位移监测的加速度型传感器。

差动电阻式传感器为美国加州大学卡尔逊教授所研制,以置于传感器内腔的两根弹性钢丝作为传感元件,传感器受力后一根钢丝受拉、另一根受压。因此,当环境物理量发生变化时,两者的电阻值向相反的方向变化,根据两个钢丝传感元件电阻值比值的变化情况,可以测算出环境物理量的数值,由此来实现对工程运行状态的观测。

差动电阻式传感器近年来解决了长导线电阻、总线电阻变差对测值的影响等问题,并可实现自动化遥测,总体性能已得到很大发展。NZR 型钢筋计和 NZYL 型应力计的指标分别见表 7-1和表 7-2。

差阻式钢筋计指标 表 7-1

<table>
<tr><td colspan="2">规格及型号</td><td>NZR-＊＊</td><td>NZR-＊＊T1</td><td>NZR-＊＊T2</td><td>NZR-＊＊G</td><td>NZR-＊＊T1G</td><td>NZR-＊＊T2G</td></tr>
<tr><td rowspan="2">测量范围</td><td>拉伸(MPa)</td><td>0 ~ 200</td><td>0 ~ 300</td><td>0 ~ 400</td><td>0 ~ 200</td><td>0 ~ 300</td><td>0 ~ 400</td></tr>
<tr><td>压缩(MPa)</td><td>0 ~ 100</td><td>0 ~ 100</td><td>0 ~ 100</td><td>0 ~ 100</td><td>0 ~ 100</td><td>0 ~ 100</td></tr>
<tr><td colspan="2">最小读数(MPa)</td><td>≤1</td><td>≤1.3</td><td>≤1.6</td><td>≤1</td><td>≤1.3</td><td>≤1.6</td></tr>
<tr><td colspan="2">配筋直径(mm)</td><td colspan="6">16、18、20、22、25、28、32、36、40</td></tr>
<tr><td colspan="2">温度测量范围(℃)</td><td colspan="6">-25 ~ 60</td></tr>
<tr><td colspan="2">温度测量精度(℃)</td><td colspan="6">±0.5</td></tr>
<tr><td colspan="2">耐水压(MPa)</td><td colspan="3">0.5</td><td colspan="3">3.0、5.0</td></tr>
<tr><td colspan="2" rowspan="2">备注</td><td colspan="6">＊＊表示配筋直径,T1 表示拉应力 300 MPa, T2 表示拉应力 400 MPa,G 表示耐高压</td></tr>
<tr><td colspan="6">配套读数仪:NDA1111 型电阻比指示仪</td></tr>
</table>

差阻式应力计指标 表 7-2

<table>
<tr><td>规格及型号</td><td>NZYL-3</td><td>NZYL-6</td><td>NZYL-10</td><td>NZYL-12</td><td>NZYL-20</td></tr>
<tr><td>量程(MPa)</td><td>3</td><td>6</td><td>10</td><td>12</td><td>20</td></tr>
<tr><td>最小读数(MPa)</td><td>≤0.02</td><td>≤0.04</td><td>≤0.06</td><td>≤0.08</td><td>≤0.135</td></tr>
<tr><td>温度测量范围(℃)</td><td colspan="5">-20 ~ 60℃</td></tr>
<tr><td>温度测量精度(℃)</td><td colspan="5">±0.5</td></tr>
<tr><td>压力盒最大外径(mm)</td><td colspan="5">200</td></tr>
</table>

钢弦式传感器由前苏联的达维金可夫发明。振弦式传感器的工作原理是基于一根张紧的钢弦振动的谐振频率与钢弦的应变或者张力成正比,这种基本关系可以用来测量多种物理量如应力、应变、温度和倾斜等。振弦传感器较差动电阻式传感器的优点在于传感器输出的是频率而不是电阻,频率可以通过长电缆(>2000m)传输,不会因为导线电阻的变化、浸水、温度波动、接触电阻或绝缘改变等而引起信号的明显衰减。近几十年来,我国在工程中应用较多的是钢弦式传感器,NVR 型钢筋计指标见表 7-3。

NVR 型振弦式钢筋计指标 表 7-3

规格及型号		NVR-* *	NVR-* * T1	NVR-* * T2	NVR-* * G	NVR-* * T1G	NVR-* * T2G
测量范围	拉伸(MPa)	0 ~ 200	0 ~ 300	0 ~ 400	0 ~ 200	0 ~ 300	0 ~ 400
	压缩(MPa)	0 ~ 100	0 ~ 100	0 ~ 100	0 ~ 100	0 ~ 100	0 ~ 100
分辨力(%FS)		<0.05					
测量精度(%FS)		0.25					
配筋直径(mm)		16、18、20、22、25、28、32、36、40					
温度测量范围(℃)		-20 ~ 60					
温度测量精度(℃)		±0.5					
耐水压(MPa)		0.5				2.0、3.0、5.0	

实际监测时,可利用这些高性能传感器,通过专用的数据采集系统实现自动化监控,如BGK-Micro-40 分布式网络测量系统,该系统可测量振弦式、差阻式、标准信号、应变片等类型的传感器,主要技术指标见表 7-4。

BGK-Micro-40 分布式网络测量系统指标 表 7-4

通道数量:8、16、24、32、40	
测量精度:	分辨率:
频率:±0.05Hz(振弦式)	频率:0.01Hz(振弦式)
温度:0.1℃(振弦式)	温度:0.03℃(振弦式)
电阻比:<0.0001(差阻式)	电阻比:0.00001(差阻式)
电阻和:<0.01Ω(差阻式)	电阻和:0.01Ω(差阻式)
电压量:0.02%FS	电压量:0.1mV
电流量:0.05%FS	电流量:0.5μA
每通道测量时间:<5s	时钟精度:±1min/月
通信方式:RS232/RS485:9600,8,N,1	工作温度:-10 ~ 60℃
数据存储容量:	系统功耗:
128k(每天测量一次,每通道可测量不低于 20 个月的数据)	待机:0.5W 测量:≤1.5W
电源系统:	箱体尺寸:
供电方式:6 ~ 18V 直流/220V 交流	(W)300 × (H)460 × (L)160mm
电池:6V/10Ah 免维护铅酸蓄电池(标配)	质量:13kg
太阳能电池(选配)	

利用传统传感器实现的自动化监控系统在国内外地铁工程中获得较多应用,如美国纽约新南渡口地铁车站、葡萄牙 Porto 地铁的 Bolhao 地铁车站[3]、我国深圳地铁百货广场站等。

对于其他常用类型的传感器也可实现自动采集,如对于基坑围护结构的水平变形也可实施实时监控,见图 7-2、图 7-3,该系统采用 IPI 型测斜仪(In Place Inclinometer,精度 0.1mm/m),用于地铁车站竖井施工过程监视侧壁的水平变形的时程[4,5],系统采用太阳能作动力,并可自动报警,报警标准设定为6mm。

图7-2　ADAS系统

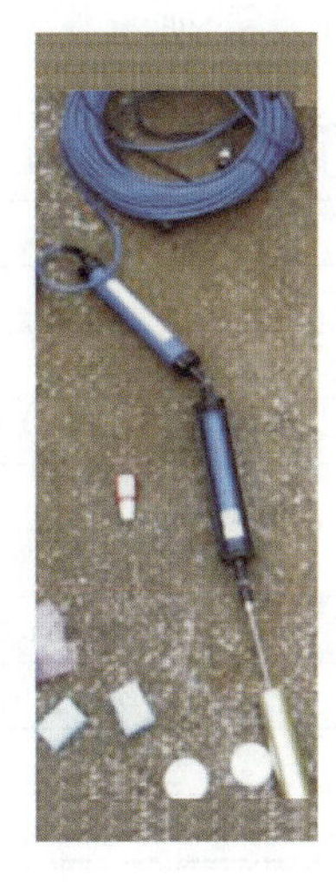

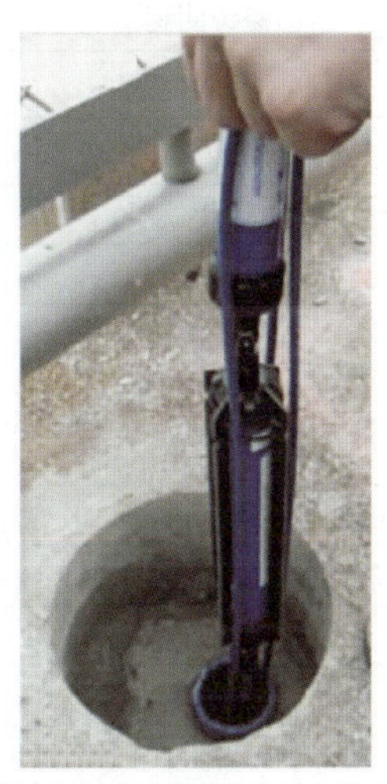

图7-3　IPI型测斜仪

(2)激光扫描技术(测量机器人)

测量机器人就是能连续或定时对多个合作目标进行识别、照准、跟踪、测角、测距和三维坐标测定的自动跟踪全站仪,它是在全站仪的基础上集成步进马达、CCD影像传感器构成的视频成像系统,并配置智能化的控制及应用软件发展而成。测量机器人(TCA)自动化程度高,可全天候工作。

测量机器人实施监测时,在被监测对象上设置多个监测点,在监测点上安置反光镜(膜片),并在计算机的控制下,对各个监测点进行自动监测。监测点移动量的计算,是以第一测得的各测点的坐标作为初始值,以后每测一次都得到一组新的坐标值,然后将全部数据自动存入数据库,并在计算机显示屏上实时显示出正在观测的监测点的位移、安全状态等。

当前位移变形观测采用较多的是TCA/TCRA测量机器人,其主要型号和技术指标见表7-5[6]。

TCA 系列全站仪技术指标 表 7-5

技术参数		TCA2003	TCA1800	TCA1101
望远镜	放大倍率	30		
	物镜直径	42mm		40mm
	最短视距	1.7m		
测角	方法	绝对连续编码度盘,对径探测		
	精度	0.5″	1″	1.5″
	最小读数	1″	1″	1″
补偿器	方法	双轴热态补偿		
	补偿范围	3.8″		
	补偿精度	0.3″	0.5″	0.5″
对中器	激光对中器	激光对中器 精度 0.8mm (仪器高 1.6m)		
	光学对中器放大倍数	2 ×		
测距(标准红外)	标准测量精度	1mm + 1ppm	1mm + 2ppm	2mm + 2ppm
	圆棱镜测程	2500m	3000m	
	360 棱镜测程	1300m		
	一次测量时间	标准模式 3s,跟踪模式 0.3s		
测距(可见激光)	精度(TCR 仪器)	3mm + 2ppm		
	无棱镜测程	1.5 ~ 80m/200m		
	圆棱镜测程	1 ~ 5km/7.5km		
	激光点尺寸	10mm × 20mm(50m 处)		
自动目标识别	标准测量点位精度	3mm		
	圆棱镜测程 ATR/LOCK	1000m/800m		
	360 棱镜测程 ATR/LOCK	500m/350m		1.5 ~ 600m/5 ~ 400ms
	一次测量时间	一次测量时间 2 ~ 4s		一次测量时间 2 ~ 4s
温度	工作温度	-20 ~ 50℃		
	储藏温度	-40 ~ 70℃		

新加坡 2000 年采用 TCA2003 作为核心仪器的户外无线自动监控系统来监控 MRT(Mass Rapid Transit)隧道施工时 Changi 机场跑道的变形[7],并于 2004 年用该方法监控 MRT 隧道自身的变形,以了解其他施工活动对隧道的影响情况。监控系统如图 7-4 ~ 图 7-5 所示。

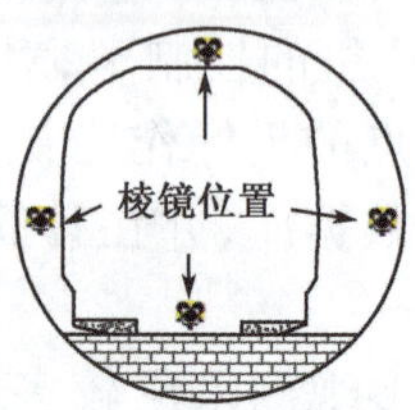

图 7-4 全站仪及棱镜布置情况

美国西雅图 Olive 8 项目基坑深 25m，且基坑与周围建筑物距离较近，所以，基坑围护结构水平位移标准定为 25mm，施工中需采取严格的监控措施。此工程的监控系统由两部分构成：一部分是采用传统的测斜仪和光学测量，另一部分是由 Leica TPS 1101 全站仪和 web 照相机构成的实时监控系统[8]。全站仪及棱镜的平面位置如图 7-6 所示，全站仪及 web 照相机的照片见图 7-7，数据传输采用无线通信，无线通信设备见图 7-8。

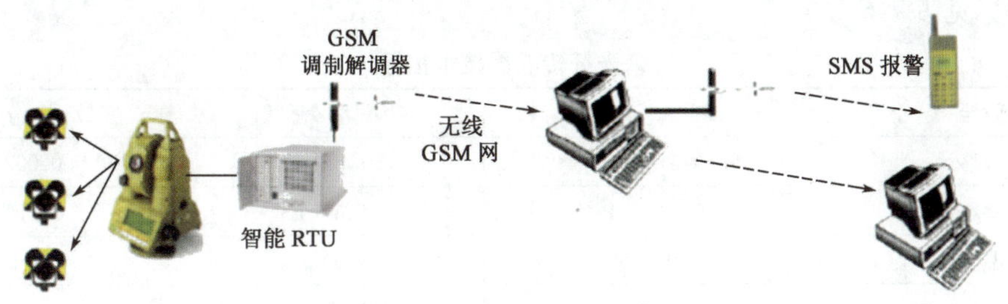

图 7-5　无线隧道监控系统

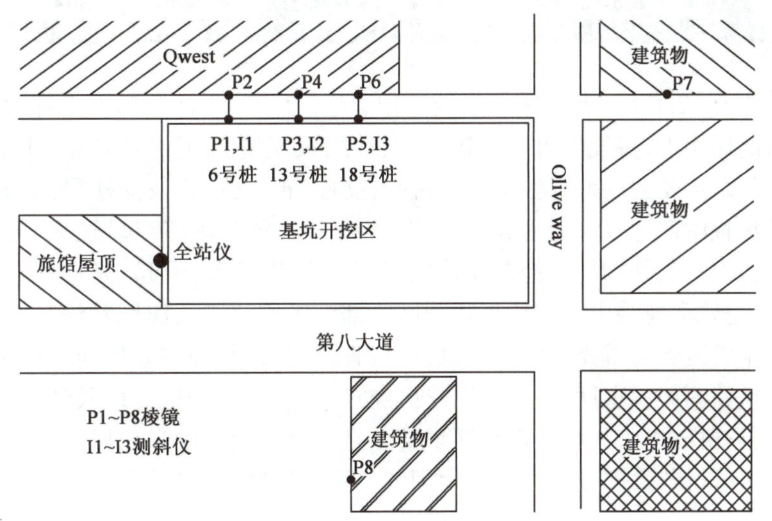

图 7-6　全站仪以及棱镜位置

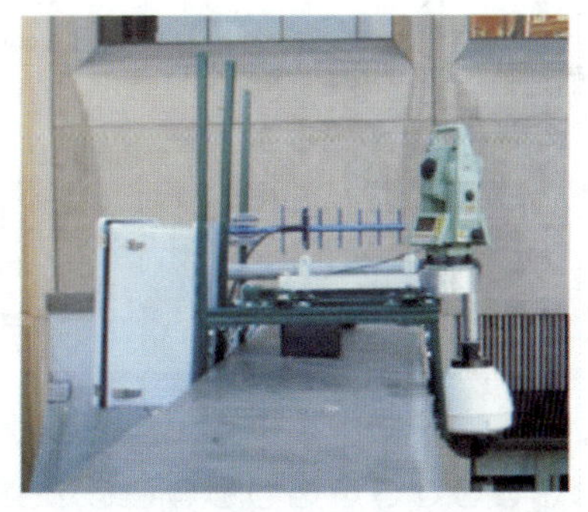

图 7-7　全站仪和 web 照相机

图 7-8　无线通信设备

(3)光纤传感器

光纤传感技术是随着光纤及通信技术的发展而逐步发展起来的一门崭新技术。光在传输过程中，光纤受到的外界环境如温度、压力等的作用会导致传输光的强度、相位、频率、偏振态等光波量发生变化，通过监测这些光波量的变化可以获得相应的外界环境物理量。相对于传统电量型传感器（热电偶、热电阻、压阻式、钢弦式、磁电式等），光纤传感器具有很多优点，如抗电磁干扰，可工作于恶劣环境，传输距离远，使用寿命长，结构小巧便于实现遥测等。

目前，加拿大、美国、德国、英国、日本等国以及我国一直在研究和开发光纤传感技术，并且在一些工程中应用了该项技术，如我国引滦入津隧道工程的安全监测系统采用的光纤式传感器技术指标见表7-6[9]。

光纤传感器技术指标　　表7-6

传感器类型	测量范围	测量精度	最小分辨率
位移计	20mm	0.1 % FS	0.002mm
渗压计	2×10^{-5}Pa	0.1%FS	0.01%FS
温度计	-40~250℃	1℃	0.1℃
应变计	±100με	0.25%FS	0.1%FS

7.2　本工程采用远程自动化监控技术的必要性

轨道换乘中心（后广场）基坑采用盖挖逆作法施工，中间立柱（桩）在上部荷载及基坑开挖土体应力释放的作用下，将发生沉降与抬升，同时，土方开挖施工的时空效应以及立柱（桩）与地下连续墙之间结构受力的差异性等，可能使得立柱（桩）之间以及立柱（桩）与地下连续墙之间在基坑开挖过程中产生较大的差异沉降（隆起），若差异沉降（隆起）过大，可能危及基坑主体结构以及顶板上方的结构物。控制立柱（桩）的不均匀沉降（隆起）是逆作法施工中的关键技术之一，尤其是轨道换乘中心基坑工程分区一部分区域位于天津城际铁路站房及高架候车厅下，因2008年奥运会的需要，分区一基坑顶板施作完成后，即在基坑向下施工的同时，同步施工天津城际铁路高架候车厅，高架候车厅已经投入使用后，分区一以及邻近的分区二、分区三基坑仍在向下开挖施工，分区一部分区域甚至是在正常运营的高架候车厅的正下方进行开挖作业。分区一基坑与高架候车厅二者之间的位置关系如图7-9所示。

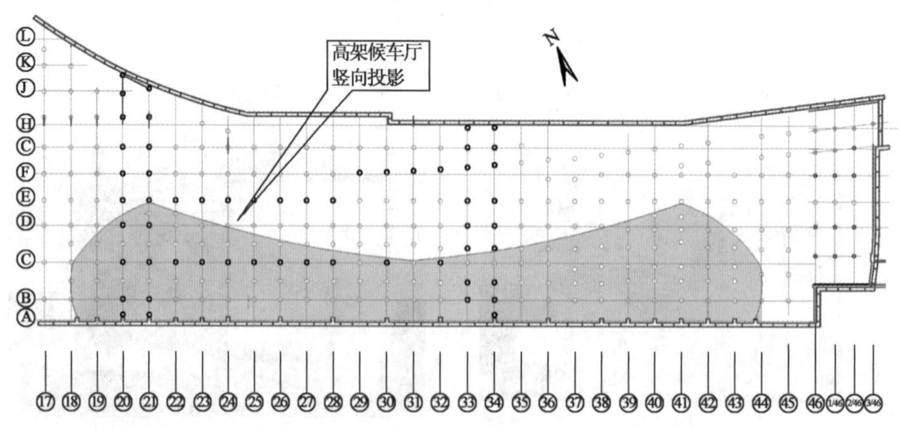

图7-9　分区一基坑与高架候车厅的位置关系

一般，立柱桩之间以及立柱桩与地下连续墙之间的差异沉降不宜大于20mm，且不宜大于1/400柱距，本工程确定的标准为：

累计沉降量≤20mm，隆起量≤10mm，差异沉降≤15mm。

常规精密水准监测存在基点布设困难、受施工干扰大、数据及时性差等问题，难以达到立柱（桩）沉降（隆起）监控的高标准要求。静力水准远程自动化监测技术具有数据采集自动化、实时监测、远程控制、防电及防干扰能力强、测量精度高等特点及优点，项目组经过与全站仪法、光纤传感器等其他多种手段进行综合比选后，认为静力水准系统比较适合于本工程，最终采用静力水准自动化监测系统对盖挖逆作结构中间立柱（桩）的沉降与隆起进行监测。

7.3 远程自动化监控系统

7.3.1 系统测试原理

静力水准系统（hydrostatic leveling system，HLS）是利用相连的容器中，液体总是寻求具有相同势能的水平原理，测量和监测参考点彼此之间的垂直高度的差异和变化量。静力水准系统具有精度高、自动化性能好、实时测量等特点，在测量领域获得广泛应用，尤其是在大型精密工程测量中，如对水电站、核电站、大型科学科研工程的垂直位置的变化监测等发挥着重要作用。

HLS 系统传感器的基本原理是在管道连接的容器中注入一定的液体，所有的容器中的液体将在管道中自由流动，其结果是当平衡或者静止时各个容器中的液体表面将保持相同的高度，但是各个容器中的液体深度并不相同，这反映出各个容器所在的各个参考点的高度不同。通过传感器（电容式、电阻式等），测量每个参考点容器内液面的相对变化，再通过计算即可求得各参考点相对于基点的位移量。HLS 系统的测试原理如图 7-10 所示。

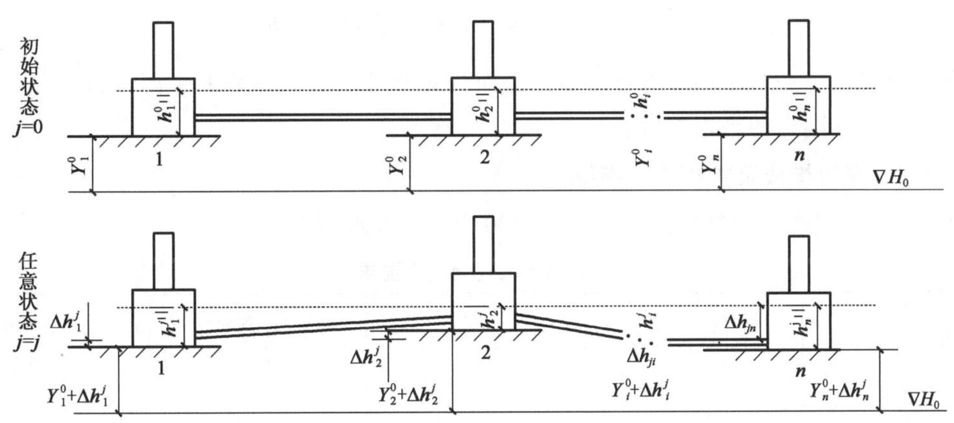

图 7-10 HLS 系统原理图

图 10 中若布设有 n 个测点，1 号点为基准点，初始状态时各参考点容器安装高程相对于基准参考高程面 ∇H_0 间的距离分别为 Y_1^0、Y_2^0、…、Y_i^0、…、Y_n^0（下标 i 为参考点号，$i=1,\cdots,n$）；各参考点液面与安装高程间的距离分别为 h_1^0、h_2^0、…、h_i^0、…、h_n^0，则有：

$$Y_1^0 + h_1^0 = Y_2^0 + h_2^0 = \cdots = Y_i^0 + h_i^0 = \cdots = Y_n^0 + h_n^0 \tag{7-1}$$

当发生不均匀沉陷后，设各参考点安装高程相对于基准参考高程面 ∇H_0 的变化量分别为 Δh_1^j、Δh_2^j、…、Δh_i^j、…、Δh_n^j（上标 j 表示第 j 次测量，$j=1,2,\cdots$）；各参考点容器内液面相对于安装高程的距离分别为 h_1^j、h_2^j、…、h_3^j、…、h_n^j。由图 7-10 可得：

$$(Y_1^0 + \Delta h_1^j) + h_1^j = (Y_2^0 + \Delta h_2^j) + h_2^j$$
$$= (Y_i^0 + \Delta h_i^j) + h_i^j$$
$$= (Y_n^0 + \Delta h_n^j) + h_n^j \tag{7-2}$$

则 j 次测量时，i 点相对于 1 号点（基准点）的相对沉陷量 H_{i1}^j：

$$H_{i1}^j = \Delta h_i^j - \Delta h_1^j \tag{7-3}$$

由式(7-2)可得：

$$H_{i1}^j = \Delta h_i^j - \Delta h_1^j$$
$$= (Y_1^0 + h_1^j) - (Y_i^0 + h_i^j)$$
$$= (Y_1^0 - Y_i^0) + (h_1^j - h_i^j) \tag{7-4}$$

由式(7-1)可得：

$$Y_1^0 - Y_i^0 = h_i^0 - h_1^0 \tag{7-5}$$

将式(7-5)代入式(7-4)得：

$$H_{i1}^j = \Delta h_i^j - \Delta h_1^j$$
$$= (h_i^0 - h_1^0) + (h_1^j - h_i^j)$$
$$= (h_1^j - h_1^0) - (h_i^j - h_i^0) \tag{7-6}$$

即只要测得任意时刻各参考点容器内液面相对于该点安装高程的距离 h_i^j，即可求得该时刻各点相对于基准点的高程差 H_{i1}^j。

7.3.2 系统构成及主要技术指标

我国的《建筑变形测量规范》(JGJ 8—2007)对静力水准观测要求见表 7-7。

静力水准观测技术要求 表 7-7

级　别	仪器类型	读数方式	两次观测高差较差 (mm)	环线及附合路线闭合差 (mm)
特级	封闭式	接触式	±0.1	$\pm 0.1\sqrt{n}$
一级	封闭式、敞口式	接触式	±0.3	$\pm 0.3\sqrt{n}$
二级	敞口式	目视式	±1.0	$\pm 1.0\sqrt{n}$
三级	敞口式	目视式	±3.0	$\pm 3.0\sqrt{n}$

注：n 为高差个数。

天津交通枢纽轨道交通换乘中心自动化安全监控系统采用 DAM-IV 型智能分布式工程安全监测系统，该监测系统是由 DAU2000 型模块化自动数据采集单元、DSIMS 安全监测信息管理系统软件以及相应的通信模块等组成。系统构成如图 7-11 所示。

远程自动化监控系统的主要技术指标：

(1)静力水准仪

①测量范围:25mm,50mm。

②最小分辨率:0.01mm。

③测点误差:<0.5%FS。

④使用环境条温度:-20~70℃。

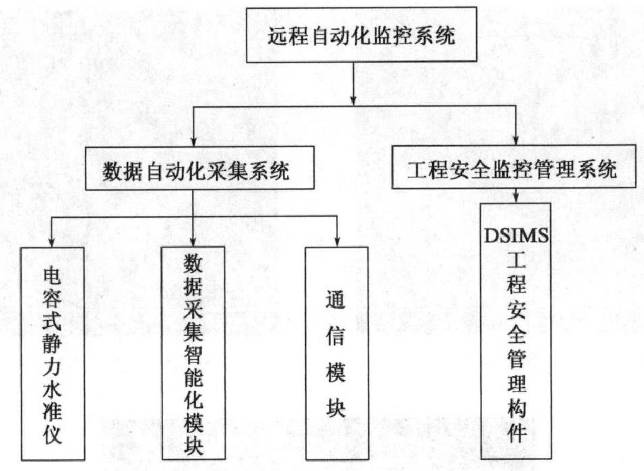

图7-11　远程自动化监控系统

(2)数据采集单元(DAU2000)

①每个DAU通道数:8~32。

②通信:采用支持分布式控制的、通用的RS-485串行通信方式。

③传输距离:1200m,加中继可达到12000m。

④采样对象:电容式、电阻式、电感式、振弦式、电位器式等传感器。

⑤测量方式:4min~每月采样一次,可调。

⑥采样时间:≤3s/测点。

⑦测控装置(DAU)内存:每天测量2次,不少于20天的数据量。

⑧系统测量指标:

测量范围:电阻值0~120Ω,电阻比0.8000~1.2000。

测量准确度:在参比工作条件下,电阻值基本误差为±0.01Ω,电阻比基本误差为±0.01%。

测量分辨率:电阻值0.01Ω,电阻比0.0001。

(3)数据管理系统

DSIMS工程安全监控管理系统具有以下功能指标:

①支持SQL Server、Oracle、Sybase、DB2等商用数据库;

②采用分布式面向服务架构,对服务和组件进行分层设计,系统模块化设计,可伸缩性强,适应小、中及大型规模的应用;

③系统可扩展性强,可根据工程需要在线扩充各种所需资源,如增加测点和数据采集模块,对系统通信动态设置等;

④支持多采集计算机、多协议、多通信路径、多通信介质(串口、网络、调制解调器)的通信组态;

⑤具有分析、建模和安全评判功能，可建立各种分析模型；

⑥备份、恢复功能。

7.3.3 测点布置

轨道换乘中心分区一和分区二的静力水准仪布设位置如图 6-2 ~ 图 6-3 所示。静力水准仪在钢管柱上布置情况见图 7-12 ~ 图 7-13，数据采集单元的布置情况见图 7-14。

图 7-12　静力水准仪布置

图 7-13　静力水准仪系统的布置

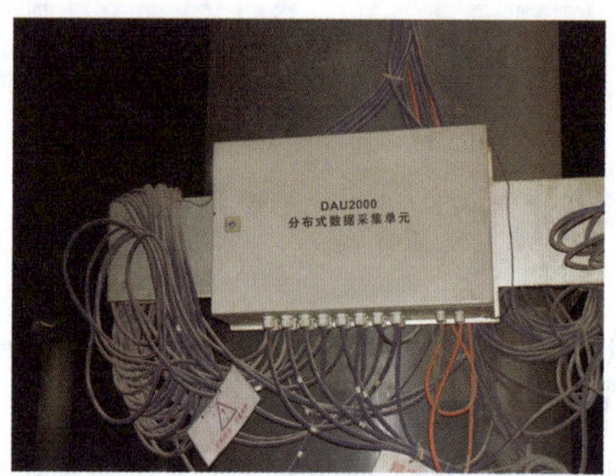

图 7-14　数据采集单元

7.3.4 仪器的安装和调试

监测系统现场安装前，首先对数据采集模块进行相关试验和筛选，确保其满足规定的各项技术指标。数据采集单元（DAU2000）的安装位置要便于仪器的接入和维护，离地高度一般不宜超过 1.6m，用 4 个地脚螺栓连接，安装后机箱平整，仪器进线整齐、标记明确，信号线、通信线、电源线与 DAU 接线端子的接头均用镀银冷压接头，以保证可靠性。机箱的接地端子需要连接到观测站地线上。DAU2000 不同安装方式如图 7-15 所示。

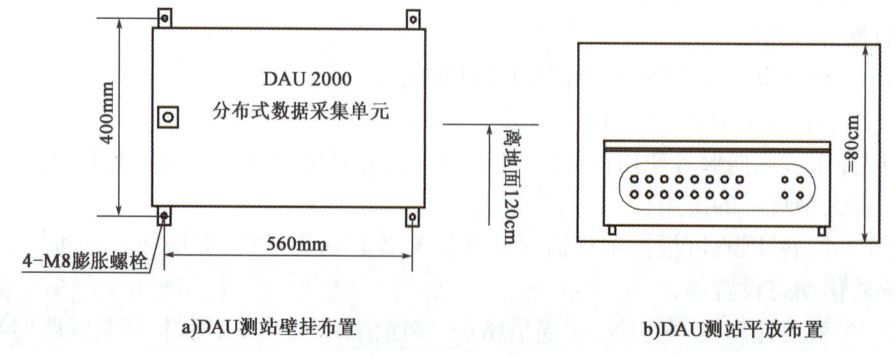

图 7-15　DAU2000 安装方式

静力水准仪的安装步骤如下：

①检查各测墩顶面水平及高程是否符合设计要求。

②检查测墩预埋钢板及三根安装仪器螺杆是否符合设计要求。

③预先用水、蒸馏水冲洗仪器主体容器及塑料连通管。

④将仪器主体安装在测墩钢板上，用水准器在主体顶盖表面垂直交替放置，调节螺杆螺丝使仪器表面水平及高程满足要求。

⑤将仪器及连通管系统连接，从末端仪器徐徐注入 SG 溶液，排除管中所有气泡。连通管需有槽架保护。

⑥将浮子放于主体容器内。

⑦将装有电容传感器的顶盖板装在主体容器上。

静力水准仪器及静力水准管路安装完毕后，用专用的 3 芯屏蔽电缆与电容传感器焊接，并进行绝缘处理。3 芯屏蔽电缆的红芯接测量模块的信号接线端口，白、黄芯接激励接线端口。当容器液位上升时，电容比测值应变小，否则将白、黄芯接线位置互换。

7.4　监测数据采集及管理

远程自动化监控系统的数据采集主要通过 DAU2000 数据采集单元进行，该采集单元由数据采集智能模块（NDA 系列）、通信模块、电源模块和防雷模块等组成，可提供五种不同的监测数据采集方式：

（1）DAU 定时测量方式（即无人值班方式）。根据监控主机所设定的测量时间及周期，DAU 能自动定时地进行选测和巡测，数据自动入库，主要用于日常常规测量。

（2）人工干预巡回测量、选点测量方式。主要用于在特殊情况下任意加密测次及对重点监测部位实施任意频次的测量。

（3）人工采集。

（4）半自动采集。作为一种后备方式，自动化系统故障或检修的情况下，当监控主机或通信线路发生故障时，在恢复通信之前采用便携式计算机通过现场 DAU2000 预留的计算机接口实施现场人工数据采集。

（5）远程控制测量方式。可通过远方计算机实现数据自动采集和通信。

本工程主要采用定时采集和人工采集两种方式，且以定时采集为主要采集方式。

监测系统经过调试正式运行后，数据采集是通过采集软件来进行操作和实现的。对于人工采集的数据，采集软件提供相应的界面和菜单，由技术人员将人工采集的数据直接输入，而在采集软件的自动采集界面中，所有测点均显示在测点布置图中，每一测点与现场 DAU 控制的传感器相对应，同时，所有测点信息均通过数据库进行管理，因此，选择和操纵软件界面上的测点就可完成对测点的采集（单点、选测、巡测、定时等）、换算、处理、入库等全部过程。

DSIMS 信息系统管理软件的分析处理软件可对监测项目实测数据进行处理和分析计算，可将实测值换算成标准监测量，根据仪器特性对监测量进行误差检验（包括粗差、偶然误差、系统误差），同时，由于监测数据是按照数据库进行组织和管理的，可方便地进行数据查询、检索、比较、分析等，另外，分析处理软件还提供丰富的图形功能，可使分析结果图形化。以测点查询功能为例，测点时程曲线如图 7-16 所示。

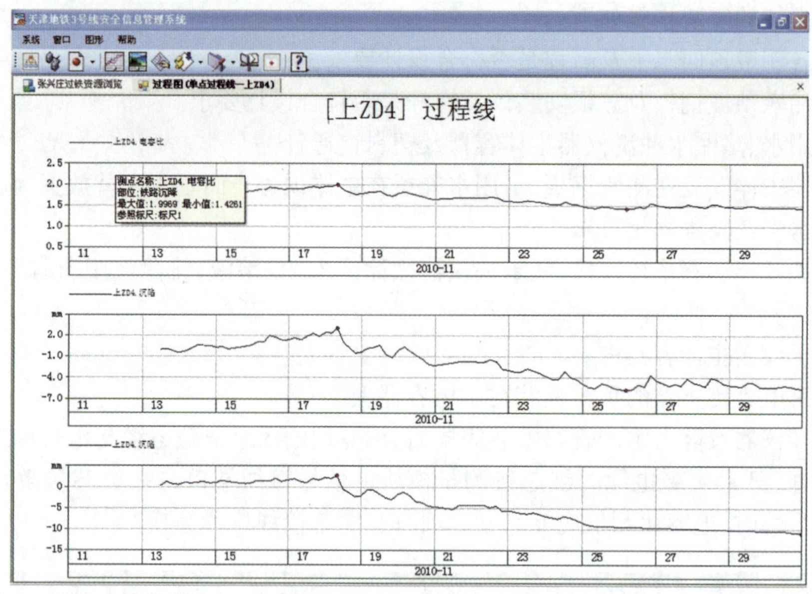

图 7-16 DSIMS 的数据查询

参考文献

[1] B. Suresh Kumar. Instrumentation and Monitoring Works-a Vital Part of Underground Construction[C] // International Conference on Deep Excavations. Singapore,2006.

[2] S. W. Millis, A. N. L. Ho, E. K. K. Chan. Instrumentation and Real Time Monitoring of Slope Movement in Hong Kong[C] // The 12th International Conference of International Association for Computer Methods and Advances in Geomechanics. India,2008.

[3] A. Pinto da Cunha, J. L. Machado do Vale. The Porto Metro-an Overview of the Underground Construction[C] // International Seminar on Tunnels and Underground Works, LNEC, Lisbon,2006.

[4] Myers, B. K., L. R. Squier, M. P. Biever,R. K. H. Wong. Performance Monitoring for a Critical Structure Built Within a Landslide[C] //Preceedings of sessions of Geo-Denver 2000, Denver,Colorado,2000.

[5] George Machan, Victoria G. Bennett. Use of Inclinometers for Geotechnical Instrumentation on Transportation Projects[R],2008.

[6] 何泽平.几何测量技术在桥梁检测中的应用研究[D].重庆:重庆交通学院,2004.

[7] James Brownjohn, Swee-Chuan TJIN, Guan-Hong TAN, Boon-Leong TAN. A Structural Health Monitoring Paradigm for Civil Infrastructure[C] // 1st FIG International Symposium on Engineering Surveys for Construction Works and Structural Engineering, Nottingham, United Kingdom, 28 June-1 July 2004.

[8] Richard J. Finno , Miltos Langousis, David G. Winter, Matthew W. Smith, King H. Chin. Real Time Monitoring at the Olive 8 Excavation[C] // 7th International Symposium on Field Measurements in Geomechanics, Boston, Massachusetts,2007.

[9] 方志国.引滦入津隧洞自动化安全监测系统研究[D].天津:天津大学,2005.

8 轨道换乘中心基坑工程安全监测成果及应用

轨道换乘中心(后广场)基坑工程主要包括四个相对独立的施工分区,其中1~3分区因基坑开挖深度较大,确定为安全监控的重点区域,这三个分区各监测项目的测点布置如图6-2~图6-4所示。

自2006年11月轨道换乘中心(后广场)基坑工程开始施工后,通过建立完善的安全监测系统,严格进行监测和反馈,获得了准确的结构受力变形和环境变化数据,信息化施工和管理取得了良好的效果,截至2011年4月,基坑工程施工已进入尾声。后广场基坑工程施工期间,安全监测系统运转正常,信息反馈及时,响应迅速,对保证轨道换乘中心的主体结构、基坑围护结构以及基坑周边环境的安全起到了非常重要的作用。本书对监测数据进行了较系统的整理和总结,对其中有代表性的报警、响应过程进行了梳理,因篇幅原因,本章将重点选择其中部分施工分区上的有代表性测试项目进行介绍。

8.1 第1施工分区中柱隆沉

8.1.1 监控初期的报警及响应

(1)中柱隆起报警

由于静力水准监控系统具备监测精度高、全天候24h不间断实时监控、准确高效的特点,2007年7月,随着轨道换乘中心基坑工程1分区的负一层开挖逐步推进,开始进行中柱隆沉静力水准监控系统的安装和调试。静力水准测点的编号以及位置分布如图8-1所示,图中灰色区域为静力水准监测系统覆盖的范围,本节后面的关于中柱隆起分布的等色线图均是指该区域范围内中柱的隆起(沉降)情况。

2007年9月27日,监测系统监控到测点Z160和Z71附近区域表现出较大的隆起态势,如图8-2所示(图中红点为静力水准测点,本章后面类似图中均如此表示,不再赘述),其中:Z71隆起累计值达9.17mm,Z160达8.67mm,这两个测点的累计隆起值均超过7mm的预警值,并接近监测设计阶段确定的中柱累计隆起量的控制值(10mm)。

中柱隆起超过预警值7mm的分布情况如图8-3所示,其中Z160中柱附近的测点Z191、Z129分别为7.49mm、7.01mm,均超过预警值(7mm),而Z160东侧的测点Z161为6.93mm,接近预警值。

(2)中柱隆起累计值过大原因分析及处置措施

2007年7月底,负一层㉕~㊴轴层板浇筑完成,并从2号竖向出土孔(位置在由㉖Ⓖ与㉙Ⓕ围成的矩形区域,如图8-4所示)进行负二层试开挖,8月9日,负二层土方向东开挖至㉛轴,8月16日向东开挖至㉝轴,然后向南继续土方开挖,到9月13日,㉖~㉝轴范围内土方基本开挖至设计高程,㉝轴以西部分施作了垫层。

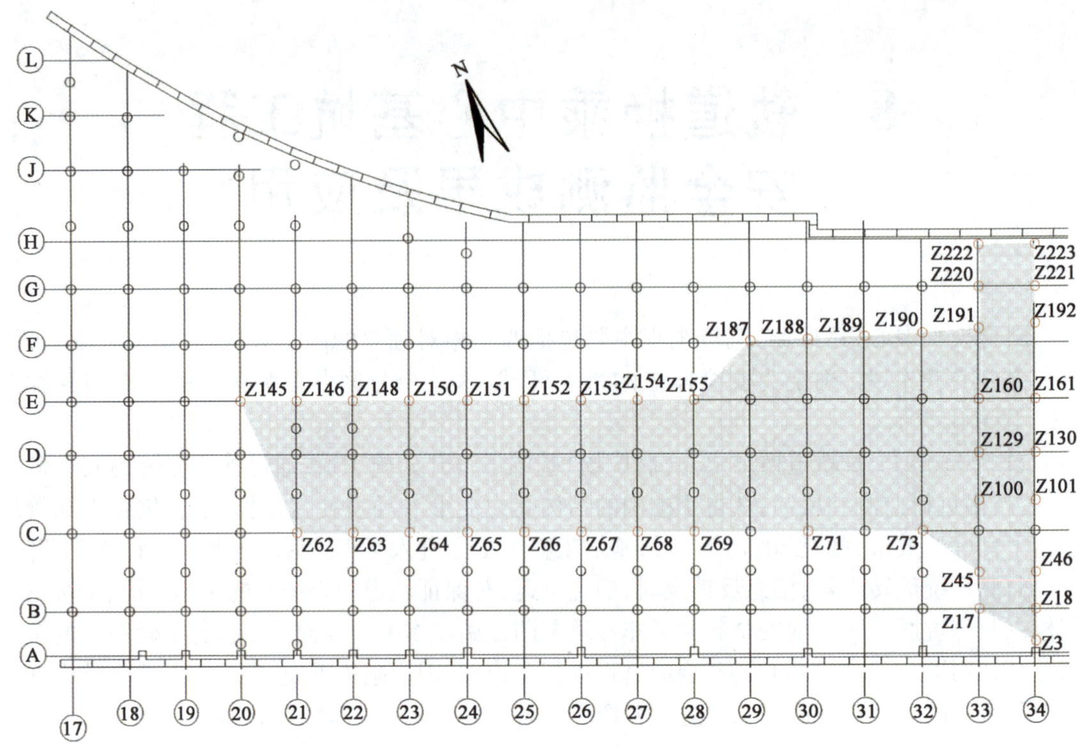

图 8-1　2007 年 9 月投入运行的静力水准测点的编号及位置分布

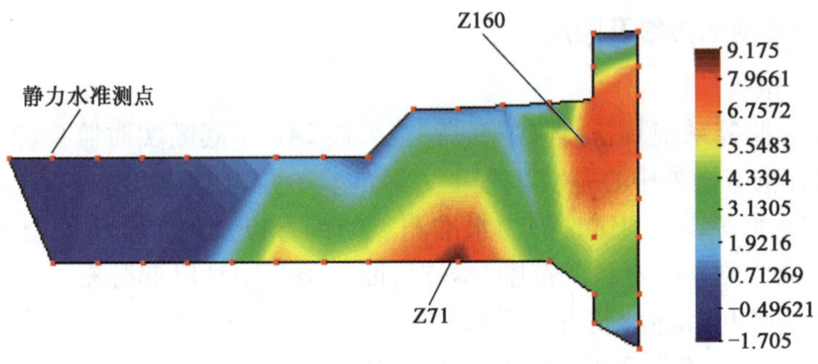

图 8-2　中柱隆起分布(2007－9－27)(单位:mm)

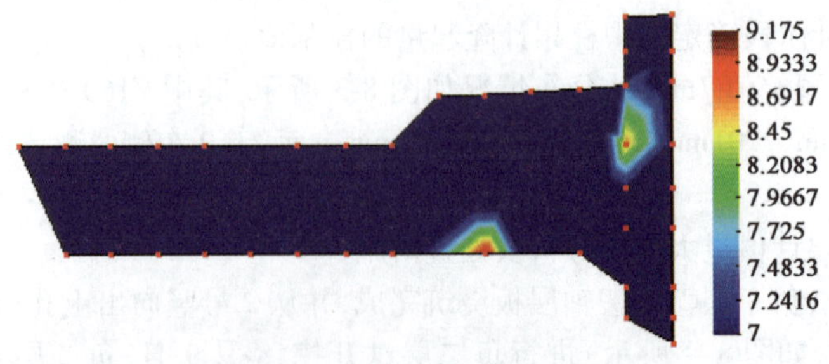

图 8-3　中柱隆起(＞7mm)分布(2007-9-27)(单位:mm)

同时,8 月 23 日,在 3 号出土孔(位置在由㊳Ⓖ与㊶Ⓕ围成的矩形区域,如图 8-4 所示)开始向西进行㊲轴区域的负二层开挖,9 月 20 日,㉞Ⓖ ~ ㊴Ⓔ附近区域基本开挖至设计高程。截至 9 月 27 日,1 号、2 号、3 号出土孔基本贯通。

根据以上土方开挖情况,分析认为:㉕ ~ ㉝轴的负二层开挖是导致该区域局部隆起过大的主要原因,该区域土方开挖历时一个多月,在负二层未及时进行层板立模和钢筋的绑扎,因基坑暴露面积过大及暴露时间过长而使得中间柱的隆起较为明显。

同时,负二层在 8 月底从 3 号出土孔开始沿着Ⓖ ~ Ⓔ轴向西开挖,到 9 下旬开挖至㉝轴,与 2 号出土孔开挖面贯通。这两方面因素叠加(该时间段内,负二层土方开挖情况如图 8-4 所示),导致位于㉝Ⓕ、㉝Ⓔ、㉝Ⓓ的中柱的隆起较为显著,接近 10mm 的控制标准。

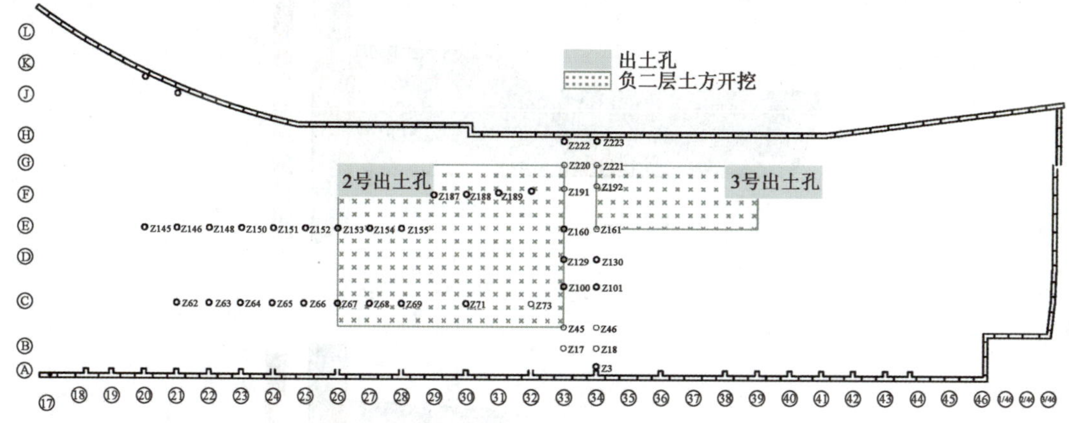

图 8-4　施工情况图(2007-9)

2007 年 10 月上旬及时对开挖工作进行了调整,10 月 4 日前,在㉙ ~ ㉜轴部分施作垫层,10 月 11 日前开始进行反梁和层板钢筋绑扎,10 月 18 日前完成㉙ ~ ㉜轴之间负二层层板混凝土浇筑。

(3)处置措施效果分析

在㉙ ~ ㉜轴停止开挖,进行层板施工期间,㉙ ~ ㉞轴区域的中柱隆起情况如图 8-5 ~ 图 8-8 所示。从图可以看出,该区域在 2007 年 10 月 18 层板混凝土浇筑前,尽管土方开挖已经停止,但仍有等色线范围逐渐扩大、Z160 累计值缓慢增加的现象,而 10 月 18 日前层板混凝土浇筑后,等色线范围则基本维持原状,不再继续扩大。

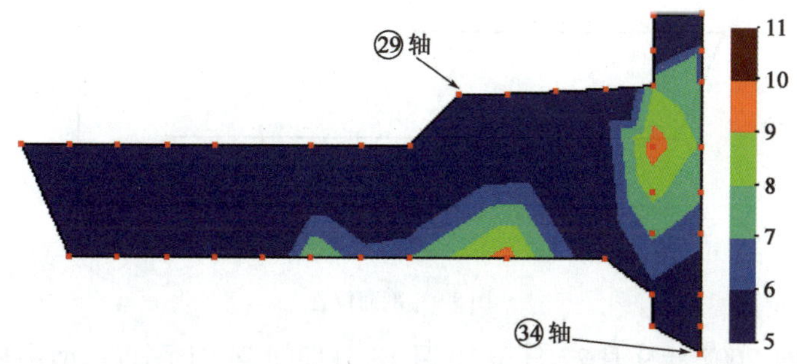

图 8-5　中柱隆起分布(2007-10-4)(单位:mm)

㉙ ~ ㉞轴区域中柱较大的隆起值主要集中在㉝轴东西方向附近,以下选取㉝轴作为剖面位置(见图 8-9),分析该剖面在 2007 年 9 月 ~ 11 月间的中柱隆起演变情况(见图 8-10)。

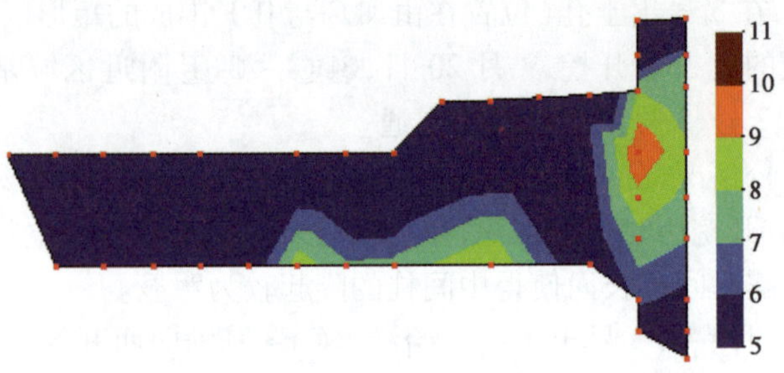

图 8-6　中柱隆起分布(2007-10-11)(单位:mm)

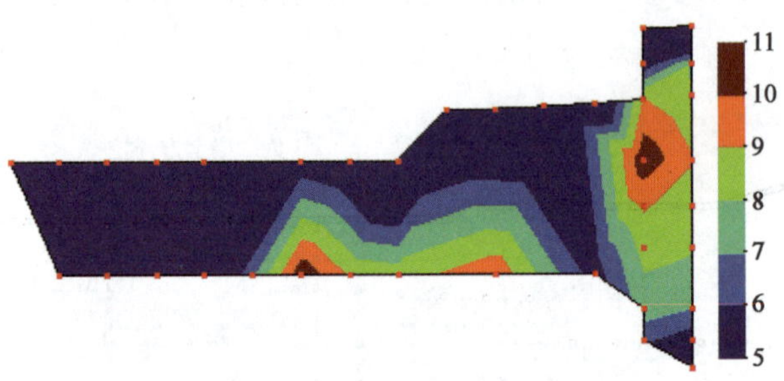

图 8-7　中柱隆起分布(2007-10-18)(单位:mm)

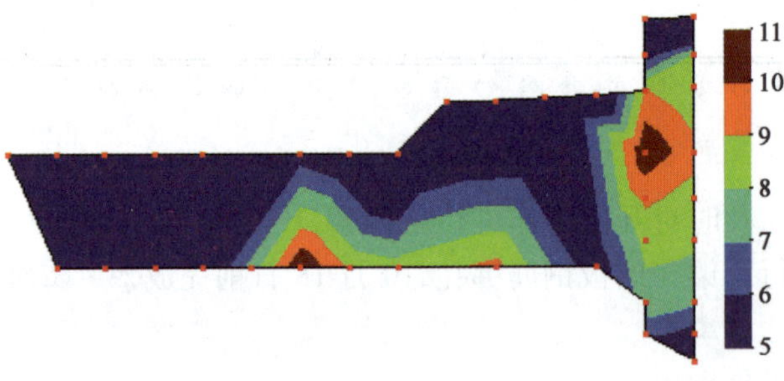

图 8-8　中柱隆起分布(2007-10-25)(单位:mm)

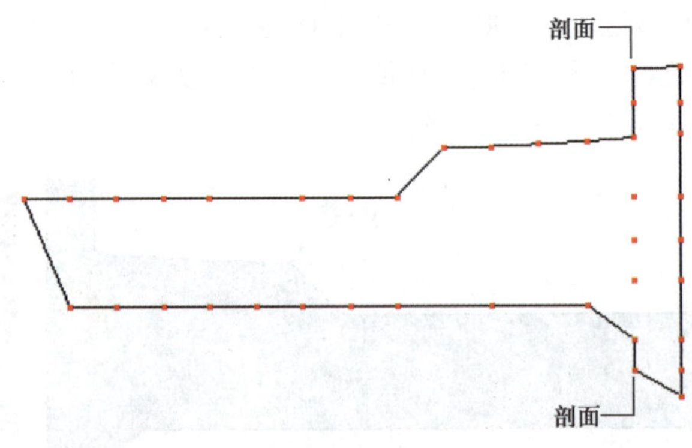

图 8-9　剖面位置

由图 8-10 可见,2007 年 9 月 27 日至 10 月 18 日期间,Z191 测点以南中柱以整体隆起的方式上升 2 ~ 3.5mm,如 Z191 测点由 9 月 27 日的 7.49mm 增至 9.08mm,Z160 测点由 8.68mm 增至 10.71mm,而 Z17 测点由 2.99mm 增至 6.3mm,总体上,该期间中柱隆起增量呈南多北少的特征,如北边的 Z191 增量为 1.59mm,而南边的 Z17 增量最多,达 3.31mm,这与该区域由北向南进行负二层土方开挖的施工顺序比较对应。

2007 年 10 月 18 日后，该区域范围负二层层板浇筑后，㉝轴的中柱隆起得到有效抑制，如 Z160 测点在 10 月 18 日至 25 日期间，周增量降至 0.12mm，Z191 周增量降至 0.03mm，Z17 为 0.18mm。

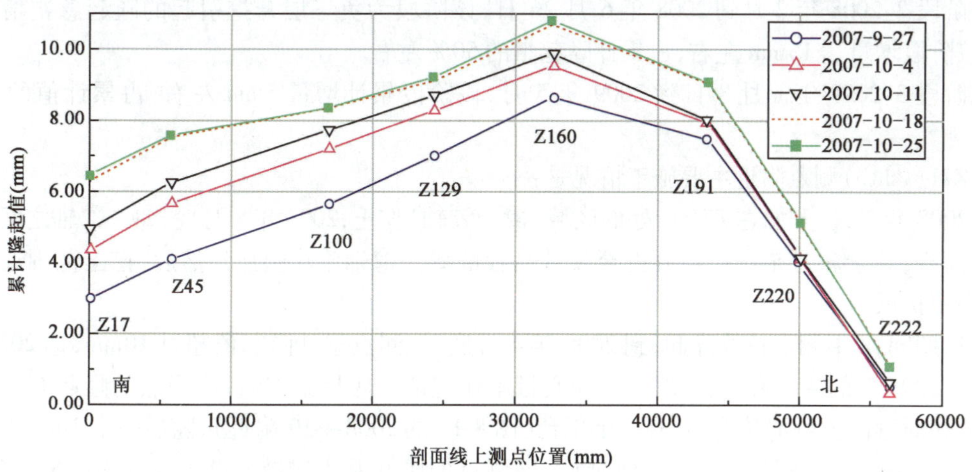

图 8-10 ㉝轴中柱隆起演变情况

基于以上分析，施工中采取的措施为：在负二层的开挖过程中合理安排挖土分段、避免开挖面积过大，同时，加快施作垫层和层板，以此来控制开挖后期中间柱的隆起速率，保证结构安全。

8.1.2 中柱隆起时程及区域演变过程

(1)中柱隆起时程

上一节是在静力水准监控系统运行后监控到的中柱隆起的早期情况，从中柱隆起的以后发展看，负二层和负三层的陆续开挖，对中柱的隆起影响很大，出乎预期的估计，中柱表现出更严重的上浮。以测点 Z71(测点位于Ⓒ轴与㉚轴的相交位置)为例，其中柱隆起时程如图 8-11 所示。

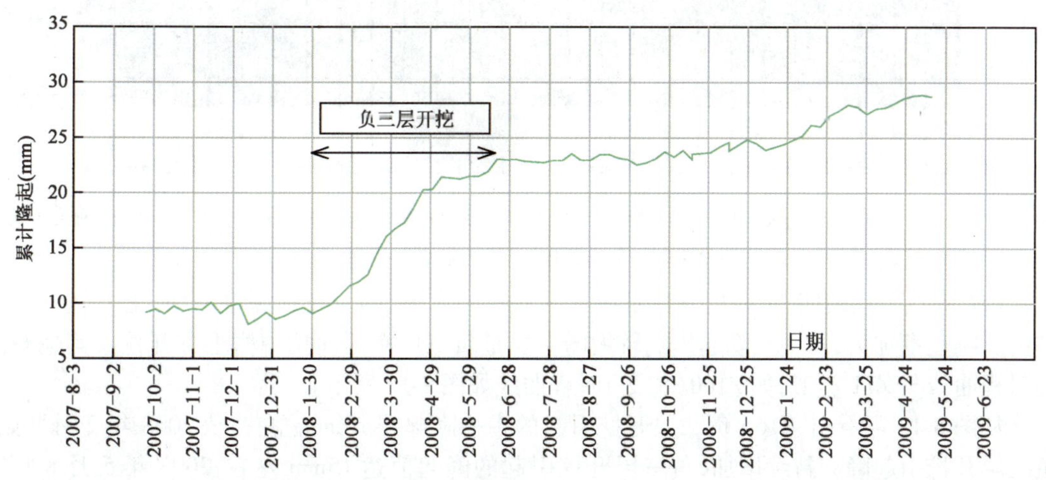

图 8-11 Z71(㉚Ⓒ)中柱隆起时程图

从图 8-11 可看出，测点 Z71 的隆起大体可分为三个阶段。

阶段 1：2007 年 8 月底到 2007 年 9 月 27 日，该阶段累计隆起 10mm 左右，主要是由于负二层的开挖引起（截至 2007 年 7 月 26 日，Z71 的隆起值为 0.47mm，负一层开挖对中柱隆起的影响有限），负二层开挖引起的隆起占累计值的 33% 左右；

阶段 2：2008 年 2 月到 2008 年 6 月 26 日，该阶段为负三层开挖引起的隆起急剧增加阶段，该阶段增量达 15mm 左右，占累计隆起量的 50% 左右。

阶段 3：2009 年 1 月 8 日到 2009 年 5 月，该阶段累计增量 5mm 左右，占累计值的 17% 左右。

Z71（㉚Ⓒ）测点附近主要施工情况是：

2008 年 2 月，开始在 Z71 所处的区域（㉜～㉗轴）挖土，2008 年 3 月底，㉘～㉜轴之间挖至设计高程，并于 3 月末在已经开挖至设计高程的㉙～㉜轴施作垫层。然后，挖土范围逐渐向北、向西扩展。

这期间，Z71 测点持续隆起，到 2008 年 4 月底，该测点累计隆起值超过 20mm，达 20.3mm 左右。2008 年的 4 月底，㉙～㉜轴之间底板施作完成。底板施作后，该测点的隆起有一定的停顿，在时程图上可清楚看出，有一个平台（图 8-11 的 2008-4-19 附近），随后一个 1mm 增量以后，由于底板施作逐渐向东和向西延伸，该测点的隆起基本维持在 21mm 左右。6 月 2 日，Ⓑ'～Ⓐ轴间的㉜～㉝轴区域开始挖土至设计标高，随后向东逐渐延伸，挖至㉟轴，对该测点影响较小，随着㉟～㊱轴间的开挖，对该测点产生 1mm 的影响，随后的开挖对测点的影响基本较小。2008 年的 6 月 24 日，该测点附近的底板施作全部完成，如图 8-12 所示。

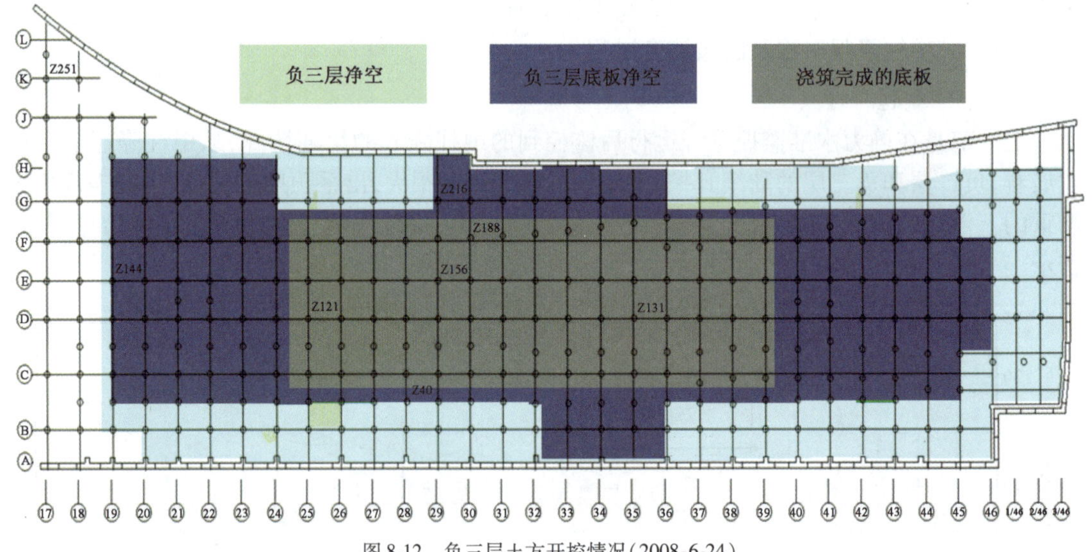

图 8-12　负三层土方开挖情况（2008-6-24）

Z71 测点时程表明，负一层开挖对中柱隆起影响有限，随着开挖深度增加，土方施工对中柱的影响逐渐加大，对中柱隆起影响较大的主要是负三层东西向拉中槽土方开挖。其他测点的时程曲线与 Z71 类似，如 Z160（㉝Ⓔ）时程曲线如图 8-13 所示。

从图 8-13 可看出，Z160 负二层开挖引起的中柱隆起在 10mm 左右，从 2008 年 2 月开始，负三层开挖引起隆起持续增加，负三层开挖引起的隆起值达 15mm 左右，2008 年 5 月 8 日以后，因负三层底板施作完毕，Z160 的累计隆起值基本维持在 25mm 左右。

在负三层开挖期间，其他超过 20mm 较典型测点的时程图如图 8-14～图 8-15 所示。

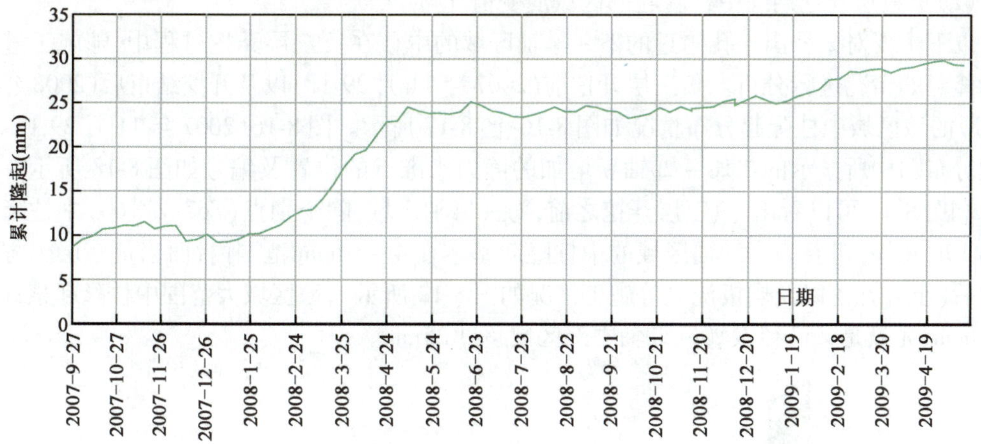

图 8-13　Z160 中柱隆起时程图

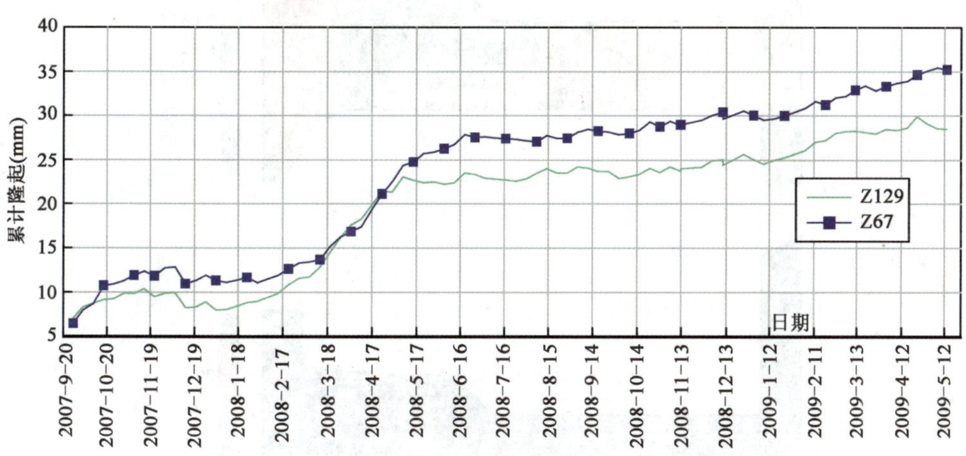

图 8-14　Z67 和 Z129 中柱隆起时程图

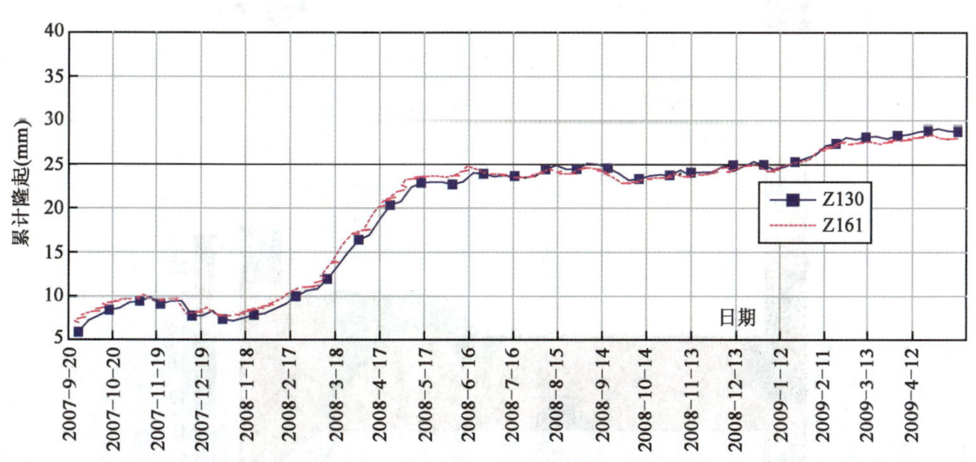

图 8-15　Z130 和 Z161 中柱隆起时程图

(2)负三层开挖期间中柱隆起的区域演变情况

以下主要对2号出土孔附近的㉕~㉞轴区域的中柱在负三层开挖过程中,随施工进展而逐渐隆起的情况进行分析。负三层开挖前(2007年11月29日)以及开挖结束后(2008年6月26日)的该区域中柱隆起分布情况如图8-16、图8-17所示。图8-16(2007年11月29日)中柱隆起分布图中所显示的在⑳~㉑轴新增加的静力水准点的位置及编号如图8-18所示。从图8-16和图8-17可以看出,负三层开挖之前,⑳~㉞轴区域,除个别点(Z67、ZZ160)中柱隆起略超出10mm外,其余⑳~㉞轴区域的中柱隆起基本在4~10mm范围内,而当负三层土方开挖完成后(土方开挖以及层板浇筑等施工情况如图8-12所示),该区域大范围中柱隆起累计值超过20mm,尤其是Z67以及⑳~㉑轴中部区域超过25mm。

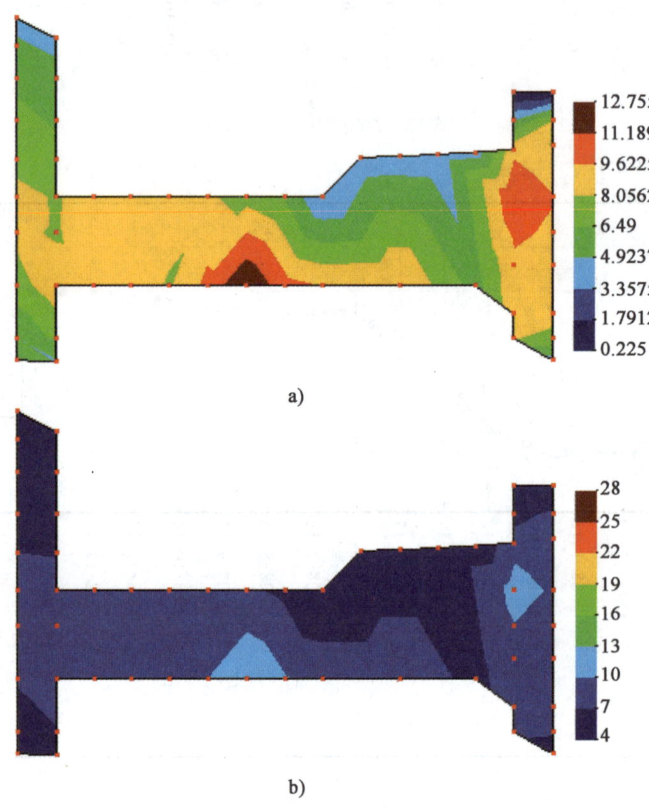

图8-16 中柱隆起分布(2007-11-29)(单位:mm)

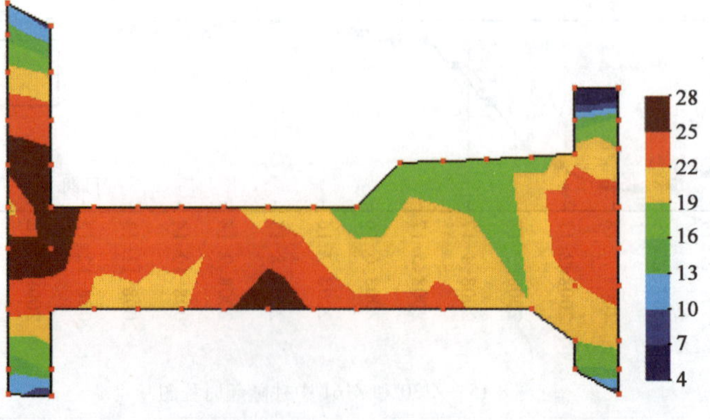

图8-17 中柱隆起(>4mm)分布(2008-6-26)(单位:mm)

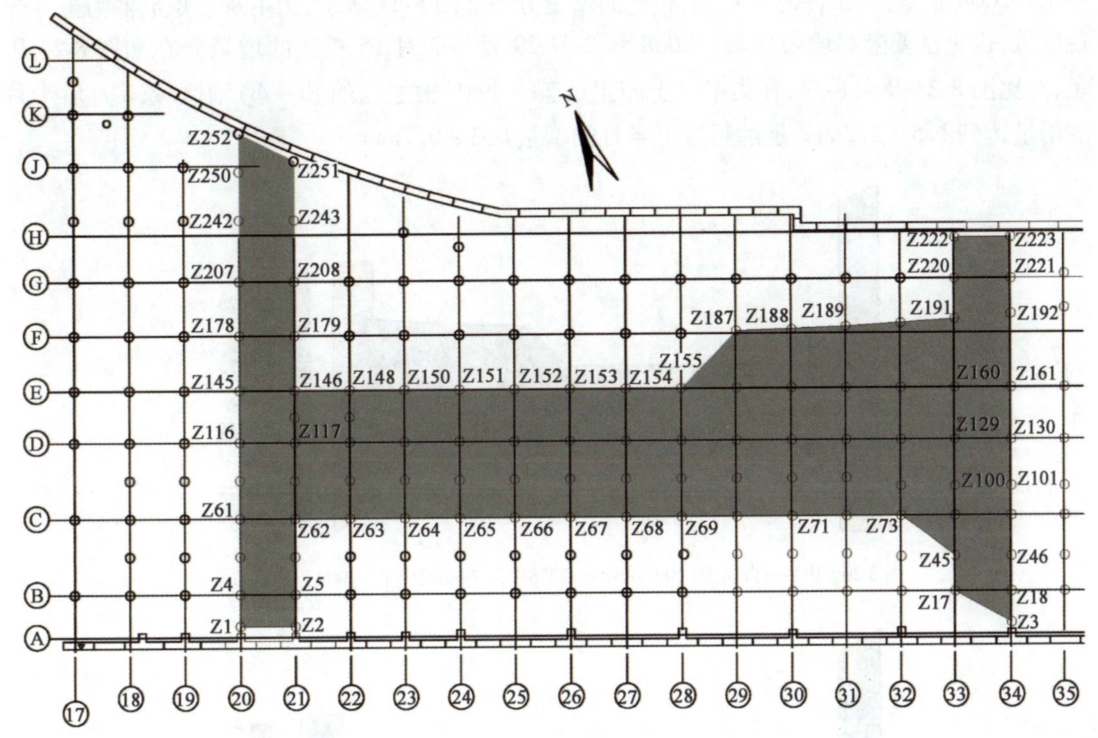

图 8-18　⑳ ~ ㉑轴静力水准测点的位置及编号

2007 年 11 月,在 2 号竖向出土口开始进行负三层试开挖。12 月,在㉗ ~ ㉚轴之间开挖至Ⓒ'轴。2008 年 1 月㉖ ~ ㉜轴之间开挖至Ⓑ'轴,主要开挖Ⓑ'轴以北区域。该段期间,中柱没有表现出隆起,相反,2008 年 1 月 31 日与 2007 年 11 月 29 日相比,中柱普遍有沉降现象。2008 年 1 月 31 日中柱隆起累计值分布如图 8-19 所示,2007 年 11 月 29 日至 2008 年 1 月 31 日时间段内中柱的沉降值分布情况如图 8-20 所示。

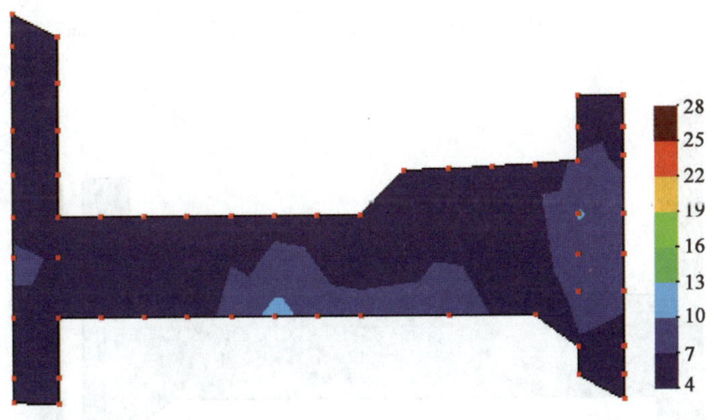

图 8-19　中柱隆起(>4mm)分布情况(2008-1-31)(单位:mm)

2008 年 2 月,负三层在㉕ ~ ㉖轴之间的Ⓔ轴 ~ Ⓑ'轴区域进行土方开挖,并对㉗ ~ ㉜轴之间的堆土进行出土;同时,3 号竖向出土口在Ⓒ轴以北进行㊱ ~ ㊲轴之间土方的开挖,并在Ⓖ ~ Ⓔ轴之间向西侧进行抽条开挖至㉜轴,开挖至 2 号出土口开挖面。自 2008 年 2 月开始,中柱隆起普遍开始加速,2008 年 2 月 15 日与 2 月 29 日的隆起累计值分布如图 8-21 ~ 图 8-22

所示。2008 年 2 月 15 日与 1 月 31 相比的增量分布如图 8-23 所示，图中灰色矩形框为土方开挖区域，也是主要隆起增长区域。2008 年 2 月 29 日与 2 月 15 相比的增量分布如图 8-24 所示，对比图 8-23 及图 8-24，在集中挖土施工的㉗～⑲19 轴之间的Ⓔ～Ⓑ' 轴区域，2 月后半月的增量达到 1.5～2.2mm，远远超过上半月的增量 0.3～0.7mm。

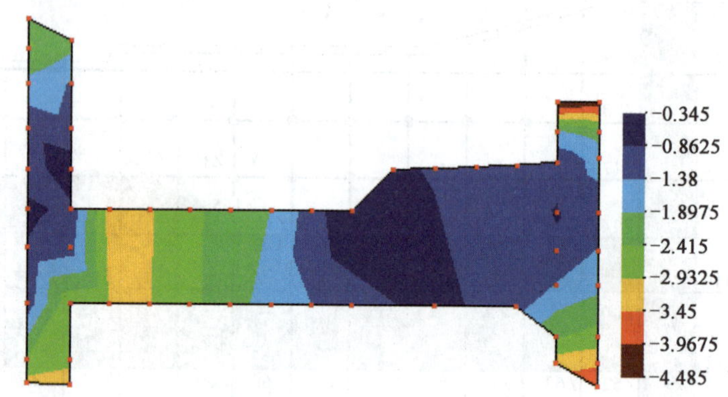

图 8-20　中柱沉降情况(2007-11-29～2008-1-31 时间段内中柱增量)(单位:mm)

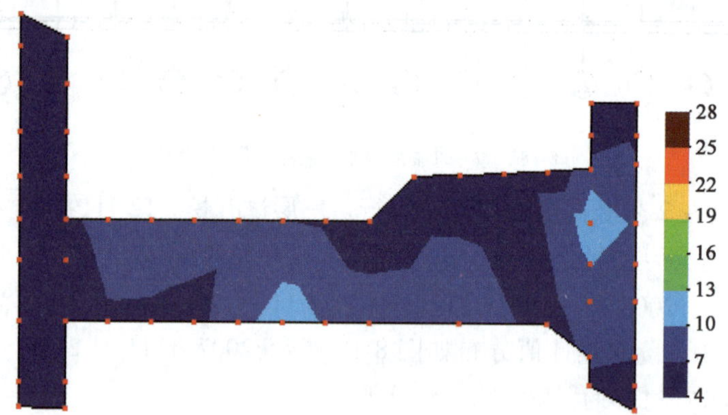

图 8-21　中柱隆起累计值(>4mm)分布(2008-2-15)(单位:mm)

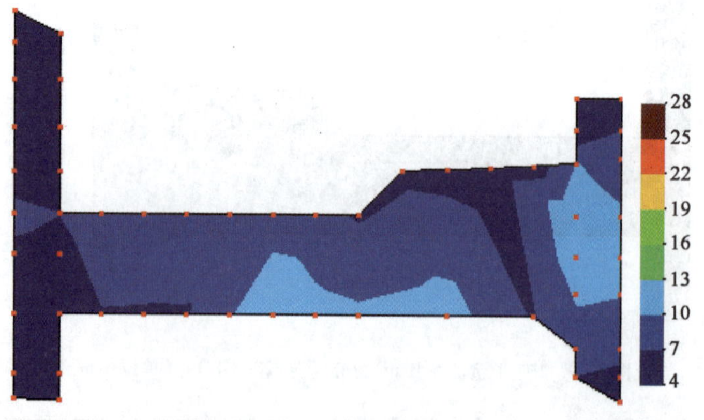

图 8-22　中柱隆起(>4mm)累计值分布(2008-2-29)(单位:mm)

2008 年 3 月，在 2 号出土口附近向西端扩大开挖范围，开挖㉖～㉔轴之间Ⓕ～Ⓓ轴的土方；㉗～㉜轴之间挖至设计标高。月末在已挖至设计标高的㉙～㉜轴的Ⓑ'～Ⓓ轴之间及㉜～

㉛轴的Ⓕ～Ⓑ'轴之间施作垫层。3 月的施工情况如图 8-25 所示，中柱累计隆起情况如图 8-26 所示。从图 8-26b）可看出，Z160、Z71 测点的隆起值较大。Z160 为 17.77mm，Z71 为 16.05mm，两测点已接近 20mm，且从测点的时程曲线看，无明显收敛趋势，因此，实际施工中，开挖至设计标高的㉘～㉜轴时，加快施作垫层以及负三层层板，同时，减缓该区域附近土方开挖。

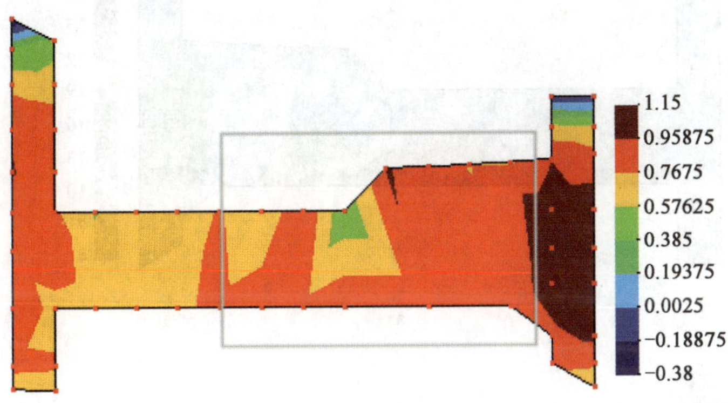

图 8-23　中柱隆起增量分布（2008-1-31～2008-2-15）（单位：mm）

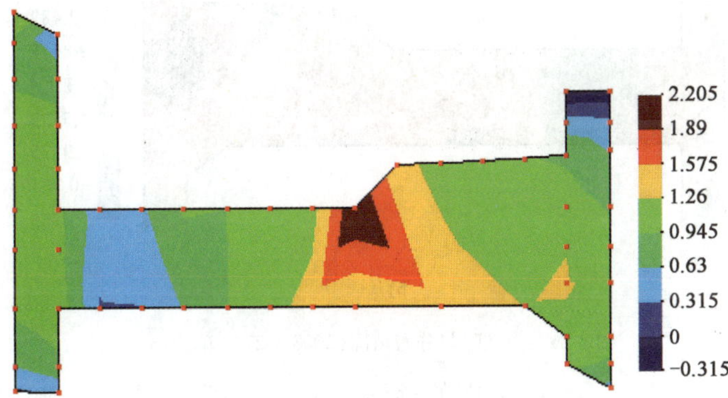

图 8-24　中柱隆起增量分布（2008-2-15～2008-2-29）（单位：mm）

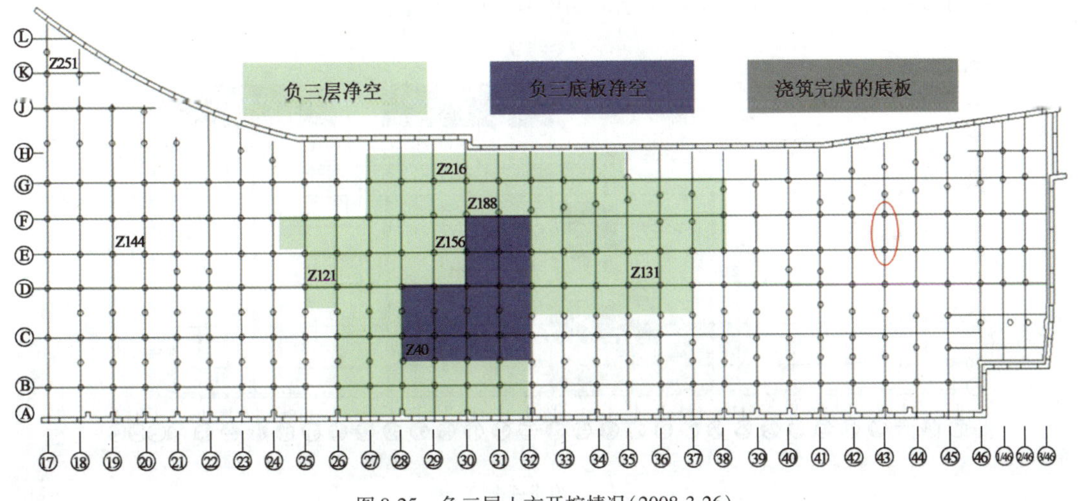

图 8-25　负三层土方开挖情况（2008-3-26）

2008 年 4 月，基坑负三层在㉖～㊲轴之间Ⓑ'～Ⓕ轴范围内开挖至设计标高，在月底施作完成㉙～㉜轴之间的底板。4 月主要施工进展情况如图 8-27 所示。

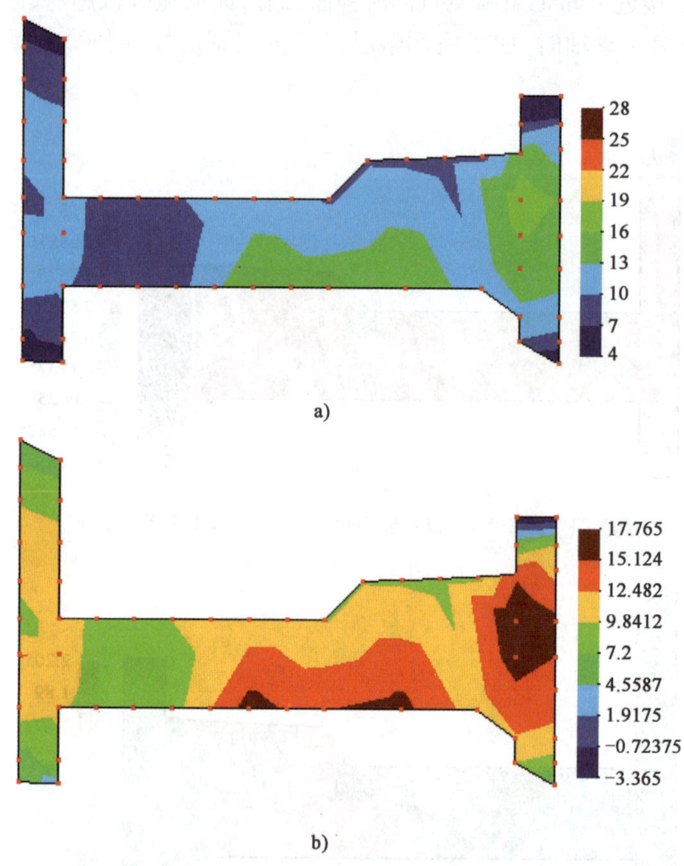

图 8-26　中柱隆起分布情况(2008-3-27)(单位:mm)

2008 年 4 月，随着负三层开挖范围的逐渐扩大，立柱隆起陆续突破 20mm，首先由 Z160（㉝Ⓔ）测点在 2008 年 4 月 17 日突破 20mm（见图 8-28），随后陆续又有部分测点突破 20mm。2008 年 4 月 24 日，超过 20mm 的测点分布如图 8-29 所示。

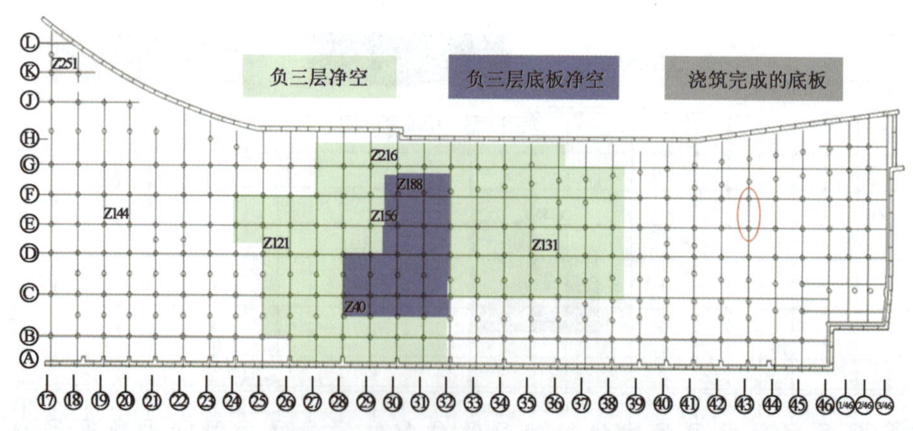

a) 2008-4-1

图　8-27

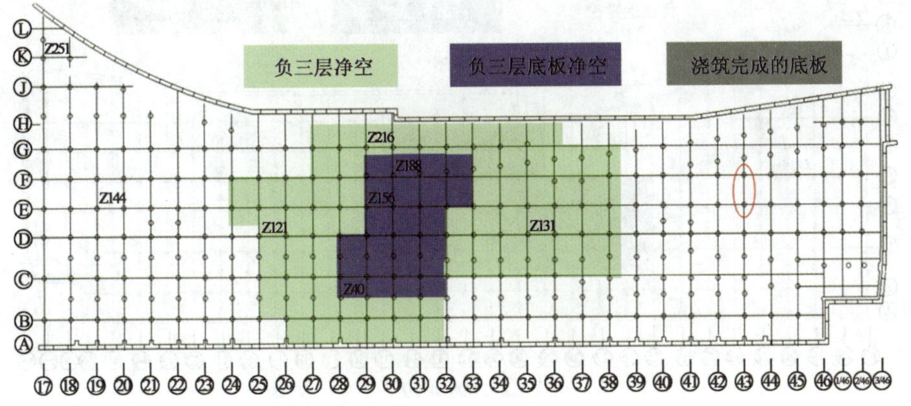

b) 2008-4-3

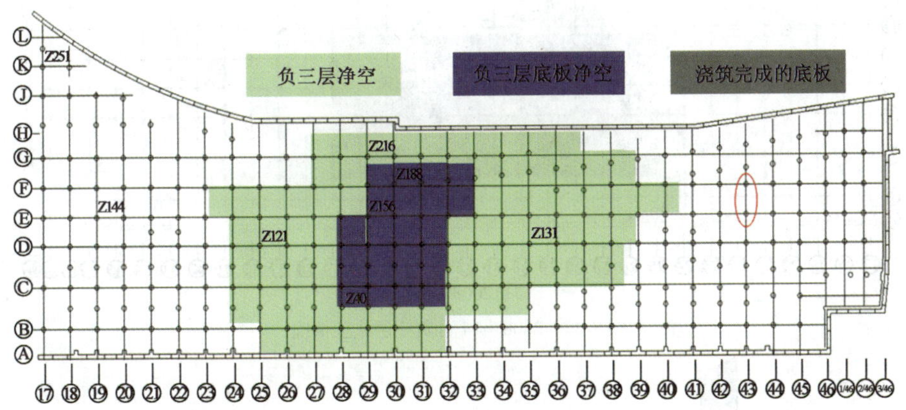

c) 2008-4-10

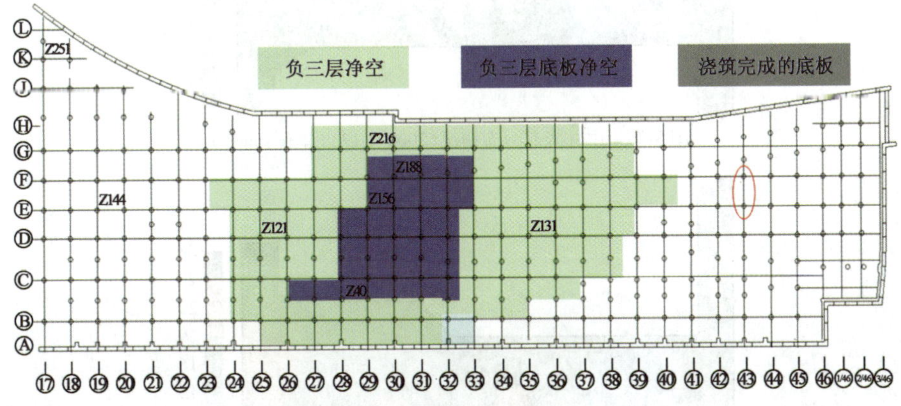

d) 2008-4-13

图 8-27

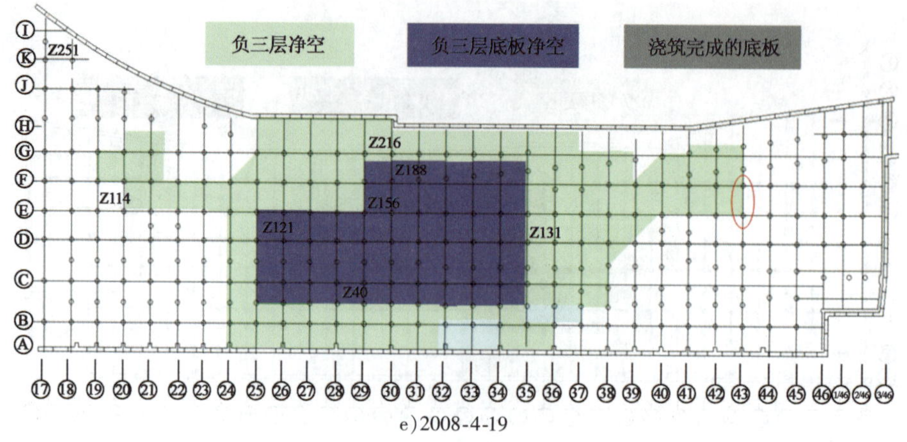

e)2008-4-19

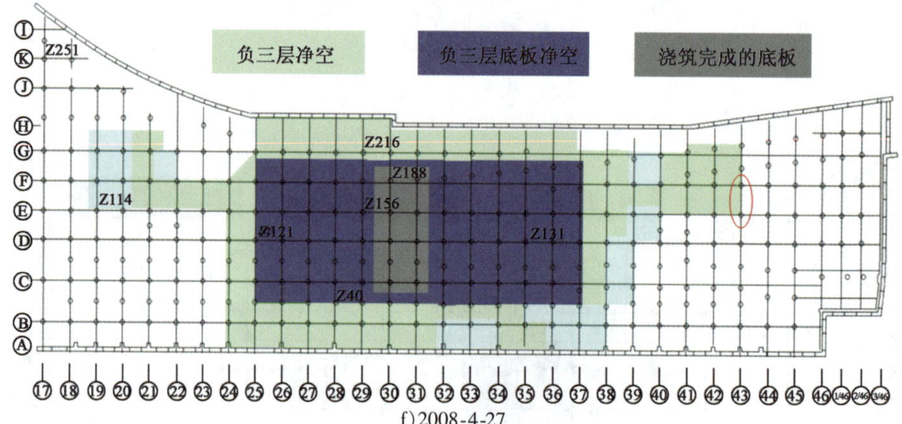

f)2008-4-27

图 8-27　2008 年 4 月负三层施工情况

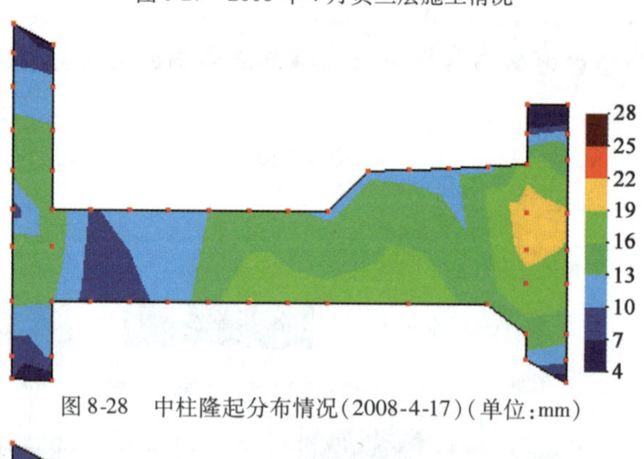

图 8-28　中柱隆起分布情况(2008-4-17)(单位:mm)

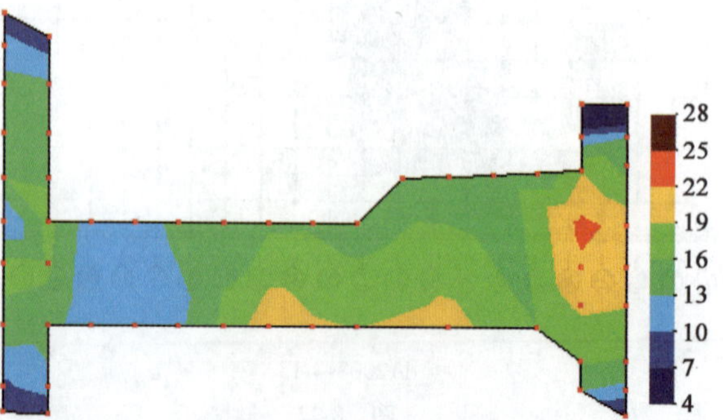

图 8-29　中柱隆起分布情况(2008-4-24)(单位:mm)

2008 年 5 月，负三层在㉑ ~ ㊶轴之间Ⓑ' ~ Ⓕ轴范围内开挖至设计标高，并在㉔ ~ ㊲轴之间施作完成底板，施工情况如图 8-30 所示，至 5 月 16 日，㉗ ~ ㉞轴区域的负三层施工引起的大范围中柱隆起基本结束。自 2008 年 1 月 31 日至 5 月 16 日，㉕ ~ ㉞轴区域(图中灰色矩形框部分)负三层开挖引起的中柱隆起(增量)分布如图 8-31 所示，由图可见，该区域负三层开挖引起的中柱隆起增量主要分布在 12 ~ 15mm 范围内。

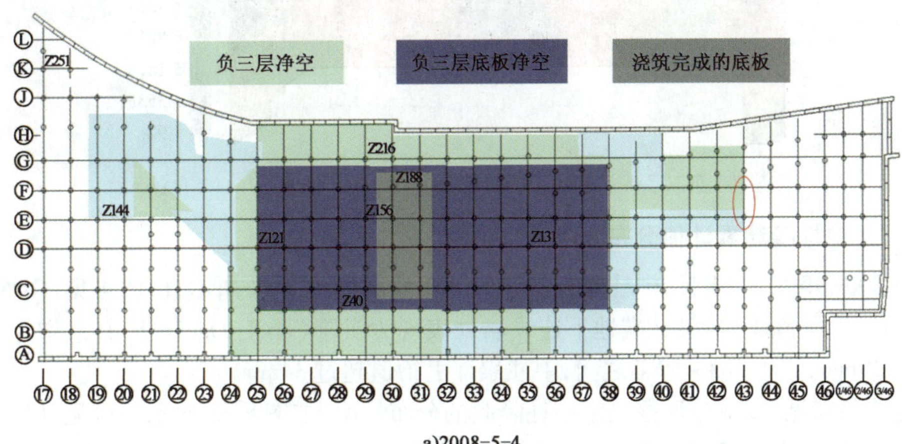

a)2008-5-4

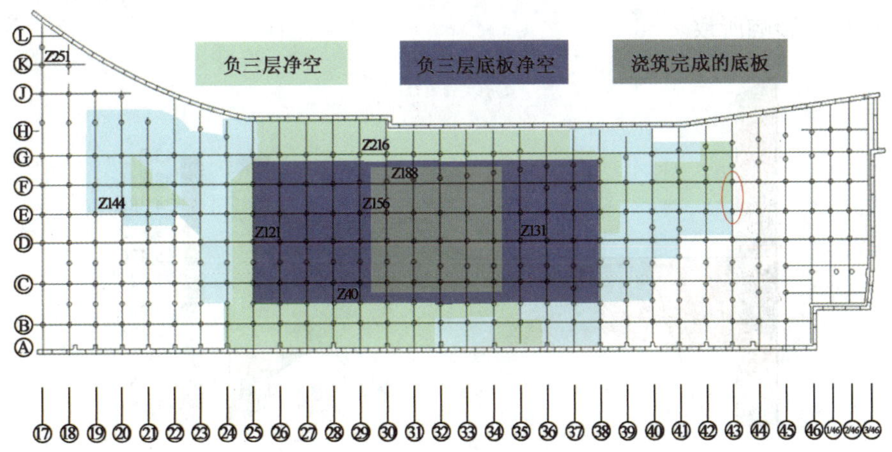

b)2008-5-7

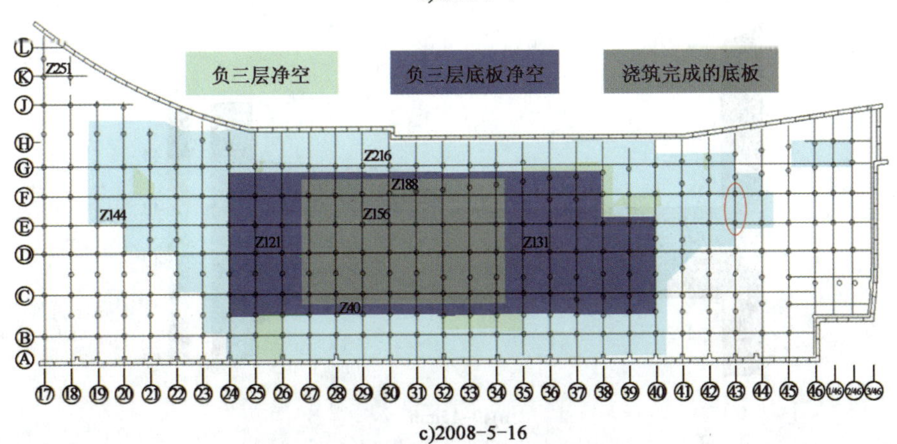

c)2008-5-16

图 8-30　2008 年 5 月间负三层施工情况

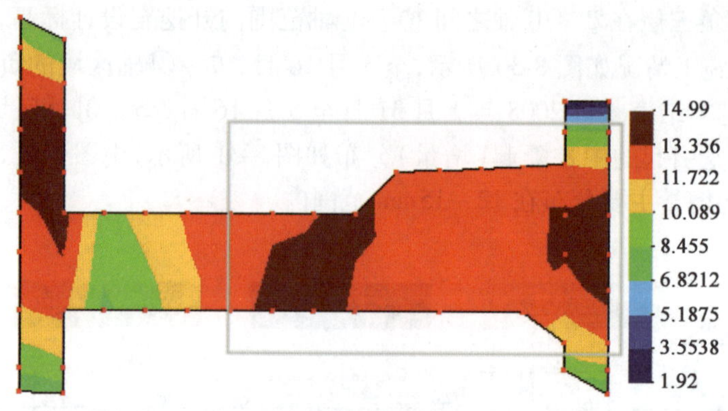

图 8-31 负三层开挖引起的中柱隆起量(2008-1-31 ~ 2008-5-16)(单位:mm)

8.1.3 中柱隆起累计值分布

截至 2009 年 5 月 14 日,中柱隆起累计值分布情况如图 8-32 所示,由图可见,中柱隆起累计值普遍比较大,除㉝、㉞轴北端地下连续墙处表现为沉降(小于 1mm)外,其余均为上抬,且一般大于 20mm,其中,⑳ ~ ㉒轴之间,中柱累计上抬值超过 34mm。

为更清楚起见,以下分区段显示中柱隆起的分布情况,如图 8-33 所示。可见,以㉕ ~ ㉗轴为分界线,东侧的中柱隆起在 20 ~ 30mm,而西侧在 30 ~ 40mm,西侧较大可能是受邻近的第 2 施工分区的施工影响所致。

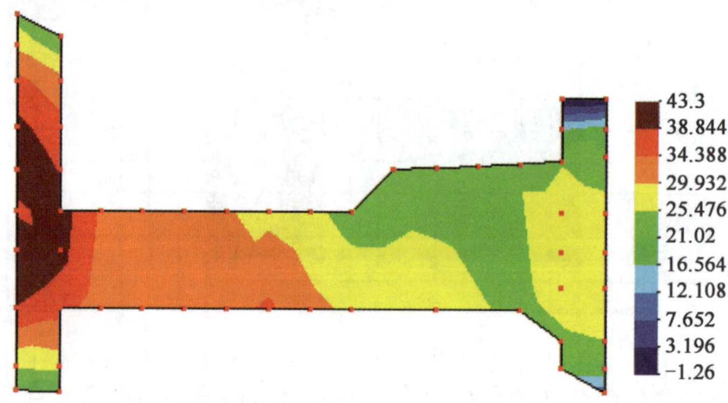

图 8-32 中柱累计隆起的总体分布情况(单位:mm)

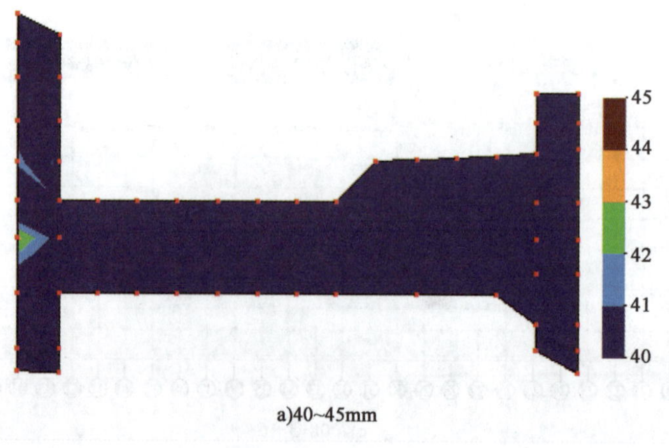

a)40~45mm

图 8-33

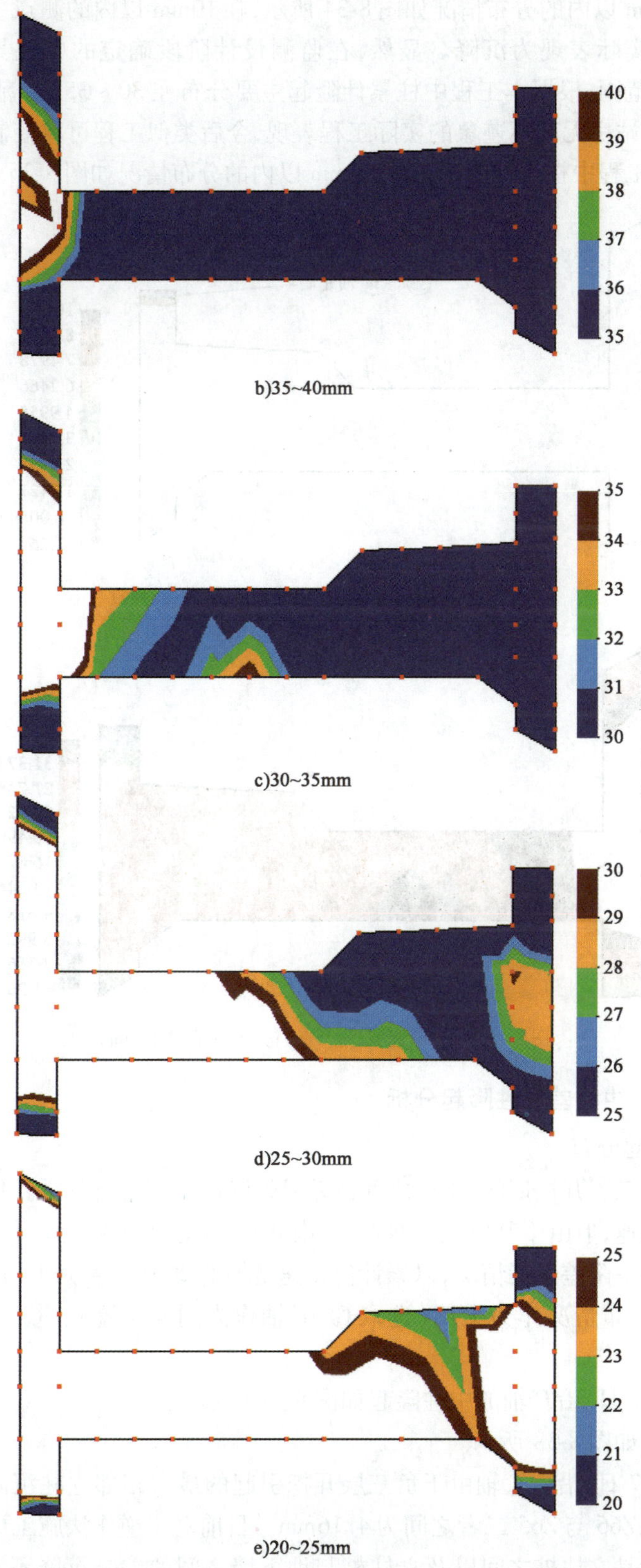

图 8-33　中柱隆起累计值分布情况(单位:mm)

隆起值在10mm以内的分布情况如图8-34所示，在10mm以内的测点主要位于㉝、㉞轴的北墙处，该处中柱实际表现为沉降。显然，在监测设计阶段确定的中柱累计隆起应不大于10mm的控制标准范围，根据本工程中柱累计隆起主要分布在30～35mm范围内，且基坑结构和基坑上方的城际站房无破坏迹象的实际工程表现，今后类似工程可将控制标准适当调宽，建议取值35mm。本工程中柱累计隆起值在35mm以内的分布情况如图8-35所示。

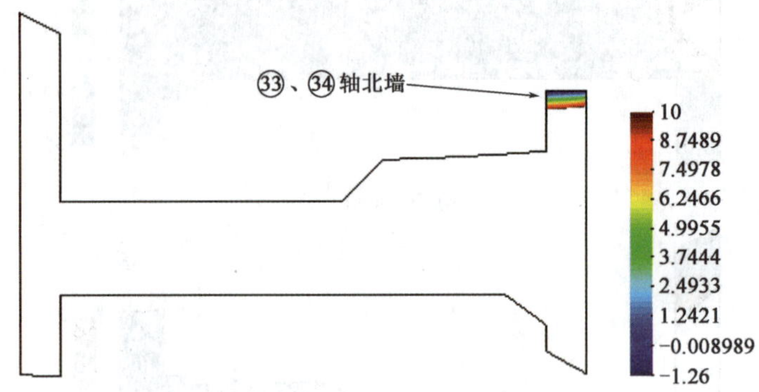

图8-34　隆起值（<10mm）分布情况（单位：mm）

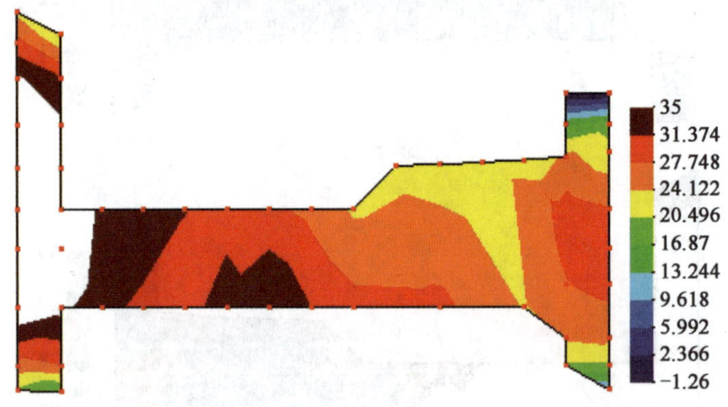

图8-35　中柱隆起值（<35mm）分布情况（单位：mm）

8.1.4　东西向中柱差异性隆起分析

（1）差异性隆起分布

以下主要以负三层开挖期间，中柱之间的差异性隆起为例进行分析。负三层开挖时，立柱累计隆起值增加迅速，但由于基坑是东西长，而南北短，开挖顺序主要呈东西方向，因此，以下首先分析东西向的沉降差发展情况，以累计值迅速增加的2007年4月17日和2007年4月24日沿着Ⓒ、Ⓔ轴的分布情况作为案例（选取Ⓒ、Ⓔ轴作为剖面位置）。Ⓒ、Ⓔ轴剖面位置如图8-36所示。

2008年4月17日，沿Ⓒ轴的中柱隆起如图8-37所示。

Ⓔ轴中柱隆起如图8-38所示。

2008年4月17日，沿着Ⓒ轴由于负三层开挖引起的最大相邻立柱沉降差：Z67与Z66二者之间为4.56mm，Z66与Z65二者之间为4.16mm。目前对于逆作法施工中，关于立柱差异隆起的控制标准一般是立柱桩之间以及立柱桩与地下墙之间的差异沉降不宜大于20mm，且不宜大于1/400（0.25%）柱距。则Z67和Z66的差异隆起与柱间距（9m）之比为0.52‰，Z66和

Z65 的差异隆起与柱间距之比为 0.046%。因此,Ⓒ轴上立柱间的差异隆起在允许范围内。

Ⓔ轴开挖面附近点的隆起值分别为 Z152 为 12.97mm,Z151 为 11.89mm,Z150 为 10.52mm。Z150 与 Z151 之间的差值为 1.37mm,差异隆起与柱间距之比为 0.015%。

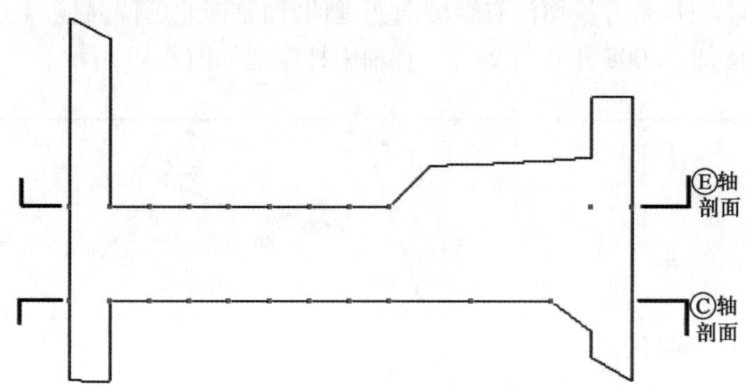

图 8-36 Ⓔ轴、Ⓒ轴剖面位置

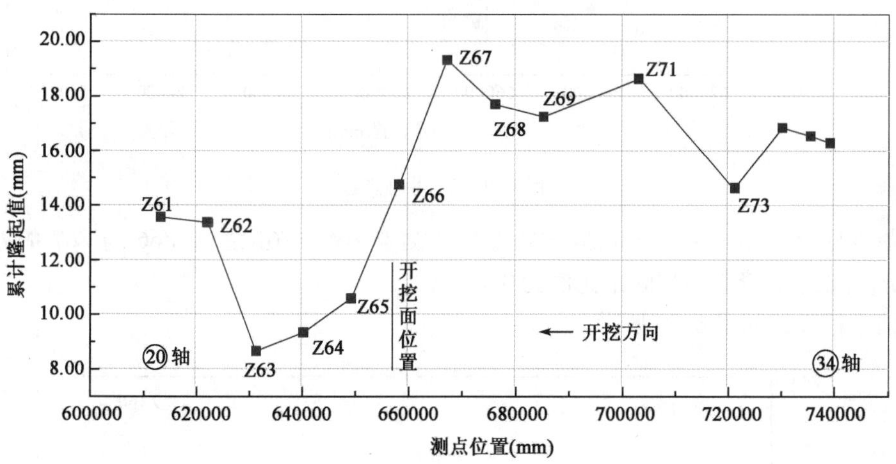

图 8-37 Ⓒ轴中柱隆起

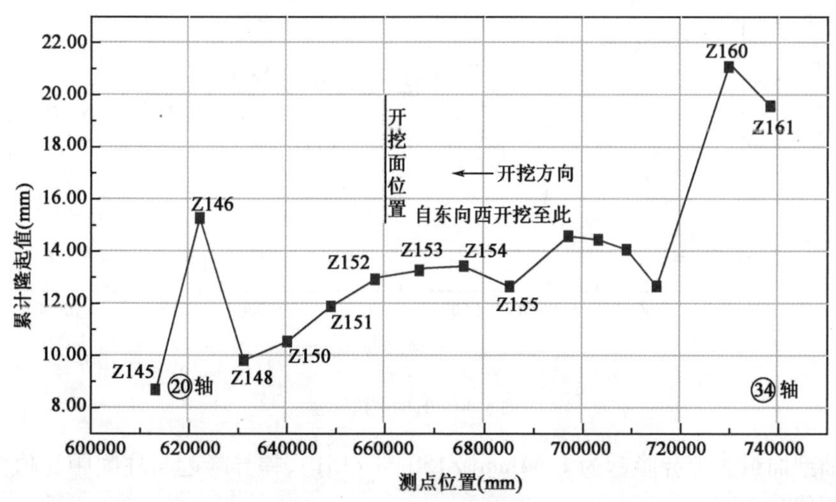

图 8-38 Ⓔ轴中柱隆起

可见,沿基坑东西走向,尽管负三层开挖会导致立柱隆起累计值迅速增加,但相邻柱的差异隆起一般却并不会太大,较大的差异隆起主要出现在开挖面附近,因此,从控制差异隆起(沉降)的角度出发,应采取分层开挖的措施。

2008 年 4 月 17 日后,开挖面没有继续向西延伸,而是向北延伸,截至 4 月 24 日,Ⓒ轴和Ⓔ轴的累计值有所增加。2008 年 4 月 24 日,Ⓒ轴中柱隆起如图 8-39 所示。

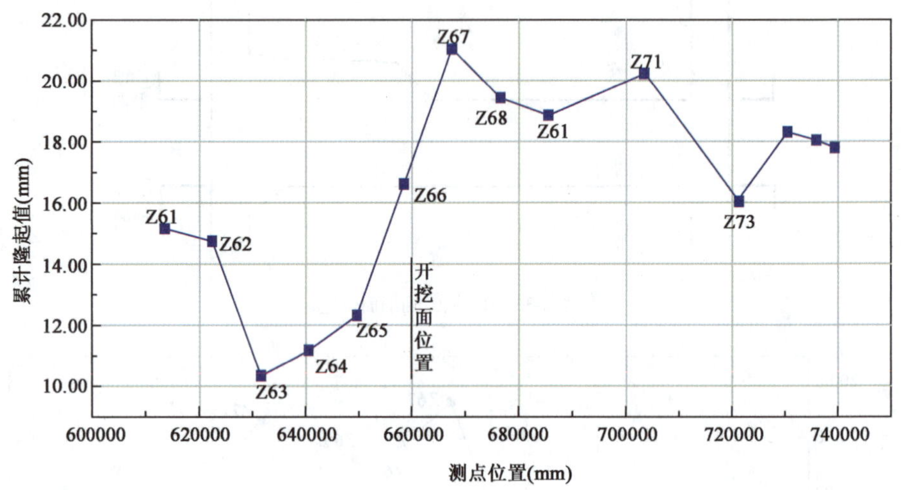

图 8-39　C 轴中柱隆起

由图可见,Ⓒ轴最大的差异沉降主要发生在测点 Z65 ~ Z67 之间,Z66 与 Z67 的差异隆起为 4.42mm,该差异隆起与柱间距比值为 0.049%。

Ⓔ轴中柱隆起如图 8-40 所示。

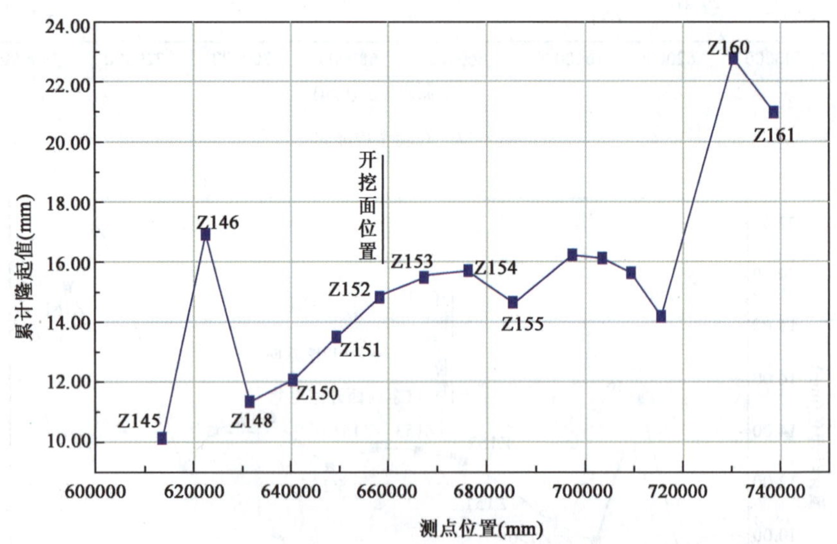

图 8-40　Ⓔ轴中柱隆起

沿Ⓔ轴剖面最大差异隆起为 1.44mm(Z150 与 Z151),差异隆起与柱间距比值为0.016%,远小于控制值 0.25%。

因此,在 4 月 24 日前进行的负三层开挖造成立柱迅速隆起,但基本以中柱整体抬升为主,相邻柱的差异隆起基本均在5mm以内，差异隆起与柱间距的比值一般均小于0.1%。

负三层开挖是中柱隆起的一个关键时期，这期间的差异隆起一般控制在5mm以内，对于其他时间段的立柱差异隆起情况，通过对中柱差异隆起时程分析进行了解。

(2) 中柱差异隆起时程

以下以Z66附近的测点为例对中柱差异隆起时程进行分析。

Z66和Z65的累计隆起以及二者的差异隆起如图8-41所示（图中的差异隆起值=Z66测点的累计隆起值-Z65测点的累计隆起值）。由图可见，尽管从2008年3月开始，随着负三层开挖导致Z65、Z66的累计隆起值迅速增加，也导致该期间的二者之间的差异隆起值随之增加，但总体上差异隆起值较小，二测点间的差异隆起值主要分布在2~4.5mm范围以内，以3mm为基准上下波动。在Z66、Z65累计值因负三层开挖导致迅速增加的2008年4月期间，也是差异隆起最大的阶段（最大4.5mm），其他期间的差异隆起均小于该值。且随着该区域附近负三层开挖结束，差异沉降趋于减小。

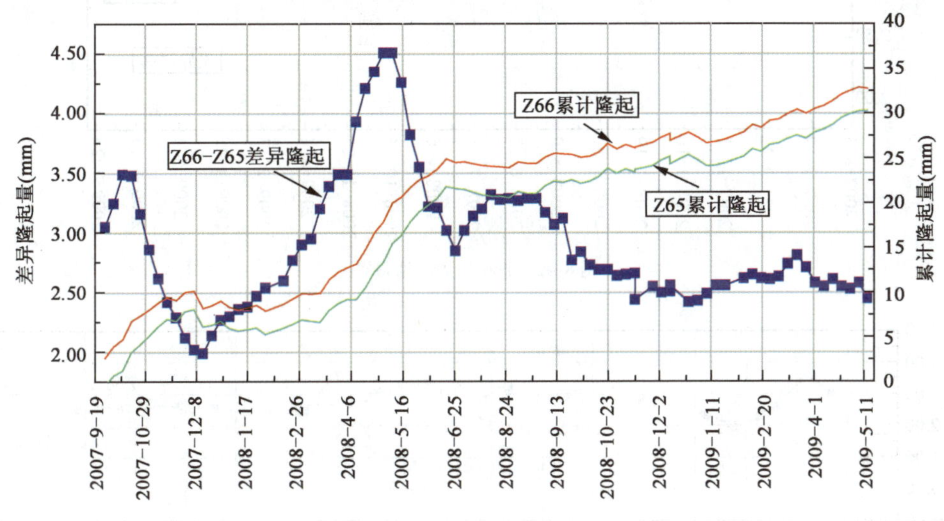

图8-41 Z66与Z65差异隆起

(3) 中柱隆起增量差分析

中柱隆起增量差的变化可以用来分析特定开挖步序引起的相邻中柱的差异隆起情况，而中柱累计隆起值和中柱间差异隆起值因其组成较复杂，所以，以下通过分析增量差的变化情况来解释开挖过程中相邻中柱差异隆起较小的原因。

测点Z66与Z65的差异隆起以及Z66与Z65的增量差（Z66与Z65的增量差=Z66的隆起增量-Z65的隆起增量）随时间变化情况如图8-42所示。由图可见，由于在负三层开挖前，Z66的累计值大于Z65，在2008年5月3日以前，负三层开挖自东向西进行，首先开挖至Z66，所以，在此时间以前，Z66与Z65的增量差为正，即：相同时间内，Z66的增量大于Z65的增量，导致二者的隆起差逐渐增大，最大达到4.5mm左右。

2008年5月3日以后，开挖面由㉔轴向西开始进行，该处距离Z65更近，因此，Z65的增量更快（所以Z66与Z65的增量差为负），从而使得Z66与Z65之间的差异隆起逐渐减小。由于累计隆起初始值Z66大于Z65，因此，凡是二者增量差为正，则二者差异隆起进一步拉大，凡是增量为负，则差异隆起缩小。

Z66与附近几个测点的差异隆起情况如图8-43所示。

Z66 相邻柱的差异隆起产生主要在负三层的开挖面附近。自 2008 年 2 月开始，负三层自东由㉚轴开始向㉕轴推进，累计隆起也呈东高西低（Z66 的累计隆起值小于 Z67，而大于 Z65），如 2008 年 4 月 10 ~ 17 日一周内，开挖面由㉘轴向㉖轴推进，这周的测点隆起增量分布情况如图 8-44 所示。从图可看出，周增量主要呈东西分布，南北向之间，增量无明显差别，因此，南北间的隆起差没有太大的变化，隆起差主要在东西方向之间，且呈东高西低的分布态势，增量最大的位置在开挖面即㉖26 轴处，最大周增量 1.95mm。

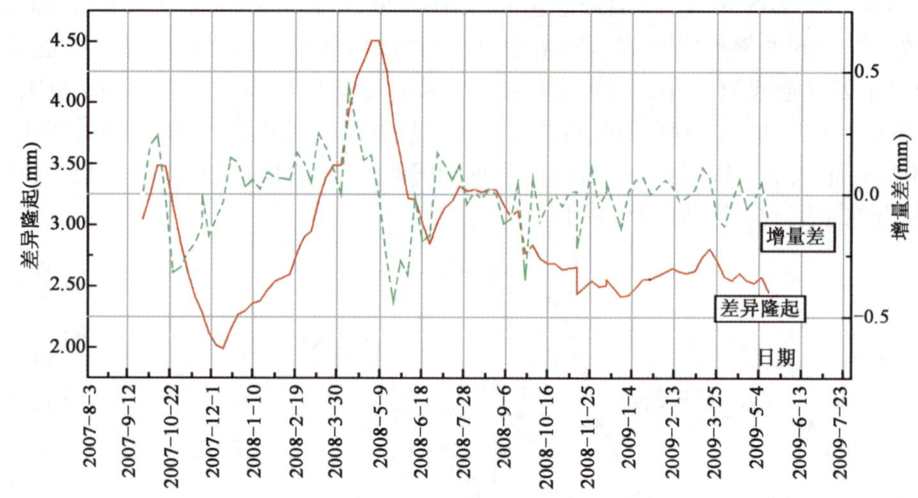

图 8-42　Z66 与 Z65 增量差

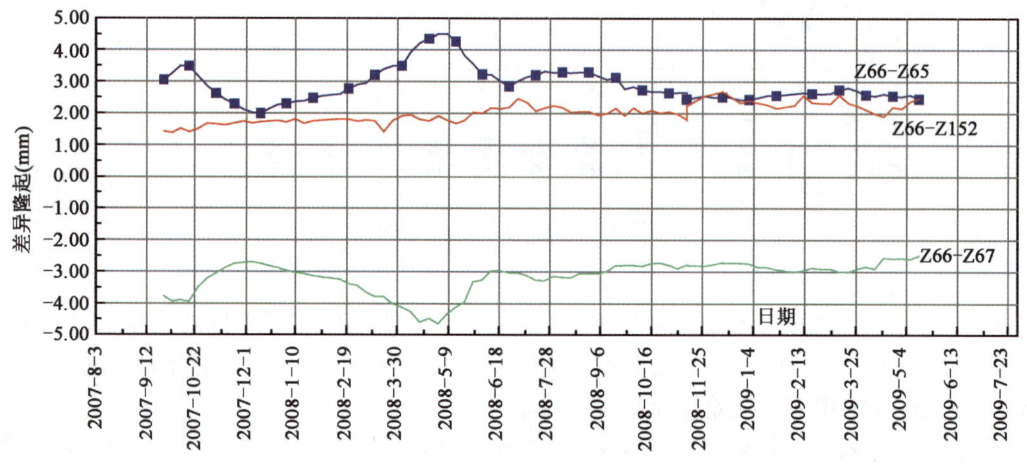

图 8-43　Z66 与附近测点差异隆起

自 2008 年 5 月开始，自㉕轴开始向西推进，因此，在 Z66 附近的隆起增量呈西高东低的趋势，如 2008 年 5 月 22 ~ 29 日期间，开挖面由㉔轴向㉑轴推进，其他部位没有进行开挖，中柱隆起周增量的分布情况如图 8-45 所示，开挖面在㉒轴（Z63）附近，Z63 与 Z64 测点的增量较大，分别为 1.82mm 和 1.59mm。

2008 年 4 月 17 日和 5 月 29 日沿着Ⓒ轴增量的分布情况如图 8-46 所示，图中灰色区域表示开挖面位置。

可见，随着开挖面向西推进，增量呈山峰形，峰值在开挖面位置，且随着开挖面向西推进，该峰值也随着向西移动。增量随着开挖面向西移动对东西向中柱之间的累计隆起差值起到消减作用，从而使得在整个负三层的开挖中，总的累计隆起差异值得以迅速回落，逐渐趋于平稳，最后一般稳定在3mm之内。

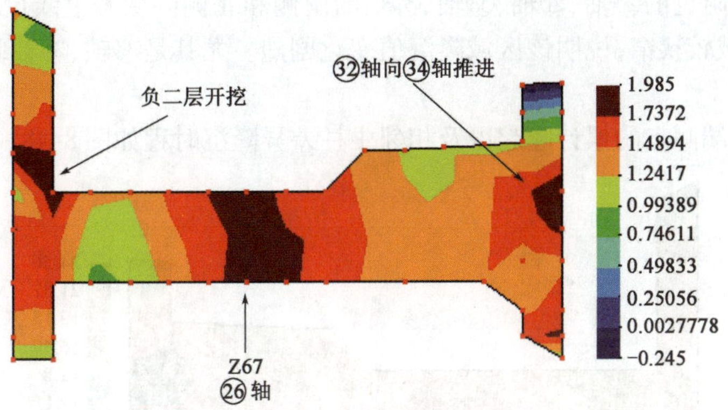

图8-44　2008年4月10～17日周隆起增量分布(单位:mm)

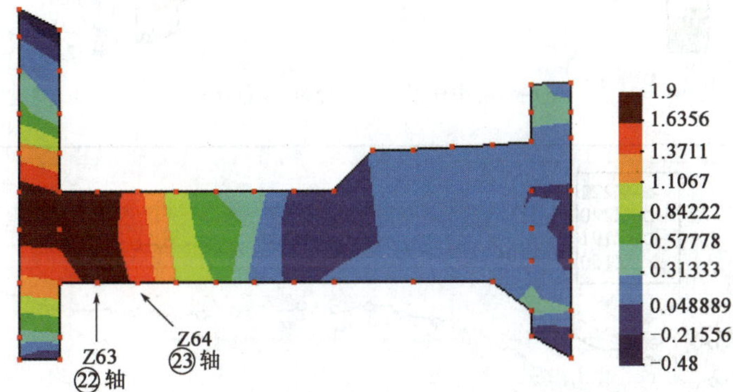

图8-45　2008年5月22～29日周隆起增量分布

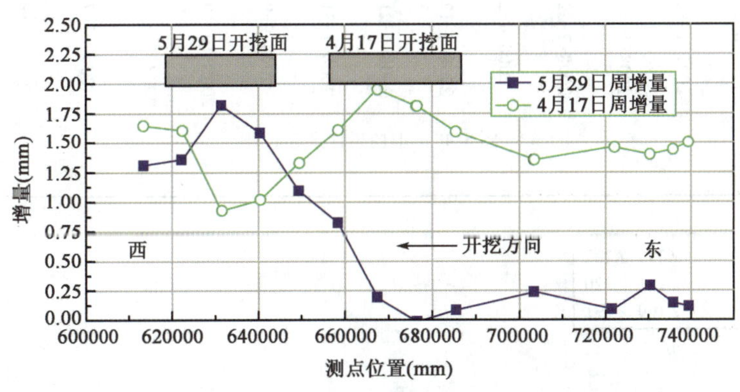

图8-46　Ⓒ轴增量分布

以上分析充分说明，空间效应(远离挖土面中柱隆起增量减小，近离挖土面中柱隆起增量增加)是影响差异隆起(沉降)的形成、发展以及分布方式的控制性因素，因此，合理安排挖土顺序可有效引导差异隆起(沉降)的分布，减小差异隆起(沉降)对基坑主体结构乃至上部结构的影响。

8.1.5　南北向中柱差异性隆起分析

在基坑开挖过程中，因基坑空间尺寸以及开挖顺序原因，与地下连续墙较远的相邻中柱之间的差异隆起值较小，多数在3mm以内，但在地下连续墙附近的中柱与地下连续墙之间的差异隆沉则较大，以2008年5月8日为例，当日的中柱隆起分布情况如图8-47所示。由图可见，在地下连续墙附近的⑳轴、㉑轴、㉝轴、㉞轴的南侧和北侧区域等色线比较密集，代表隆沉值分区的等色区域较狭窄，说明该区域隆沉值变化剧烈。尤其是㉝轴、㉞轴北侧部位等色线变化最为显著。

㉝轴、㉞轴北端测点的累计隆起以及相邻中柱差异隆沉时程如图8-48～图8-51所示。

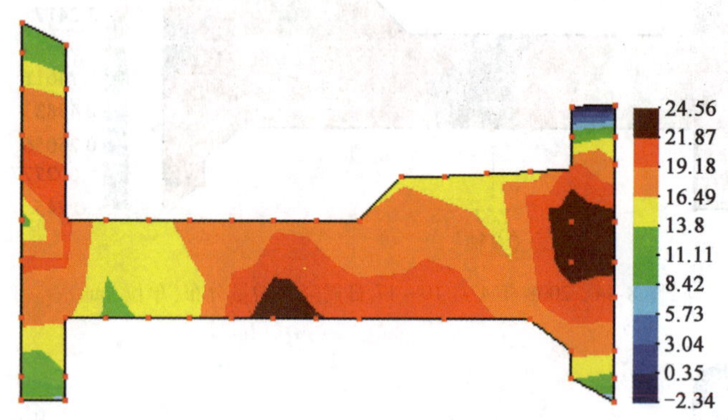

图8-47　中柱累计隆沉分布(单位:mm)

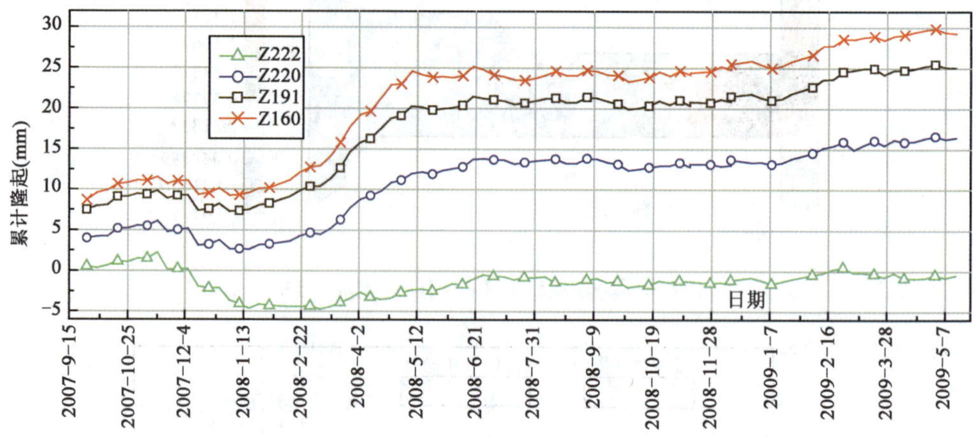

图8-48　中柱累计隆起时程

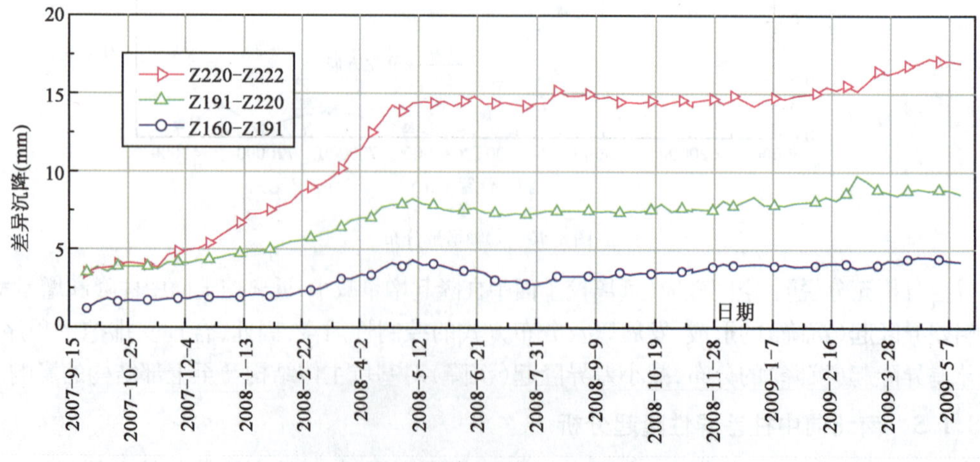

图8-49　相邻柱的差异隆沉时程

可见，边界效应导致在连续墙附近差异隆沉明显，如 Z220 与 Z222 之间(17.23mm)以及 Z221 与 Z223 之间(19.48mm)的差异隆沉均超过 15mm，而 Z221 与 Z223 之间的差异隆沉甚至达 20mm 左右。

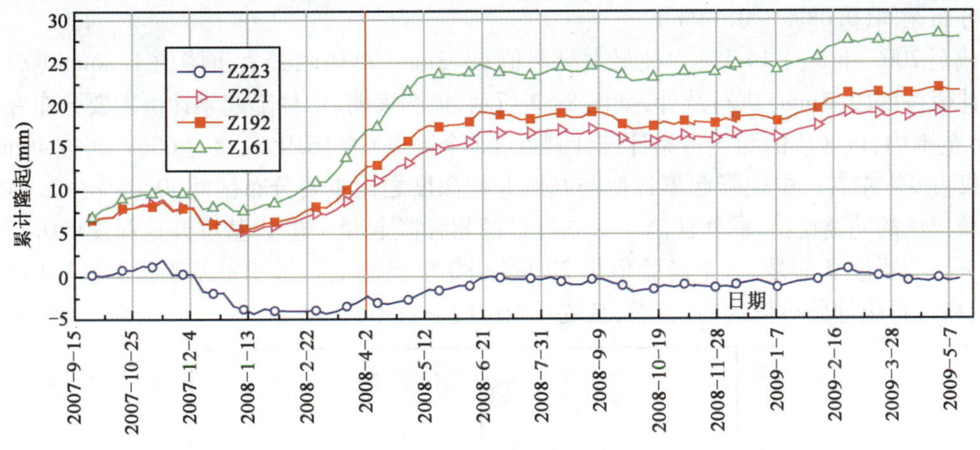

图 8-50　中柱累计隆起时程

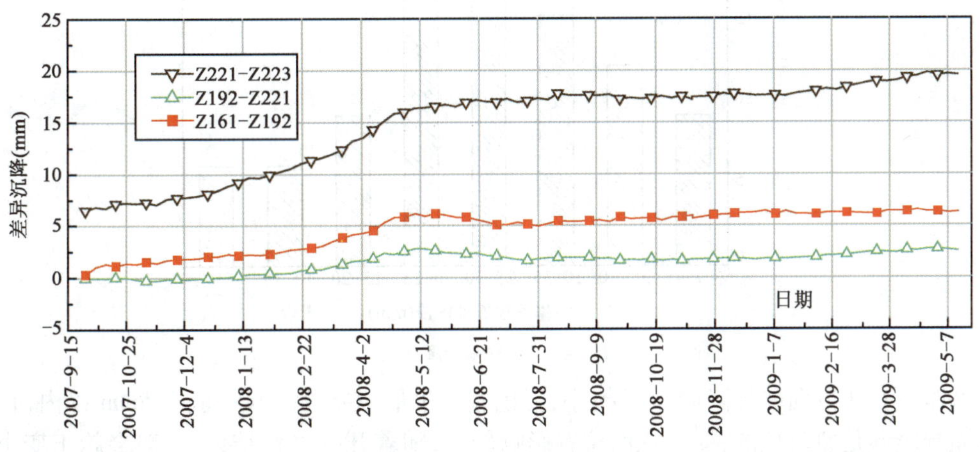

图 8-51　相邻柱的差异沉降时程

但边界效应影响最显著的范围主要是与地下连续墙的距离在两个纵轴以内的区域，距离北侧边界在两个纵轴以外的中柱则受边界效应影响较小，如 Z160 与 Z191 之间的差异隆沉基本在 5mm 以内，而 Z192 与 Z221 之间差异隆沉也主要在 5mm 以内。

自 2007 年 12 月 24 日开始，33 和 34 轴线上南北两侧柱间的差异沉降就呈增大趋势，尤其是最北侧的(㉝轴)Z220 与 Z191 之间以及(㉞轴)Z221 与 Z192 之间，自 2008 年 3 月底，负三层开始自㉜轴向东进行开挖，导致㉝轴、㉞轴北端的立柱累计隆起值持续增加，而由于该区域受到连续墙的影响，导致南北间的差异沉降也迅速增加，该趋势一直到 2008 年 5 月 8 日该区域负三层底板施作完毕为止。该区域差异隆沉不断突破 10mm、15mm，直至接近 20mm，对层板结构受力非常不利。

在 2008 年 4 月底施工中采取的措施为：延缓负三层底板继续向东开挖，先浇筑完成㉙轴和㉜轴之间的底板，而后负三层底板每向东西扩展 5 ~ 6 个纵轴的距离，就浇筑一部分底板，以免开挖进度过快造成差异沉降难以控制。

8.1.6　中柱隆起总结与安全评价

通过以上的各节分析，对于中柱隆起项目的总体规律总结如下：

①中柱隆起累计值主要分布在20～35mm范围内，中柱隆起累计值与基坑开挖深度之比主要分布区间(0.08%～0.14%)。

截至2009年5月14日，中柱最大隆起值43.3mm(Z116)，最大沉降值1.26mm(Z222)。将累计值按区段(5mm)进行统计，如图8-52所示，该图表明，中柱隆起累计值主要分布在20～35mm范围内，该区段的测点占累计统计测点(65个测点)的56.9%，接近60%，超过40mm的测点仅占9%左右。中柱隆起累计值与基坑开挖深度之比主要分布区间(0.08%～0.14%)，小于顺作法的同类比值，顺作法施工时立柱桩的累计隆起量一般为基坑开挖深度的0.15%～0.25%。需要注意的是，这个经验值是20世纪80年代对上海采用桩基工程的基坑回弹(隆起)资料进行统计分析得到的，当时，基坑开挖深度一般不大。

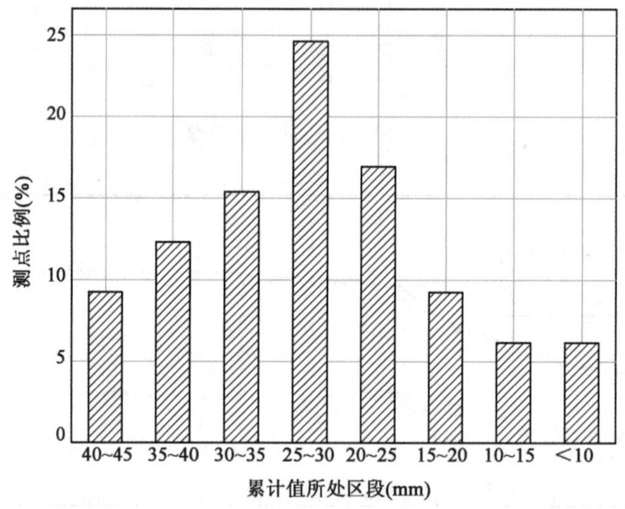

图8-52　中柱累计隆起统计

②基坑东西方向差异隆起(沉降)小，开挖过程中最大差异隆起一般在5mm以内，且中柱间的差异隆起是暂时性的，受开挖面位置影响较大，随着开挖过程结束，一般会趋于变小。如Z71、Z65与邻近中柱的差异隆起随时间的变化如图8-53所示。

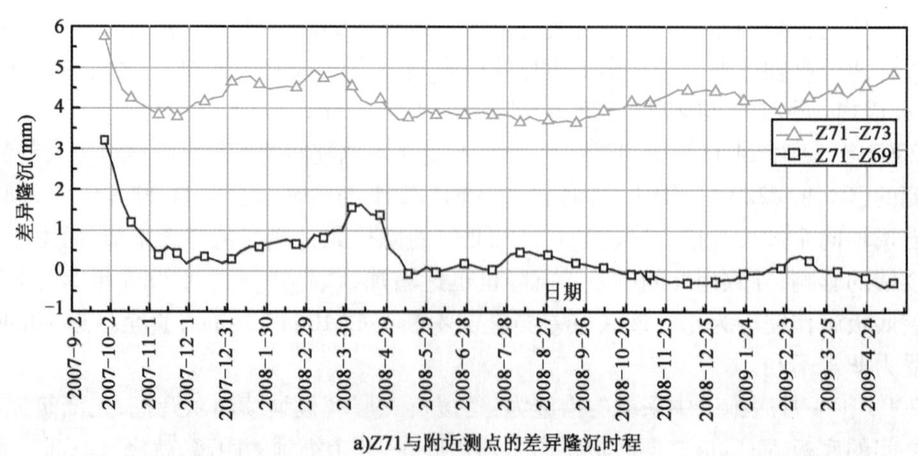

图　8-53

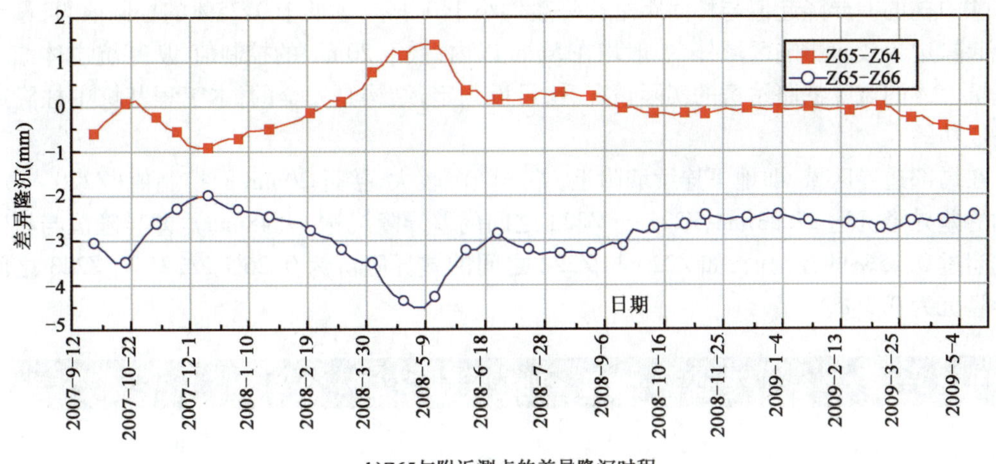

b)Z65与附近测点的差异隆沉时程

图 8-53　东西向中柱差异隆沉时程

③基坑南北方向在边界效应影响区域外，中柱之间的差异隆起较小，如 Z69 与 Z155 之间以及 Z67 与 Z153 之间的差异隆起随时间的变化如图 8-54 所示。但在部分边界区域，即地下连续墙附近，则差异隆沉大（15 ~20mm），接近控制值，且一般不会随时间趋于变小。

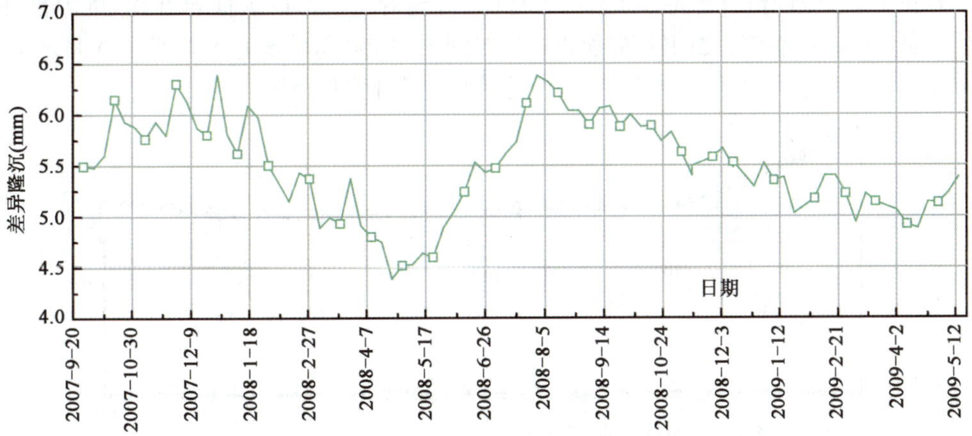

a)Z69与Z155之间差异隆起时程

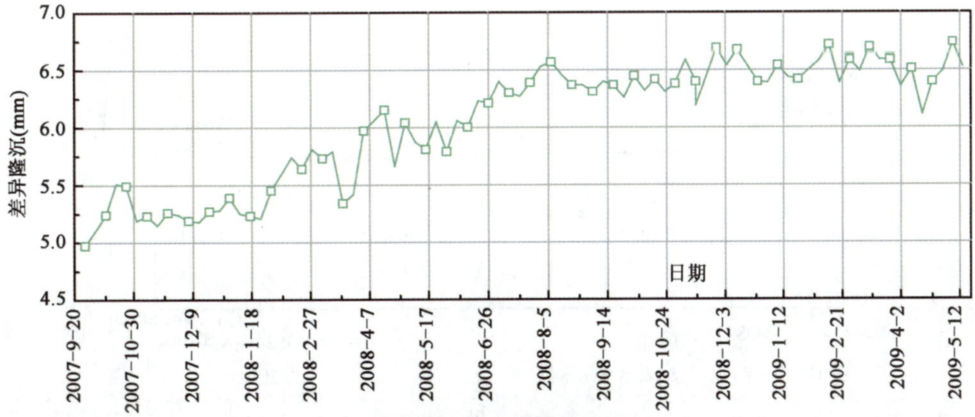

b)Z67与Z153之间差异隆起时程

图 8-54　南北向差异隆起时程

④中柱的差异隆起值与柱间距之比一般均小于0.1%，远低于0.25%的控制值，且累计差异隆起除边界效应影响区域外，一般均在5mm以内，低于20mm的控制值，从基坑主体结构以及基坑上方的城际铁路站房的实际情况看，可以判定，结构是安全的，本工程基坑中柱隆起控制是成功的。

在局部边界区域，即地下连续墙附近，差异隆沉较大，接近20mm的控制值（Z220与Z222之间的差异隆沉达17.23mm，Z221与Z223之间的差异隆沉达19.48mm），差异隆沉与柱间距之比超过0.25%的控制值，如Z220与Z222之间的差异隆沉为0.26%，Z221与Z223之间的差异隆沉为0.3%。

8.2 地下水位

8.2.1 第1施工分区

（1）坑内、外潜水位及承压水水位

轨道换乘中心第1施工分区地下水位观测孔位置如图8-55所示。第1施工分区坑内水位的变化情况如图8-56所示。1分区中部以西从2007年7月至2007年12月抽水，以满足负二层开挖要求，随着开挖面东移，东部也逐渐降低水位。从2007年12月至2008年2月，负三层还未开挖，水位保持相对稳定，2008年2月以后，随着负三层的大面积开挖，坑内整体水位均开始降低，由于东部水位之前较高，所以此段时间内水位降低较多。在2008年5月之前，基坑内水位分布大体为东高西低，且水头差较大，此后基坑整体水位逐渐接近。

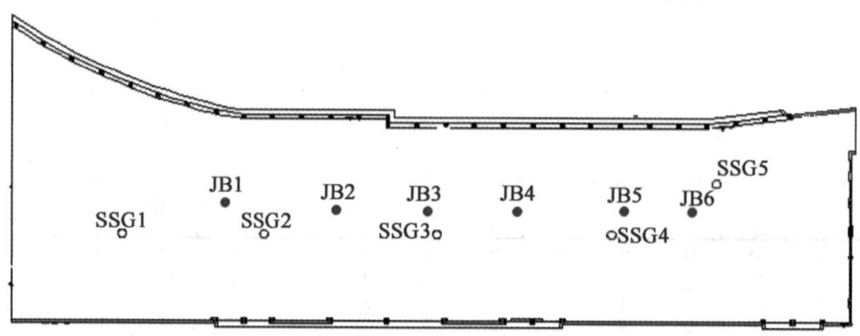

a)

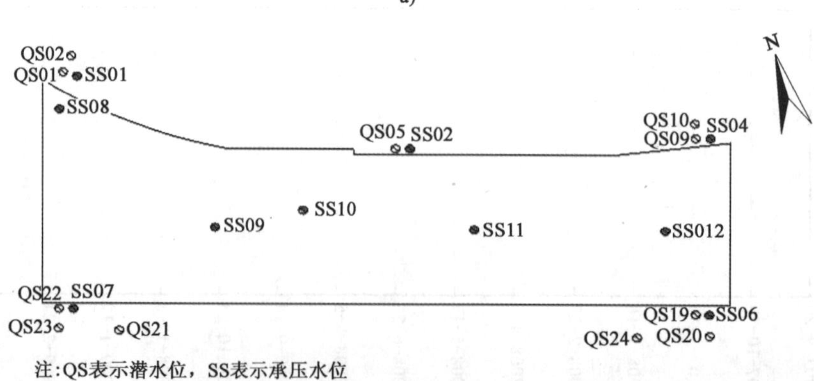

b)

图8-55 坑内外承压水、潜水水位观测井位置

在基坑为开挖进行疏干降水期间，坑外潜水水位变化幅度基本在 50cm 以内，无较大波动，如图 8-57 所示。

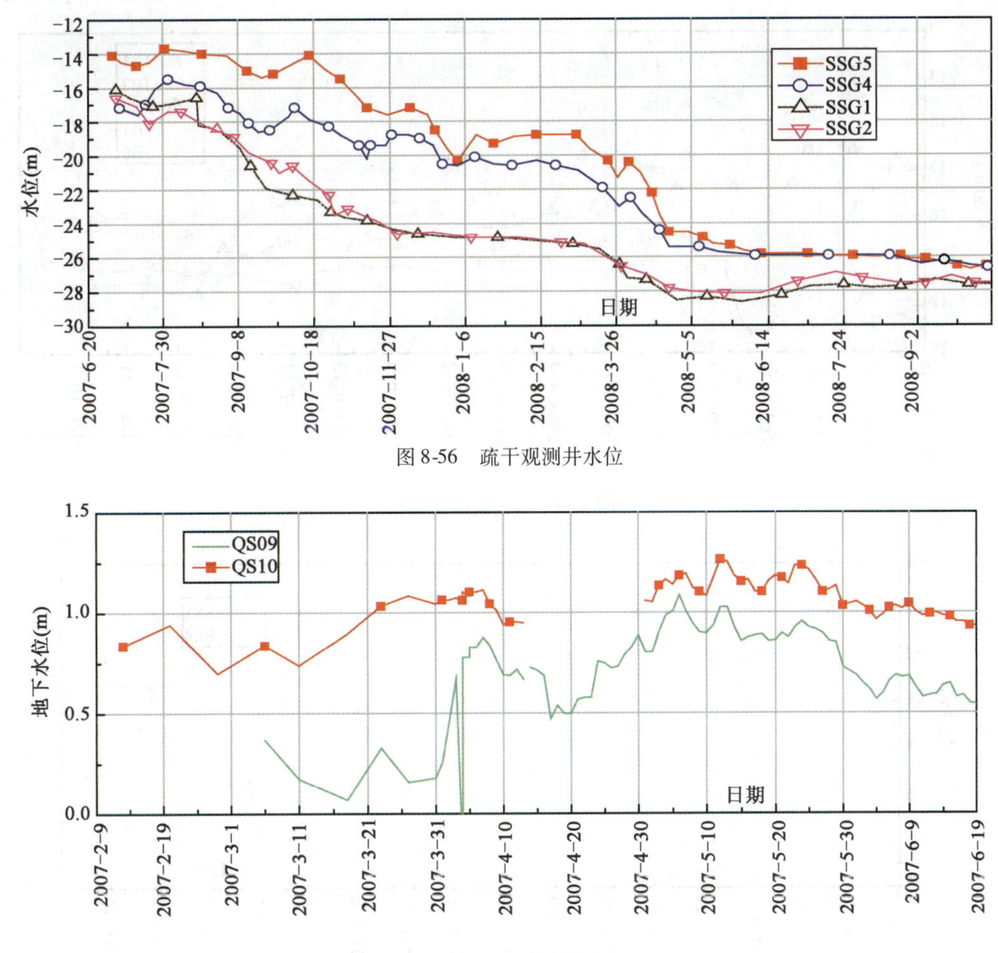

图 8-56　疏干观测井水位

图 8-57　坑外潜水井水位

(2)坑内、外承压水水位

坑内外承压水水位观测井位置如图 8-55 所示。典型位置处的承压水位变化情况如图 8-58所示。当负三层开挖后，为满足基坑抗浮要求，根据具体开挖位置从 2007 年 12 月逐渐开启承压降水井，从 2007 年 12 月至 2008 年 2 月负三层西部进行试开挖，承压水位基本保持在 −18m 左右，2008 年 2 月至 3 月一个月内由于开挖减缓，承压水位逐渐回升，3 ~ 4 月又继续降低承压水水位，之后开挖面从中间逐渐向两边扩展，西侧承压水位一直保持在要求水位。东侧承压水位随着开挖进度的要求逐渐降低，但总体高于西侧水位，从 2008 年 6 月开始负三层大部分土方开挖完，承压水变化缓慢，基坑整体承压水水位逐渐接近，大约在 −16 ~ −17.5m 位置。

承压水降水期间，坑外承压水水位总体变化范围在 2m 左右（见图 8-59），与坑内承压水水位变化情况相比较小，说明基坑内承压水抽降对坑外承压水水位影响较小。

在 2007 年 3 ~ 4 月期间个别孔位水位有较大起伏。SS04 监测到的最大降幅接近 8m（见图 8-60），导致基坑周边的 M1 号等建筑迅速产生较大的沉降。2007 年 3 月 31 日，承压水位降至 −9.11m 位置，比 2006 年 12 月 11 日降低 7.76m。2007 年 4 月 3 日，当采取停止抽降承压水等综合措施后,4 月 5 日,承压水位由 4 月 3 日的 -8.49m 迅速回升至 -4.71m,4 月 8 日至 -3.54m,随后基本维持在该位置,无较大起伏。

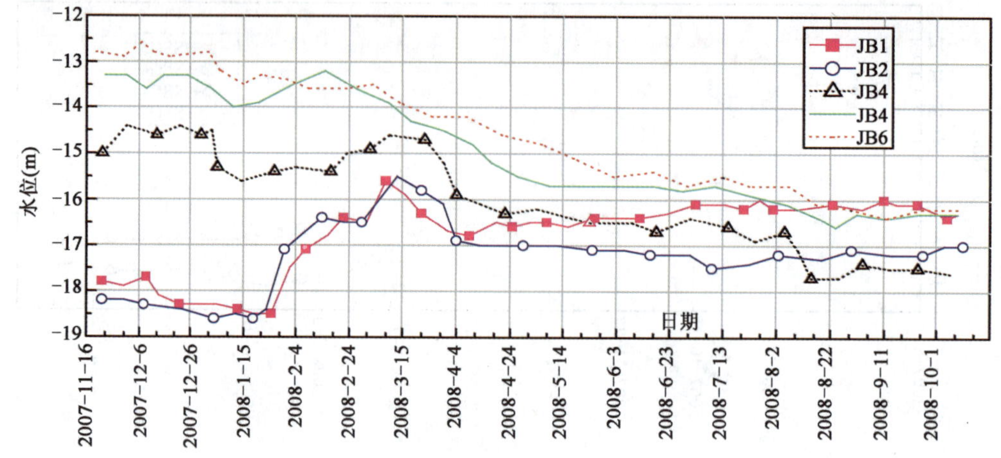

图 8-58 坑内承压水水位

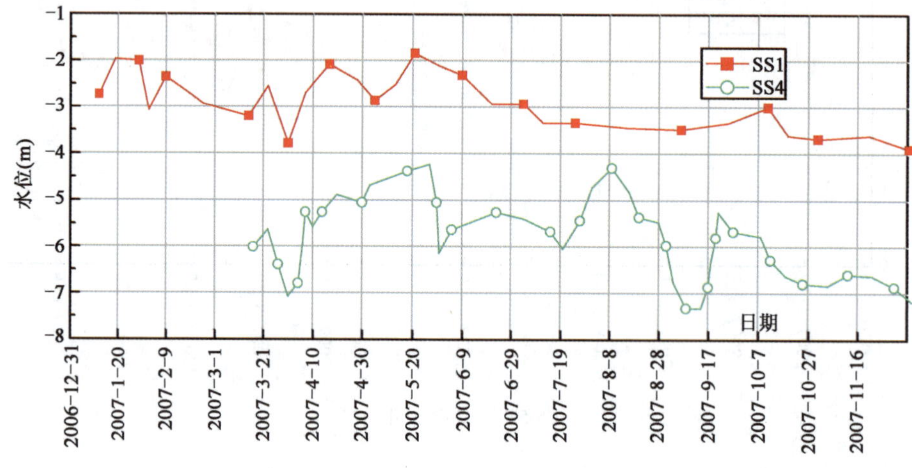

图 8-59 坑外承压水水位

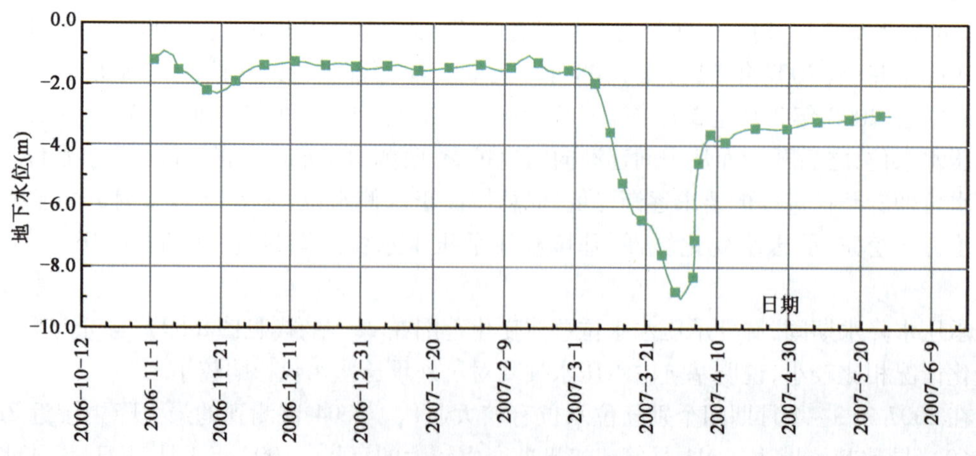

图 8-60 SS04 承压水水位

8.2.2 第 2 施工分区

第 2 施工分区内的潜水及承压水水位观测井位置如图 8-61 所示。

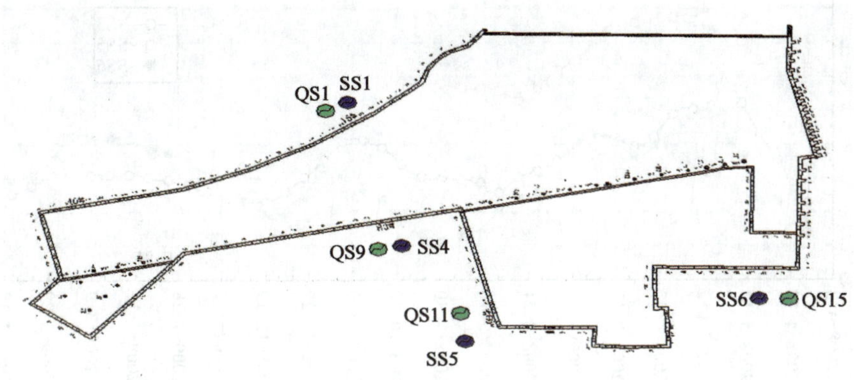

图 8-61　第 2 施工分区水位观测孔位置

2008 年 1 月第 2 分区基坑内开始降水,监测结果表明,基坑内降水对基坑外水位有一定影响。基坑内主要降水对象为浅层承压水,而地连墙最小深度为 49m,地连墙已经深入浅层承压水第二层、第三层之间的隔水层内,基本上将基坑内外第一、第二层承压水切断,且基坑外没有进行降水作业。随着基坑开挖及降水的进行,发现坑内降水对基坑外水位有一定影响,坑内外存在水力补给。

①坑外潜水水位有小幅波动,波动范围一般在 50cm 内,如图 8-62 所示。这主要是和潜水的补给方式有关,潜水处于地层的上部,补给快,受地表降水等影响较大。

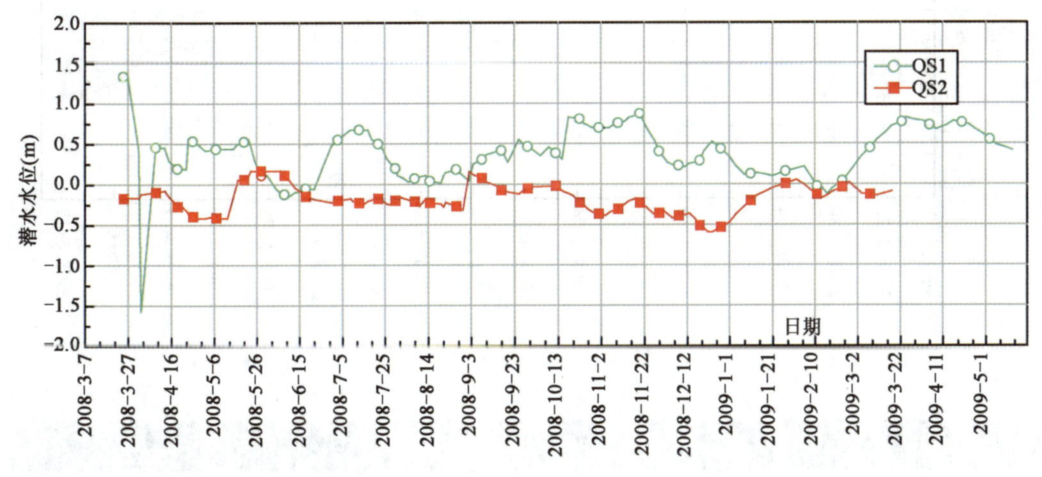

图 8-62　潜水水位

②随着 2 分区基坑开挖的进行,坑外浅层承压水水位总体呈下降趋势。

③2 分区开挖完毕,除 SS01 刚开始水位变化比较异常外,SS4、SS6 从开工到施工完毕水位变化量分别为 -1.73m、-0.764m。深水孔水位变化情况如图 8-63 所示。

可见,随着基坑开挖深度的增大,基坑内降水对基坑外承压水水位的影响是逐渐增大的。虽然 2 分区地连墙底部已经插入隔水层,但是随着基坑内降水深度的增大,基坑内外间的水力补给越来越显著。坑内水位的降低导致了基坑外的水渗透过隔水层向基坑内渗流、运动,因此在施工时应当注意基坑内降水对基坑外水位的影响。

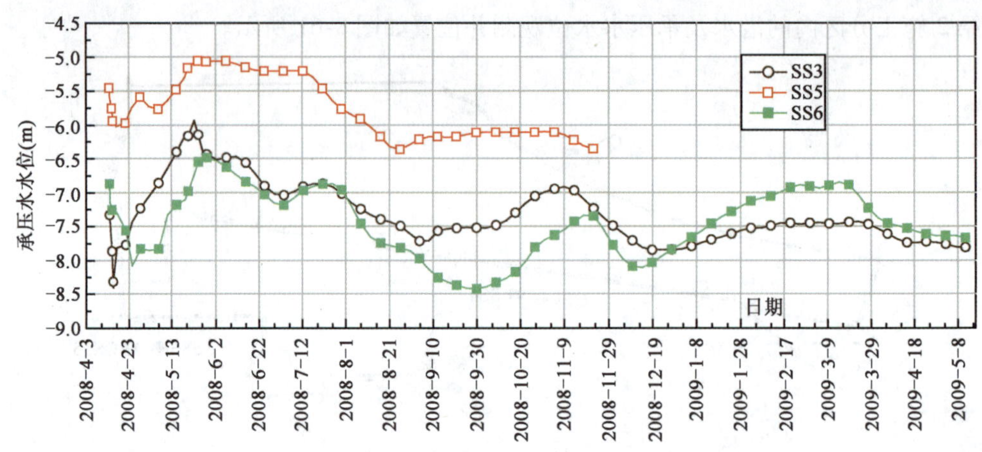

图 8-63　承压水水位时程

第 1 分区由于先行开挖,其降水作业对 2 分区的降水有一定的影响,以 SS1 和 SS6 孔位的水位变化时程为例(见图 8-64),SS1 与第 1 分区的距离为 50m,SS6 与第 1 分区的距离为 120m 左右,从图可看出,因受 1 分区的降水影响,第 2 分区的水位差有 0.5m 左右。

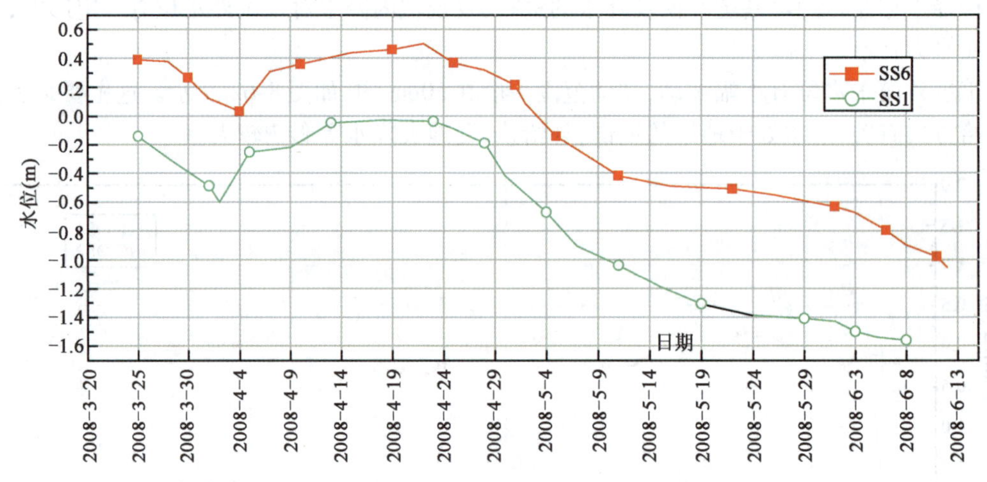

图 8-64　SS1 和 SS6 水位时程

8.3　土压力的实测研究

土压力以第 2 施工分区为例。土压力测孔 TY3 与地下连续连墙较近,该孔深 26m,测点深度分别为 -4m、-7m、-10m、-12m、-14m、-16m、-18m、-20m、-22m、-24m、-26m、-28m。下面以该孔资料为基础,分析土压力沿深度分布、土压力随时间的变化、土压力与朗肯极限土压力的比较、实测土压力与土体测斜的关系、原状土的极限位移等。

8.3.1　土压力沿深度分布

主动区、被动区土压力沿深度分布如图 8-65 所示。

(1)主动区土压力沿深度分布

根据主动土压力实测资料，墙外主动土压力随着深度增加而逐渐增大，且随着基坑开挖深度的增大，开挖对基坑上部 -16m 深度范围内的土压力影响较大而对基坑下部土压力的影响较小。从图 8-65a)可以看出，在深度 0 ~ -16m 范围里实测土压力大于水土合算的朗肯主动土压力，这与深度(-5 ~ -14m)范围主要是粉土有关，说明对粉土而言，采用水土合算是不合理的，而在 -16m 以下，实测土压力小于水土合算的朗肯主动土压力，推测可能与勘察报告岩土参数的取值有关，同时，可能与墙体变形形式有关。

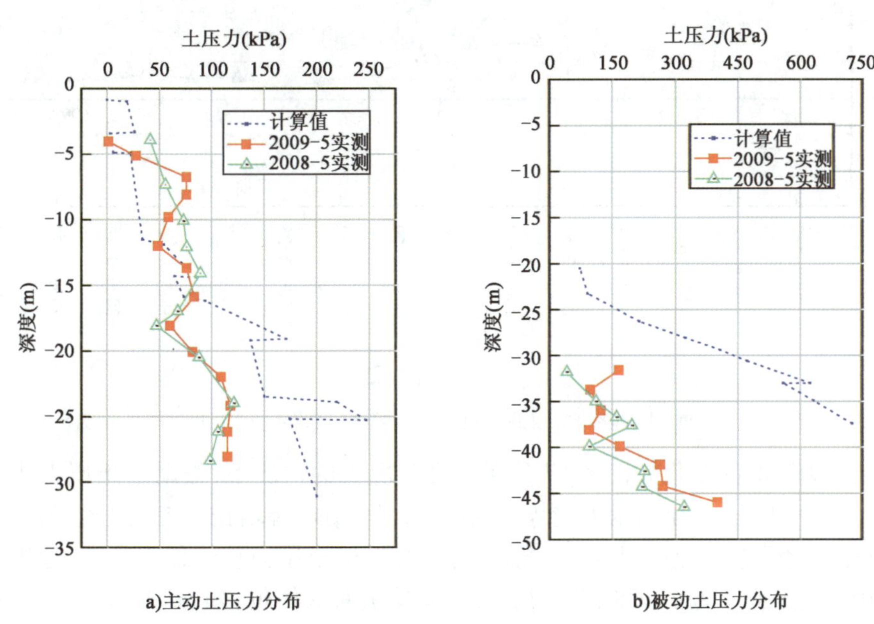

图 8-65　主动、被动土压力沿深度分布

根据本工程实测土压力实测数据，建议在本地区在进行基坑计算时，墙外主动土压力应以水土分算的朗肯主动土压力为主。

(2)被动区土压力沿深度的分布

墙前开挖侧被动区埋设的 8 个测点均在最终开挖面以下，实测结果表明：实测的被动区土压力远小于朗肯被动土压力，说明墙体向着土体方向运动的位移远未达到被动极限状态。本工程围护墙的总体水平位移较低，最大水平位移与开挖深度之比为 0.1% ~0.16% 。

8.3.2　土压力随时间变化

主动土压力随时间变化如图 8-66 所示。由图可知，主动区土压力总的变化趋势是随工况经过减小和增大的波动后逐步趋于稳定。

主动区土压力按测点位置的深度不同，分为以下几类：

第一类：深度在 -4m 以上的测点。该深度的土压力受基坑开挖扰动较大，工况 1、工况 2 期间出现上下波动，在工况 3 期间土压力急剧减小，之后趋于稳定。

第二类：深度在 -7 ~ -18m 范围内的测点。该深度范围内的土压力先是随着基坑开挖的开始，土压力减小，之后逐渐增大，在工况 3 时急剧减小，减小量约为 30kPa，之后土压力又出现波动，在工况 4 和工况 5 中趋于稳定。工况 4、5 对该深度范围内的土压力影响较小。

第三类：深度在 -22 ~ -28m 范围内的测点。该深度范围内的测点受工况 1、工况 2 影响不大。在工况 3 期间土压力也是急剧减小，之后土压力短暂回升。

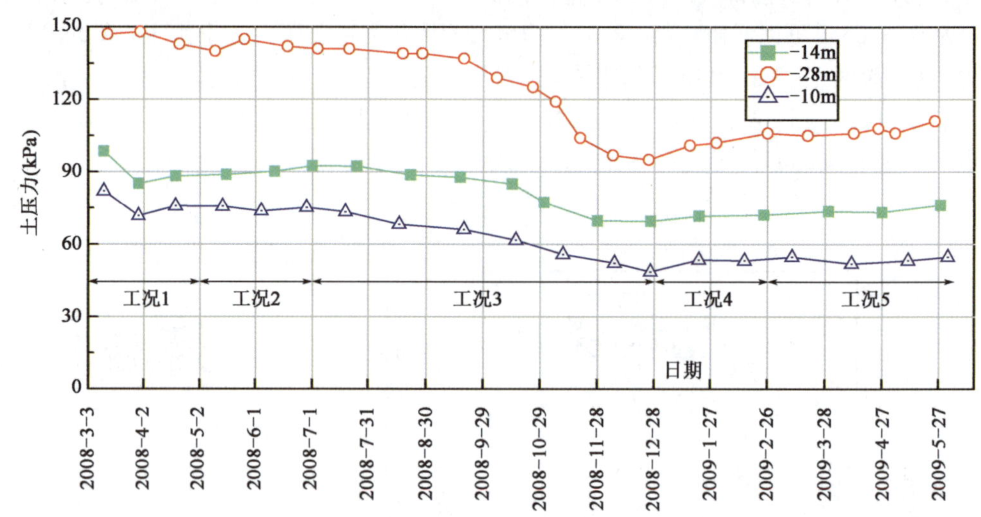

图 8-66　主动土压力时程

工况 1-负一层土体开挖；工况 2-负一层底板浇筑；工况 3-负二层土体开挖；工况 4-负二层底板浇筑；工况 5-负三层土体开挖

被动土压力随时间变化如图 8-67 所示。在工况 1 的情况下，被动区土压力普遍迅速增长，在工况 2 的情况下，土压力增大趋势得到遏制，但仍有小幅增长。工况 3 经历回落后，即逐步增大，总体呈上升态势，但工况 4、工况 5 期间，被动区土压力总体保持稳定，分析原因之一可能是采用盖挖逆作法施工，此时负一层、负二层层板对墙体位移起到抑制作用，且负三层开挖时保留了墙边土体，采用的是中间拉槽开挖方法，以及坑底回弹等诸多因素的共同作用下，使得被动区土压力增幅不显著。

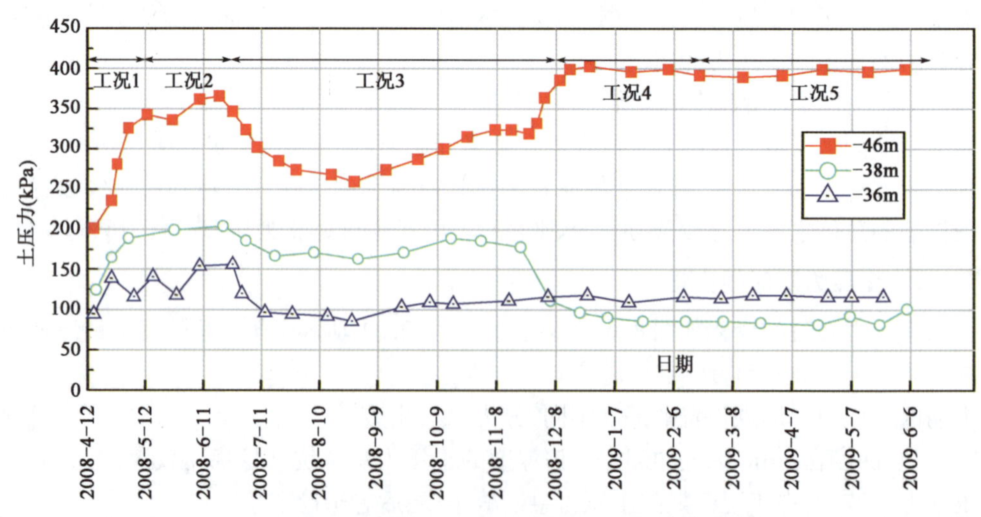

图 8-67　被动土压力时程

工况 1-负一层土体开挖；工况 2-负一层底板浇筑；工况 3-负二层土体开挖；工况 4-负二层底板浇筑；工况 5-负三层土体开挖

8.4 孔隙水压力

孔隙水压力以第 2 分区为例进行分析。

负一层结构施作完毕，开始负二层开挖时的孔隙水分布如图 8-68 所示。负二层土方开挖完毕，开始施作主体结构时的孔隙水压分布如图 8-69 所示。

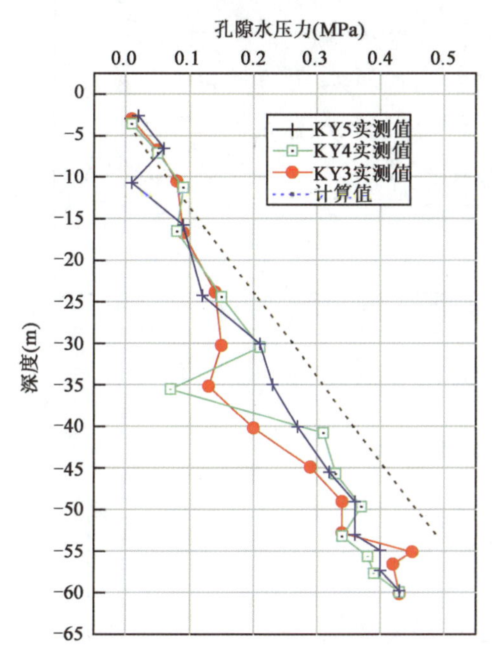

图 8-68 孔隙水压力沿深度分布(负二层开始开挖)

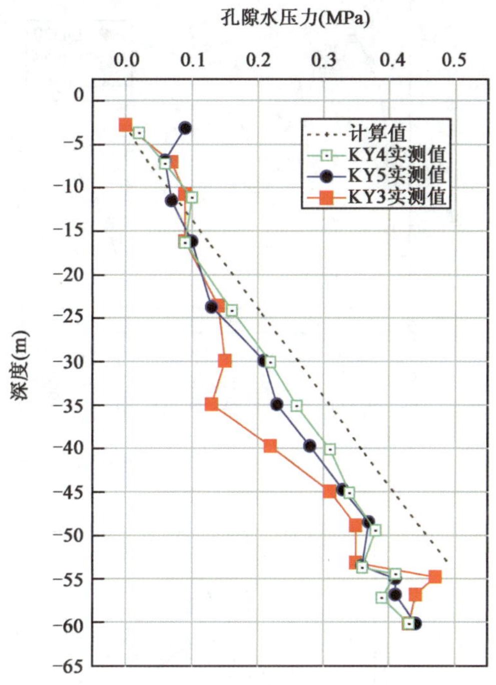

图 8-69 孔隙水压力沿深度分布(负二层开挖完毕)

综合以上各图可看出，实测的孔隙水压力比静水压力(按勘察期间地下水位埋深计算)要小。深度 -13m 以上的实测值比计算值略大，可能是降雨导致地下水位上升而引起的。靠近基坑位置 KY3 测孔的孔隙水压力变化波动较大，KY4 和 KY5 的测值与理论孔隙水压力更接近。

8.5 地下连续墙位移

8.5.1 竖向位移

轨道换乘中心基坑工程的地下连续墙竖向位移均较小，如第 1 分区的墙顶竖向位移基本在 ±2mm 范围波动，如图 8-70 所示；第 3 施工分区在负一层、负二层开挖期间，地下连续墙顶略有上浮，累计上浮值在 5mm 以内，局部沉降也在 2mm 以内，如图 8-71 所示。连续墙竖向位移远低于 10mm 的控制值，竖向稳定。

8.5.2 水平位移

第 1、2 施工分区采用逆作法施工，地下连续墙的水平位移整体较小。基坑开挖结束后，连续墙最大水平位移累计值第 1 分区主要分布在 20 ~ 30mm 范围内(基坑开挖深度 25m

左右),第 2 分区主要分布在 25 ~ 35mm 范围内(局部负四层开挖深度 30m 左右)。一些典型测点的地下连续墙水平位移如图 8-72 ~ 图 8-73 所示。第 1 施工分区测点 CX03 的最大水平位移为 22.41(深度 -26m 位置处),CX05 的最大水平位移为 29.3mm(深度 -24m 位置处)。第 2 施工分区测点 CX09、CX21 的最大累计值超出 30mm,分别为 31.6mm(深度 -31m位置处)、31.9mm(深度 -31m 位置处),该两个测点均处于四层开挖区,与基坑开挖深度较深有关。

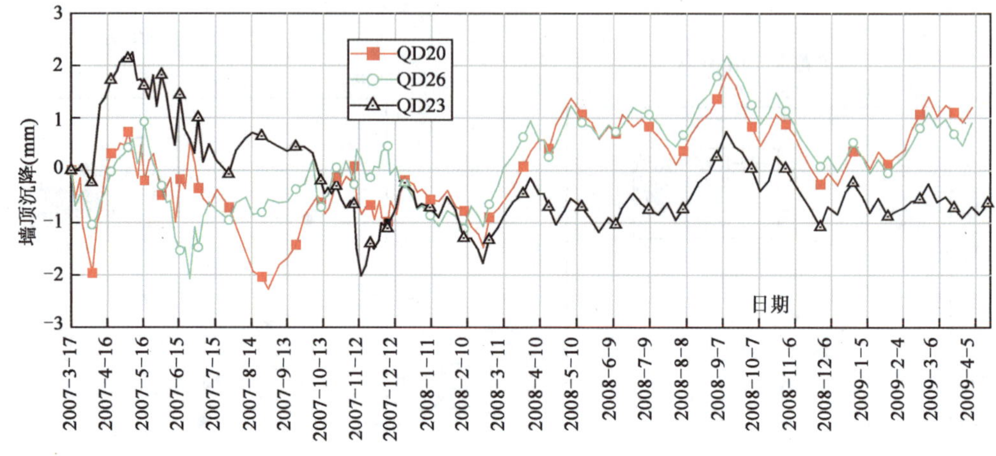

图 8-70　第 1 施工分区墙顶隆沉时程

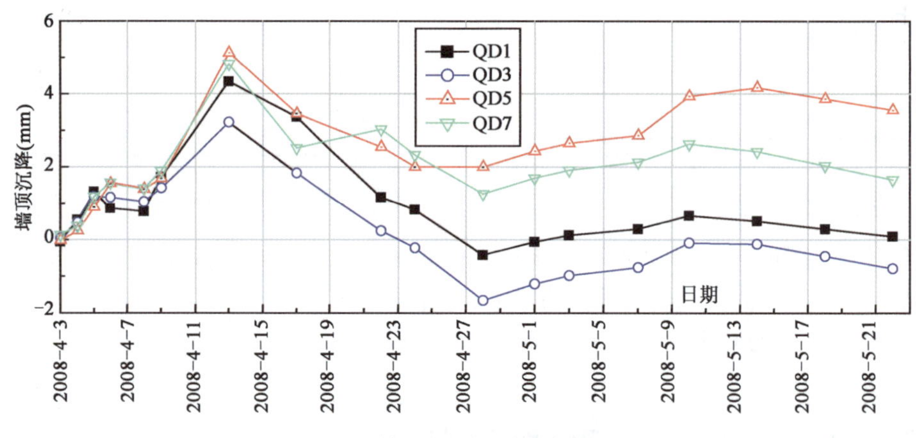

图 8-71　第 3 施工分区墙顶隆沉时程

第 3 施工分区的施工方案与第 1、2 施工分区的全逆作法有所区别,采用盖挖半逆作法施工,地下负一层、负二层采用明挖顺作法施工(开挖深度约 12.5m),地下负三层、负四层采用盖挖逆作法施工(开挖深度约 24.8m)。连续墙最大水平位移值主要分布在 35 ~40mm 范围内,测点 CX06、CX07、CX09 的连续墙水平位移如图 8-74 所示,CX06 的最大水平位移为 36.88mm(深度 -25m 位置处),CX07 和 CX09 最大水平位移分别为 35.63mm(深度 -22m 位置处)、39.64mm(深度 -24mm 位置处)。

综合三个施工分区的连续墙水平位移的发展及不同深度位移的分布情况,有以下特点:

①连续墙的最终变形形状、位移演变过程以及最大累计值沿深度的分布情况等差异较大,与基坑的施工方法、开挖深度、地层条件、施工工序组织安排等不同有关。

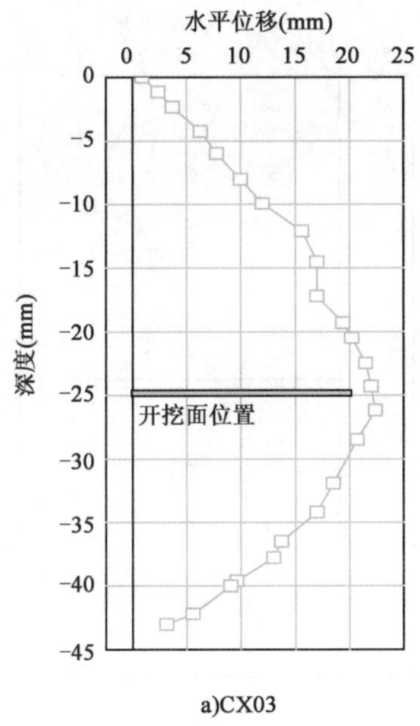

a)CX03

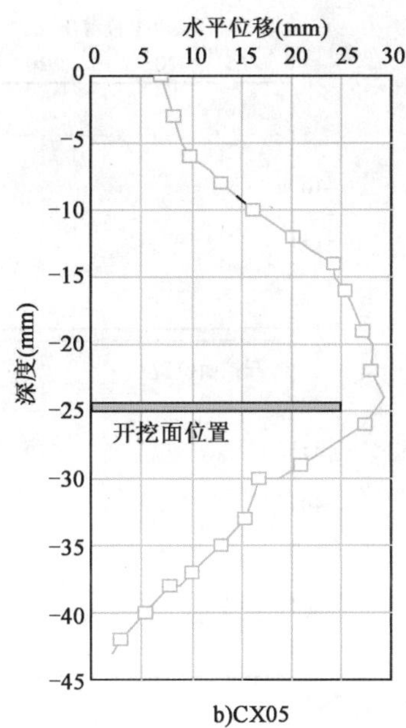

b)CX05

图 8-72　第 1 施工分区典型位置的连续墙水平位移

②连续墙不同深度的水平位移分布形态总体上具有中间大、两端小的特征。

③采用全逆作法时，主体结构的顶板施作完毕后，连续墙的墙顶水平位移一般保持不变。在后续施工的中间阶段，墙顶可能出现向土侧的位移，但位移量一般不会太大，本工程主要在 5mm 以下。对于半逆作法（第 3 施工分区），连续墙顶位移可能会较大，但主要产生在顺作法施工阶段。

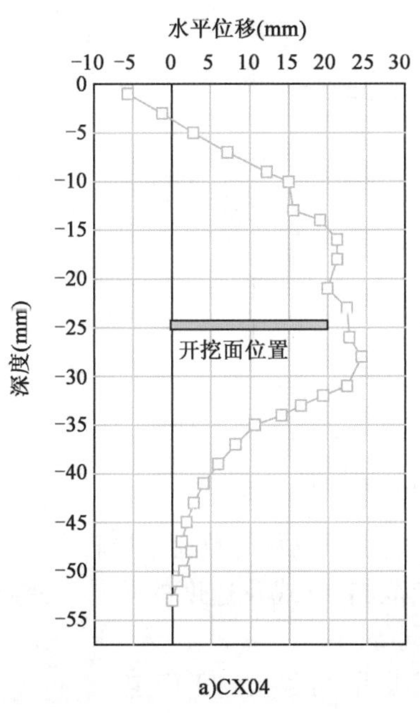

a)CX04

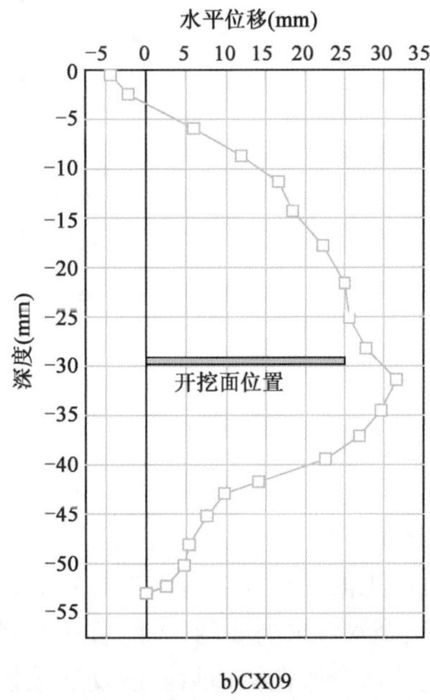

b)CX09

图　8-73

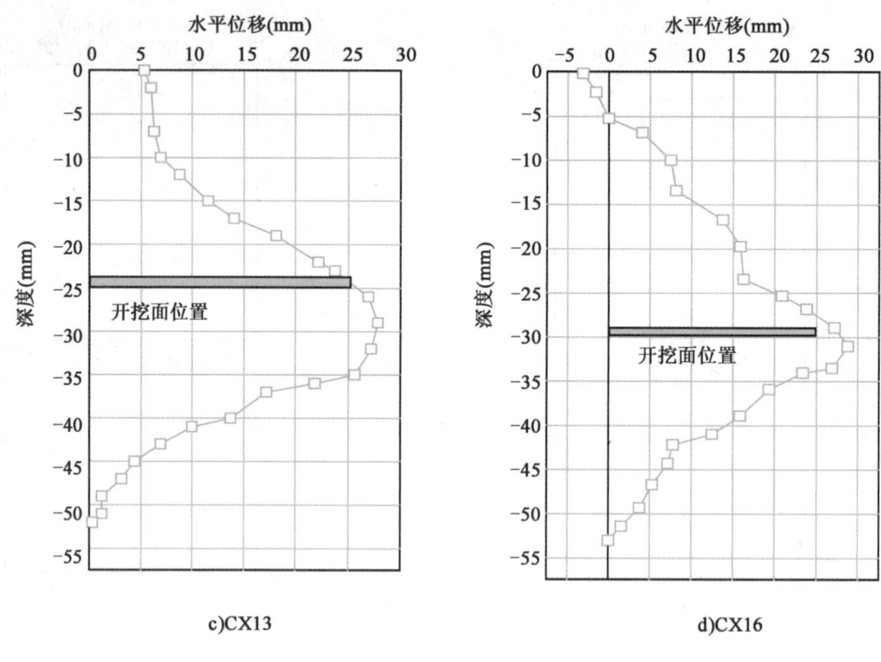

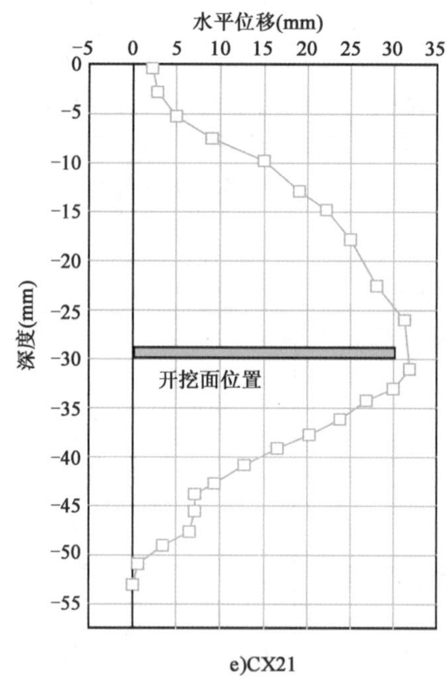

图 8-73　第 2 施工分区典型位置的连续墙水平位移

④即使在同一个施工分区，不同位置实测的连续墙水平位移的数值差异较大，这主要是由整体基坑施工的时空效应等因素导致的，如土方开挖范围、方式及速度的差异、支撑架设时间快慢不等、降水效果的非均匀性、坑底暴露时间的不同等。

⑤连续墙变形在结构封底前发展较快，在施作层板后，可很快趋于稳定。

⑥连续墙最大水平位移一般发生在最终的开挖面附近，其深度与开挖深度之比为0.8～1.2。

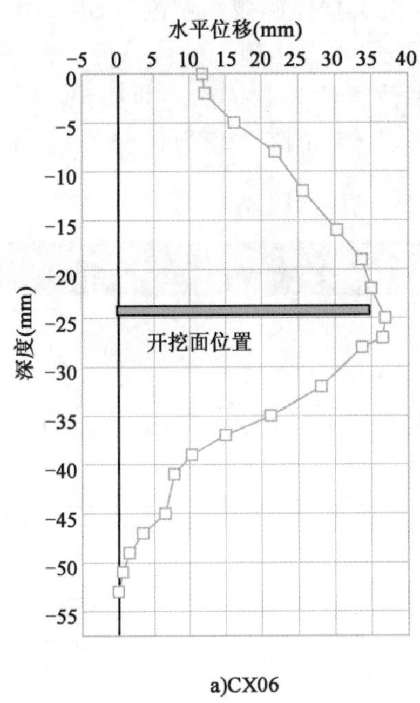

a)CX06

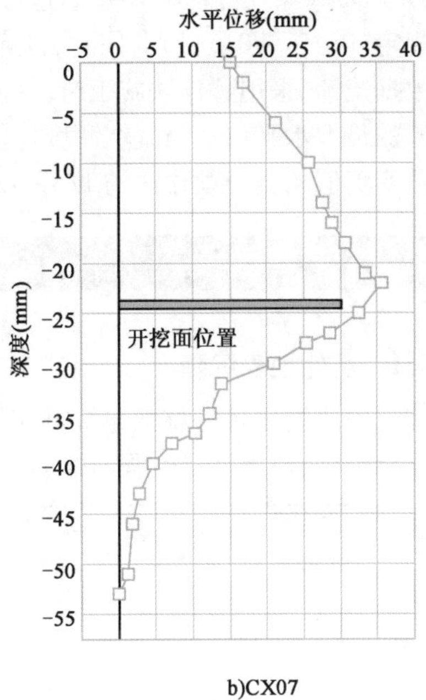

b)CX07

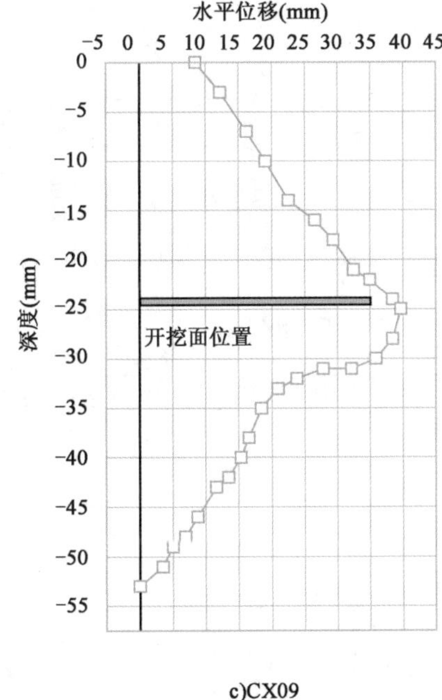

c)CX09

图 8-74 第 3 施工分区典型位置的连续墙水平位移

⑦在地层条件和开挖深度相近的条件下(如本工程的第 1、3 施工分区),1 区采用逆作法施工时,连续墙的墙体水平位移小于 3 区采用半逆作法施工的墙体水平位移。

⑧本工程第 1 ~ 3 施工分区采用逆作法施工,墙体总体水平位移水平较低。本工程实测墙

体最大水平位移与开挖深度之比的较大值为 0.12%（第 1 分区 CX05）、0.106%（第 2 分区 CX21）、0.159%（第 3 分区 CX09）。远小于《建筑基坑工程监测技术规范》(GB 50497—2009)的相关规定(0.4% ~0.5%)。同时,也远低于一般采用顺作法施工的位移值。根据上海的基坑实测数据统计,采用顺作法施工时,一般最大水平位移约为基坑深度的 0.5% 左右(如上海金茂大厦的最大水平位移与基坑深度比值为 0.41%,上海恒隆广场为 0.55%)。本工程墙体水平位移实测值相当于顺作法的 1/4 ~1/3。

8.6 坑外土体位移

8.6.1 坑外地表沉降

本节选用数据比较完整的第 2 施工分区的 DB23 ~ DB27 测点(对应 CX09、TX08)进行分析,这几个测点的地表沉降时程曲线如图 8-75 所示。

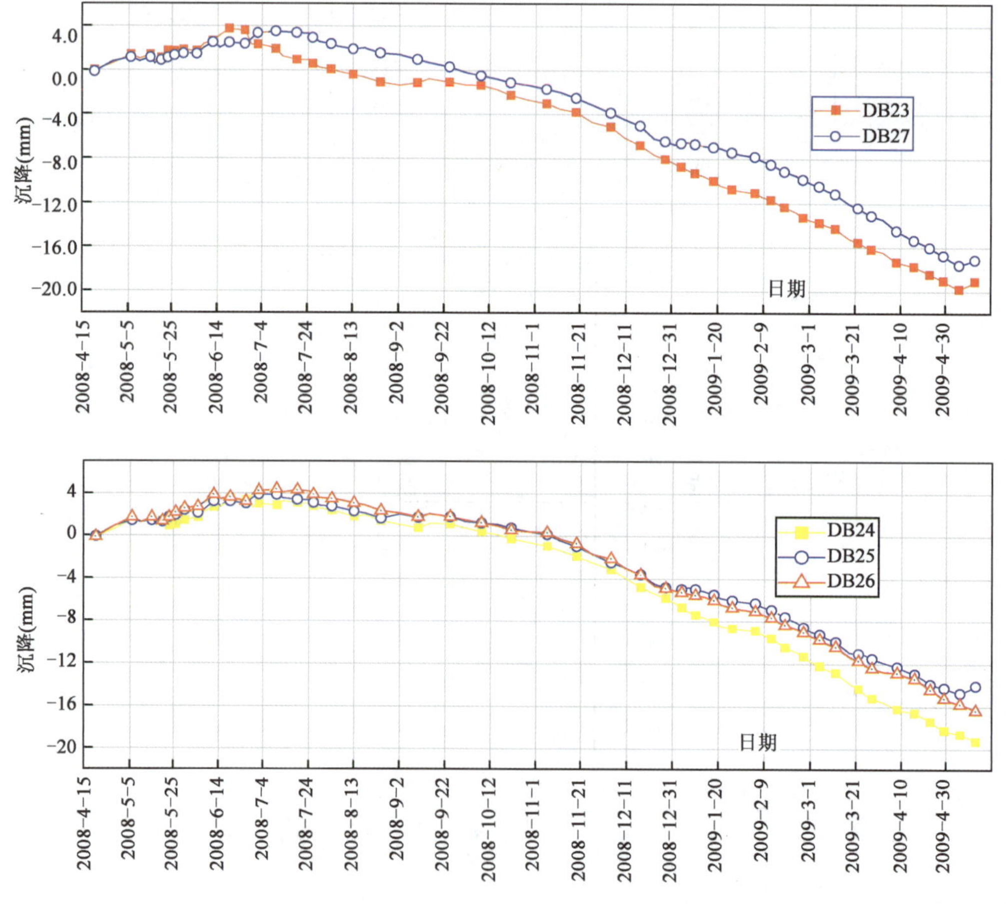

图 8-75 地表沉降时程

该组测点的最大值为 19.22mm(DB24 测点),测点 DB23 ~ DB27 构成的测线对应的连续墙水平位移测点 CX09 的最大水平位移累计值(31.6mm)与 19.22mm 的比值为 1.64,略大于上海的经验值,上海的经验值一般为 1.0 ~1.4,如上海徐家汇车站、陕西路站的二者之比分别为 1.43 ~1.22、0.84。

8.6.2 土体水平位移

坑周土体的水平位移曲线与对应的墙体水平位移曲线形态基本一致,且距离基坑越近,则土体水平位移越大。如与第 2 施工分区墙体水平位移测点 CX09 对应的测点 TX08(与 CX09 距离约 7m)的不同深度地层的水平位移情况如图 8-76 所示。

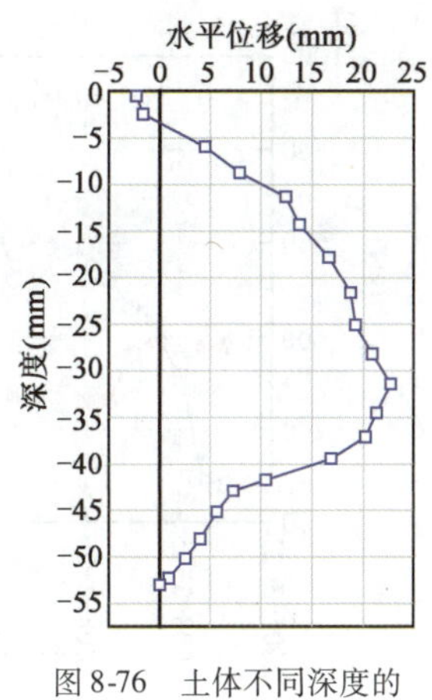

图 8-76 土体不同深度的水平位移

8.6.3 不同距离内的土体水平位移

基坑开挖到 -25m 时,与基坑不同距离处(TX15、TX16、TX17 与基坑边缘的距离分别为 3m、13m、25m)的土体水平位移情况如图 8-77 所示。从图中可以看出,随着与基坑的距离增大,最大水平位移值逐渐减小,且最大水平位移的位置逐渐上移,墙体水平位移的影响范围大致为 1 倍基坑开挖深度。

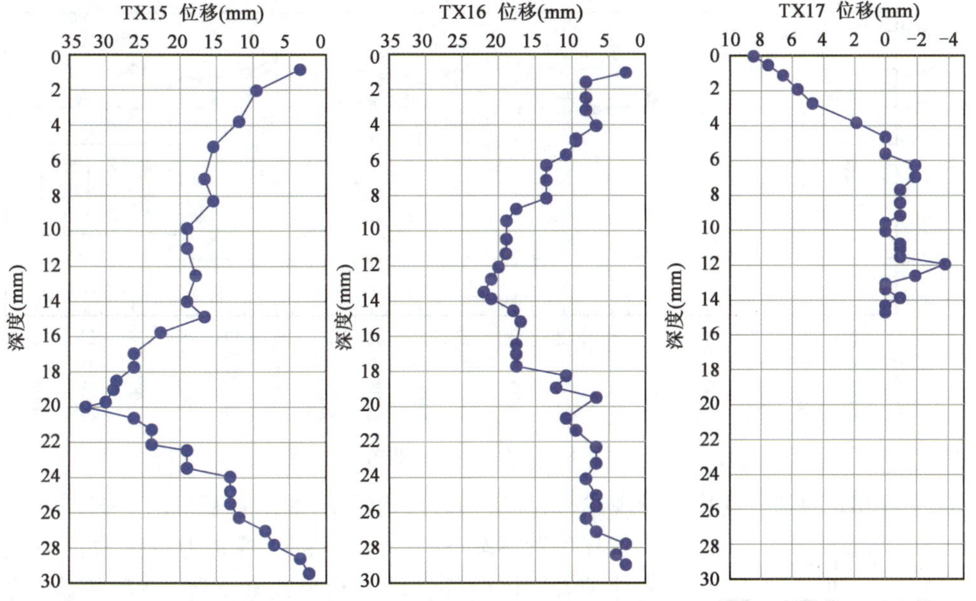

图 8-77 与基坑不同距离的土体水平位移

8.7 支撑轴力

8.7.1 钢支撑轴力

以第 3 施工分区负一、负二层明挖顺作时的支撑受力情况为例,ZL12、ZL6(平面位置见第 3 分区测点布置图 6-3,ZL6 位于㊿~52轴之间,ZL12 位于53~54轴之间)的轴力变化情况如图 8-78、图 8-79 所示。ZL6 的设计轴力是:ZL601(第一层支撑)为 551kN,ZL602(第二层支撑)为 2023.75kN。ZL12 的设计轴力是:ZL1201(第一层支撑)为 551kN,ZL1202(第二层支撑)为 2023.75kN,ZL1203(第三层支撑)为 267kN。

2008 年 3 月 25 日到 5 月 15 日之间主要进行基坑负二层土方开挖工作,并完成负二层主体结构施工。2008 年 3 月 25 日,㊿~52轴(ZL6 位置处)已开挖至负二层设计标高,52~55轴进行负二层土方开挖;5 月 15 日,浇筑负二层底板混凝土。

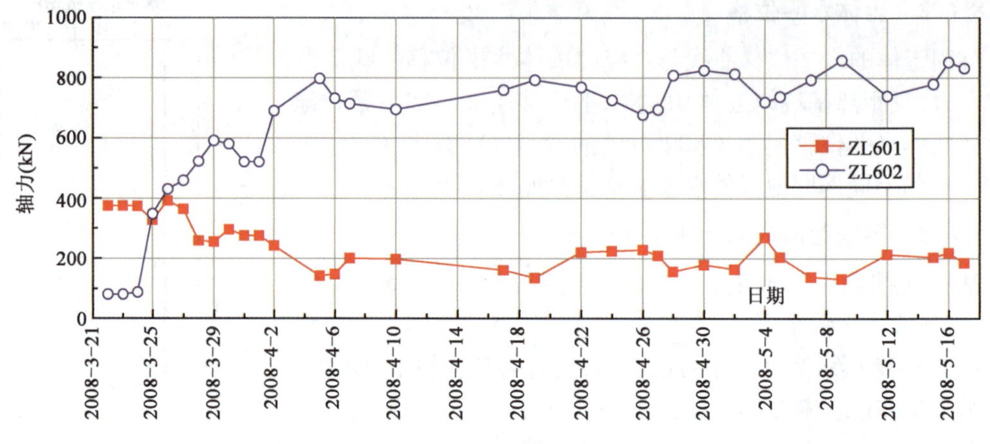

图 8-78　ZL6 轴力时程图

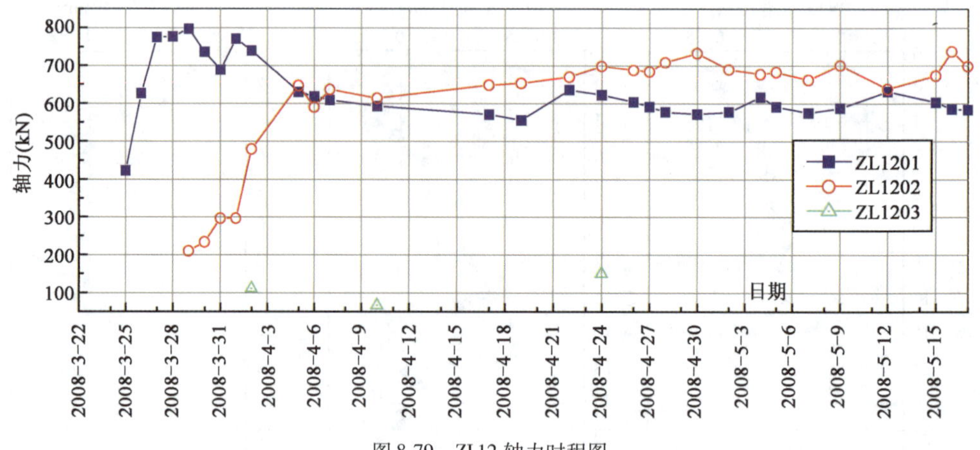

图 8-79　ZL12 轴力时程图

ZL6 和 ZL12 的轴力变化比较规律，第二层轴力开始较小，而随着基坑向下挖，围护墙的最大位移位置逐渐下移，导致下部支撑轴力持续增长，而上层轴力伴随着墙体向外移动的趋势逐渐下降，最后随着基坑开挖的结束逐渐趋于平衡。

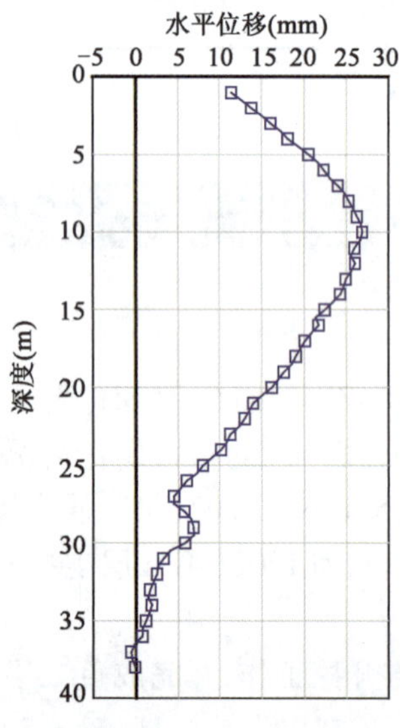

图 8-80　CX08 水平位移

2008 年 3 月中旬，开始土方开挖。监测数据显示，墙体水平位移以及土体水平位移变化均较大，且各个测点最大值均出现在基坑开挖面附近。建设单位及时架设了上层钢支撑，但由于围护结构变形比较明显，尤其是 ZL12（与 ZL12 对应的测点 CX08 的水平位移如图 8-80 所示）的上层支撑受围护结构向基坑内变形影响而轴力值较大（797.923kN），超过设计轴力值（551kN）。因此，施工单位及时架设了第二层钢支撑，并在已经开挖至设计标高的范围内及时施作层板。

8.7.2　混凝土支撑轴力

以第 1 施工分区负三层施工时采用的混凝土支撑为例，负三层层高 6.44m，底板厚 1.8m，土方开挖高度 8.24m，需要在层间架设支撑，因基坑宽度大，采用水平对撑困难，故采用混凝土斜撑。负三层开挖时，首先沿东西方向拉中槽，施作中部底板，然后在南北两侧施作混凝土斜撑，最后再开挖南北两侧的土方，详细施工步骤可参考第5章。混凝土支撑的轴力演变过程以㉜轴位置处为例，如图8-81所示。

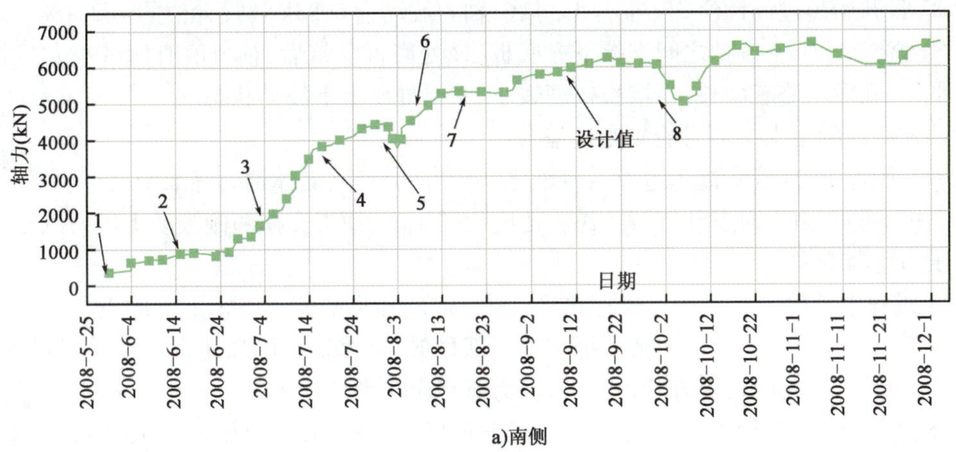

a)南侧

1-开始挖土；2-已挖完㉜~㊱轴之间大部分土方；3-开始向西开挖；4-㉘~㊱轴土方开挖完毕，开始铺设垫层；5-已挖完㉖~㊱轴全部土方；6-南侧㉞~㉟轴漏水；7-浇注㉗~㉛轴之间支撑下方底板；8-浇注㉛~㉞轴之间支撑下方底板

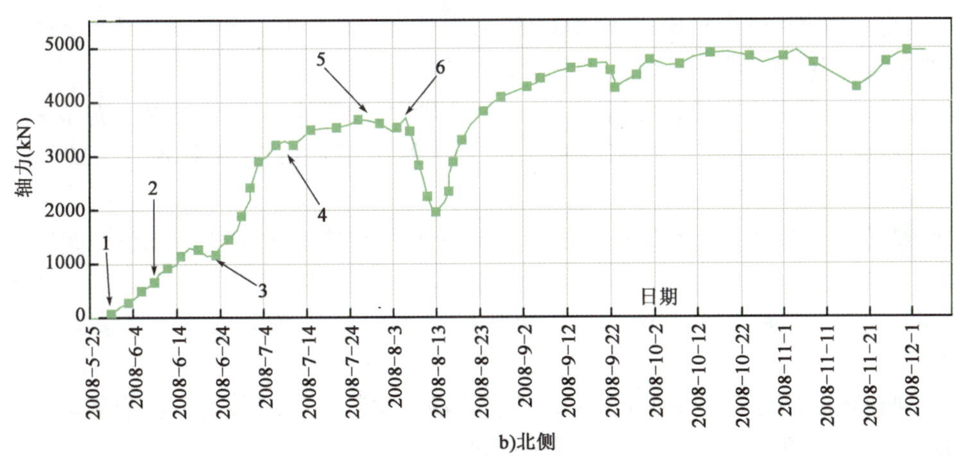

b)北侧

1-开始挖土；2-挖完㉜~㉞轴之间土方；3-㉙~㊱轴之间挖完部分土方；4-㉙~㊲轴全部挖完，开始铺设垫层；5-已挖完㉖~㊲轴全部土方；6-浇注㉙~㊲轴之间支撑下方底板

图8-81 ㉜轴位置处混凝土支撑轴力时程

㉜轴南侧混凝土支撑轴力的演变过程为：

从1开始挖除支撑下面的土方，向东开挖至㊱轴，㉜轴西侧未开挖。由于此处支撑东侧的土体仍然可起到支撑作用，故支撑上的压力相比北侧支撑较小，为900kN左右。随着后续土方的开挖，支撑轴力逐渐增大。

2~3过程中，没有扩大挖土范围，将原有区域继续挖深，再加上以前土体的徐变作用，支撑压力逐渐增加，增至1520kN左右。

3~4过程中，开始向支撑西侧挖土，此范围内土体开挖对支撑受力影响较大，轴力增加到3771kN，变化值和变化速率都较大，在这段时间内轴力的增加值占整个过程的51%左右。

4~5过程中，因土体徐变效应及向西继续开挖，轴力继续增加，但变化速率逐渐变缓，并趋于稳定状态。

从6开始的2天时间内南侧边墙有漏水,轴力受其影响略有波动,随后轴力增加速率变大,在7浇注完㉗~㉛轴之间底板后,轴力增加受到控制,之后又有所增加。支撑轴力从2008年9月12日开始超过设计值3%左右,9月底,轴力波动为6083kN(设计值的102.1%)。

在8处浇注了㉛~㉞轴之间支撑下方底板,该处底板浇筑后,轴力值有所减小,之后又增至原水平,并在后期略有增长,但增长幅度较小,主要处于上下波动状态。

㉜轴北侧混凝土支撑轴力的演变过程为:

从1开始挖土,随着支撑东边㉜~㉞轴之间土方的移除,支撑轴力逐渐变大。

在2~3期间,由于向东开挖㉙~㊱轴范围内的土方,使得支撑两侧被动土压力减小,支撑受到的压力逐渐增大。

3~4过程中,继续挖深㉙~㊲轴土方至底板标高,并将部分支撑正下方的土方挖完,使得底板标高以上原土体对连续墙的被动抵抗力全部释放,支撑轴力增加速率以及绝对增加值均较大,在3附近一段时间内土方开挖暂停,轴力值相应几乎没有变化。

4~5过程中,继续向西开挖,但因开挖范围距离㉜轴较远,所以影响不大,轴力由于土体徐变有稍微增加,但增大速率逐渐变小,并趋于稳定。

在6浇注㉙~㊲轴之间支撑下方底板后,浇筑完底板后,轴力有较大减小,之后又逐渐增大,至2008年9月底,轴力增至4751kN(占设计值得86.8%),随后趋于稳定,处于小幅上下波动状态。与南侧支撑轴力相比,北侧相对较小,主要是因为北侧支撑下方区域的浇筑底板较早,且一次浇筑的面积较大。

㉜轴位置处的混凝土支撑轴力相对其他区域比较大,如㊴轴南、北侧混凝土支撑在土方开挖完且基本稳定后,轴力数值分别为3094kN(设计值的52.5%)、3716kN(设计值的63.1%)。主要原因有:

(1)㉜轴位于基坑中部,此处地下连续墙的变形和土体变形常较大,支撑轴力相应也较大。

(2)负一层在㉛轴附近南、北两侧都凿开地连墙,预留连接通道,对地下连续墙的整体性有一定影响。

(3)㉞轴南侧附近对底板及地下连续墙进行了防水注浆,可能对支撑轴力有影响。

(4)南侧底板浇筑比较滞后,坑底暴露时间过长。

2008年9月中旬,㉜轴实测支撑轴力超过设计轴力值后,尽管没有超过混凝土支撑的极限承载力,支撑本身不会发生失稳破坏,为安全起见,建设单位进行了底板的快速封闭。

8.8 坑底土体回弹

坑底土体回弹测试项目以第2施工分区为例进行分析。2009年3月5日,开挖深度13.55m,负二层开挖完毕,并已施作层板,负三层准备开挖。深度-25m位置的HT11测点的回弹量变化曲线如图8-82所示。

截至2009年3月5日,HT11测点(-25m位置)最大回弹值约20mm。HT11附近的Z157、Z169立柱隆起(静力水准仪获得的实测值)与土体回弹对比情况如图8-83所示。

截至2009年3月5日,立柱Z157、Z169的累计隆起量分别为21.46mm、20.16mm,其最大隆起量及变化趋势与坑底土体回弹测值很接近。

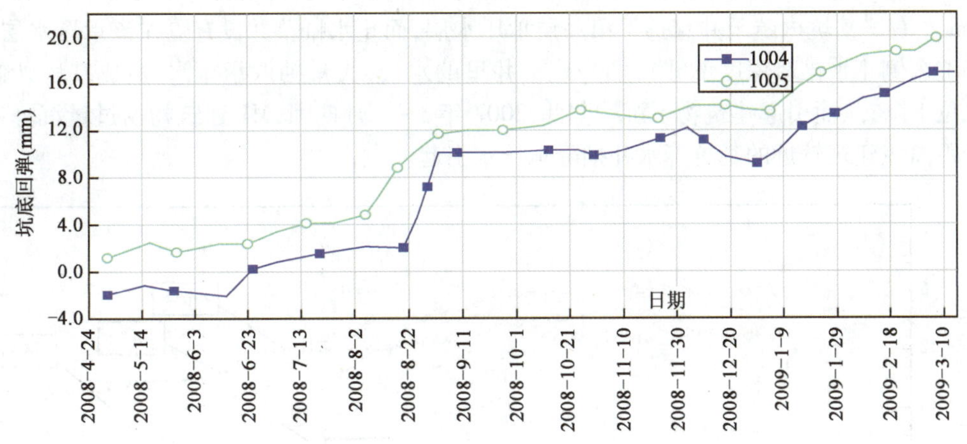

图 8-82　HT11 坑底回弹量时程(1004～1105 为回弹监测编号)

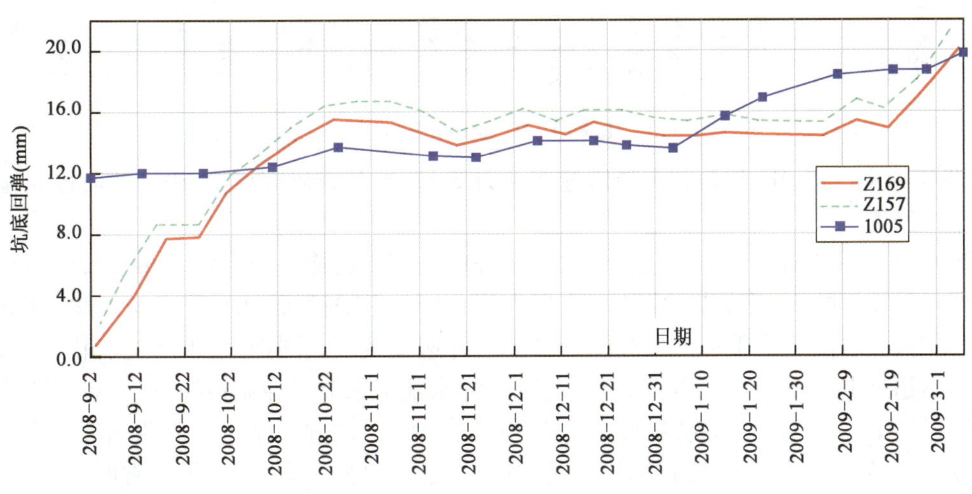

图 8-83　坑底隆起与立柱隆起对比(1005 为坑底回弹测点)

8.9　建筑物(构筑物)沉降与倾斜

轨道换乘中心基坑工程周边主要分布有 M1、W1、X1 等建筑(群),为方便计,本书整理和分析时,统一采用数据库录入时的相关编号。

8.9.1　M1 号建筑物

(1)承压水抽降导致过量沉降

2007 年 3 月至 2007 年 4 月初,M1 建筑物发生沉降异常现象,监测到部分测点有 16mm 左右的异常沉降,几个控制性角点 JMA1～JMA9 的沉降时程如图 8-84 所示,其中靠近基坑侧(即该建筑的南侧)的测点 JMA8 和 JMA9 沉降最大。截至 2007 年 4 月 3 日,JMA8 测点的累计沉降由 2007 年 3 月 6 日 9.92mm 增加到 27.16mm(增量 17.24mm),JMA9 则由 9.11mm 增加到 28.77mm(增量 19.66mm)。

2007 年 3 月,轨道换乘中心(后广场)基坑土建施工第 1 分区,进行基坑疏干井降水施工时，基坑外侧潜水水位没有明显变化，但是承压水水位下降很大，基坑外东北角 SS04 孔水位下降 8m 左右。基坑内疏干井穿透了第一层承压水层，而止水帷幕并没有隔住该承压水层（主要是基坑东侧止水帷幕深度不够），抽降疏干井里的水，会大量抽取承压水，造成基坑外侧承压水水位下降，从而引起建筑物下沉。因此，2007 年 3 ~4 月期间，M1 建筑物的过量沉降主要是由于距离该建筑较近的基坑降水井抽降承压水引起。

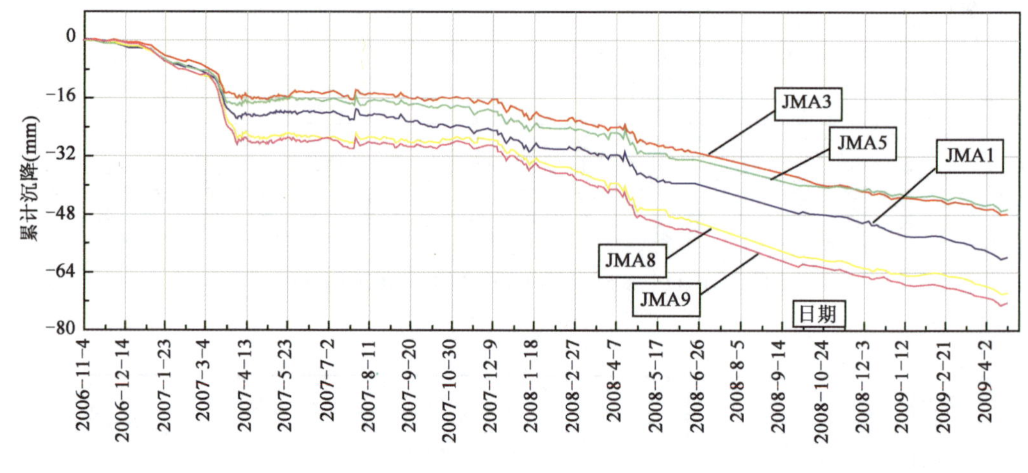

图 8-84　M1 建筑物沉降时程

2007 年 4 月初，M1 建筑物沉降值过大，4 月 3 日，经各方研究讨论，决定暂时停止基坑抽水和开挖施工。

2007 年 4 月 3 日下午，停止抽水后，基坑外的承压水迅速上升，由原来的地面下 11m 多，上升到 4 月 6 日的 6m 多，其上升速率表现为停止抽水后前两天，水位上升速率大，达到一天 2.5m 左右，在水位上升到地面下 8m 后，水位上升速率减缓。同期，潜水水位变化不大，变化值基本不超过 10cm。从 4 月 9 日，整个基坑内降水施工采取了控制措施，仅开启了 2、3 号出土口附近的 16 口降水井，将水泵的位置提高到地面下 11m，并对基坑东西两端部分降水井用橡皮球进行了封堵，尽量降低承压水上升的速度。这些措施采取后，效果非常明显，使得基坑外的承压水水位基本稳定在地面下 6 ~7m 之间，变化幅度较小。

M1 建筑物在 4 月 3 日停止抽水之后，回弹非常明显，回弹速率接近每天 2mm。两天后，沉降趋于稳定。

2007 年 4 月 3 日，M1 建筑物沉降分布情况如图 8-85 所示，图中的测点编号与图 8-84 的测点编号相对应，如图 8-85 中的测点编号为 1，则对应于图 8-84 中的 JMA1，余者类推。除了 JMA3 测点处于建筑的最北端，累计沉降值为 14.38mm 外，其余测点全部超过 20mm，建筑最南端的 JMA8 和 JMA9 则累计沉降达 28mm 左右。

从图 8-85 可看出，虽然建筑物的绝对沉降值较大，但等色线带宽度较均匀，各等色线带的宽度基本相同，因此，建筑差异沉降引起的倾斜率应基本一致，发生沉降后，仍然维持一个平面，无明显扭曲现象。M1 建筑物的倾斜方向是自北（JMA5 测点位置）向南（JMA8、JMA9 测点位置）。因此，选取几个较典型的南北向剖面位置（见图 8-86），对建筑倾斜情况进行分析，如图 8-87 所示，可见 M1 建筑发生沉降后，南北倾斜方向仍然基本维持平面形状，剖面 JMA5-JMA8、JMA3-JMA9、JMA1-JMA9 的倾斜率分别为 0.027%、0.031%、0.027%，均小于控制值（0.2%）。

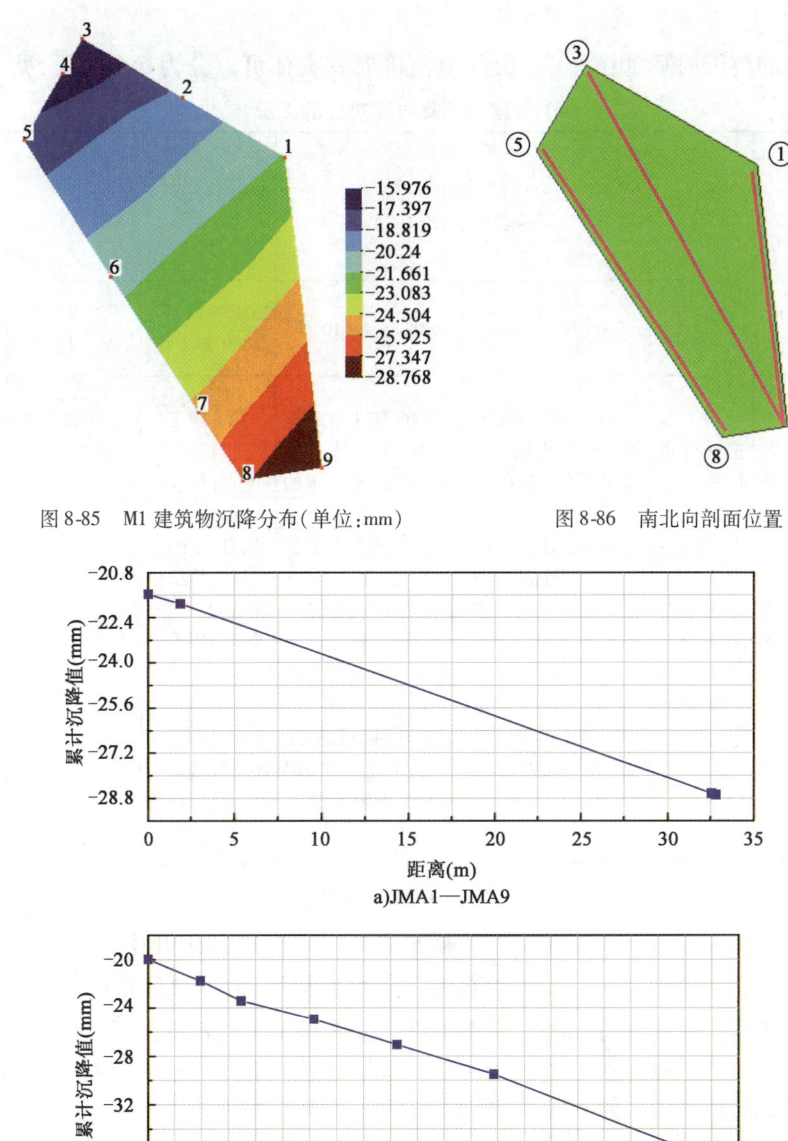

图 8-85　M1 建筑物沉降分布(单位:mm)

图 8-86　南北向剖面位置

a)JMA1—JMA9

b)JMA3—JMA9

c)JMA5—JMA8

图 8-87　南北向不同剖面处建筑倾斜

(2)沉降时程

M1 建筑物的沉降时程如图 8-84 所示,其沉降时程大体可以分为 6 个阶段,见表 8-1。

M1 号建筑沉降时程对应的工况 表 8-1

阶段一	阶段二(下沉较大的阶段1)	阶段三	阶 段 四(下沉较大的阶段2)		阶 段 五		阶段六
2007 年 3 月前	2007 年 3 月	2007 年 4~12 月	2008 年 1~4 月	2008 年 4~10 月	2008 年 10 月~2009 年 2 月	2009 年 3 月	2009 年 4 月
2007 年 3 月前进行零层土方开挖,并进行初步降水,最大沉降在 8mm 左右	2007 年 3 月在东侧地连墙未封闭情况下持续降水,引起建筑物迅速下沉,普遍累积下沉 16~24mm	第 1 施工分区进行负一、负二层土方开挖;第 3 施工分区地连墙施作。建筑物无明显变化	2008 年 1~4 月期间开始出现一定速率下沉,沉降速率平均约为 0.34mm/周, 2008 年初~4 月底,第 1 施工分区进行负三层㉚轴以西的承压井降水及开挖施工,第 3 施工分区进行疏干井降水及负一层基坑开挖	2008 年 4 月底至 10 月,第 1 施工分区进行㉚轴以东的承压井降水及土方开挖。第 3 施工分区一、二层土方开挖及结构施作,5~8 月中旬,停止疏干井抽水和土方开挖施工。第 1 施工分区在 8 月前后亦无土方开挖工作,但承压井继续工作	第 3 施工分区进行负三层土方开挖及疏干井降水工作,11 月底负三层主体结构完成,12 月开始负四层土方开挖,负四层施工对环境影响较小。第 1 施工分区 2009 年 1 月完成负三层底板施作	基坑北侧水位下降	第 3 施工分区在盾构井部分负四层土方开挖过程中,围护结构出现涌水,对环境影响较大

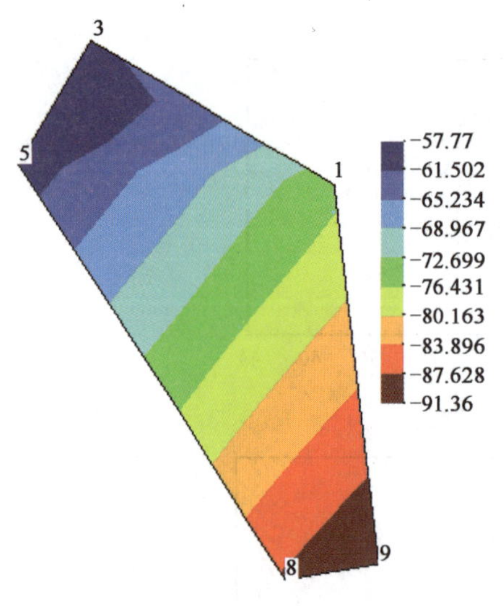

图 8-88 M1 建筑物沉降分布(单位:mm)

(3)累计沉降分布

截至 2009 年 5 月,基坑开挖工作基本结束,M1 建筑物的沉降也已稳定,总体沉降情况如图 8-88 所示,该建筑的最大沉降值发生近基坑侧的 JMA9 处,为 73.09mm,最小沉降值发生在远基坑侧的 JMA3 处,为 46.22mm。

(4)建筑安全性评价

在基坑开挖的各个阶段,M1 建筑物的沉降分布大体是南多(近基坑侧)北少(远基坑侧),北—南方向的沉降差较大,因此,选用测点 JMA5 与 JMA8 之间以及测点 JMA1 和 JMA9 之间的差异沉降、倾斜率作为该建筑的安全评价指标,依据规范的相关规定对 M1 建筑物的安全性进行评价。JMA5 与 JMA8 之间差异沉降以及倾斜率如图 8-89a)、b)所示,而 JMA1 与 JMA9 的相关情况如图 8-89c)、d)所示。

从图 8-89 可看出,截至 2009 年 5 月,M1 建筑物最大倾斜率控制在 0.064% 以内,满足规范的要求(沉降差 0.01L,倾斜率 0.2%),且建筑物上没有发现因施工导致的裂缝以及其他异常现象,没有出现建筑物的 I 级破坏,即建筑破坏。因此,M1 建筑物在整个施工过程中是安全可靠的。

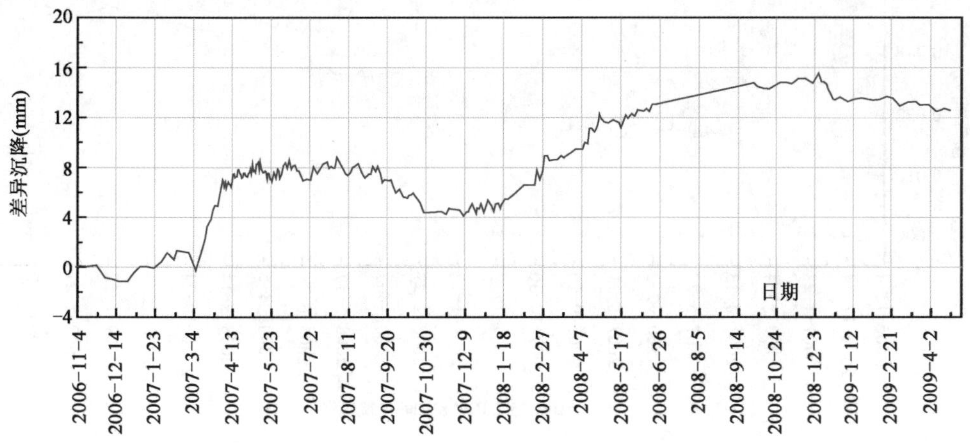

a)JMA1与JMA9之间的沉降差

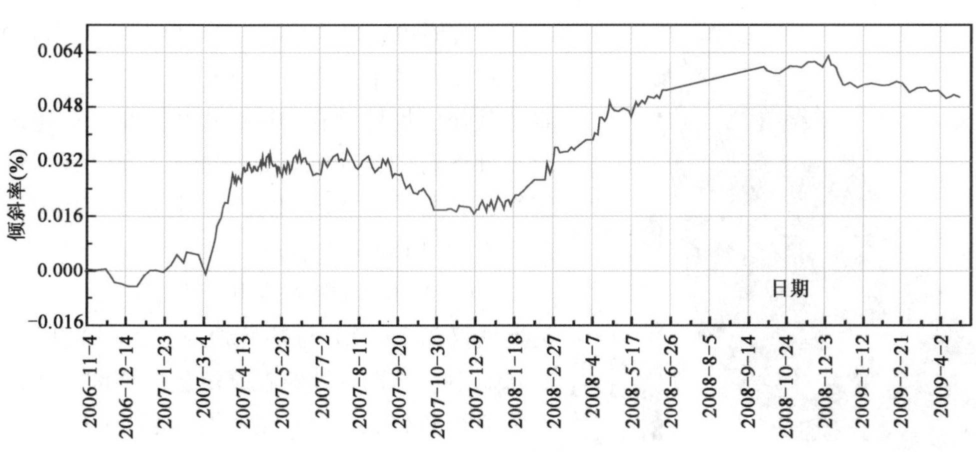

b)JMA1与JMA9之间的倾斜率

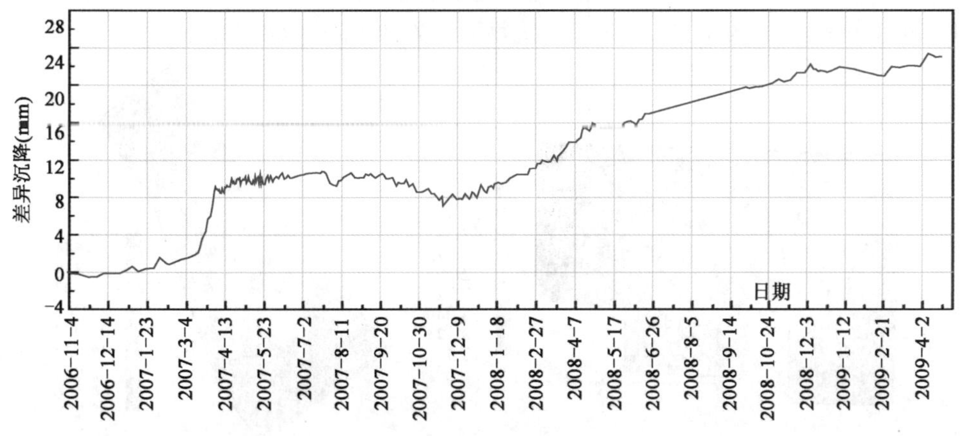

c)JMA5与JMA8之间的沉降差

图 8-89

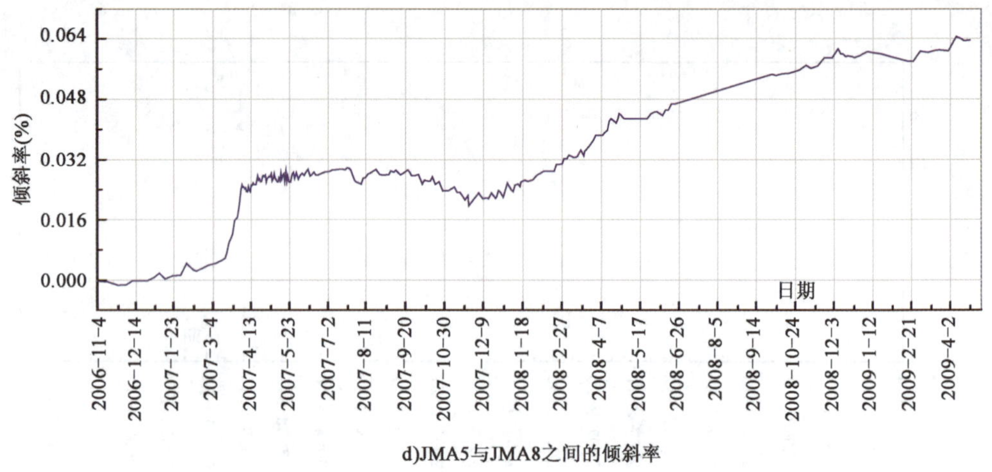

d)JMA5与JMA8之间的倾斜率

图 8-89 M1 建筑物典型剖面的沉降差及倾斜率

8.9.2 其他建筑物(构筑物)

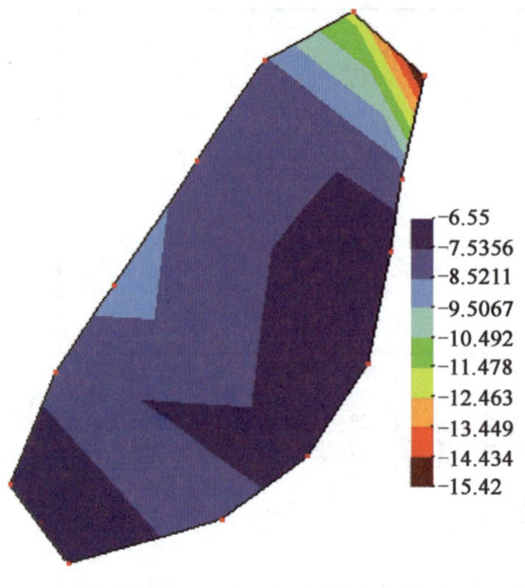

图 8-90 H10 建筑物沉降分布(单位:mm)

基坑周边其他建筑物,除紧贴基坑的 W1、X1 靠基坑侧最大累计沉降值达到 70mm 左右外,一般最大累计沉降值均控制在 20mm 以内,如 H10 建筑物在 2009 年 5 月的累计沉降分布如图 8-90 所示,整栋建筑的沉降主要在 10mm 以下,东北角部位因靠近基坑最大值达到 15mm 左右。

W1、X1 建筑物紧贴基坑工程,W1 距离基坑边缘最近处仅 2.7m,X1 与基坑地下连续墙的距离仅约 1.3m,因此,这两栋建筑在基坑施工期间产生的累计下沉值相对较大,2009 年 5 月,沉降分布情况如图 8-91所示,W1 建筑物整体沉降 27.17mm,靠近基坑侧(建筑物的东侧)最大累计沉降为73.3mm,X1 建筑物最大累计沉降达 68.28mm。

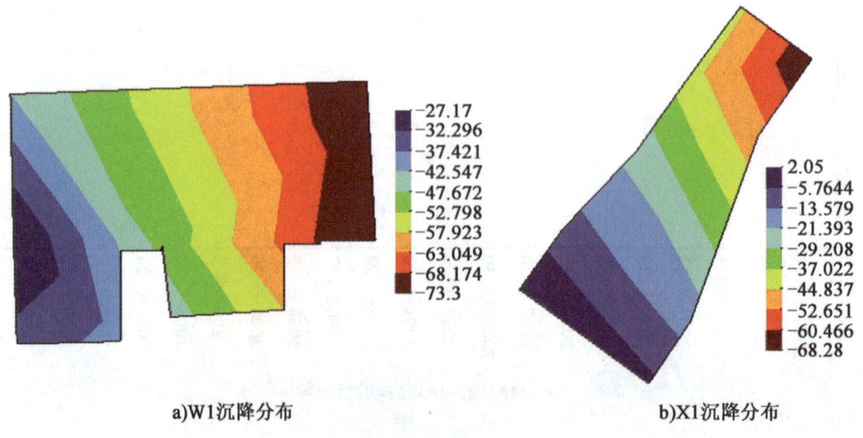

a)W1沉降分布　　b)X1沉降分布

图 8-91 建筑物沉降分布(单位:mm)

基坑周边典型建筑物的差异沉降、最大倾斜率等情况见表8-2。尽管在本基坑工程中，几栋建筑因与基坑距离很近而在施工期间局部累计沉降较大，达70mm左右，但沉降分布比较均匀，建筑沉降的形式为整体沉降与均匀倾斜（以某个角度转动），建筑各部分之间的差异沉降一般在30mm内，最大倾斜率一般在0.1%以下，各建筑最大倾斜值率均满足规范规定的0.3%（或0.2%）的要求。同时，建设单位在施工前、后对建筑均进行了详细的调查、走访、拍照、录像等，经过对这些资料对比分析，尤其是对裂缝的分布、宽度、发展等进行深入对比研究后，没有发现异常。在整个基坑工程施工期间，坑周各建筑使用正常。综合以上情况，可以判定，轨道换乘中心基坑工程施工影响范围内的建筑物是安全的。

典型建筑物的差异沉降和倾斜率 表8-2

建　筑　物	开始监测日期	统 计 日 期	最大沉降差(mm)	最大倾斜率(%)
H2	2007-4-11	2009-5-11	21.98	0.032
H6	2007-4-11	2009-5-11	10.07	0.014
W1	2007-4-7	2009-5-13	30.67	0.073
H10	2007-4-7	2009-5-13	3.5	0.034

8.10 实测值与数值模拟结果对比

本节建立了第1施工分区的三维数值模拟模型，对基坑开挖过程中围护体系的位移情况进行了模拟分析，并与监控量测的实测值进行对比。数值模型局部如图8-92所示。土体用实体单元模拟，物理力学参数按照岩土勘察报告进行选取；基坑围护墙、层板以及桩柱分别用板、杆单元模拟，其中，地下连续墙厚1.2m，负一层顶板厚1.0m，负一层底板、负二层底板厚0.6m，负三层底板厚1.8m，弹性模量取30GPa，波松比取0.2。立柱直径1.0m，桩基础直径1.5m，桩长50m。按照盖挖逆作施工过程分为16个计算工况，部分开挖工况如图8-93所示。

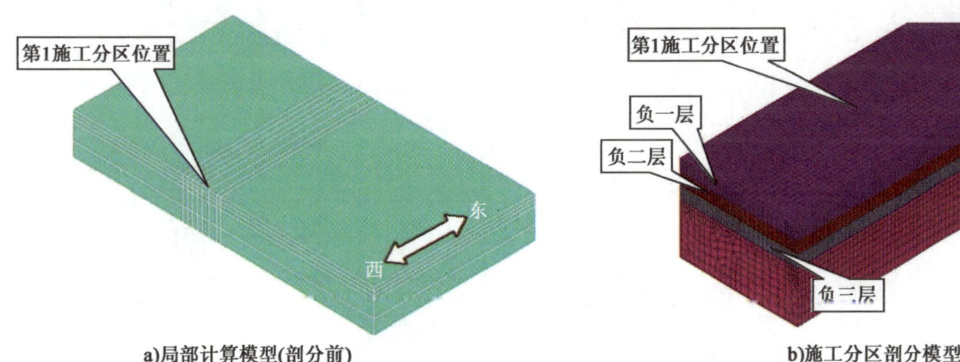

a)局部计算模型(剖分前)　　b)施工分区剖分模型

图8-92　第1施工分区有限元计算模型

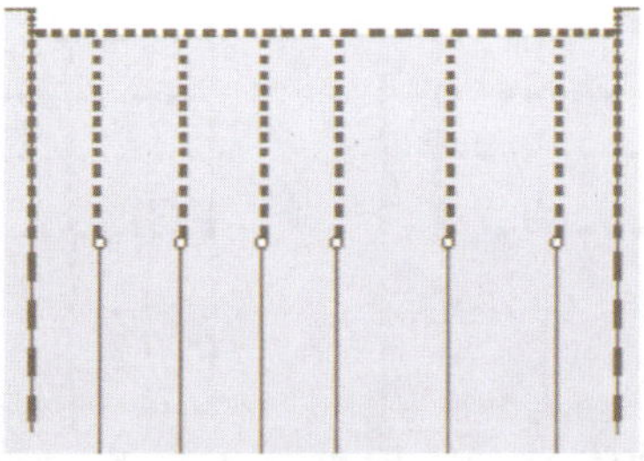

工况4

图　8-93

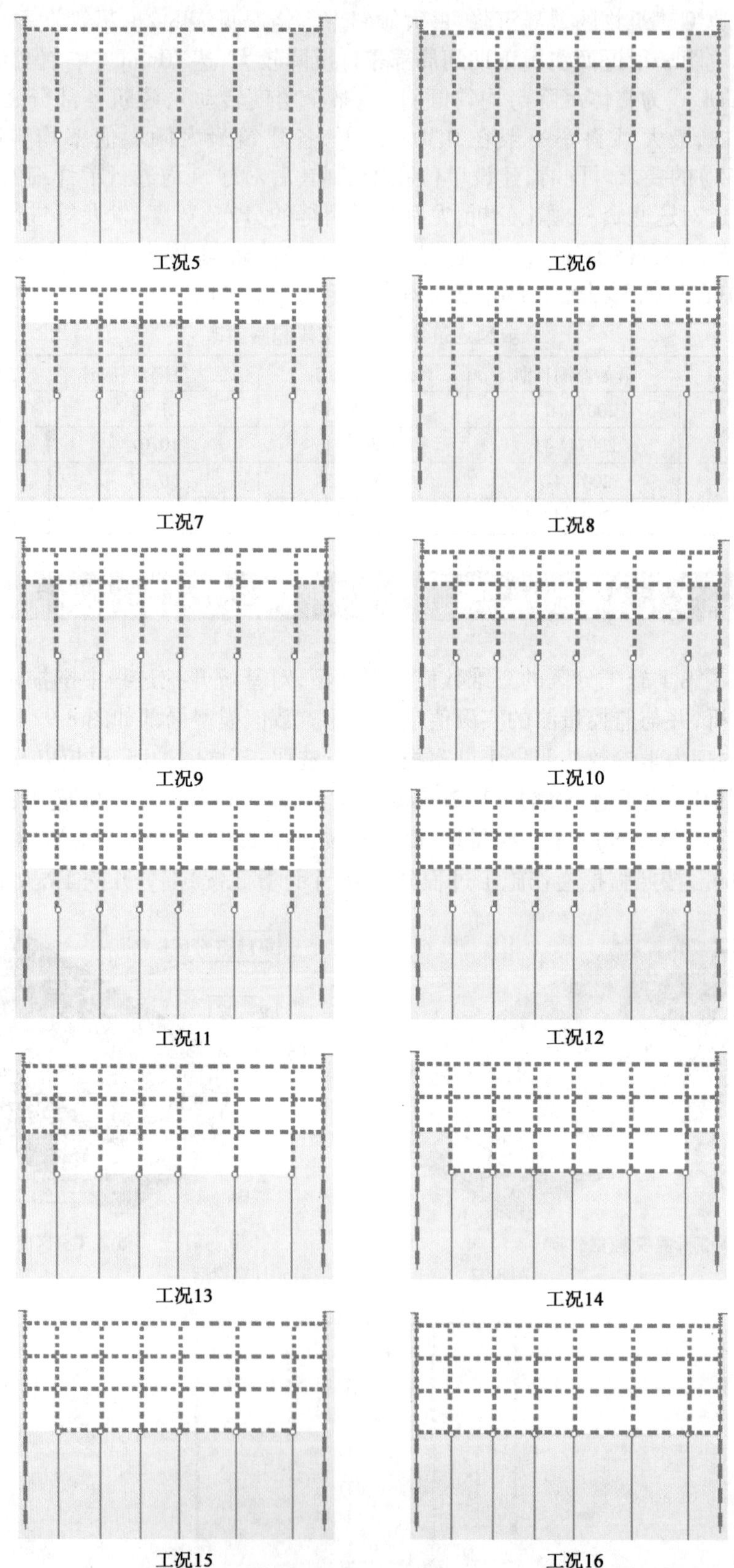

图 8-93　部分开挖工况图

8.10.1 中柱隆沉

在进行基坑负一～负三层开挖过程中，中柱隆起的矢量图如图 8-94 所示。由图可看出，在基坑开挖过程中，因土体卸荷回弹引起中柱产生隆起，最大中柱隆起值主要发生在基坑中部区域，负三层开挖结束后，中柱隆起累计值（以负一层顶板位置处中柱节点的位移值代表中柱的隆起值，节点编号如图 8-95 所示）为 38.4mm（节点 200 处），该累计值与实测的基坑中部中柱隆起值比较接近。

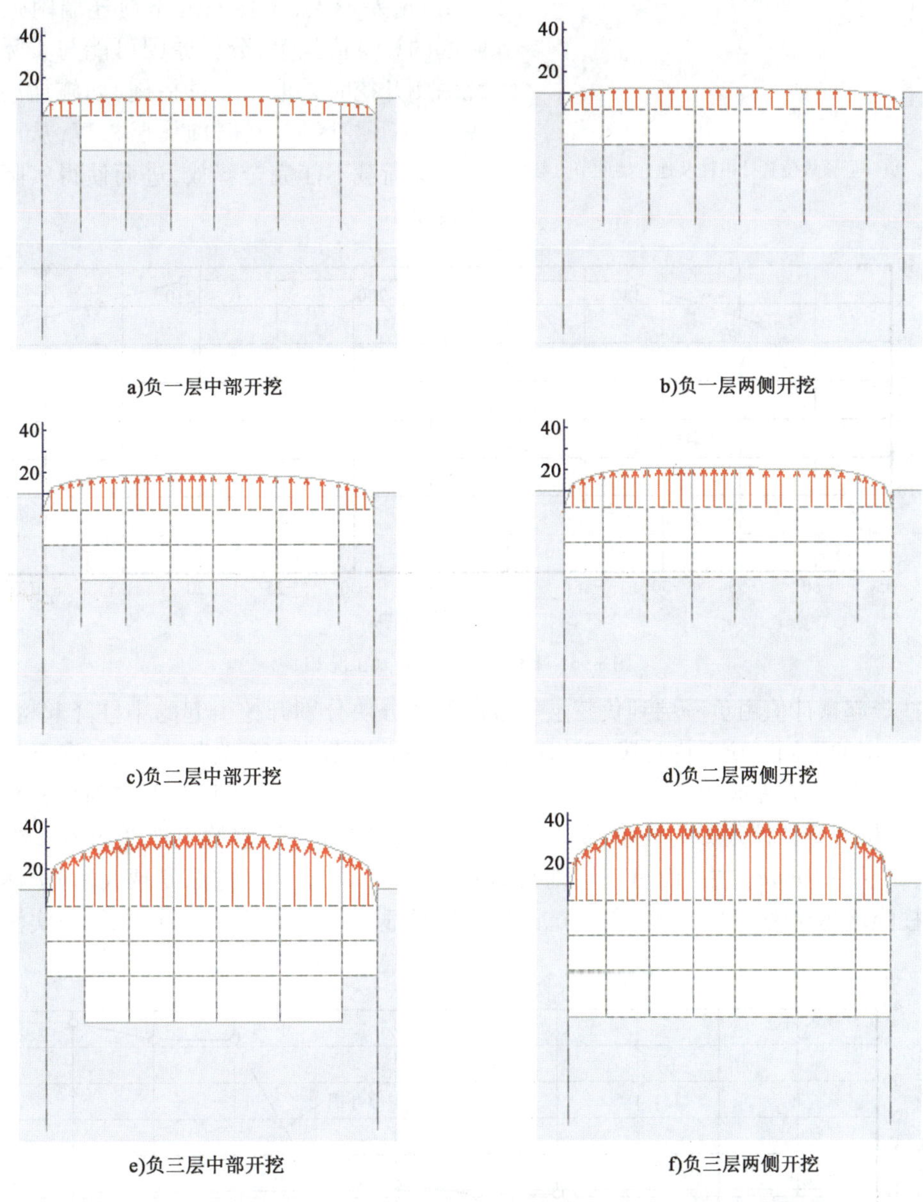

图 8-94 典型工况的中柱隆起矢量图（单位：mm）

总体上中柱位移方式为中柱整体隆起，基坑中部区域开挖时，除开挖边界外，中柱之间的差异值较小，如负三层中部开挖完成后（工况 13），节点 180、190、200、210 等的中柱累计隆起值分布在 33.5～36mm，邻近中柱相互之间的差异值最大仅 2mm 左右（见图 8-96）。中柱差异隆起主要发生在开挖区域的边界以及地连墙附近，如工况 13 时，节点 180 的累计中柱隆起为

33.5mm，邻近的170节点的累计值为27.3mm，二者差异值为6.2mm，节点210与节点220之间的差异隆起值达到7.9mm。而最大差异隆沉主要发生在地下连续墙附近，如节点230与179的差异隆沉达到27.8mm(见图8-96)。关于差异隆起的分布情况与实测结果分析规律基本一致，同时，二者数值也较为接近，相对而言，地下连续墙与邻近中柱的差异隆沉值与实测值(20mm左右)偏差较大，主要原因是地连墙附近的中柱隆起的计算值偏大，分析原因可能与实际基坑南北两侧开挖时采取了多种措施，如施加混凝土支撑、缩小开挖区域、及时施作层板等，从而使得土体移除荷载不能完全释放，进而使得实际中柱隆起较小。

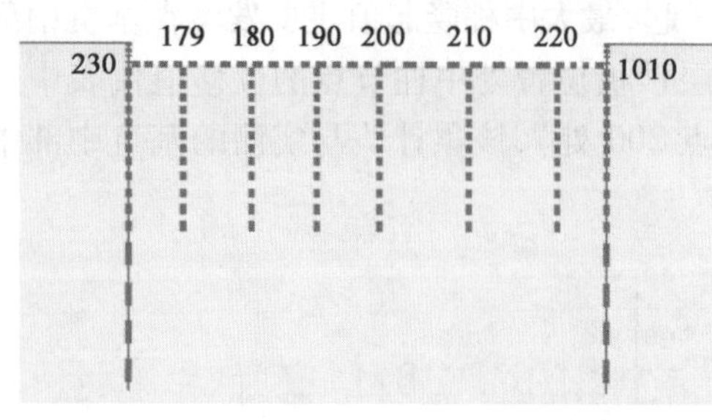

图8-95 负一层顶板位置处中柱及地连墙的节点编号

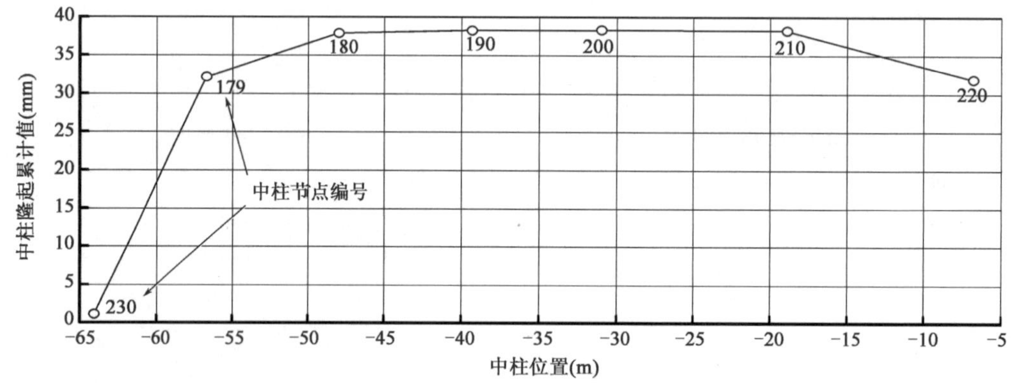

图8-96 中柱隆起横向分布(工况13)

中柱隆起累计值由负一层到负三层等各层的各分块分别开挖引起的中柱隆起构成，但不同层、同一层的不同分块对中柱隆起的影响是不同的，以节点200为例，不同工况下中柱的累计隆起值如图8-97所示，由图可见，对于负一~负三层开挖时，中间区域开挖对中柱隆起的影响较大，基坑两侧开挖则影响较小，负一层基坑中间区域开挖引起的中柱隆起值大约在5mm左右，负二层在10mm左右，而负三层则在20mm左右，即：基坑开挖深度越大，则土体卸荷引起的中柱隆起越显著。中柱隆起与基坑开挖深度呈显著的非线性关系，该规律与实测结果基本一致。

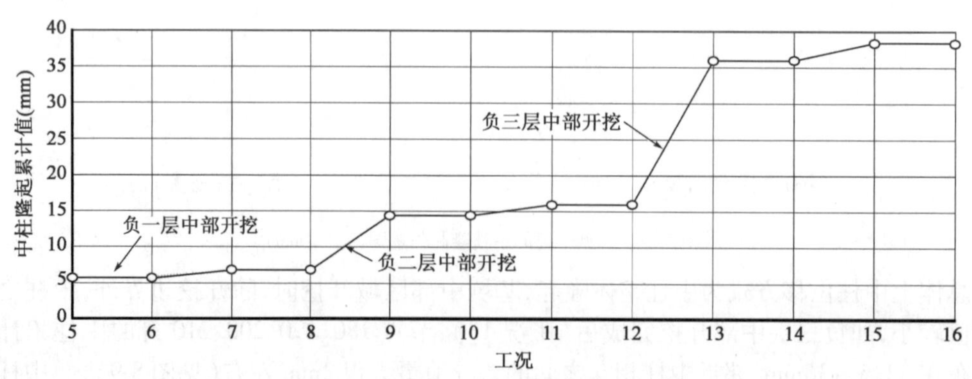

图8-97 节点200处中柱隆起时程

8.10.2 地下连续墙位移

在基坑施工过程中，地下连续墙的墙顶沉降无较大波动，累计沉降值较小，与实际监测结果比较一致，如节点 230 在工况 13 时，计算值为 -0.5mm。因此，以下主要对地下连续墙的水平位移进行分析。

负一层～负三层开挖时，主要工况的地下连续墙的水平位移情况如图 8-98 所示。与实测的地连墙水平位移结果类似，盖挖逆作法施工引起的地连墙水平位移值较小，开挖深度 25m 左右时，累计水平位移仅 20mm 左右。

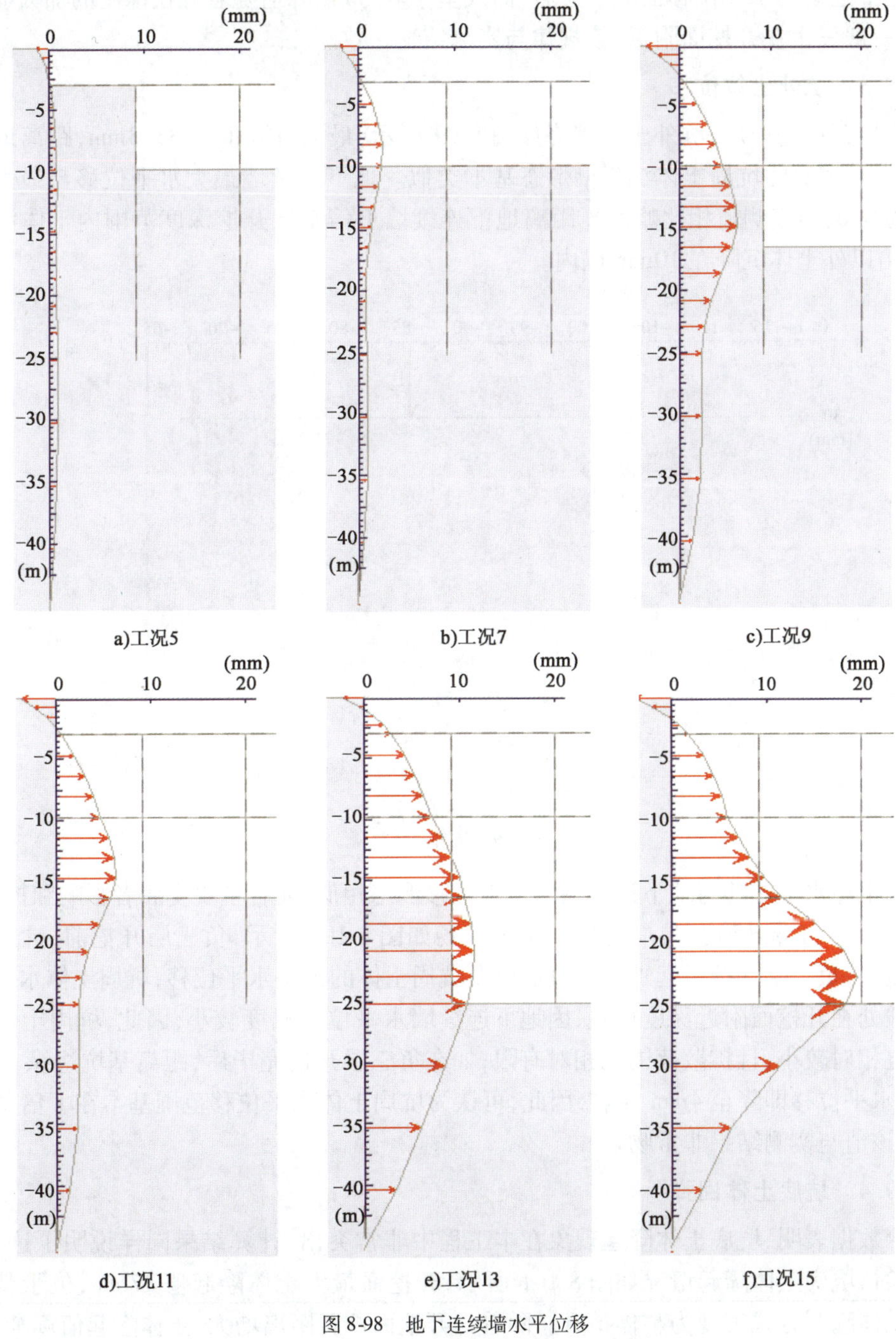

图 8-98 地下连续墙水平位移

从地连墙水平位移的演变过程看，负一层开挖对地下连续墙位移影响较小，负一层中部开挖时，最大累计位移为1mm左右，基坑两侧开挖时，最大累计位移在3mm以内；负二层中部开挖时，最大累计位移达到3mm，两侧开挖时，最大累计位移达到6.3mm；负三层中部开挖时，最大累计位移达到11.4mm，两侧开挖时，该值为19.3m。以上可看出，随着基坑开挖深度增加，基坑开挖引起的地下连续墙水平位移逐渐加大，负三层施工是地下连续墙水平位移迅速增加的阶段。同时，对于同一层开挖施工，基坑两侧施工对地下连续墙的水平位移影响要大于基坑中部区域土方开挖。

从地下连续墙水平位移曲线形态看，曲线呈单峰弓形，峰值随着开挖深度的加大而逐渐下移，峰值一般发生在开挖面附近，该规律与实测结论一致。

8.10.3 坑外土体位移

负三层开挖完毕后，坑外土体沉降如图8-99所示，最大沉降值为33.3mm，距离地下连续墙约20m，与实测的坑周土体沉降槽形态基本类似。地下连续墙最大水平位移与最大沉降值之比约为0.6，与实测值相比略大。距离地下连续墙1倍基坑开挖深度范围内土体沉降比较明显，1倍以外土体沉降在10mm以内。

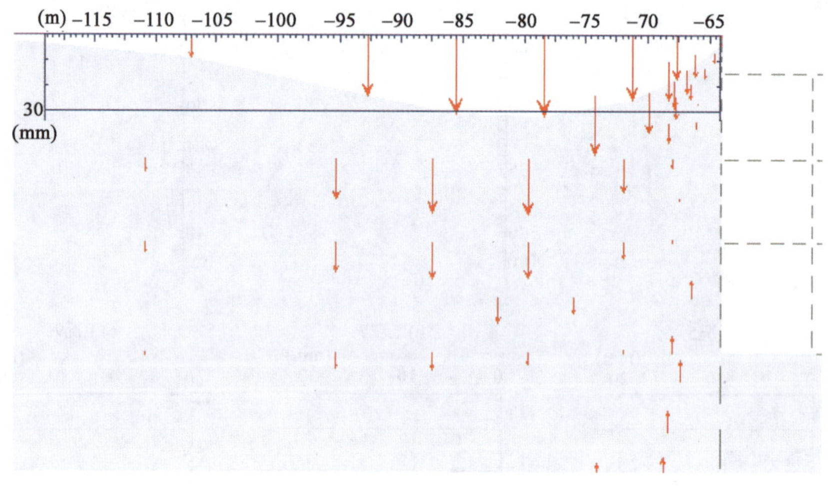

图8-99 坑外土体沉降

坑周土体水平位移与地下连续墙的水平位移形态相似，前者主要受后者影响和控制，如工况11、工况13、工况15时，坑周土体水平位移场如图8-100所示，负三层开挖前，坑周土体水平位移较小，负三层开挖引起地下连续墙以及坑周土体的大幅水平位移，坑周土体水平位移的峰值一般处在开挖面附近深度位置，因地下连续墙水平位移幅度较小，因此，坑周土体水平位移峰值也相对较小，且扩散范围也相对有限，如在负三层开挖完毕后，距离基坑边缘22m位置处，土体水平位移即降至4mm左右，因此，可认为坑周土体水平位移范围基本在1倍基坑开挖深度内，该值与实测结果非常吻合。

8.10.4 坑底土体回弹

实测数据表明，坑底土体隆起现象在本工程中非常突出，计算结果同样说明了这一点，如工况15时，坑底土体隆起情况如图8-101所示，开挖面最大土体隆起值37mm，位于基坑中部位置。土体隆起方式表现为整体抬升。随着与开挖面位置距离增大，土体隆起值逐渐衰减，如

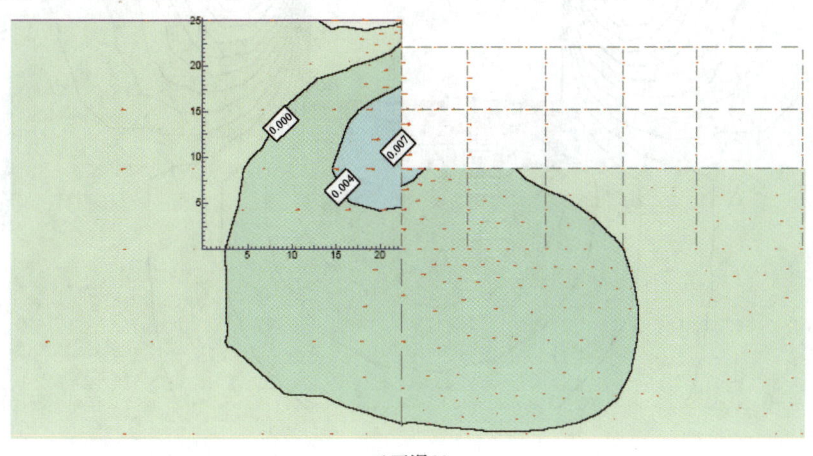

a)工况11

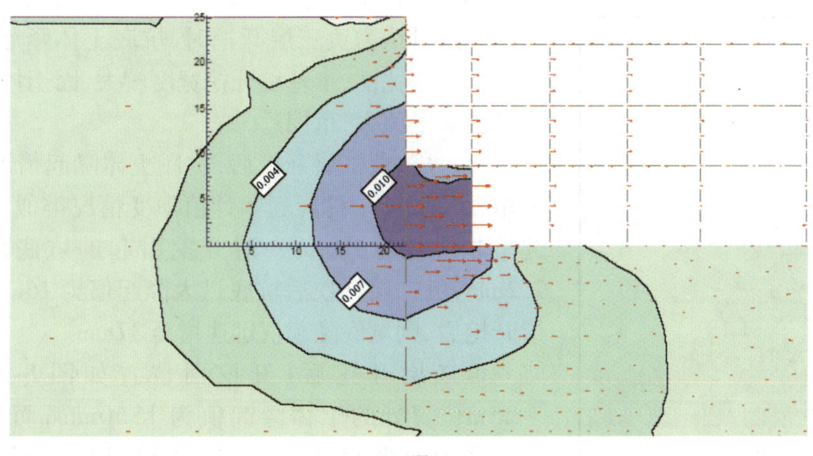

b)工况13

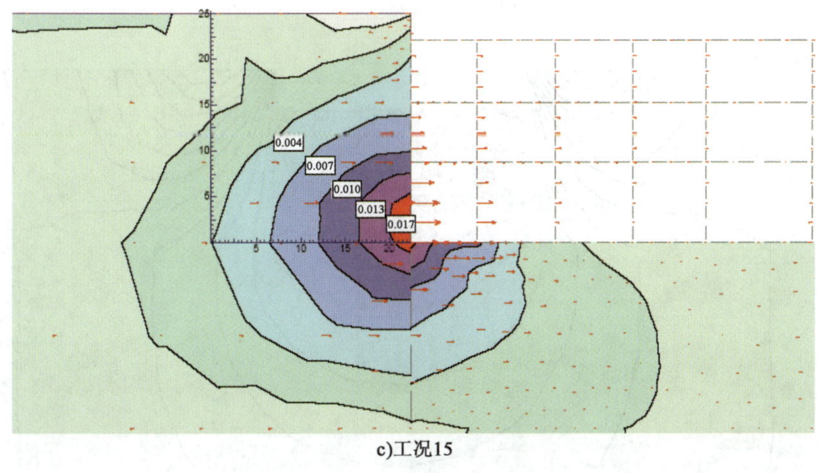

c)工况15

图 8-100　坑周土体水平位移(单位:m)

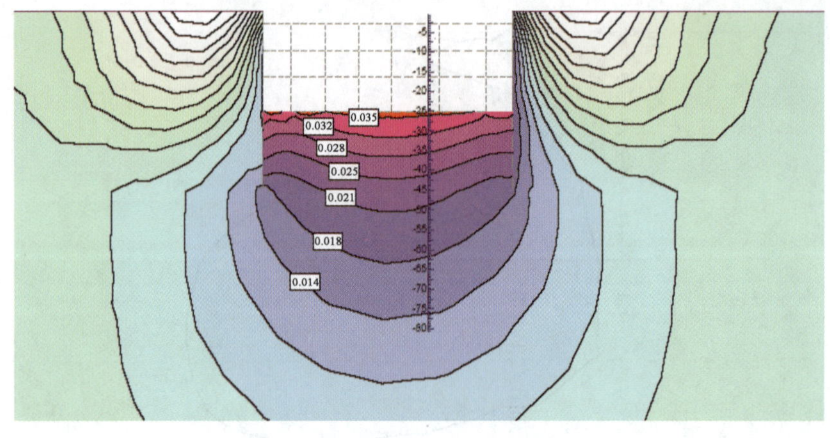

图 8-101　坑底土体隆起(单位:m)

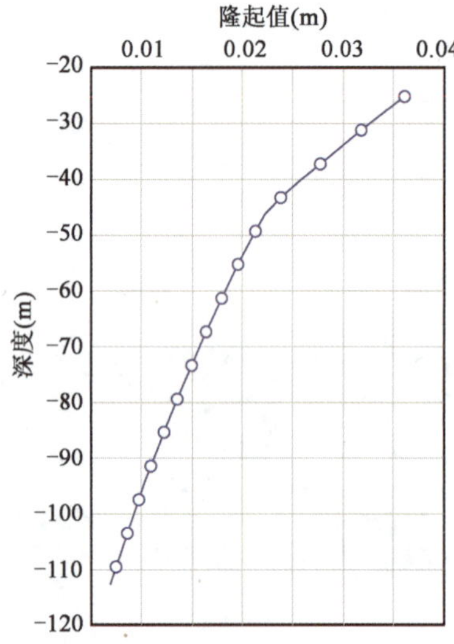

图 8-102　坑底土体隆起随深度衰减

图 8-102 所示,在深度 -112m 时,土体隆起值降至 5mm 左右,因此,可认为负三层开挖时,坑底土体隆起范围在 1.4 倍基坑开挖宽度,本基坑开挖宽度较大,因土体卸荷导致的坑底隆起量值大,范围远。

负一层、负二层开挖后,坑底土体隆起情况如图 8-103 所示,可见,与中柱隆起累计值演变情况类似,坑底土体隆起呈非线性方式,负一层开挖引起的坑底隆起最大为 7.2mm,负二层开挖后坑底最大隆起值为 16.2mm,而负三层开挖后,则坑底隆起值迅速增至 37mm。

负二层开挖后(开挖面位置如图 8-103 所示),-25m位置处的土体隆起值为 15.0mm,而与此对应的中柱隆起值为 15.9mm,二者比较接近,该情况与实测规律非常相近,只是计算数值小于实测数值(实测值为 20mm 左右)。

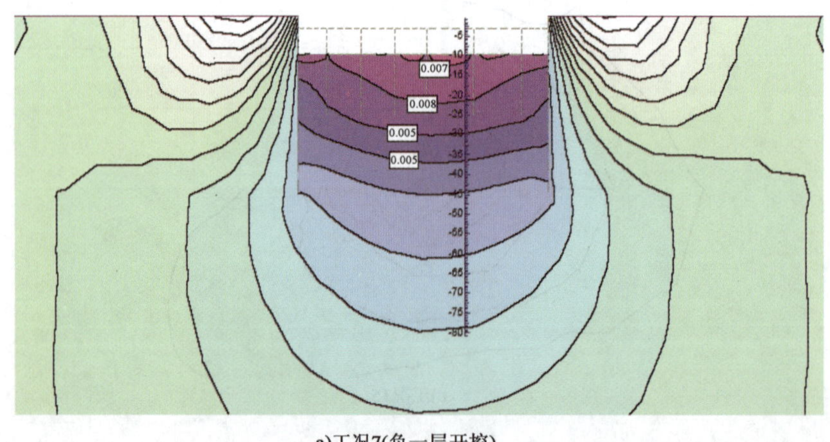

a)工况7(负一层开挖)

图　8-103

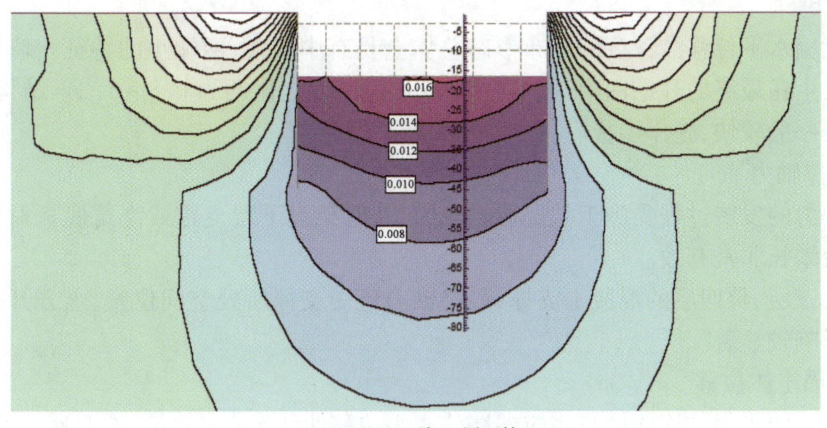

b)工况11(负二层开挖)

图 8-103　坑底土体隆起(单位:m)

8.11 小　结

本章从中柱隆沉、地下水位、围护墙位移、坑周土体位移、支撑轴力、建筑物沉降等方面,选取轨道换乘中心(后广场)安全监测实施过程中一些较典型的根据监测结果及时反馈、指导施工的事例片段,进行了简要介绍,同时,对部分项目进行了较系统的分析整理,获得了一些有益的结论和建议。

(1)安全监测对于保证工程顺利实施意义重大

在监测过程中,可以及时发现安全隐患,如坑周建筑物的异常沉降、承压水位的异常波动、支撑轴力的增长过快、中柱隆起值超限等,便于建设单位及时有针对性的采取措施,保证施工安全。

(2)逆作法的中柱隆起

本工程首次采用自动化远程监控系统对逆作法施工过程中中柱桩的隆起(沉降)进行了大规模、系统的跟踪测试,获得了宝贵的第一手资料。从实测数据看,随着基坑深度的加大,中柱的隆起应引起高度关注。

①中柱隆起累计值大。基坑开挖深度在 25m 及以上后,中柱隆起累计值主要分布在 20 ~ 35mm 范围内(中柱隆起累计值与坑深之比为 0.08% ~0.14%),局部可能会突破 40mm,甚至接近 45m(与坑深之比0.18%),大于某些采用逆作法施工的坑深 20m 以下的实测统计值(0.05%左右)。

②中柱之间差异隆起较小,一般在 5mm 以内。但边界效应显著,边界附近的差异隆沉可能在局部会接近 20mm(或差异隆沉与柱间距之比为 0.025%)的控制值。

③中柱之间的差异隆起一般是暂时性的,主要受开挖面位置控制,且随着开挖过程结束,一般会趋于减小。

(3)地下水位

抽取未被围护结构隔断的承压水,产生的影响范围较大,当周围有需要严格控制差异沉降的建筑物时,应谨慎考虑。

(4)地下连续墙位移

①采用逆作法施工,围护墙的总体水平位移较低,最大水平位移与开挖深度之比为

0.1% ~0.16%。

②连续墙水平位移沿深度的分布形态总体上具有中间大、两端小的特征。墙体最大水平位移一般发生在最终的开挖面附近,其深度与开挖深度之比约为0.8 ~1.2。结构封底前,墙体变形发展一般较快,施作层板后,一般可很快趋于稳定。

(5)支撑轴力

支撑轴力的发展过程受施工状况影响较大,及时架设下层支撑或浇筑底板对于抑制支撑轴力的过快增长非常有效。

对于负三层、负四层的混凝土支撑,最终轴力值受支撑所处空间位置、土方开挖后暴露时间长短的影响较显著。

(6)坑周土体位移

坑周土体的水平位移曲线与对应的墙体水平位移曲线形态基本一致,且距离基坑越近,则土体水平位移越大。

坑周最大地表沉降值与连续墙最大水平位移的比值一般约为0.6 ~0.7。

(7)土压力

根据本工程实测土压力实测数据,建议在本地区进行基坑计算时墙外主动土压力应以水土分算的朗肯主动土压力为主。实测的被动区土压力远小于朗肯被动土压力,说明墙体向着土体方向运动的位移远未达到被动极限状态。

(8)孔隙水压力

实测的孔隙水压力比静水压力(按勘察期间地下水位埋深计算)要小。

(9)坑底土体回弹

坑底土体回弹实测值与周围立柱桩隆起值差异较小,其规律需要进一步验证。

(10)建筑物沉降与倾斜

本工程基坑周围建筑物的沉降主要是承压水抽降引起,表现为整体下沉,不同位置的差异沉降较小,且发生沉降后,最大倾斜率一般均在0.1%以下,基本维持一个平面。无明显裂缝发生,施工影响范围内的建筑物是安全的。

9 主广场地下工程安全监测成果及应用

海河东路隧道及主广场地下工程不同段采用不同的基坑支护形式。地道部分基坑深度在1.5～4.0m范围采用水泥土挡墙，深度在4.0～10.5m范围采用SMW工法桩。主广场基坑开挖最大深度14.5m，标准宽度121.5m，采用厚800mm地下连续墙作为围护结构兼作止水帷幕，单层广场连续墙入土深度约10m，双层广场连续墙入土深度约11m。基坑中心岛开挖时盆边保留土体。保留土体开挖期间采用钢支撑支护。主广场基坑支护设计剖面详见图5-8，施工顺序详见图5-9。

工程开工前，根据设计文件、施工方案和现场实际情况编制了监测方案，并进行了测点埋设。在施工过程中按照监测方案进行现场观测、现场巡视，并对监测成果、巡视信息进行了分析处理，对工程施工自身风险和环境风险的安全状态进行了评价。基坑施工过程中，按照工程施工进度、工况变化及时进行监测和巡视，对监测和巡视结果与监测、巡视预警标准进行对比分析，发现异常及时预警预报。因主广场基坑开挖较深，以下主要对部分的监测成果予以介绍。

9.1 安全监测成果

主广场基坑围护结构墙顶水平位移、墙顶沉降、墙体水平位移、支撑轴力等监测项目的测点平面位置如图9-1所示，坑周主要建筑物沉降监测点位置如图9-2所示。

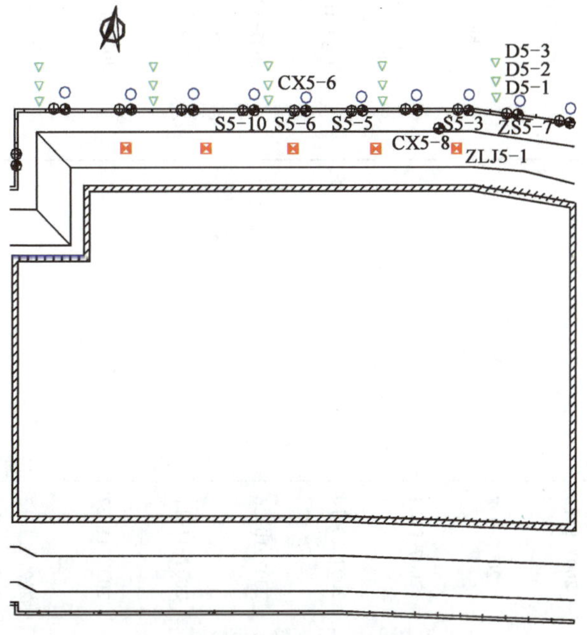

图9-1　主广场基坑监测点平面位置

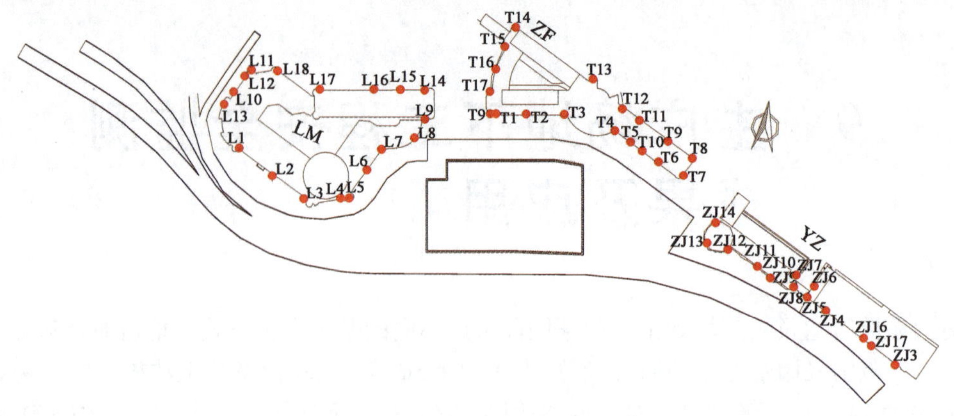

图 9-2　主广场主要建筑物监测点位置

9.1.1　围护结构位移

围护结构位移包括墙顶水平位移、墙顶沉降和墙体水平位移，各监测项目典型测点（孔）时程曲线如图 9-3 ~ 图 9-5 所示。

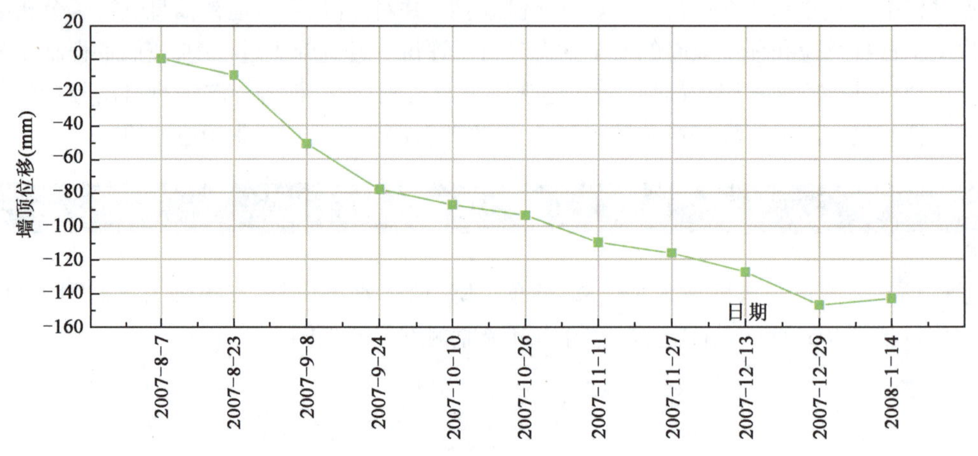

图 9-3　S5-6 墙顶水平位移时程

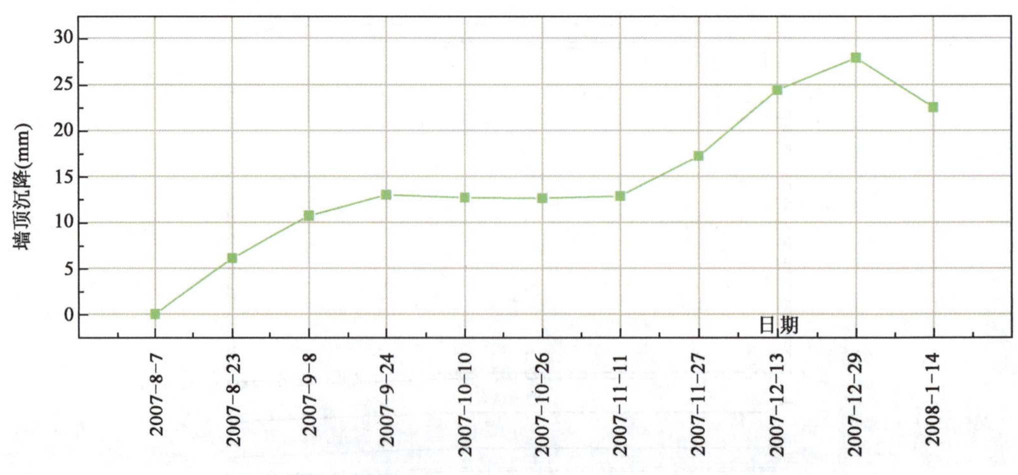

图 9-4　S5-6 墙顶沉降时程

由图9-3 可看出，S5-6 最大墙顶水平位移达147.2mm(2007 年12 月28 日)，且测点有两个变形速率较大的时间段，即：基坑开挖期间和中心岛保留土体取土期间。在2007 年8 月中旬到9 月初基坑开挖期间以及2007 年12 月初到12 月中旬保留土开挖期间，水平位移速率迅速增大，该测点曾在2007 年9 月5 日一天向基坑内位移63.0mm，在2007 年12 月27 日一天向基坑内位移49.6mm。

在保留土体部位结构进行施作时，因有支撑作用，墙体的变形明显受到抑制，由于支撑预加轴力较大，短期内墙体向坑外产生了一定量的位移，最终的墙体位移累计变化量略小于最大累计变化量，直到结构施作完毕，变形达到稳定。

由图9-4 可看出，地连墙有两个明显的上浮时间段，即：中心岛开挖后和保留土体开挖后一段时间。测点S5-6 从8 月中旬中心岛开挖到9 月初开挖结束出现明显上浮，当中心岛施作结构底板时围护墙顶开始下沉，然后在保留土体开挖时，地连墙再次持续上浮，施作结构底板过程中上浮变缓，直到相对稳定，结构施工结束后地连墙又再次小幅度沉降一段时间，最后稳定。

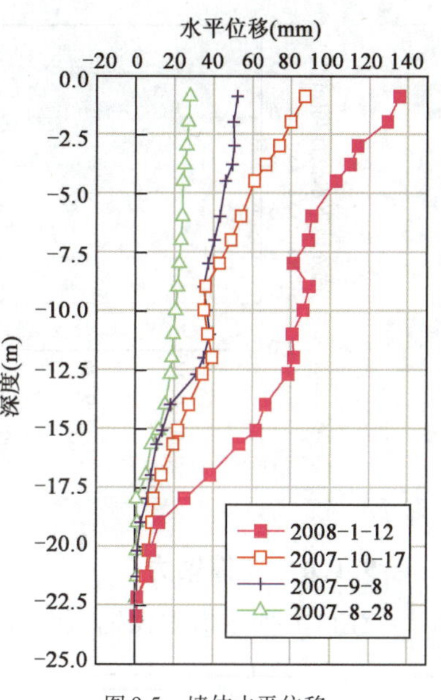

图9-5 墙体水平位移

由图9-5 可看出，每个阶段的墙体水平位移最大值都出现在墙顶，从上到下基本逐渐减小。CX5-6 墙体最大累计水平位移为136.0mm。在中心岛开挖后到保留土体开挖期间墙体持续向基坑内位移，在保留土开挖加撑并施加预加力后，墙体向基坑内的位移趋势得到抑制。当拆撑后，墙体仍会继续向基坑内发生少量的位移，最终趋于稳定。由图9-5 可看出，墙体水平位移曲线并不平顺，出现明显弯曲，这是由于各层支撑在预加力时大小不等，在坑内支撑与坑外土体挤压的相互作用下，墙身出现局部变形。

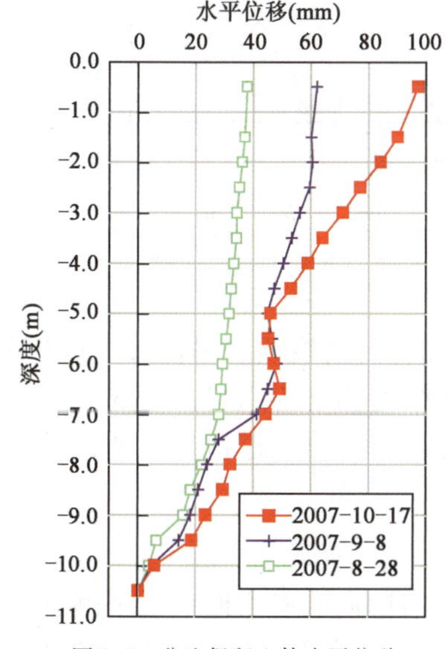

图9-6 盆边保留土体水平位移

9.1.2 保留土体水平位移

测点CX5-8 的保留土体水平位移时程曲线如图9-6 所示。

由图9-6 可以看出，CX5-8 向坑内位移最大达到97.12mm(时间为2007 年10 月14 日)。在基坑开挖期间阶段位移量为62.07mm，这主要是由于基坑土方开挖卸荷，地连墙后土压力增大，导致该阶段变形较大；主体结构施作阶段，该监测孔阶段水平位移量为35.05mm，在主体结构施作的1 个多月时间内，由于钢支撑尚未架设，保留土体持续向基坑内发生位移。

从整个监测过程来看，墙体及保留土体最大累计位移量与同一断面处的桩顶水平位移量接近，并且在基坑施工过程中两者的变形发展趋势基本一致。

9.1.3 地下水位

坑外地下水位测点ZS5-7 的时程曲线如图9-7 所示。

从图 9-7 中可看出，基坑开挖时，坑外水位基本保持在地表以下 2.67～3.05m，坑外水位从开始监测到结构施工，水位变化相对较小，基本保持稳定状态。

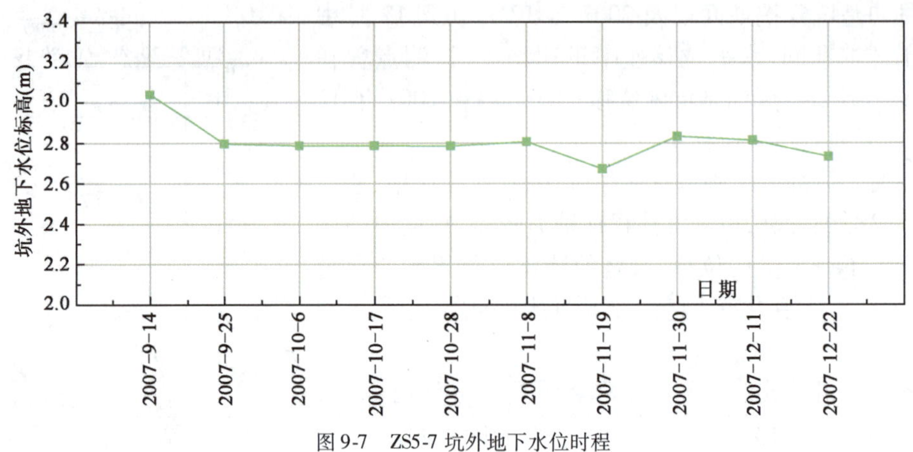

图 9-7 ZS5-7 坑外地下水位时程

9.1.4 支撑轴力

ZLJ5-1 处三道支撑轴力时程如图 9-8 所示。

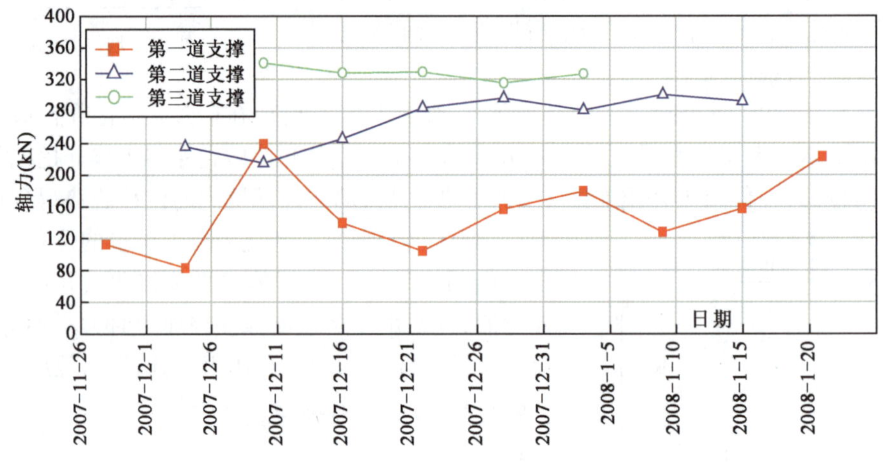

图 9-8 支撑轴力时程曲线

施加第一道支撑后，地下连续墙产生了明显的向基坑外的位移，墙顶水平位移测点 S5-3 位移值从 －104.3mm 减小为 －95.7mm。与此对应的支撑轴力则从 112.17KN 减小为 82.53KN，可以看出两者的相互影响关系。在第三道钢支撑拆除时，第二道钢支撑轴力增大，随后趋于稳定。

9.1.5 基坑周边地表沉降

该监测项目的测点布设原则是：沿坑周每 25m 布设一个监测断面，每个断面 3 个测点，如图 9-1 所示。监测结果显示，地表最大沉降量为 －139.2mm，大部分测点最终累计沉降量在 －20～－30mm范围内。测点 D5-1、D5-2 和 D5-3 沉降时程如图 9-9 所示。

由图 9-9 可看出，周边地表在中心岛开挖期间略有上浮，距基坑距离为 15m 的监测点D5-3 在 2007 年 8 月 16 日累计上浮量为 6.6mm，中心岛土体的开挖过程中，由于大量降水和围护结构向基坑内的位移导致地表沉降监测点的下沉速率加大，到中心岛开挖完毕后，地表沉降监测点 D5-1（距基坑距离为 5m）累计沉降量为 －80.9mm。主体结构施作期间，地表沉降点略有下沉，但变化速率不大。保留土体开挖期间，基坑周边地表沉降监测点下沉速率加大，到保留土体开挖完毕，地表沉降监测点 D5-1 阶段下沉量为 -54.8mm。

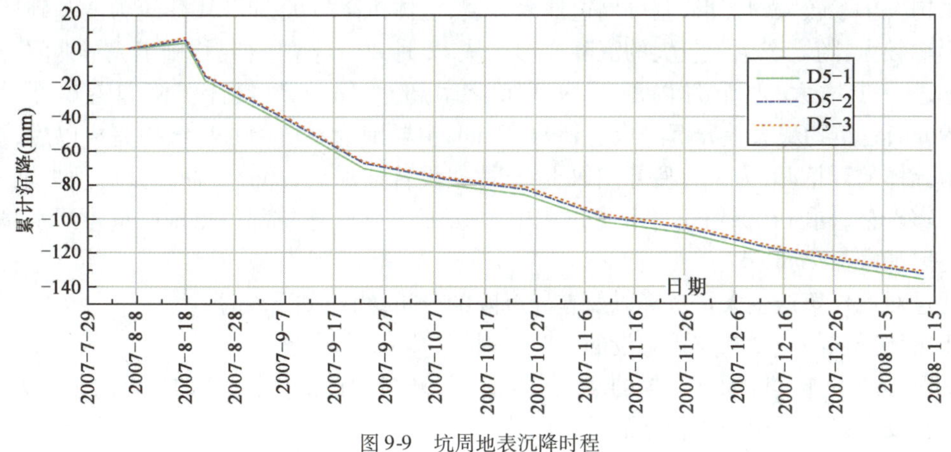

图 9-9　坑周地表沉降时程

现场监测表明，基坑浅部开挖期间，由于上方土体卸载及应力释放的原因，基底土体向上隆起，而围护结构随之上浮，这期间周边地表沉降监测点也有所上浮，但变化量不大，随着基坑开挖深度的增大，地表沉降监测点下沉速率加大。在保留土体部位结构施作时，围护结构开始缓慢的下沉，周边地表沉降监测点在此时趋于稳定。

9.1.6　建筑物沉降

主广场基坑周边建筑物主要有 ZF 建筑、LM 建筑和 YZ 建筑，其分布及布点情况如图 9-2 所示。

(1) LM 建筑

LM 建筑位于主广场基坑西北侧，建筑物东南角离基坑最近距离为 4m。其基础形式为浅基础，埋深小于基坑深度。对该建筑物的监测从基坑降水施工前正式开始，到主体结构封顶并回填，后期由于该建筑进行外立面装修，测点受到损坏未能进行继续观测，总累计监测时间 7 个月。建筑物沉降监测点时程曲线如图 9-10 所示。建筑物最大沉降量为 -90.9mm，最大差异沉降为 -77.1mm，建筑物倾斜率为 0.066%。

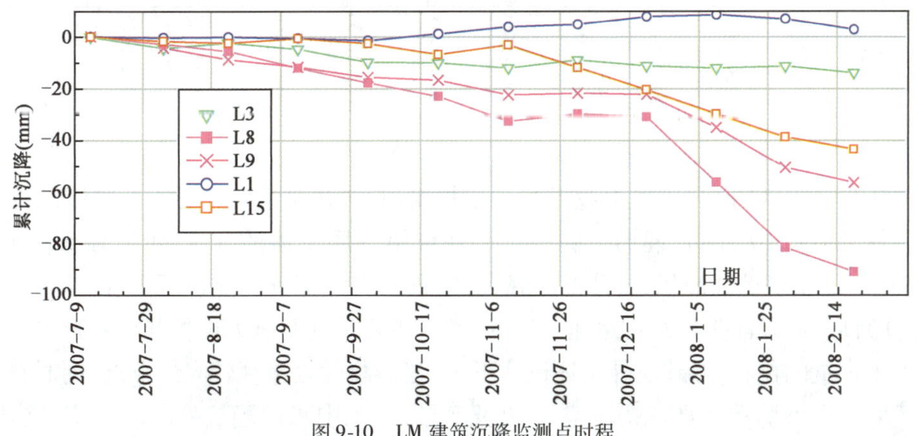

图 9-10　LM 建筑沉降监测点时程

从图 9-10 可看出，该建筑沉降过程大体分为 3 个阶段，第一阶段从监测开始至 8 月 10 日，即基坑第一层土方开挖阶段和降水，在此期间建筑物开始产生少量沉降，沉降速率基本不变，同时各测点之间的差异沉降量小。从8月11日至12月20日基坑开挖到底，建筑沉降速率明显增大，在此期间，进行了大规模的土方开挖，第一层土体以下基本是一步开挖到底，基坑围护结构发生了较大的变形，基坑周边地表开裂，土体沉降较大，而LM建筑为浅基础，受土体沉降影响较大，随之产生了较大的沉降变形。从12月20日至主体结构施工完毕期间，建筑沉降速率进一步增大，两个月内的平均下沉速率超过1mm/d，累计沉降量最大的点达到－90.9mm，建筑物最大差异沉降量达到86.9mm，主要因为基坑中心岛结构完成以后，进行盆边保留土体的开挖时，为了方便开挖取土，支撑架设普遍滞后，部分支撑架设后预加轴力大小控制不够严格，同时在保留土体开挖过程中，基坑临近LM建筑部位出现严重渗漏水，建筑物沉降速率最大为7mm/d。

通过对此建筑产生大量沉降以及差异沉降的分析，得出如下结论：

①土体开挖的速度和支撑架设的及时性对周边环境影响较大；

②对于地下连续墙加钢支撑的基坑支护体系，及时架设支撑，并施加足够的预应力是确保基坑自身安全以及周边环境稳定的关键因素；

③围护结构渗漏水不仅会造成流砂、管涌，甚至会引起基坑失稳，成为周边环境安全的重大隐患。

(2)ZF建筑

ZF建筑位于基坑正南侧，站房离基坑最近距离为10m，对此建筑的监测从基坑降水施工开始到主体完成结束，监测周期为7个月，建筑物沉降监测点时程曲线如图9-11所示。监测结束时累计最大沉降为42.3mm，最大差异沉降为46.4mm，倾斜率为0.025%。

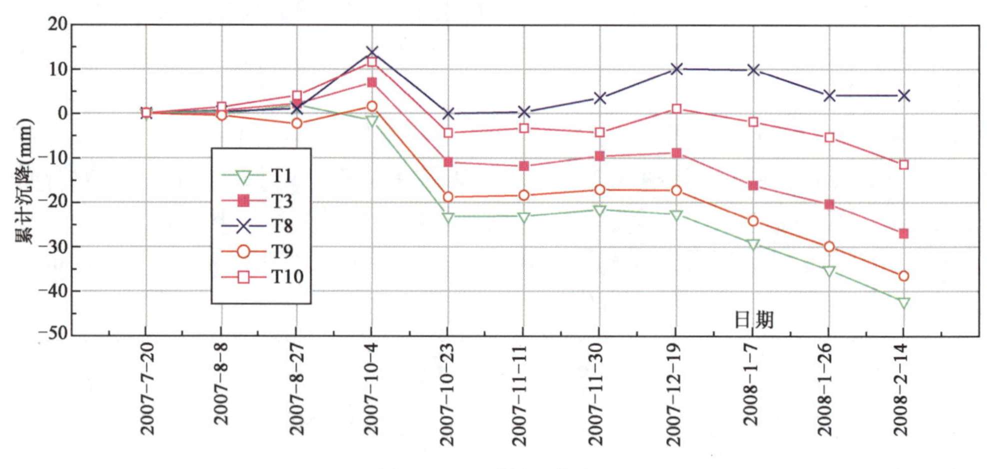

图9-11　ZF建筑沉降时程

从图9-11可以看出，从基坑开挖开始到结构封顶，该建筑主要经历4个阶段的变形，第一阶段为7月下旬到10月初，现场主要进行了基坑第一层土体的开挖，本阶段基坑开挖深度4m，站房相邻的基坑部分面积大，开挖卸载大，导致站房大部分测点出现上浮；第二阶段从10月初至10月底，此阶段为建筑物迅速下沉的阶段，主要是受基坑大面积开挖和降水，连续墙向坑内产生了大量的位移，导致坑外土体迅速下沉，建筑物随之出现较大的下沉，同时在此期间，由于连续墙出现渗漏水，为抑制墙体渗水以及变形，施工中采取了坑外降水措施，坑外部分地段水位下降超过2m，致使坑外土体由于失水发生沉降，也增大了建筑物的下沉速率；第三阶段为建筑物变形趋于稳定的阶段，在此期间基坑中心岛土体已开挖完成，进行结构施工，对周边环境影响较小；第四阶段为12月底开始到监测工作结束，本阶段进行了周边保留土体的开挖，墙体在坑外水土压力作用下，继续向坑内位移，但是由于有支撑的作用，位移速率明显变小，基坑对周边环境的影响也逐步减小。

通过对ZF建筑产生较大沉降以及差异沉降的分析，得出如下结论：

①本建筑临近基坑，施工过程中采用坑外降水的方式对其沉降和不均匀沉降影响较大。

②此建筑基础相对LM建筑较深，反映到最终沉降量要明显小于LM建筑，所以当基坑临近建构筑物时，基坑开挖深度超过临近建筑物基础埋深，沉降量相对较大，对建构筑物监控的要求相对更高。

(3) YZ建筑

YZ建筑位于主广场基坑东北角，建筑物离基坑最近距离为9m，对该建筑的监测从基坑降水施工开始到主体结构完成结束，监测周期为6.5个月，建筑物沉降监测点时程曲线如图9-12所示。监测结束时累计最大沉降为54.1mm，最大差异沉降为21.0mm，建筑物倾斜率为0.05%。

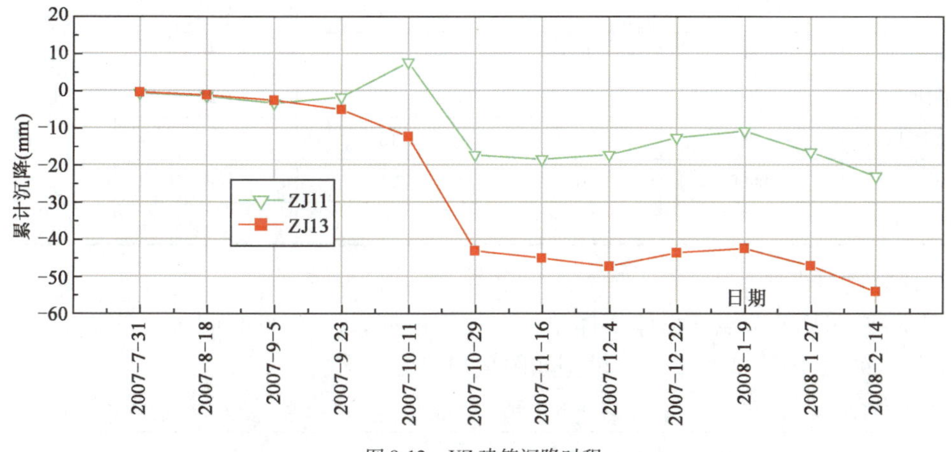

图9-12　YZ建筑沉降时程

由图9-12可看出，与ZF建筑沉降曲线变化趋势基本相似，同样经历了缓慢下沉、急剧下沉到最终趋于稳定的沉降过程，但最终的累计沉降量要明显大于ZF建筑的沉降量，个别测点最大累计沉降量达到-54.1mm，这是由于YZ建筑的基础埋深较浅，受基坑开挖的影响较大，同时也受到基坑本身开挖宽度的影响，基坑开挖宽度较大部位的建筑物沉降要明显大于开挖宽度较小的部位，建筑物的最大差异沉降量达到21.0mm，倾斜率小于规范规定的0.2%，通过现场调查，建筑物无明显开裂和变形，处于安全状态。

9.2　三维模型数值计算与实测结果对比分析

本计算主要是为了分析主广场施工过程中围护结构和支撑体系的受力变形及建筑物的沉降规律，从理论上进一步研究超大基坑在复杂施工工序下基坑围护结构以及坑内保留土体受力变形特征，依据天津站综合交通枢纽工程海河东路地道和主广场工程岩土工程勘察报告及工程设计施工资料，建立相应模型并将计算结果与现场实际监测成果进行了对比分析。

9.2.1 计算模型的建立

(1)数值模拟范围

本模型计算范围选取主广场地下工程施工区域及基坑附近的 ZF 建筑,基坑的计算长度为 110m,计算宽度为 150m,计算深度为 14m:基坑北侧土体的边界超过 ZF 建筑北面墙体 50m 远(ZF 建筑计算长度 60m,计算宽度 24m,计算高度 23m,南面墙体距围护结构 21m),模型南侧边缘距基坑南边缘 22m,计算深度取至基底以下 45m;依据施工方案模拟施工过程,模拟过程包括围护结构的预先施工、中心岛土体的放坡分区分层开挖、中心岛部位主体结构的从下到上顺作、周边保留土体的开挖及钢支撑的架设。

(2)计算参数取值

依据"天津站综合交通枢纽工程海河东路地道和主广场工程详细勘察岩土工程勘察报告"以及设计资料,各类土以及围护结构的参数见表 9-1。

各类土及围护体系力学参数　　表 9-1

类别 \ 参数	弹性模量(MPa)	泊松比	重度(kN/m^3)	黏聚力(kPa)	内摩擦角(°)
填土	30	0.27	17	16	27
粉土	20	0.25	17	25	25
粉质黏土	30	0.3	18	17	17
地下连续墙	30000	0.2	25		
水泥土挡墙	300	0.15	19		

(3)计算模型建立

在计算中,采用 8 节点 6 面体实体单元。计算模型采用 Mohr-Coulomb 屈服准则,共划分为 106718 个单元,102532 个节点。模型如图 9-13 所示。

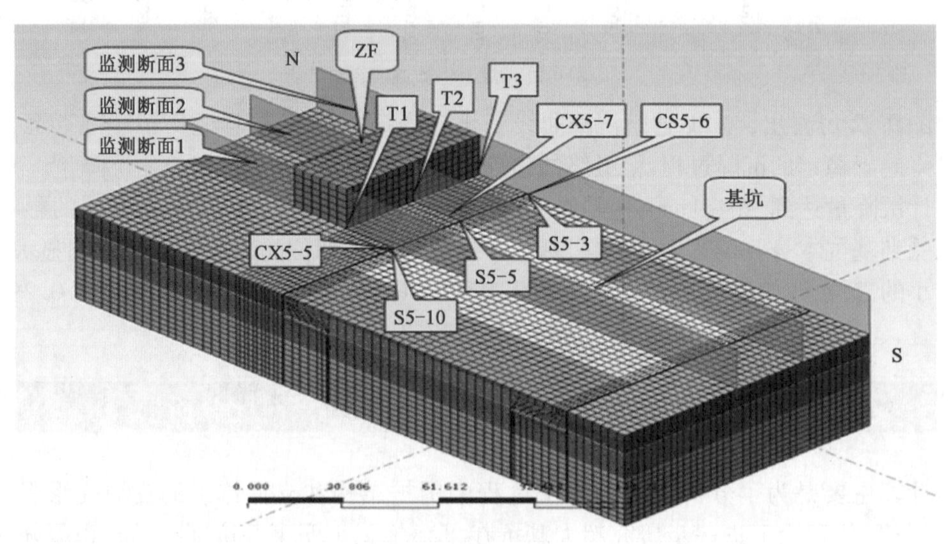

图 9-13　计算模型

为了尽可能保证所建模型接近实际工程,对该模型采取了以下设置:

①模型前后左右有水平约束,下部有垂直约束,地表为自由边界。

②本模型计算时取初始坑外水位埋深 2m,参考实际施工过程中的主要降水阶段,在模型

中进行了相应的降水处理，在施工各个阶段将模型中的地下水位调至开挖面下1m。

③参考以往经验，参照实际工程各个施工阶段的特点并结合现场监测结果进行综合比较、反复验证，将荷载释放系数选取为：

a. 中心岛土体采用放坡开挖，开挖速度较快，考虑到相邻施工步骤间的影响，将荷载释放系数取为较多的三步，分别为0.4、0.35和0.25。

b. 中心岛施工区域主体结构的侧墙、梁柱、层板从下到上分区分层施工，其施工对围护结构的影响不显著且实际施工过程速度较慢，因此将荷载释放系数取为两步，分别为0.6和0.4。

c. 中心岛外侧保留土体自上而下分区分层施工，钢支撑按分层分区架设，各区域间施工节奏快、衔接紧密，应力释放也应考虑多步的影响。因此将荷载释放系数取为三步，分别为0.4、0.3和0.3。

d. 由于模型较大，考虑到计算精度和计算时间，在关键部位如地下连续墙、水泥搅拌桩、预留土、钢支撑、临近基坑的周边土体等区域进行网格加密，在其他次要部位酌情进行网格简化。

为了尽可能模拟实际施工情况，模型中将整个施工过程划分为三大阶段共17小步。模型中部分步骤如图9-14～图9-19所示。

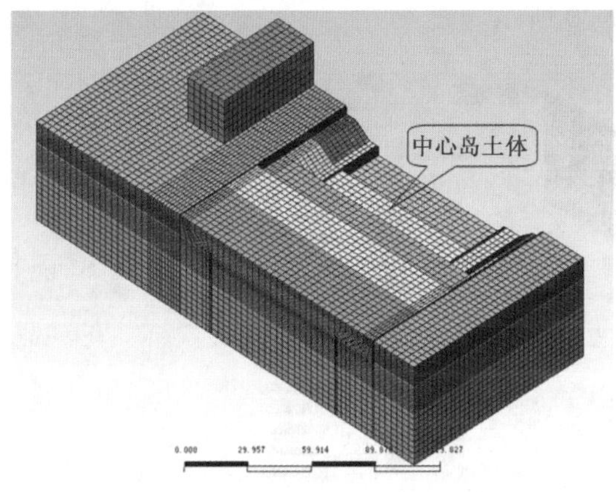

图9-14　中心岛土体开挖

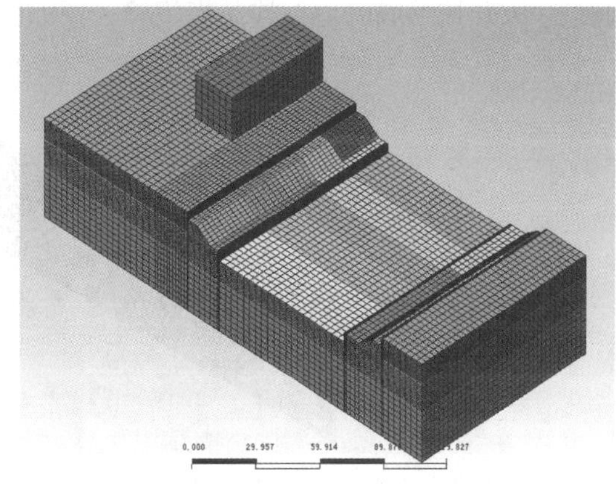

图9-15　中心岛土体开挖完毕

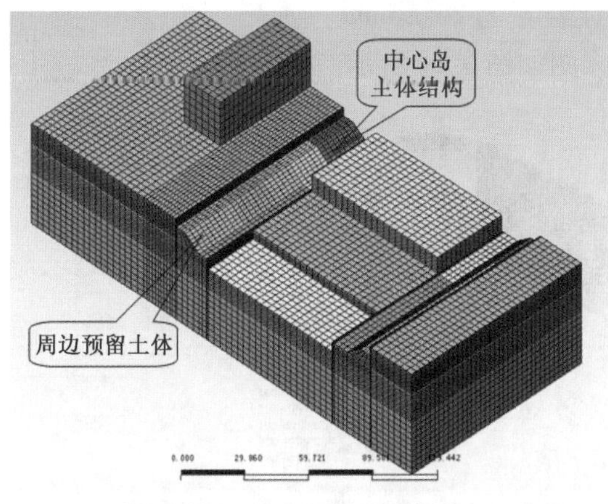

图9-16　中心岛主体结构施工

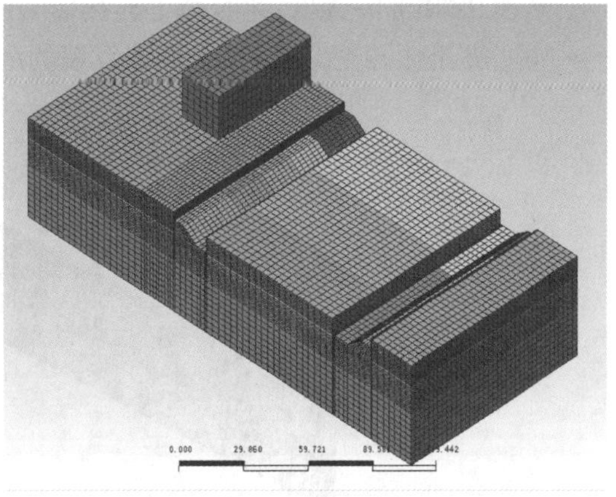

图9-17　中心岛主体结构施工完毕

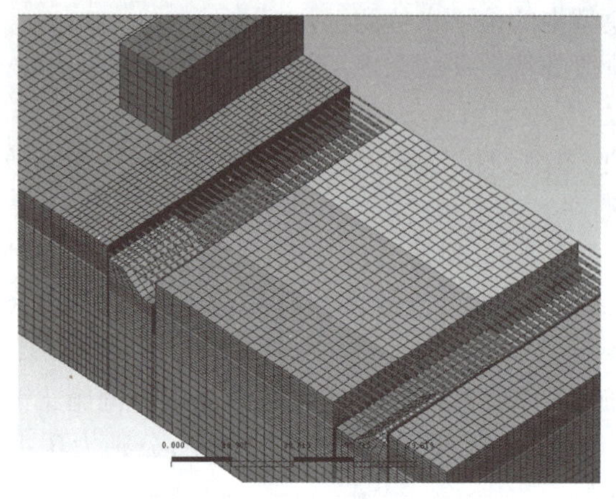

图 9-18　周边保留土开挖

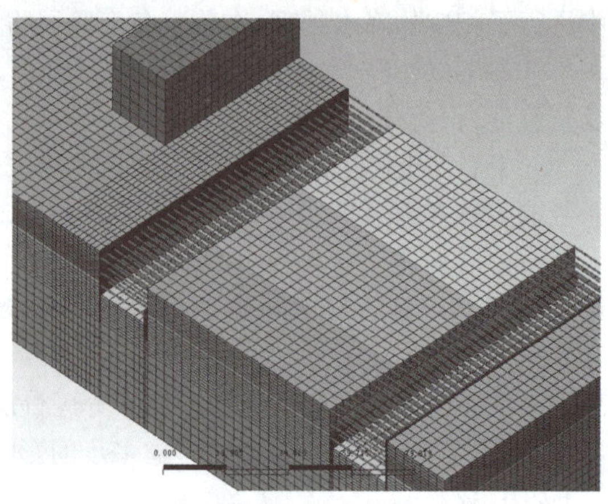

图 9-19　周边保留土开挖完毕

9.2.2　计算结果与实测结果对比分析

(1)地下连续墙墙顶沉降对比分析

在基坑开挖阶段,中心岛土体的大规模开挖产生的卸载导致周边保留土体和基坑底部土体出现较大的应力释放。坑底隆起和周边土体向上的位移带动地下连续墙上浮。中心岛最先施工区域开挖到底时地下连续墙沉降云图如图 9-20 所示。

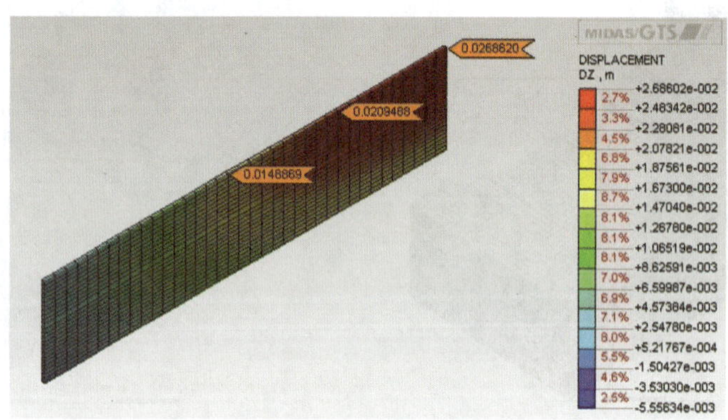

图 9-20　中心岛最先施工区域开挖到底时地下连续墙沉降云图

从图 9-20 可以看出,此时地下连续墙的最大上浮量为 26.86mm。

中心岛土体开挖完毕后,地下连续墙的沉降云图如图 9-21 所示。

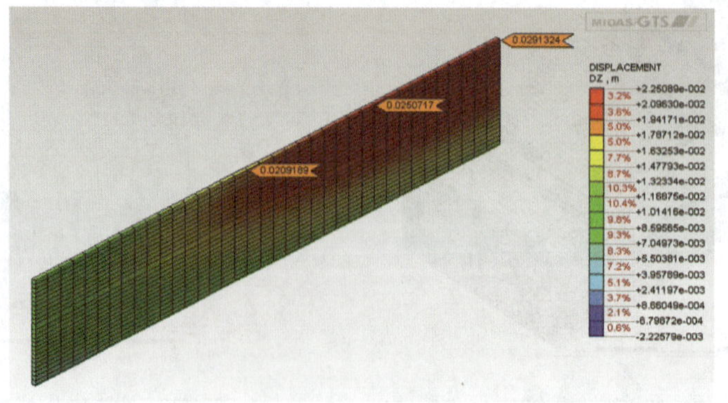

图 9-21　中心岛土体开挖完毕后地下连续墙沉降云图

由图 9-21 可以看出，基坑中心岛土体全部开挖完后，地下连续墙的上浮达到最大值 29.13mm。

整个模型在中心岛土体开挖完毕后呈整体上浮状态，基坑底部土体隆起较大，且先开挖的部分土体隆起量要大于后开挖部分。相对于基底的隆起量，地下连续墙的上浮量较小，并且呈现东高西低的态势。

图 9-22 为地下连续墙墙顶 S5-3、S5-5、S5-10 点沉降实测值与数值模拟计算的沉降曲线对比图，从图中可以看出，连续墙在基坑中心岛土体开挖、中心岛主体结构施作、周边预留土开挖各阶段沉降变化均为上浮状态，且连续墙在竖直面内作为一个刚性结构，墙身各部位沉降量相差较小，墙顶 S5-3、S5-5、S5-10 三个监测点沉降规律基本一致。

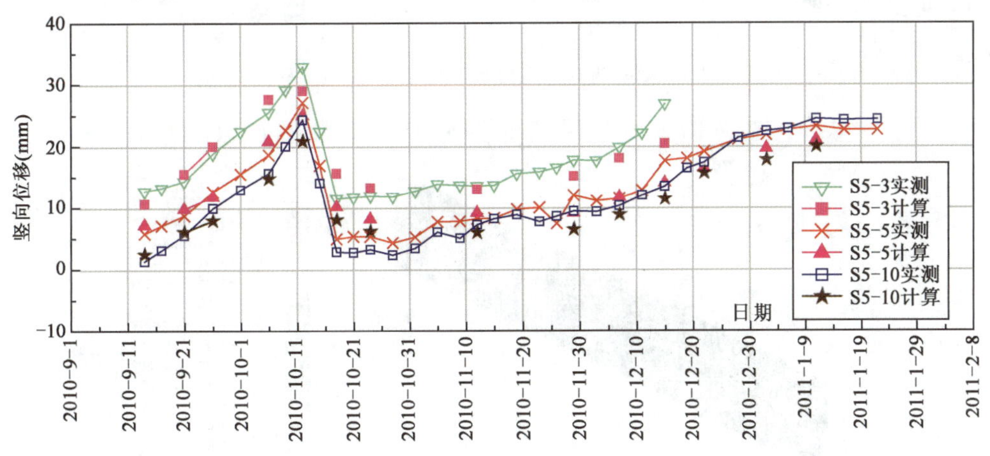

图 9-22　地下连续墙墙顶实测与计算竖向位移曲线对比图

在中心岛开挖阶段，由于开挖时间的先后不同，依次开挖 S5-3、S5-5、S5-10 点周围土体，使得 S5-3 点上浮时间先于其他两点，上浮量也依次减少。中心岛土体开挖完毕时土体卸载达到最大，连续墙上浮量达到最大。此阶段完成后，施工转入中心岛主体结构施工阶段，此时基坑土体卸载和底部土体隆起逐渐结束，连续墙开始出现向下的位移并逐渐趋于稳定。中心岛主体结构施工完毕后，进入周边预留土开挖阶段，此时连续墙产生的位移与中心岛土体开挖阶段的位移基本一致，三个监测点依次出现上浮，上浮量也依次减少。

在此三个阶段，连续墙的最大上浮量出现在中心岛土体开挖阶段，S5-3 监测点的上浮量最大，为 33mm。通过三个监测点的实测与计算竖向位移对比可看出，计算结果与实测的位移值有一定偏差，但两者变化规律基本一致，模型计算结果基本反映出围护结构的沉降趋势。

(2)地下连续墙墙体水平位移对比分析

在基坑开挖阶段，中心岛土体的大规模开挖使得基坑围护结构向基坑内产生变形，在此过程中地下连续墙水平位移云图如图 9-23 和图 9-24 所示。

从图 9-23 可以看出，此时地下连续墙墙顶水平位移为 58.77mm。

中心岛土体开挖完毕后，地下连续墙的水平位移云图如图 9-24 所示。

从图 9-24 可以看出，基坑中心岛土体全部开挖完后，地下连续墙墙顶水平位移达到 163.82mm。

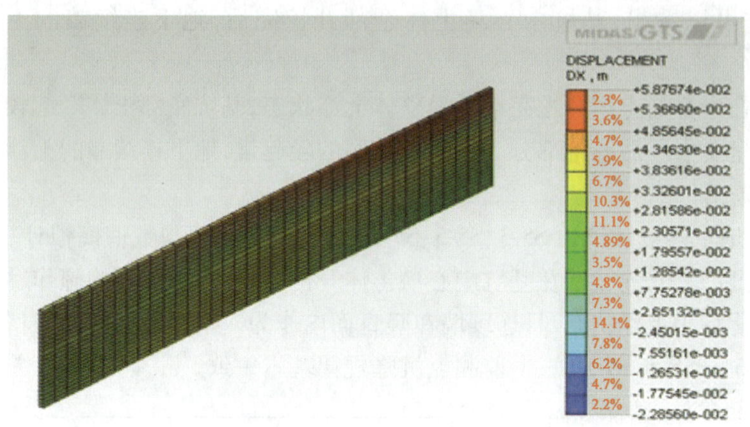

图 9-23　中心岛最先施工区域开挖到底时地下连续墙水平位移云图

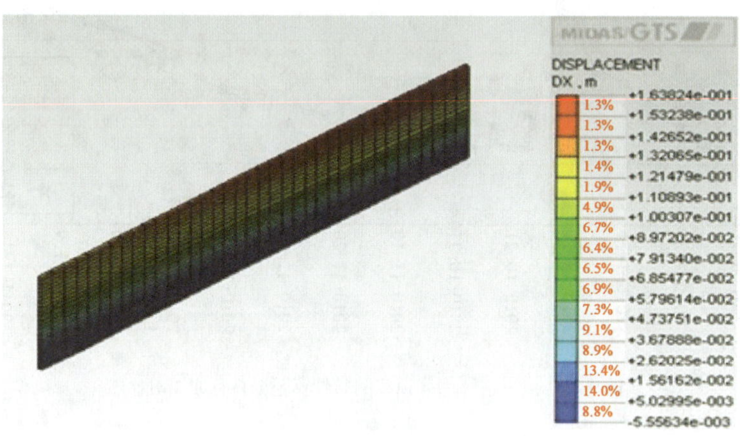

图 9-24　中心岛土体开挖完毕地下连续墙水平位移云图

图 9-25 为实测地下连续墙墙顶水平位移与计算值对比情况，图 9-26 为地下连续墙墙体典型监测孔的实测位移曲线与数值模拟计算的水平位移对比曲线图。由图 9-25 可以看出，在基坑中心岛土体开挖、主广场结构施作、周边预留土开挖各阶段，连续墙墙顶的水平位移方向均为朝向基坑内，墙顶 S5-3、S5-5、S5-10 三个监测点变形规律基本一致。在中心岛开挖阶段，由于开挖时间的先后不同，依次开挖 S5-3、S5-5、S5-10 点周围土体，使得 S5-3 点向基坑内变形时间先于其他两点，变形量也依次减少。中心岛土体开挖完毕后，各点变形达到一个峰值。此阶

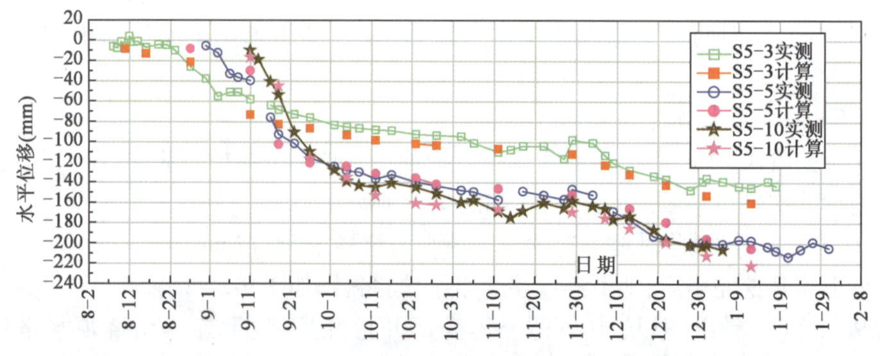

图 9-25　地下连续墙墙顶水平位移

段完成后，施工转入主广场建造阶段，此时基坑土体卸载完毕，连续墙向基坑内的位移逐渐稳定，三个监测点都大致呈现平缓的变形趋势。预留土开挖阶段连续墙的水平位移继续增加。

由图9-26可以看出，整个开挖过程中变形最大的部位均为地连墙顶部，埋深越大，变形越小，连续墙底端基本没有变形，变形从地连墙东部开始，随开挖由东向西分步分层进行，变形也逐渐加大。同时，数值模拟结果显示在基坑各层土体开挖时，连续墙底部基本没有产生变形，而现场监测结果显示在连续墙的底部也产生一定程度的变形，这是由于数值模拟是在理想状态下进行开挖，而现场施工过程中，基坑上部土体的开挖扰动对连续墙底部土体有影响，进而使此部位土体强度降低，围护墙向基坑内变形。

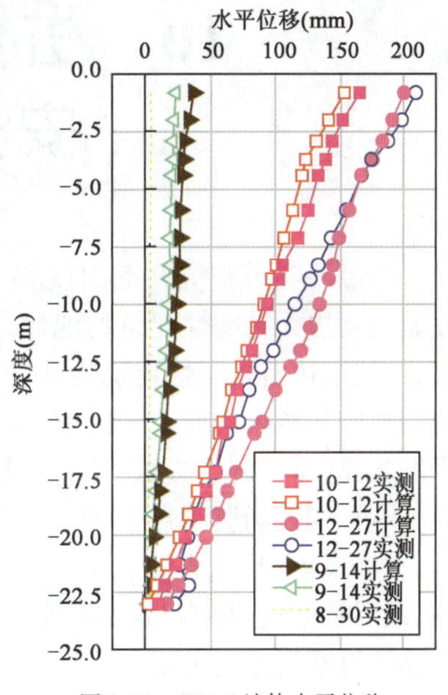

图9-26　CX5-5墙体水平位移

沿连续墙墙体深度方向，数值模拟与现场监测的变形趋势一致，但在数值模拟变形曲线上有明显的转折，即开挖土体部位的连续墙倾斜率大于未开挖土体部位的，但现场监测结果变形曲线显示，连续墙随墙体埋深的变形接近于直线，说明实际施工中连续墙发生整体位移，基本没有发生挠曲变形。

9.2.3　小结

基于以上对海河东路隧道及主广场地下工程监测结果的分析，以及对相应监测项目的数值模拟计算，基坑围护结构体系与周边环境的位移与现场监测结果基本相符。这说明，对处于复杂环境中的深大基坑工程，可以采用数值模拟的方法对围护结构受力变形及环境影响进行预测和评价，从而优化设计参数，调整施工方案，实现信息化施工。

10 五经路隧道基坑工程安全监测成果与应用

五经路隧道基坑开挖深度 8.7 ~ 15.8m，基坑围护结构采用钻孔灌注桩和 SMW 工法桩。在基坑周边无控制性建筑物地段，采用水泥搅拌桩加型钢的 SMW 围护结构。在基坑较深地段，基坑周边有控制性建筑物地段，采用钻孔灌注桩墙围护结构。基坑内设管井降水，两种围护结构的基坑内均设钢管横撑及腰梁支撑体系。五经路隧道支护设计剖面详见第 5 章图 5-14 和图 5-15，基坑施工方法为明挖顺作法。

本工程现场监测自 2007 年 7 月 1 日进场开始，按照设计要求及监测方案进行了测点埋设，数据采集、监测结果处理分析及信息反馈等工作，截至 2009 年 9 月对基坑围护结构、钢支撑、地层及周边建(构)筑物等重要监测对象，共进行了 14 个大项目的现场监测。本章将对五经路隧道基坑工程主要监测结果作简要介绍。

10.1 监测成果资料分析

10.1.1 SMW 围护结构顶沉降及水平位移

ZK1 +000 ~ ZK1 +060 段测点平面位置如图 10-1 所示。ZK1 +055 处 SMW 桩墙顶测点 S9-22 和 S9-23 的水平位移及沉降时程如图 10-2 ~ 图 10-3 所示。

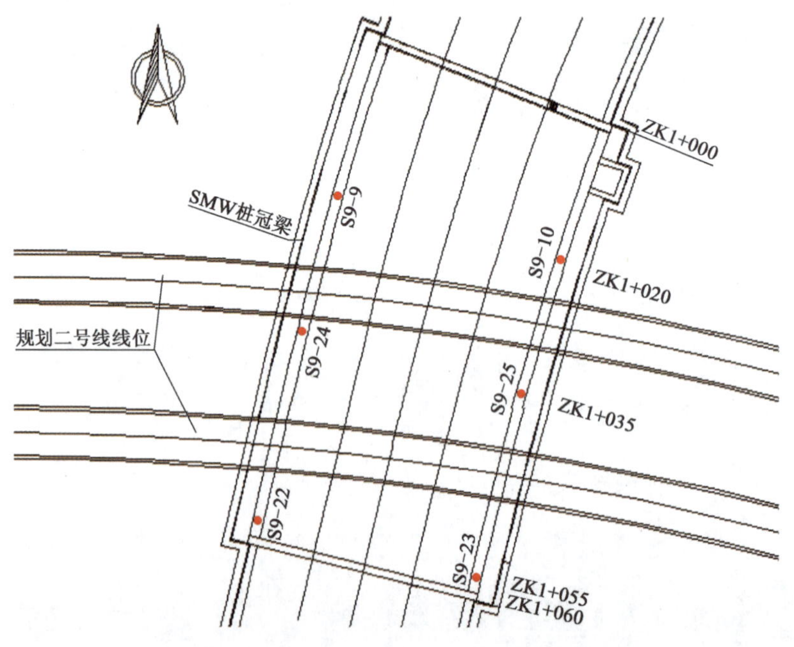

图 10-1 ZK1 +000 ~ ZK1 +060 段基坑监测布点图

由图 10-2 可看出，测点 S9-23 水平位移较大，2008 年 2 月 2 日最大曾达到 99.8mm。基坑在开挖期间，该测点从 2007 年 12 月 16 日至 2008 年 1 月 5 日位移速率较大，2007 年 12 月 18 日位移速率达到 12.6mm/d，之后，桩顶水平位移日变化量相对较小，变形较为稳定，最终位移量为 95mm。

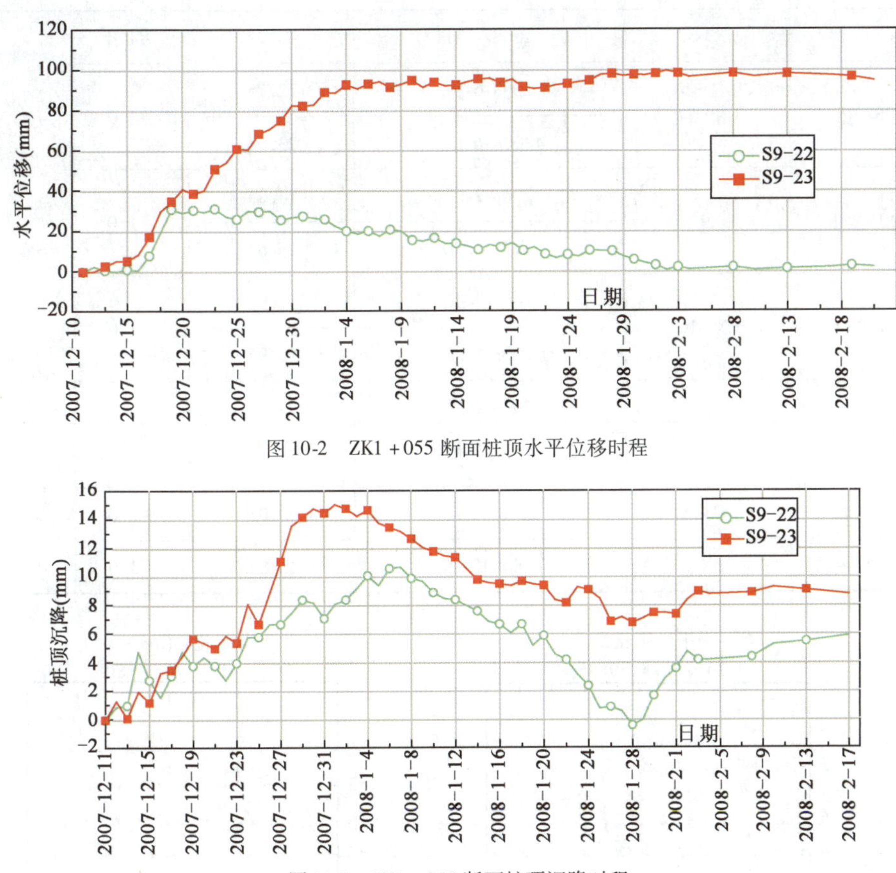

图 10-2　ZK1 +055 断面桩顶水平位移时程

图 10-3　ZK1 +055 断面桩顶沉降时程

基坑围护结构桩顶水平位移在主体结构施作时会逐渐趋于稳定，最终的水平位移量会略小于最大位移量。基坑施工期间，围护结构没有发生开裂现象。

由图 10-3 可看出，S9-22 和 S9-23 从 2007 年 12 月 11 日（基坑开挖）到 2008 年 1 月 7 日（基坑开挖完毕），围护桩（墙）顶出现明显上浮，当主体结构施作底板时围护桩顶沉降监测点开始下沉，其中 K1 +055 左侧围护结构桩顶沉降监测点 S9-23 在基坑挖至基底时累计上浮量为 15.1mm，随着主体结构的施作，该点最终累计上浮量减小为 8.8mm。

现场监测表明，由于基坑开挖上方土体卸载及应力释放，基底土体向上隆起，而围护桩会随之上浮，在主体结构施作时，围护结构开始缓慢的下沉，并逐渐趋于稳定。

10.1.2　SMW 围护结构桩体水平位移

五经路隧道工程共布设 35 个桩（墙）体水平位移监测孔，典型测孔的最大水平位移见表 10-1，水平位移时程如图 10-4 ~ 图 10-5 所示。

由表 10-1 可看出，K1 +050 处围护结构为 SMW 工法桩，测孔 CX9-23 深度 1m 处在 2008 年 2 月 2 日最大水平位移达到 99.77mm；K1 +480 处采用钻孔灌注桩，测孔 NCX18 深度 2m 处在 2008 年 12 月 15 日最大水平位移达到 40.05mm，说明，该工程围护结构采用灌注桩时桩顶水平位移要小于 SMW 工法桩。

桩(墙)体最大水平位移监测结果表　　表 10-1

位　置	监测孔号	监测日期	最大水平位移值(mm)	出现深度(m)	围护结构形式
ZK0 +708 左侧	CX9-32	2008-4-24	45.92	-1.0	SMW 工法桩
ZK0 +878 左侧	CX9-54	2008-6-16	22.75	-1.0	
		2008-6-13	23.94		
K1 +020 右侧	CX9-9	2008-2-17	14.23	-1.0	
		2007-12-20	26.65		
K1 +020 左侧	CX9-10	2008-2-17	52.92	-1.0	
		2008-1-11	53.96		
K1 +050 左侧	CX9-23	2008-2-21	95.02	-1.0	
		2008-2-2	99.77		
K1 +480 右侧	NCX18	2008-12-15	40.05	-2.0	钻孔灌注桩
K1 +500 右侧	NCX16	2008-12-15	30.88	-1.0	

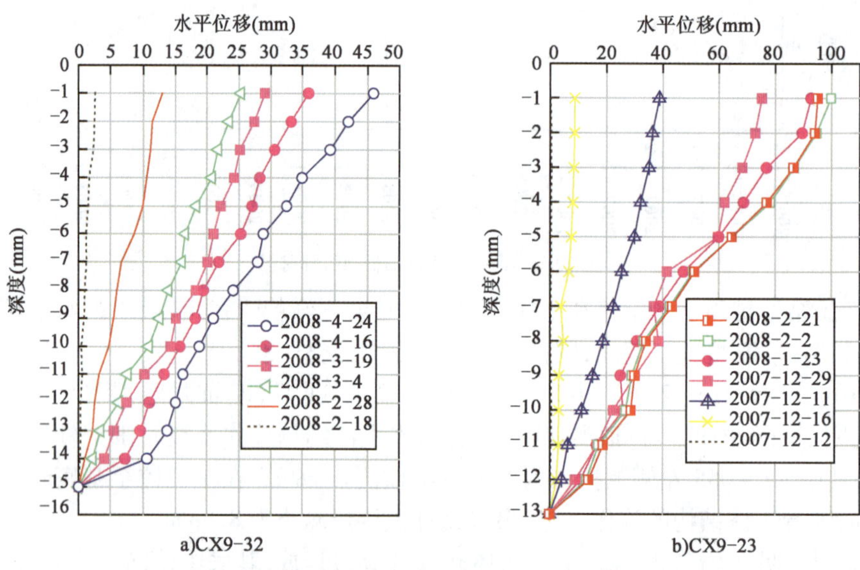

图 10-4　SMW 工法桩桩体水平位移

从监测结果看,基坑开挖期间,围护结构桩体水平位移变形速率增大,在主体结构进行施作时会逐渐趋于稳定,最终的桩体水平位移略小于最大累计位移量。

10.1.3　支撑轴力

基坑 ZK0 +678 ~ ZK0 +728 区段内共布设了两个支撑轴力监测断面,每个监测断面的三道支撑均安装轴力计。ZK0 +728 监测断面支撑轴力时程如图 10-6 所示,支撑轴力最大值为 663.84kN(第三道钢支撑)。

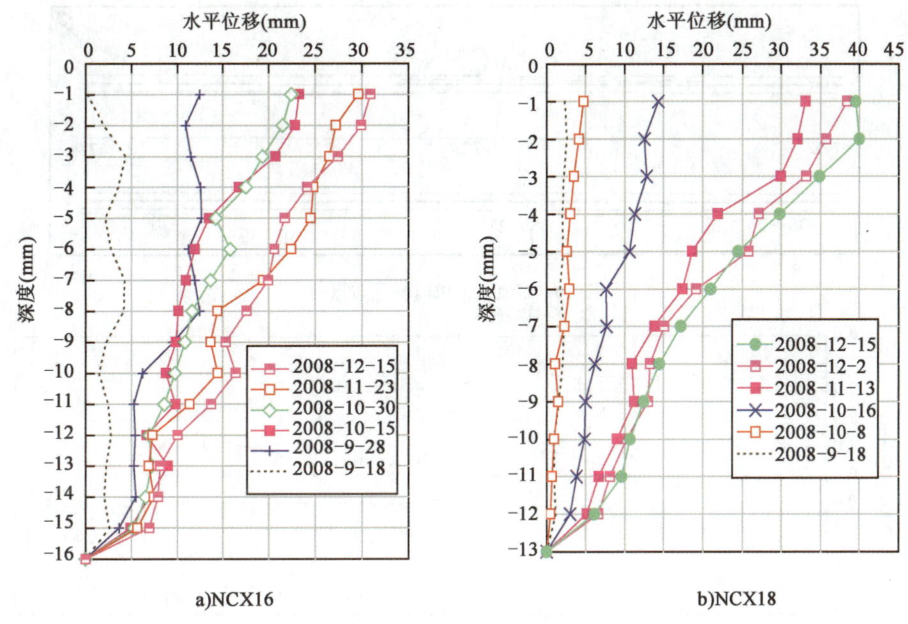

图 10-5　钻孔灌注桩桩体水平位移

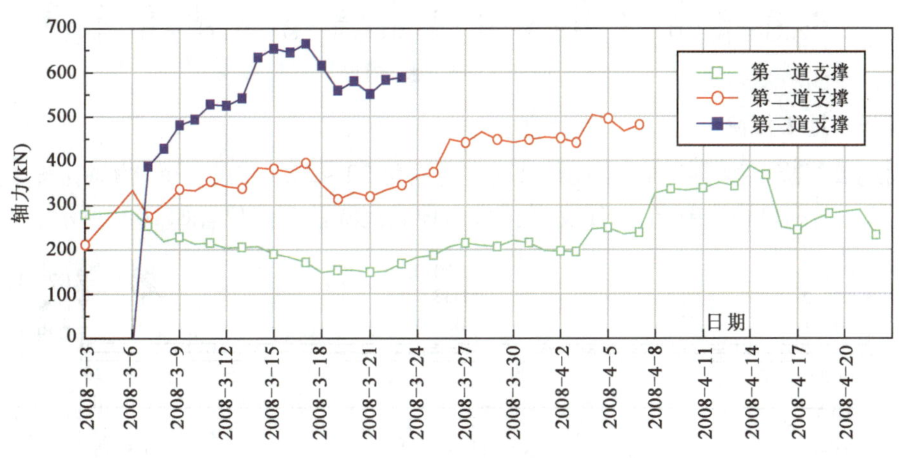

图 10-6　ZK0 + 728 断面支撑轴力时程

由图 10-6 可看出,基坑开挖初期第一道支撑受力较大,在 2007 年 3 月 1 日轴力最大值达到 373.43kN,随着后续第二、三道支撑的架设,支撑轴力逐渐变小并暂时趋于稳定。结构施工开始后,从下到上依次拆除各道支撑,第三道支撑的拆除对第一道支撑影响较小,但当第二道支撑拆除后,第一道支撑受力会迅速增大,并且会在以后的数天或数周内持续增大,第一道支撑受力在 4 月 5 日达到最大值 428.79kN。此后随着结构施工的向上进行,上部支撑轴力会缓慢减小,并最终趋于稳定。

10.1.4　地下水位

ZK0 + 678 ~ ZK0 + 728 区段内共布设了 5 个地下水位监测孔,如图 10-7 所示。

基坑开挖期间观测孔水位变化情况如图 10-8 所示。QS9-27 在 2008 年 3 月 27 日由于围护结构漏水孔内水位降低了 1.5m,其他观测孔水位变化幅度不大,基本在 50cm 以内。

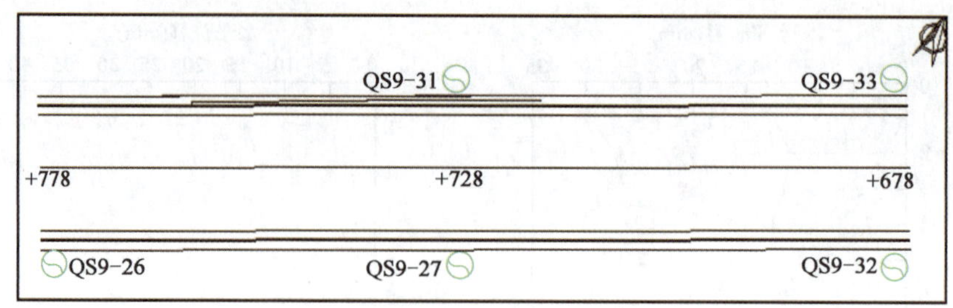

图 10-7　地下水位监测孔布点图

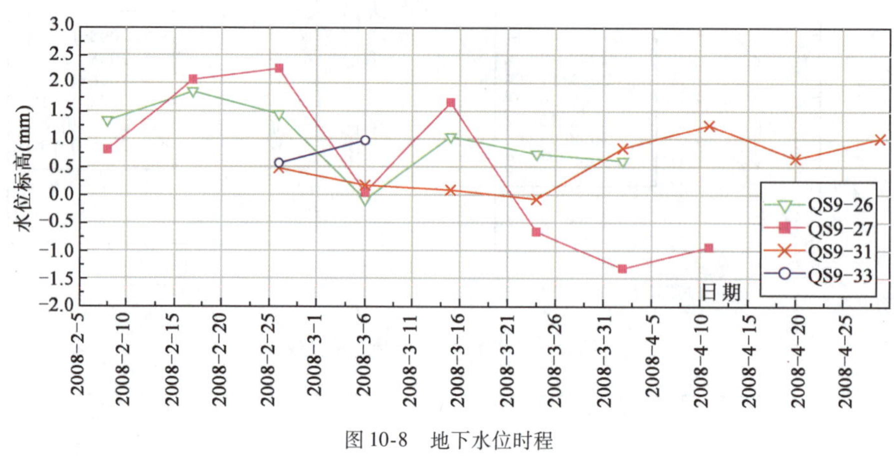

图 10-8　地下水位时程

10.1.5　地表沉降

坑周地表沉降监测点按断面布设，沿基坑走向每 20～25m 布设一个监测断面，点间距 3～5m，从基坑侧壁向外由密到疏。H1 楼段区域内地表沉降监测点位置如 10-9 所示。

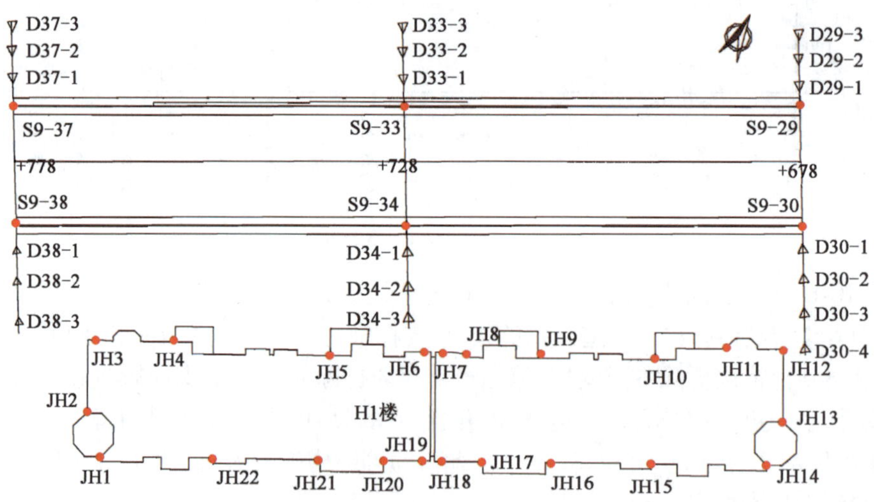

图 10-9　H1 楼附近地表沉降监测点位置

部分地表沉降点时程如图 10-10 所示。

从图 10-10 可看出，基坑开挖至主体结构底板施作前，地表沉降监测点 D30-4 累计下沉量为 -58.3mm。主体结构施作期间 D30-4 阶段下沉量为 -5.8mm，累计下沉量为 -64.1mm。

监测数据表明，基坑开挖阶段，周边地表沉降量较大，而主体结构施作期间，沉降量较小。

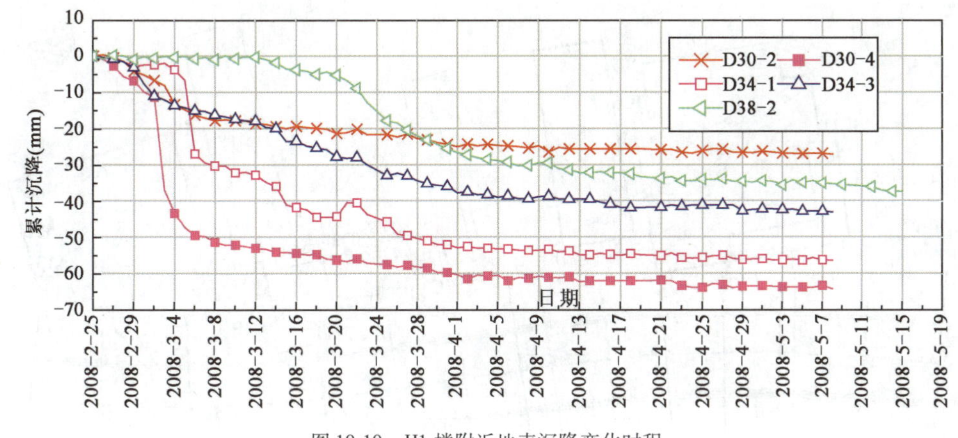

图 10-10　H1 楼附近地表沉降变化时程

10.1.6　建筑物沉降

五经路隧道周边分布的建筑物主要有 H1 楼、Z1 楼、Y1 楼、T1 楼和 T4 楼，铁路以南建筑物主要有 ZX 楼、JT 楼、JC 楼和 LS 楼，主要的建筑物沉降测点位置如图 10-11 ~ 图 10-12 所示。

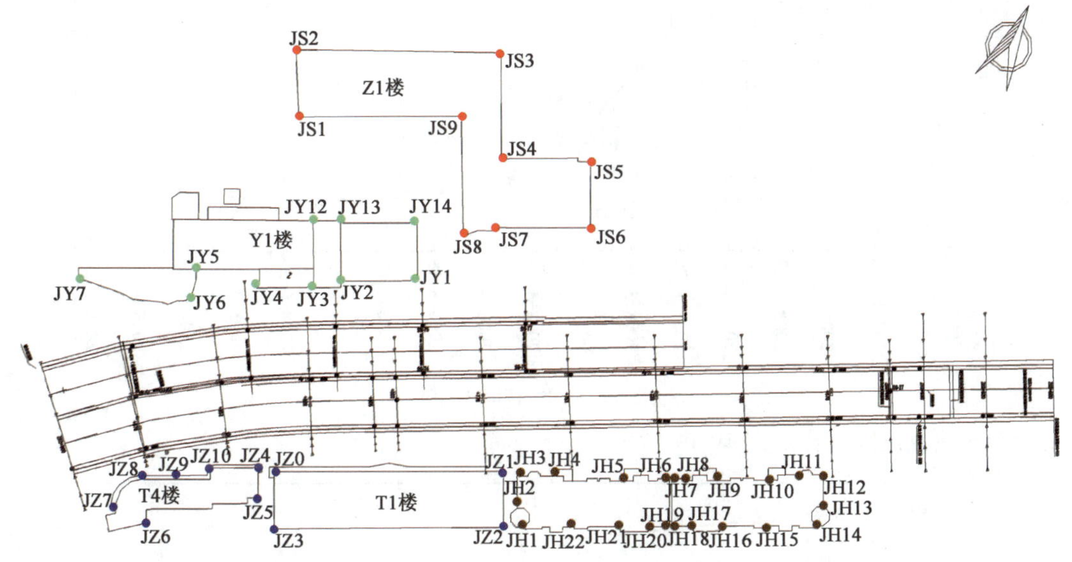

图 10-11　铁路以北主要建筑物测点位置

H1 楼测点沉降时程如图 10-13 所示。

西侧测点 JH3 下沉量最大，最终累计下沉量为 -50.6mm，从基坑开挖至主体结构底板施作前，该测点累计下沉量为 -48.1mm（阶段下沉量为 -45.5mm）；东侧沉降监测点变化量要比靠近基坑侧的监测点变化量小，这些监测点累计下沉量都在 -20 ~ -30mm。

H1 楼沉降过程大体分为 3 个阶段，第一个阶段从基坑开挖至主体结构底板施作前，沉降监测点 JH7 累计下沉量为 -38.2mm，在此期间进行了大规模的土方开挖，土体沉降迅速增大，受土体沉降影响，H1 楼随之产生了较大的沉降变形。第二个阶段在主体结构施作期间，沉降监测点 JH3 累计下沉量为 -42.0mm，施作主体结构对基坑周边环境影响较小，建筑物下沉速率有所减缓。第三个阶段在主体结构封顶后对 H1 楼沉降进行了跟踪监测，在此期间，沉降监测点 JH4 累计下沉量为 -45.0mm，主体结构封顶后，H1 楼沉降趋于稳定。

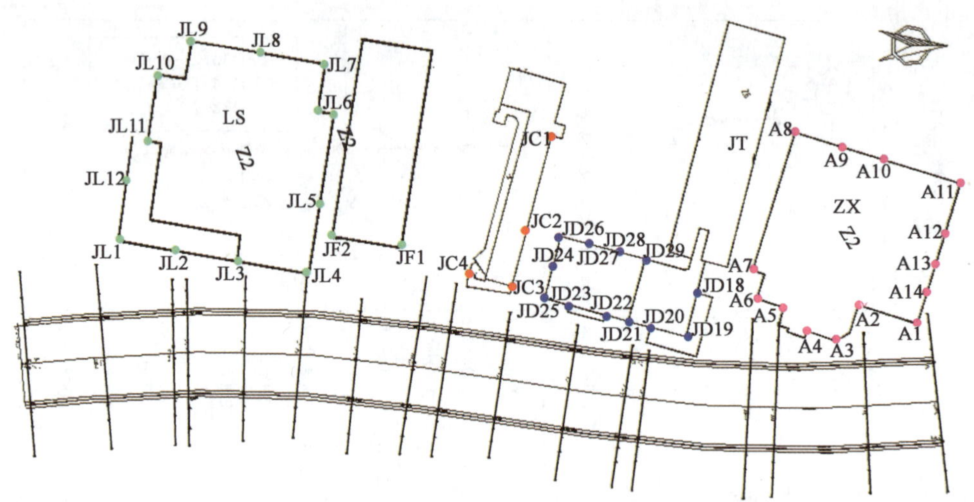

图 10-12 铁路以南主要建筑物测点位置

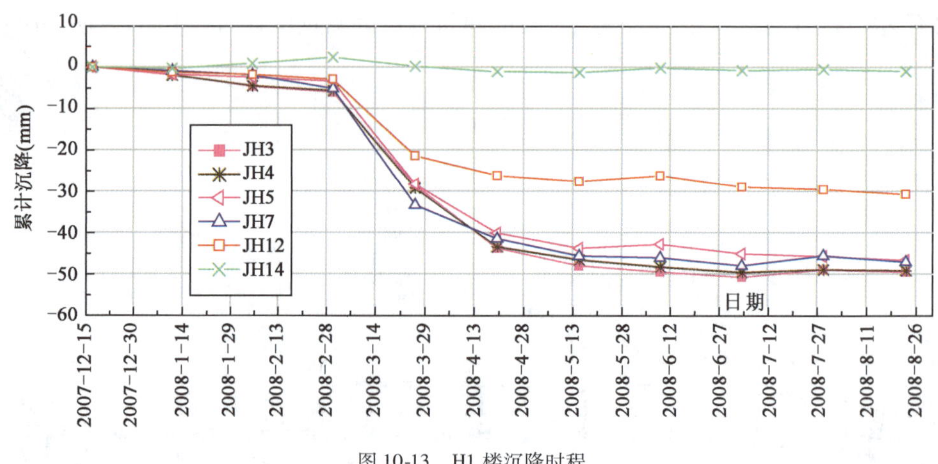

图 10-13 H1 楼沉降时程

Y1 楼测点沉降时程如图 10-14 所示。

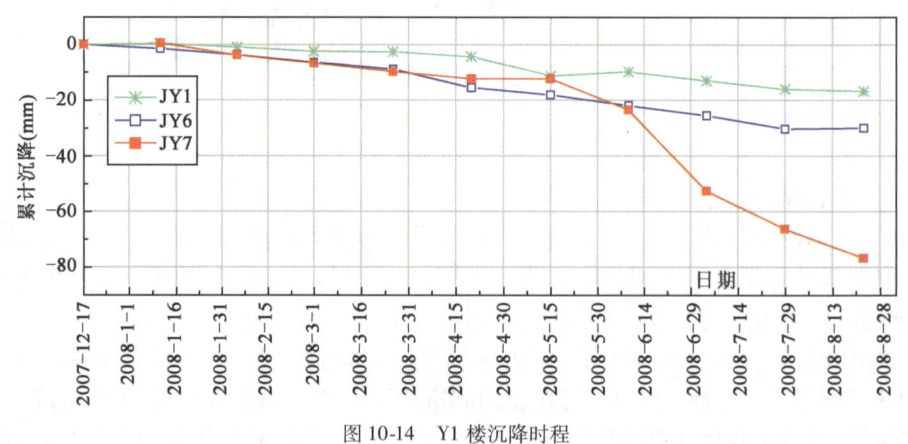

图 10-14 Y1 楼沉降时程

东侧靠近基坑的测点 JY7 下沉量最大,最终累计下沉量为 -67.0mm,从基坑开挖至主体结构底板施作前,该测点累计下沉量为 -56.8mm;由于 Y1 楼西侧(院内)监测点离基坑较远,其受基坑开挖引起的变化量要比靠近基坑侧的监测点变化量小。

Y1 楼沉降过程大体分为 3 个阶段,第一个阶段为基坑开挖前降水期间,靠近基坑侧沉降监测点 JY7 该阶段下沉量为 -22.6mm,由于 JY7 监测点处为一层建筑,其基础较差,所以基坑降水对该处沉降影响很大。第二个阶段从基坑开挖至主体结构底板施作前,Y1 楼沉降监测点 JY7 累计下沉量为 -56.8mm,由于基坑距建筑物距离仅有 8m 左右,该段基坑外侧便道较窄,所有施工车辆从此处通过,造成比较大的动荷载,致使基坑外侧建筑物沉降量较大。第三个阶段在主体结构施作期间,在此期间,Y1 楼沉降监测点 JY7 累计下沉量为 -71.4mm,主体结构施工完成后,Y1 楼沉降趋于稳定。

T4 楼测点沉降时程如图 10-15 所示,西侧测点 JZ8 下沉量最大,最终累计下沉量为 -97.6mm。

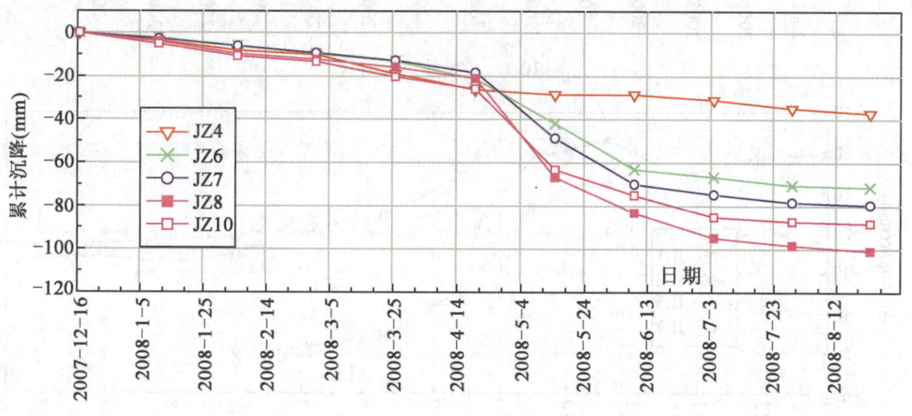

图 10-15 T4 楼沉降时程曲线图

T4 建筑沉降分为三个阶段。第一个阶段为基坑开挖前降水期间,靠近基坑侧测点 JZ4 阶段下沉量为 -29.2mm,由于 T4 楼地基基础较浅,基坑降水对其变形影响很大。第二个阶段从基坑开挖至主体结构底板施作前,T4 楼沉降监测点 JZ8 累计下沉量为 -82.0mm,2008 年 5 月 6 日,ZK0 +900 左侧坑内漏水,导致基坑外侧地表塌陷深约 3m、宽约 3m 的一个深坑。同日,该处坑外地下水位监测孔 SS9-42 骤降 1.012m,靠近该处的 T4 楼沉降监测点 JZ8 日变化量为 -13.5mm,由于 T4 楼离基坑较近,最近距离约 4m,地基基础较浅,基坑开挖取土卸荷,同时,受基坑漏水的影响,该建筑物的变形在基坑开挖阶段较大。第三个阶段在主体结构施作期间,在此期间,测点 JZ8 累计下沉量为 -97.4mm,由于基坑外侧便道路面较窄,在动荷载的影响下,围护结构桩顶水平位移向基坑内发展,基坑外侧建筑物及地表持续下沉。主体结构封顶后对 T1 建筑跟踪监测表明,在此期间,监测点 JZ8 累计下沉量为 -100.9mm,已趋于稳定。

ZX 楼监测点沉降时程如图 10-16 所示,东侧沉降监测点 A14 累计下沉量最大,最终累计下沉量为 -31.3mm;该建筑物西侧沉降监测点累计下沉量都在 -3 ~ -8mm。

从图 10-16 中可看出,该建筑沉降过程分三个阶段,第一个阶段为基坑开挖前降水期间,靠近基坑侧沉降监测点 A14 阶段下沉量为 -12.1mm,由于建筑地基基础较浅,基坑降水对其变形影响很大。第二个阶段从基坑开挖至主体结构底板施作前,沉降监测点 A14 累计下沉量为 -28.2mm,在基坑开挖阶段,由于基坑取土卸荷,同时受地面动荷载影响,建筑物变形较大。第三个阶段在主体结构施作期间,在此期间沉降监测点 A14 累计下沉量为 -30.0mm,主体结构施工后,下沉速率减缓并趋于稳定。

LS 楼沉降时程如图 10-17 所示,东侧沉降测点 JL1 累计下沉量最大,最终累计下沉量为

－54.9mm；该建筑物西侧沉降监测点累计下沉量大都在－20～－30mm。

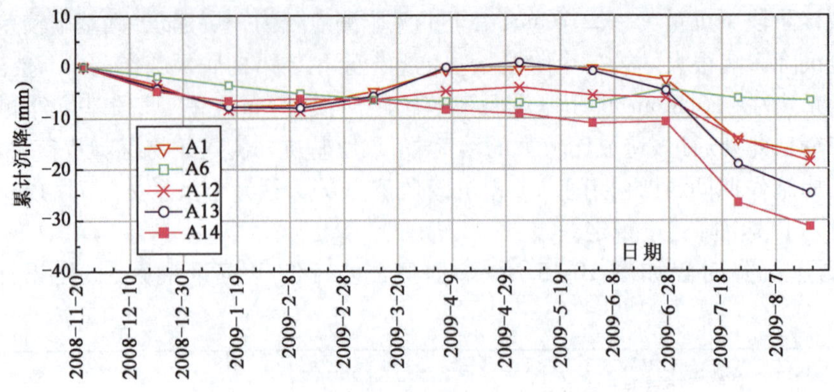

图 10-16　ZX 楼沉降时程

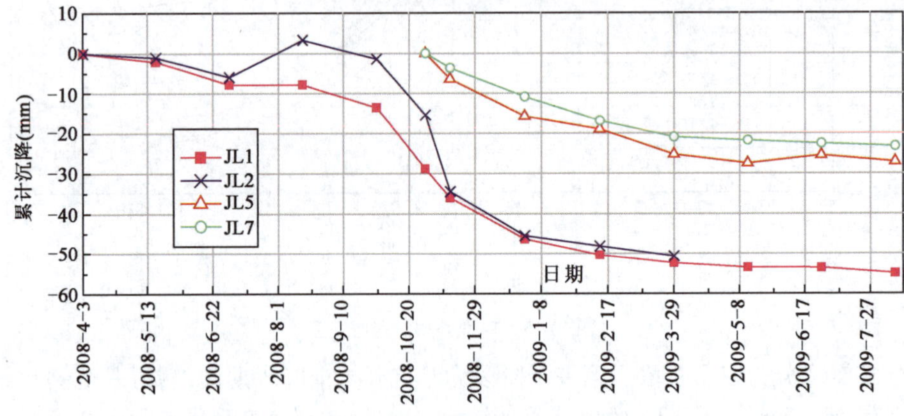

图 10-17　LS 楼沉降时程

由图 10-17 可看出，此建筑受地下连续墙施工及基坑降水的影响，产生了不均匀沉降，其中靠近基坑侧监测点下沉量大，远离基坑监测点下沉量小，靠近基坑侧沉降监测点 JL1 阶段下沉量为－15.1mm。从基坑开挖至主体结构底板施作前，由于基坑取土卸荷及地面动荷载的影响，致使历史风貌建筑物变化速率加大，沉降监测点 JL1 累计下沉量为－52.1mm。在主体结构施作期间，沉降监测点 JL1 累计下沉量为－52.3mm，主体结构施工后沉降速率减缓并趋于稳定。

10.2　基坑施工三维数值模拟与实测对比分析

10.2.1　计算模型

五经路基坑工程规模大，施工区段长，在此建立了邻近 H1 楼的 ZK0＋660～ZK0＋792 区段的三维模型，并选取 3 个监测断面的计算数据进行整理。监测断面及监测点位置如图 10-18 所示。

三维分析模型长 170m，宽 130m，深 40m。土体模型采用 Mohr-Coulomb 屈服准则，共划分为 41679 个单元，40764 个节点。为尽可能接近工程实际，分析中采取了以下设置：

①模型前后左右水平约束，下部垂直约束，地表为自由边界。

②取初始坑外水位埋深 2m，并参考实际施工过程中的降水点位置和主要降水阶段，在模

型中做相应处理。

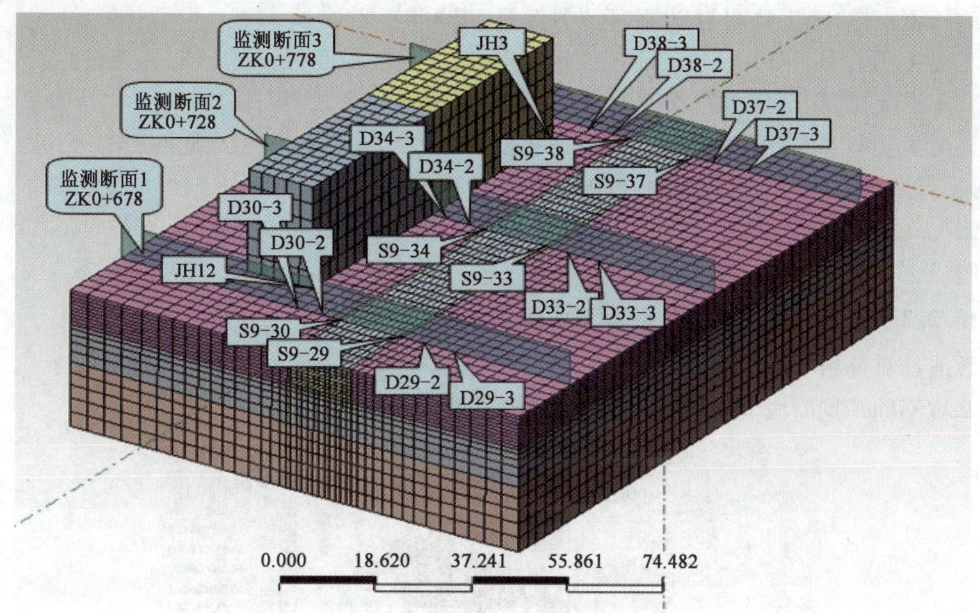

图 10-18　计算模型及典型监测断面和测点的位置

③依据经验，考虑到本工程各个施工阶段开挖节奏较快、开挖区域分区分步不明显，相邻施工步骤间影响紧密的特点，并结合现场监测结果进行综合比较、反复验证，将荷载分三个阶段进行释放，释放系数分别取 0.4、0.3 和 0.3。

④对于钻孔灌注桩、钢支撑和钢腰梁，模型中采用梁单元进行处理，其余土体与水泥搅拌桩止水帷幕均采用实体单元。由于模型较大，考虑到计算精度和计算时间，在关键部位如钻孔灌注桩、水泥搅拌桩止水帷幕、钢支撑、开挖区土体、临近基坑的周边土体等区域进行网格加密，在其他次要部位适当进行网格简化。

施工模拟的过程包括了围护结构的施作、基坑土体的分部台阶开挖、钢支撑的架设以及主体结构的施作等，模拟范围基本上包含了整段基坑的开挖及结构施工过程。

整个施工过程分为六步。基坑土体采用分层分段开挖，沿基坑深度土体分为三层，第一层土体厚 4m，第二层土体厚 4m，第三层土体开挖至基底标高。顺基坑开挖方向约 20m 为一段，随开挖的进行同步架设支撑。施工工况如图 10-19 所示。

工况 1：开挖如图 10-19 所示一区一层土体，并架设此处第一道支撑，施工日期为 2008 年 2 月 25 日 ~2008 年 3 月 3 日；

施工方向 ←

ZK0+792	+759	+726	+693 ZK0+660	开挖深度
四区一层	三区一层	二区一层	一区一层	4m
四区二层	三区二层	二区二层	一区二层	8m
四区三层	三区三层	二区三层	一区三层	10m

图 10-19　施工工况示意图

工况 2：开挖如图 10-19 所示一区二层和二区一层土体，并架设此两处的第一、二道支撑，施工日期为 2008 年 3 月 3 日 ~2008 年 3 月 6 日；

工况3:开挖如图10-19所示工况一区三层、二区二层和三区一层土体,并架设此三处的第一、二、三道支撑,施工日期为2008年3月6日~2008年3月13日;

工况4:开挖如图10-19所示工况二区三层、三区二层和四区一层土体,并架设此三处的第一、二、三道支撑,施工日期为2008年3月13日~2008年3月16日;

工况5:开挖如图10-19所示工况三区三层和四区二层土体,并架设此两处的第二、三道支撑,施工日期为2008年3月16日~2008年3月20日;

工况6:开挖如图10-19所示工况四区三层土体,并架设此处第三道支撑,施工日期为2008年3月20日~2008年3月27日。

10.2.2 围护桩顶沉降数值计算与实测对比

数值计算分析

基坑不同开挖阶段围护桩沉降如图10-20~图10-22所示。

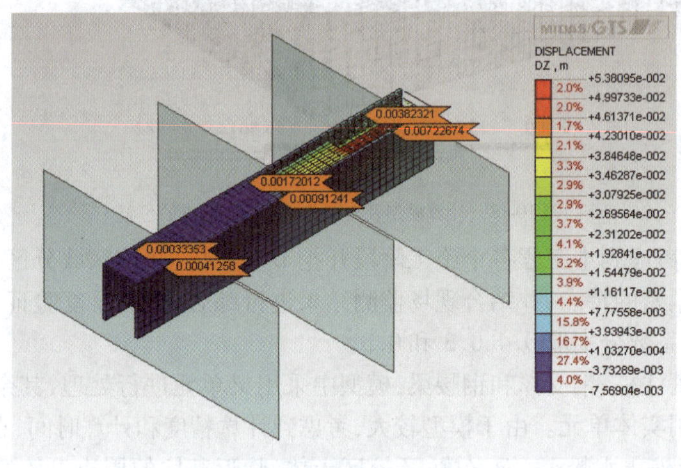

图10-20 围护桩沉降(工况1)

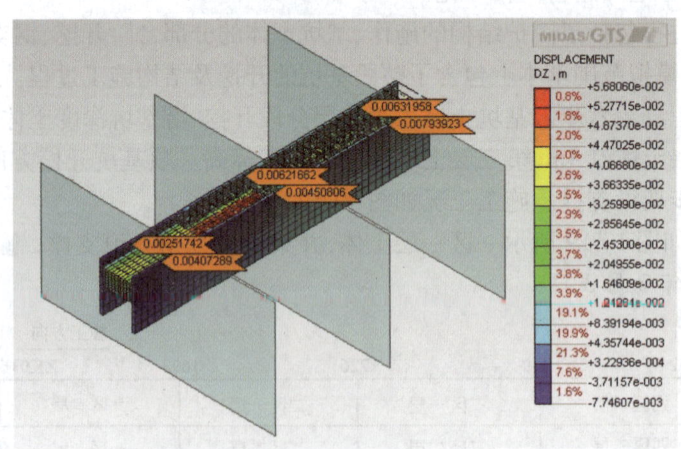

图10-21 围护桩沉降(工况3)

从图10-20~图10-22中可看出,在整个开挖过程中,基坑底部土体隆起较大,且由于开挖土体的先后不同,先开挖的部分应力释放后隆起量大于后开挖部分。相对与基底的隆起量,围护桩最终的上浮量较小,上浮量在7mm左右。

围护桩典型桩顶沉降测点的计算值与实测结果比较如图10-23~图10-25所示。

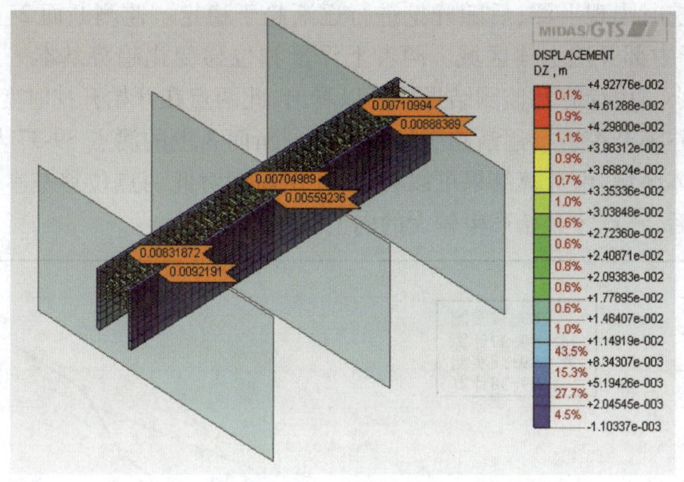

图 10-22　围护桩沉降(工况 6)

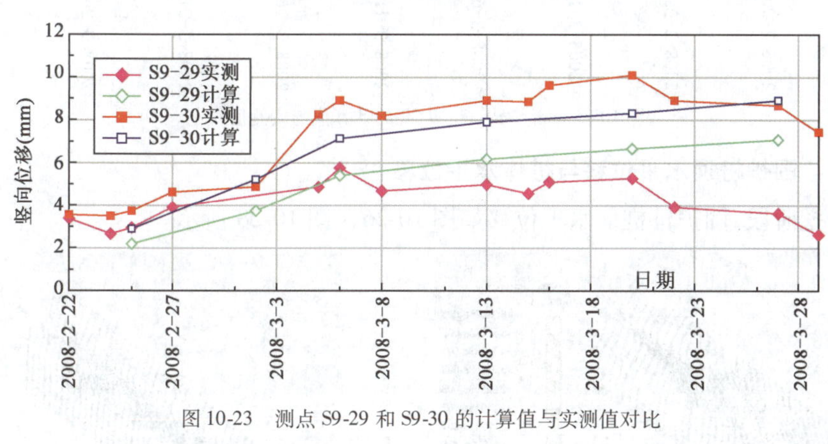

图 10-23　测点 S9-29 和 S9-30 的计算值与实测值对比

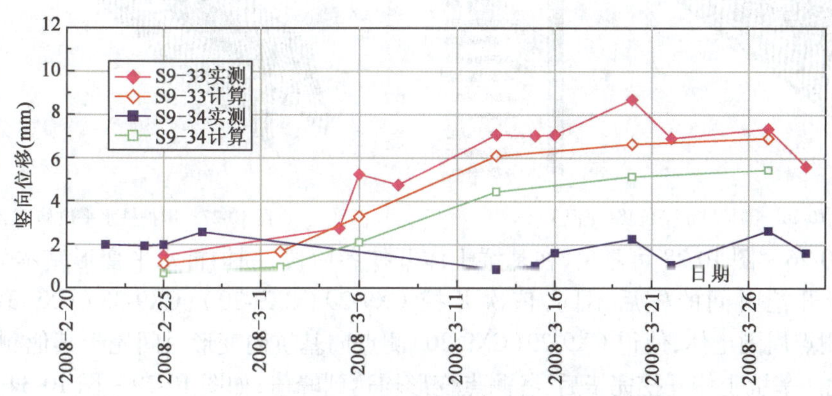

图 10-24　测点 S9-33 和 S9-34 的计算值与实测值对比

从图 10-23 ~ 图 10-25 中可看出,围护桩在基坑土体开挖过程中均为上浮状态,且围护桩各部位位移相差较小,在每个监测断面内基坑两侧的监测点位移规律均基本一致。在基坑开挖阶段,由于开挖时间的先后不同,依次开挖 S9-29、S9-33、S9-37 点周围土体,使得 S9-29 点上浮时间先于其他两点。基坑土体开挖完毕时,土体卸载达到最大,围护桩上浮量达到最大。对于监测断面 1 上的测点 S9-29 与 S9-30,两者上浮量和位移变化趋势基本一致,靠近建筑物一侧的点上浮量较大。此两个监测点位于初始开挖土体区域,其上浮影响最大,计算和监测结果均显示在开始开挖时出现上浮，后随开挖进行逐渐趋于稳定。监测断面 2 上的测点 S9-33 与 S9-34 监测点位于中部开挖土体区域。两者上浮量和位移变化趋势基本一致，靠近建筑物一侧的点上浮量较小。由计算和监测结果均可以看出，此两点在开始开挖时变化较小，随后开始出现较大的上浮并随开挖进行逐渐趋于稳定。监测断面 3 上的测点 S9-37 与 S9-38 监测点位于最后开挖的土体区域，由计算结果可以看出，开挖前期对此两点位移基本没有影响，当基坑土体开挖到此处后，测点才开始产生较大的向上位移。

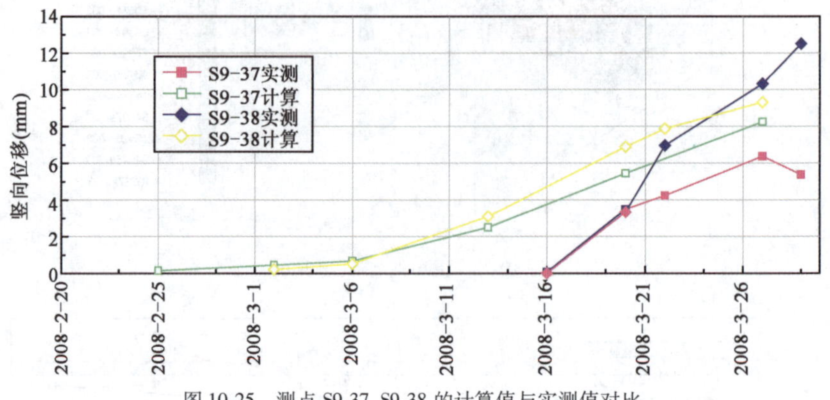

图 10-25　测点 S9-37、S9-38 的计算值与实测值对比

10.2.3　围护桩顶水平位移与桩体水平位移

典型开挖阶段，围护桩桩体水平位移如图 10-26 ~ 图 10-28 所示。

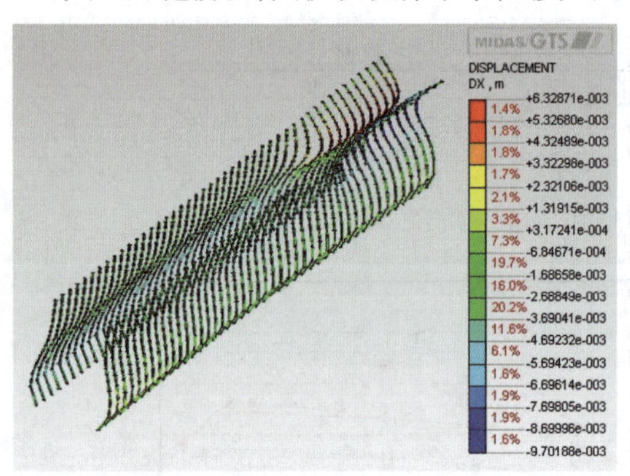

图 10-26　围护桩水平位移(工况 1)

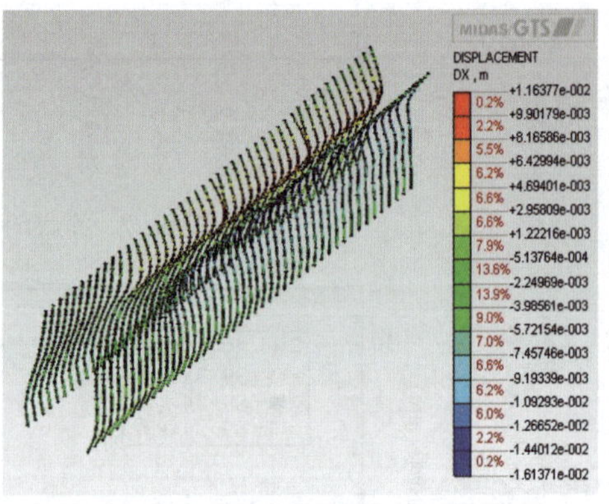

图 10-27　围护桩水平位移(工况 3)

由图 10-26 ~ 图 10-28 可看出，在基坑土体开挖各阶段，围护桩水平变形基本为向基坑内位移。由于开挖时间的先后不同，依次开挖 CX9-29(CX9-30)、CX9-33(CX9-34)、CX9-37(CX9-38)测点周围土体，使得 CX9-29(CX9-30)测点向基坑内变形时间先于其他测点，变形量也有所变化。基坑土体开挖完毕后，各测点变形均达到峰值，如图 10-29 ~ 图 10-34 所示。

由图 10-29 ~ 图 10-34 可看出，基坑开挖过程中，围护桩水平位移最大部位均位于开挖深度 7m 左右，即第二道支撑与第三道支撑之间，围护桩底端基本没有变形。以上六个测点的桩顶变形规律基本一致。桩水平位移从 CX9-29(CX9-30)处开始，随开挖分区分层进行，变形也逐渐加大。对于测点 CX9-29 和 CX9-30，开挖初期产生的水平位移较大，主要是因为在此阶段第一道支撑没有架设前，围护桩处于悬臂状态，桩顶易发生较大水平位移。对于测点 CX9-33 和 CX9-34，工况 3 产生的水平位移较大；对于测点 CX9-37 和 CX9-38，工况 4 产生的水平位移较大，其他施工阶段影响较小。以上现象主要是因为围护结构的水平位移受邻近土体开挖影响最大,而距离较远的周边土体开挖则影响较小。

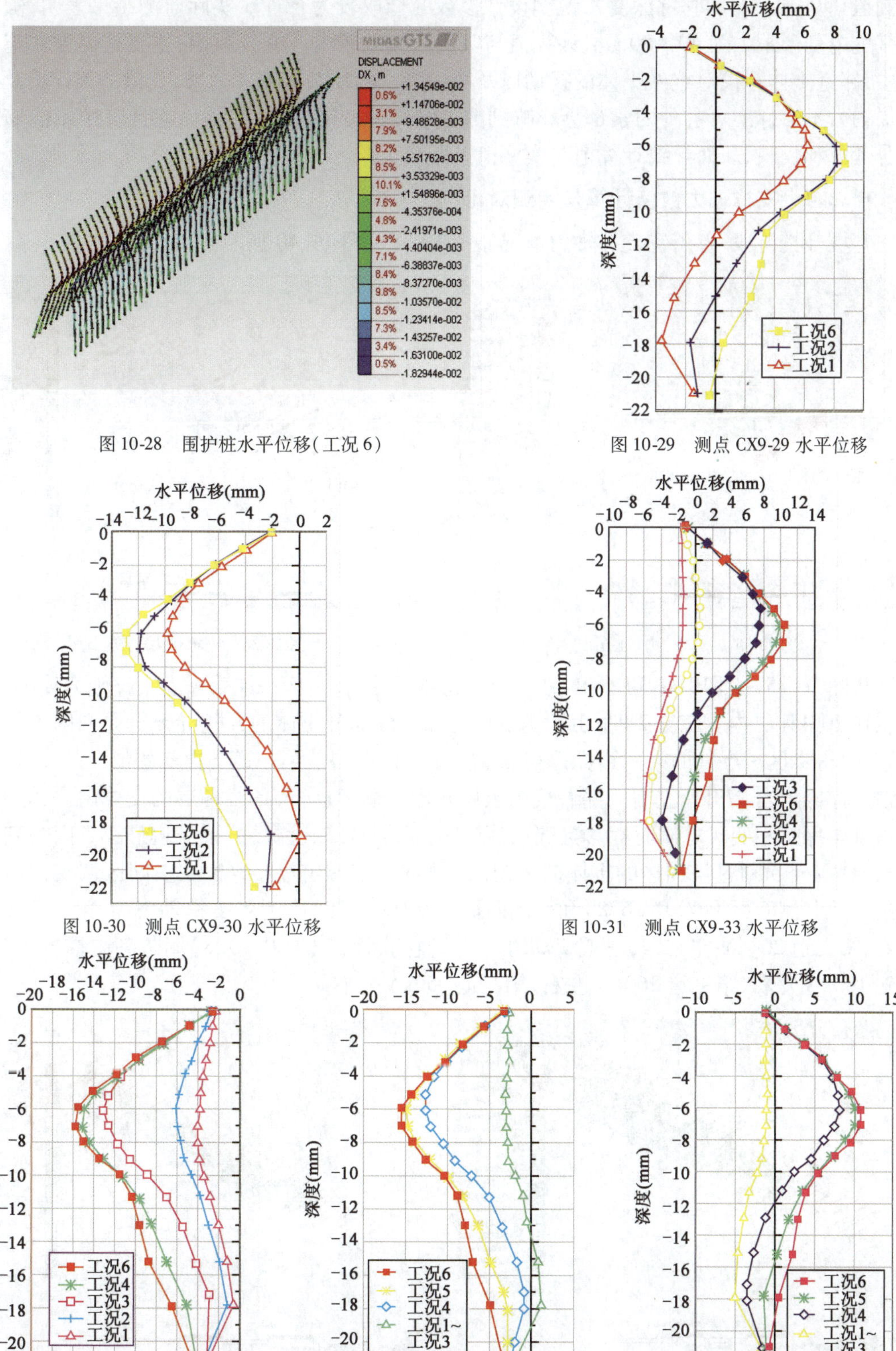

图 10-28　围护桩水平位移(工况6)

图 10-29　测点 CX9-29 水平位移

图 10-30　测点 CX9-30 水平位移

图 10-31　测点 CX9-33 水平位移

图 10-32　测点 CX9-34 水平位移

图 10-33　测点 CX9-37 水平位移

图 10-34　测点 CX9-38 水平位移

计算结果显示,围护桩向基坑内变形最大为14mm左右,接近设计给定的桩(墙)体变形控制值0.0014h(h为基坑深度),说明设计参数的选取较为合理。实际监测结果表明,围护桩向基坑内变形最大为40~50mm,计算值与实测值偏差较大。究其原因,主要是因为在施工过程中,邻近土体开挖对坑外土体的扰动以及坑内降水的复杂多变。另外,支撑的架设不及时和预加轴力不够标准等各种因素都会影响到围护结构的变形,而这些因素在计算中不能够得到充分考虑和反映,从而导致计算值与实测值差距较大。

10.2.4 支撑轴力数值计算与实测对比

基坑开挖阶段,各位置支撑轴力情况如图10-35~图10-40所示。

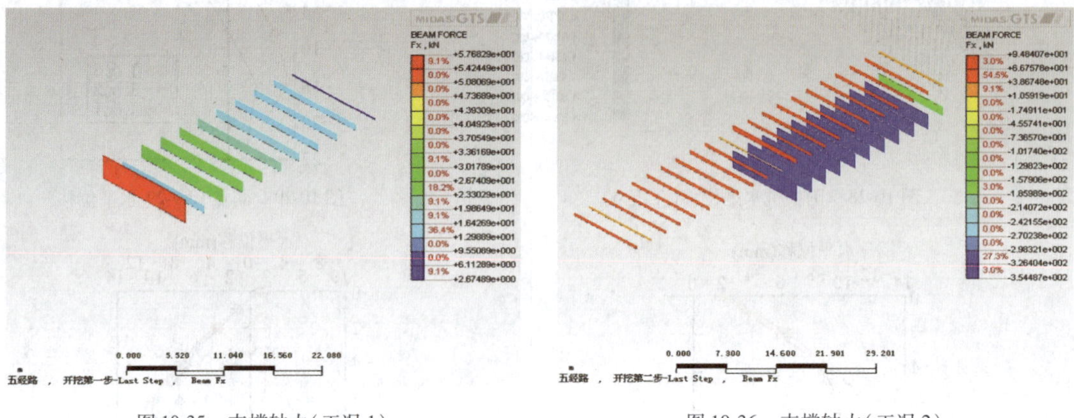

图10-35 支撑轴力(工况1)

图10-36 支撑轴力(工况2)

从图10-35~图10-40可看出,在工况1初始开挖时,一区一层第一道支撑轴力较小,轴力基本在100kN以内。工况2时,由于基坑一区和二区部分土体的开挖导致冠梁和围护结构的位移,使得二区一层处的第一道支撑初始值大于一区一层的第一道支撑初始值,一区二层的第二道支撑内力在270kN左右。随着坑内土体开挖的继续进行,各区各层的支撑内力达到一定值后基本保持不变。总体而言,第三道支撑轴力最大,第二道次之,第一道最小。因为基坑附近的H1楼下沉对基坑周边的土体向坑内的位移有一定影响,导致模型中间区域支撑内力比两边大。监测断面1(ZK0+678)和监测断面3(ZK0+778)附近各支撑轴力为:第一道130kN左右,第二道200kN左右,第三道270kN左右;监测断面2(ZK0+728)附近各支撑轴力为:第一道180kN左右,第二道260kN左右,第三道550kN左右。

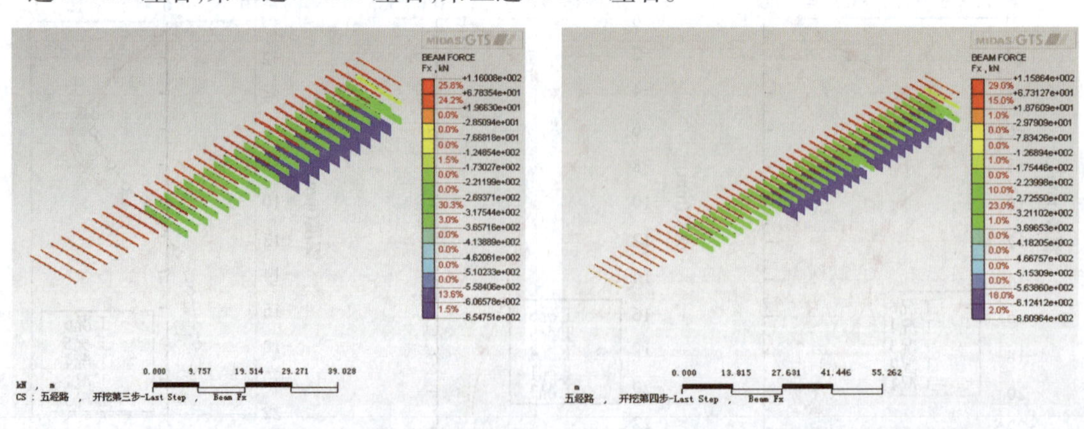

图10-37 支撑轴力(工况3)

图10-38 支撑轴力(工况4)

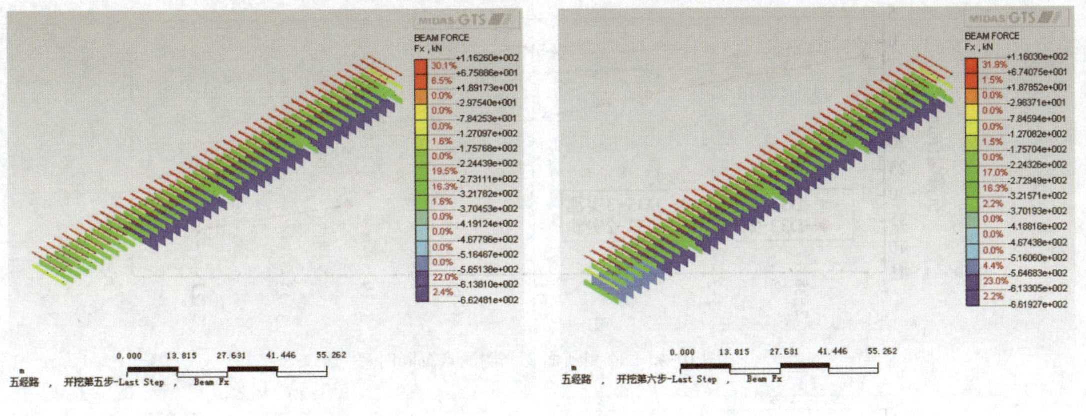

图 10-39　支撑轴力（工况 5）　　图 10-40　支撑轴力（工况 6）

主体结构施作期间，拆撑对支撑轴力影响较大，ZK0 + 678 第二道钢支撑于 2008 年 4 月 5 日拆除，该处第一道钢支撑 2008 年 4 月 4 日支撑轴力值为 160.99kN，拆除第二道钢支撑当日，该处第一道钢支撑轴力值为 428.79kN（拆除第二道支撑使第一道支撑轴力值增大 267.80kN）。各监测断面上轴力的大小和变化趋势，计算结果与实测结果基本吻合。

10.2.5　地表沉降数值计算与实测对比

三个监测断面上部分地表沉降点的计算值与实测值比较情况如图 10-41 ~ 图 10-45 所示。

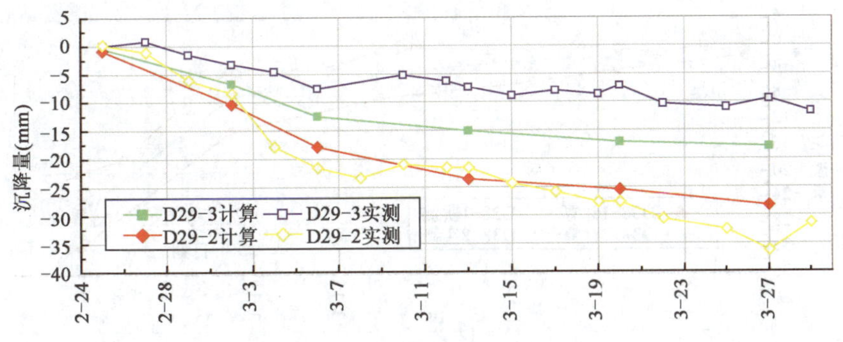

图 10-41　监测断面 1 北侧测点沉降时程

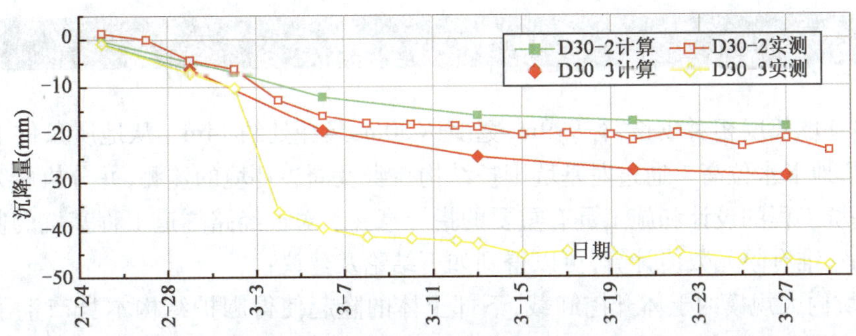

图 10-42　监测断面 1 南侧测点沉降时程

由图 10-41 ~ 图 10-45 可以看出，在基坑整个开挖过程中，三个监测断面上的地表沉降监测点数值计算的时程曲线与实测时程曲线变形规律及变化量基本一致。

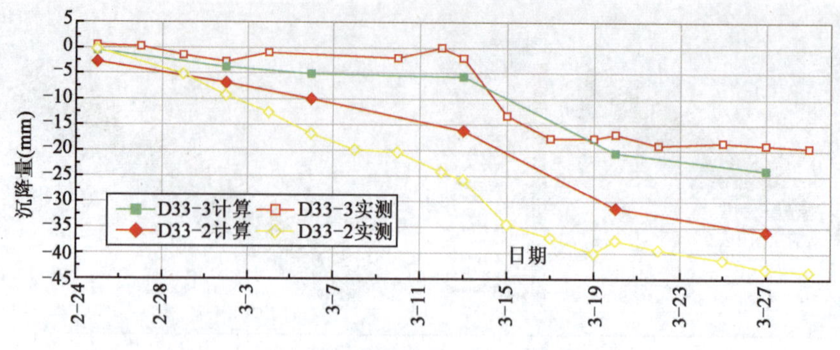

图 10-43　监测断面 2 北侧测点沉降时程

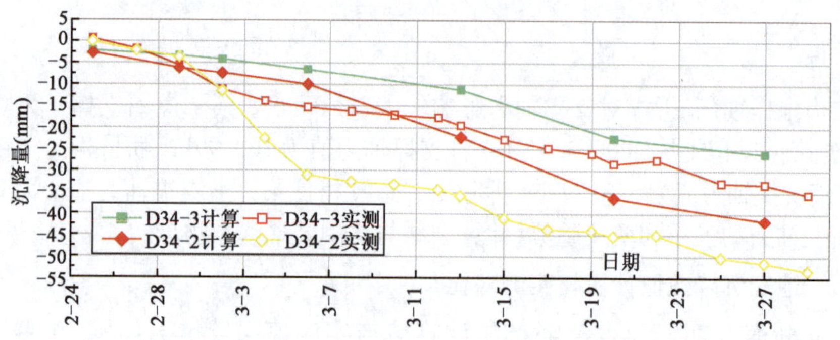

图 10-44　监测断面 2 南侧测点沉降时程

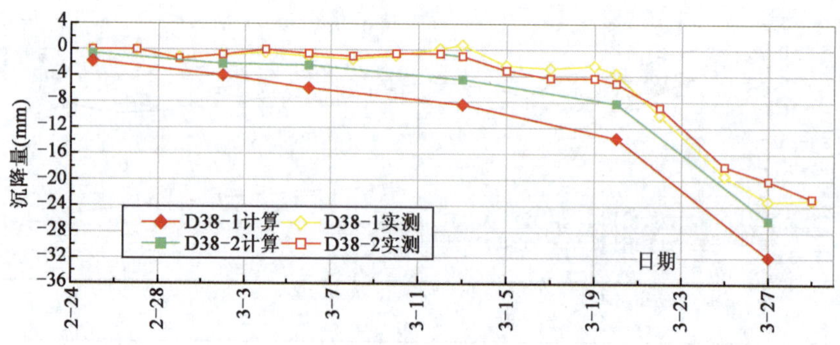

图 10-45　监测断面 3 南侧测点沉降时程

10.3　小　　结

五经路基坑长度相对较长,有 999m,宽度达 30m,最深处约 14m。从地质条件上属于典型的软土地层,地下水位高。通过对基坑围护结构自身及周边环境的监测,并分析研究其变形规律对类似基坑工程的设计和施工具有重要的指导意义。对五经路隧道工程基坑的监测结果的总结分析和三维有限元数值计算,可以得到如下结论及建议:

(1)基坑内大规模的土体开挖卸载,下部土体的隆起使得围护结构本身产生了较明显的上浮。

(2)SMW 工法桩的水平位移较大,其最大位移达到 99.8mm,这说明本基坑采用 SMW 工法桩比钻孔灌注桩抑制变形的能力相对较弱。

(3)在及时架设钢支撑的区段,可以看出此阶段围护结构产生的水平位移量较小,说明及时架设内支撑对围护结构的位移控制起着非常重要的作用。

(4)监测资料结果和数值计算结果均显示基坑的变形体现出显著的时空效应。在空间上体现为围护结构、基坑内外土体和周边环境变形随开挖深度及距基坑边缘距离的不同,位移量和速率也会出现明显的差异;在时间上基坑土体开挖时位移速率较大,在主体结构施工期间,围护结构、基坑周边土体和临近建筑物的位移速率减小,直至变形稳定。

(5)坑外水位对基坑影响较大。降水时要随时监测水位高程,如遇强降雨或较多外来水源补给使坑外水位升高,将会导致围护桩向坑内变形;如坑外水位下降明显,则会导致坑外土体及周边建筑出现过大的沉降。

(6)基坑开挖过程中,开挖速度过快、加撑不及时会导致围护结构及周边建筑物变形较大。在基坑大面积取土阶段,需进行分层分段开挖,并遵循“先撑后挖、随挖随撑”的原则。

11 副广场地下工程安全监测成果及应用

副广场主体工程主要采用盖挖逆作法,局部采用明挖法施工。基坑围护结构采用厚800mm钢筋混凝土地下连续墙,墙深22m,入土深度约10.4m。支撑体系采用各层环形楼板与中间桩柱形成三道环形支撑体系。

在基坑施工过程中,根据施工进度及时进行了现场监测、现场巡视,对监测资料结果、巡视信息进行了分析处理,并对工程施工自身风险和环境风险的安全状态进行了评价,及时进行了信息反馈及预警预报,保证了基坑施工过程中的安全。本章将对副广场基坑工程安全监测主要结果以及应用情况作简要介绍。

11.1 监测成果资料分析

11.1.1 盖挖逆作区段盖板及中间立柱沉降

副广场盖板沉降监测点共布设了35个,中间立柱隆沉监测点共布设了15个,盖板及中间立柱沉降监测点布点情况如图11-1所示。基坑开挖期间,盖板和中间立柱竖向位移均表现为隆起,上浮量也基本一致,累计最大上浮量均在50mm左右。其中,盖板累计最大上浮量51.9mm,中间立柱累计最大上浮量53.1mm。盖板沉降时程如图11-2所示。

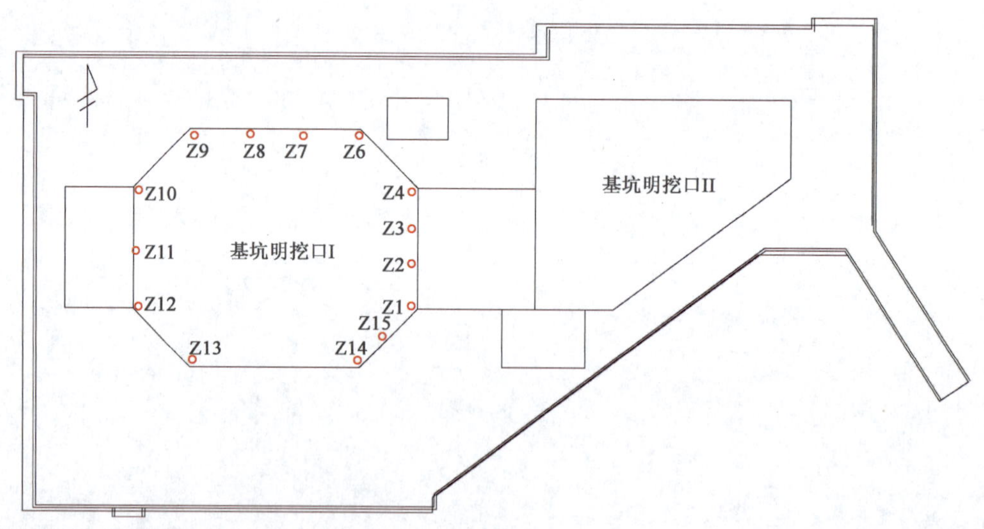

图11-1 盖板及中间立柱沉降布点图

从图11-2可看出,从2007年11月9日至2007年12月7日地下一层土体开挖,在此期间盖板测点的上浮量不大,基本在0~15mm。从2007年12月7日至2007年12月28日地下二层土体开挖,盖板测点的上浮明显,均达到了30mm以上,主体结构施工过程中发展到50mm

左右,主体结构完成后趋于稳定。从监测数据可以看出,地下二层土方开挖卸载引起的盖板上浮明显大于地下一层土方开挖引起的上浮,占整个上浮量的 75% 以上。

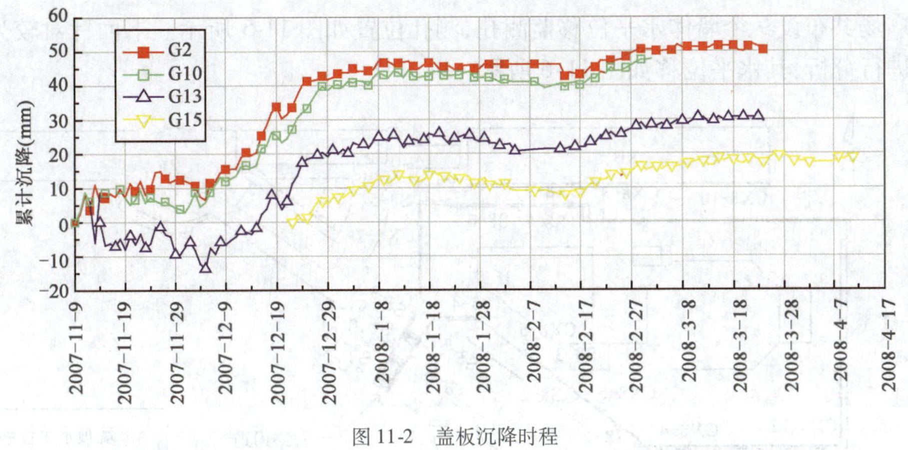

图 11-2　盖板沉降时程

中间立柱典型隆沉时程如图 11-3、图 11-4 所示。

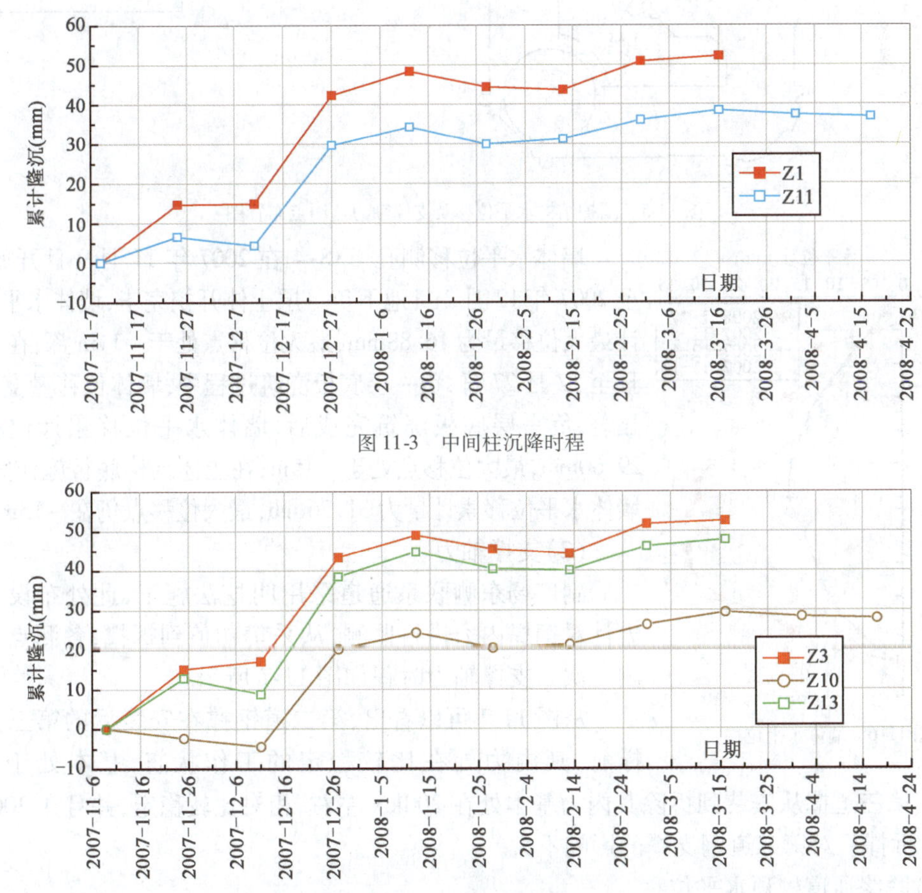

图 11-3　中间柱沉降时程

图 11-4　中间柱沉降时程

对比图 11-2 与图 11-3、图 11-4 可看出,盖板和中间立柱竖向位移规律基本一致,基坑开挖过程均表现为上浮,并且地下二层土方开挖引起的上浮量要比地下一层土方开挖大得多。

11.1.2 围护结构位移及支撑轴力

(1)围护结构墙体水平位移

副广场共布设9个墙体水平位移监测孔,测孔位置如图11-5所示。下面针对较为典型的CX8-4进行分析,其水平位移如图11-6所示。

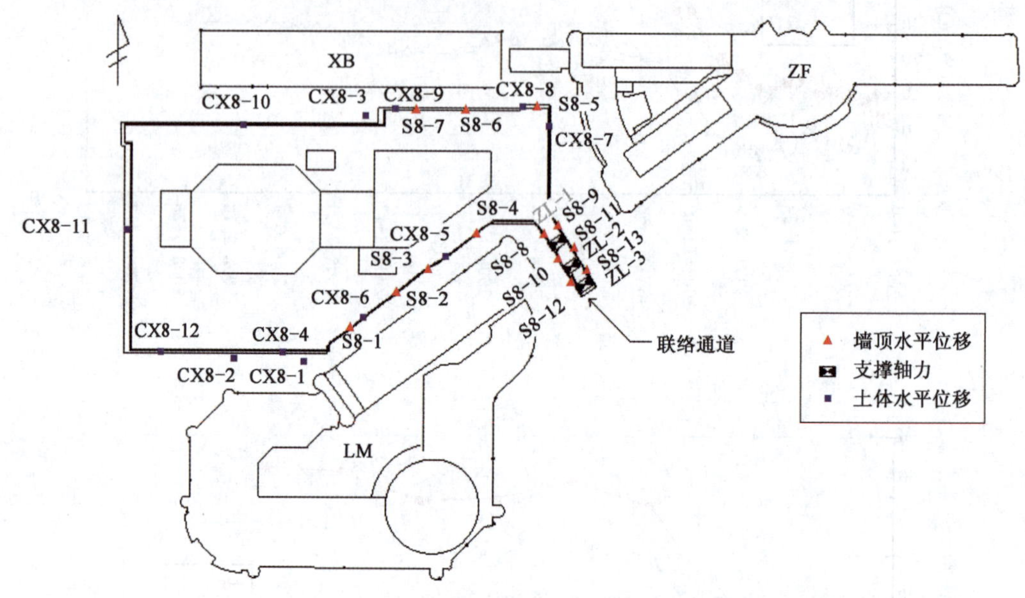

图11-5 围护结构水平位移及支撑轴力监测点布置图

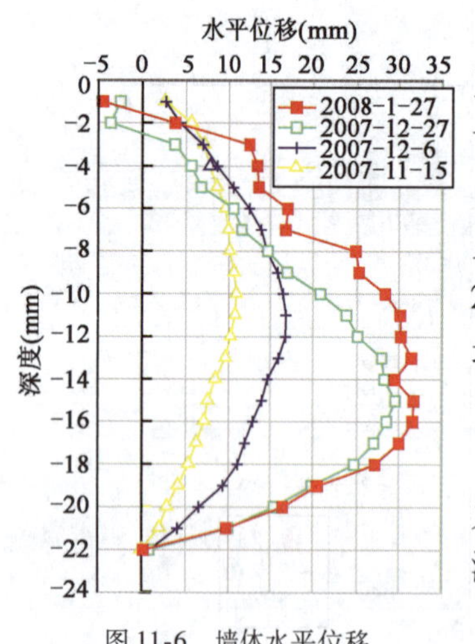

图11-6 墙体水平位移

墙体水平位移测孔CX8-4在2007年11月9日开始初测,至2007年12月2日地下负一层土体开挖完毕,墙体水平位移累计最大位移量为16.88mm,最大位移点处于-11m深;在12月6日至12月27日,负一层底板浇筑过程中,墙体位移量变化较为显著,负一层底板浇筑完成后,墙体水平位移累计位移量为29.60mm,最大位移点处于-15m;在主体结构底板施作完毕后,墙体水平位移累计量为31.76mm,最大位移点仍在-15m处。

(2)支撑轴力

副广场东侧联系通道采用明挖法施工,此处布设一组轴力计对钢撑内力进行监测,从采集初值到拆撑,各测点每天监测一次。支撑轴力时程如图11-7所示。

从图11-7可以看出,第二道钢撑在安装后的第三天至拆撑前,其内力处在比较稳定的工作状态,基本处于400~500kN。第三道撑从安装到拆除其内力基本处在200kN左右,相对比较稳定,并且在2008年2月18日拆撑后对第二道钢支撑的影响不大。

(3)联络通道桩顶水平位移

副广场明挖部分联络通道围护结构采用钻孔灌注桩,桩顶水平位移监测点布设如图11-5所示。

副广场工程联络通道开挖期间,测得桩顶水平位移曲线如图11-8所示,累计最大水平位移量为16.3mm。

由图 11-8 可以看出,联络通道桩顶整体向西侧位移,从 2007 年 12 月 24 日土方开始开挖至 2008 年 1 月 18 日钢支撑架设完毕期间,桩顶水平位移量较大,其中 S8-10 监测点累计位移量为 12.8mm;支撑架设完毕后,桩顶水平位移得到抑制,从 2008 年 1 月 18 日至 2008 年 2 月 14 日,桩顶水平位移基本趋于稳定;2008 年 2 月 18 日开始拆除第三道钢支撑,在此期间加速了桩顶的位移,监测点 S8-9 在 2008 年 2 月 20 日累计位移量达到 16.3mm;在 2008 年 3 月 9 日以后,随着主体结构的施作,桩顶水平位移趋于稳定。

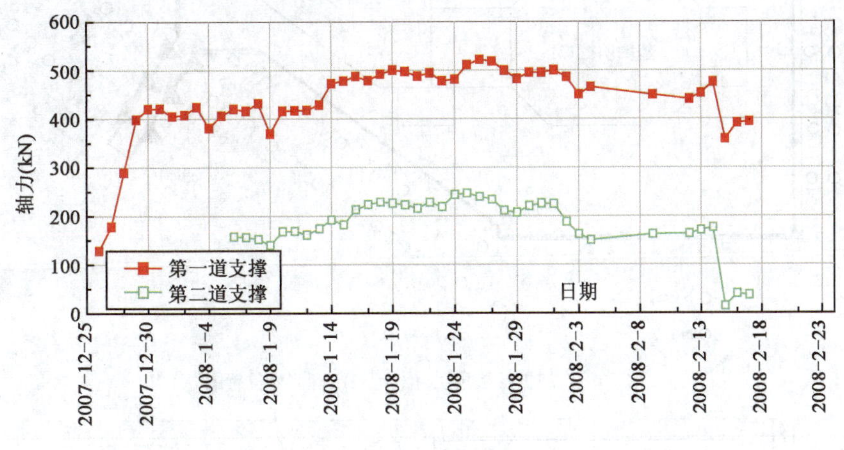

图 11-7 支撑轴力时程

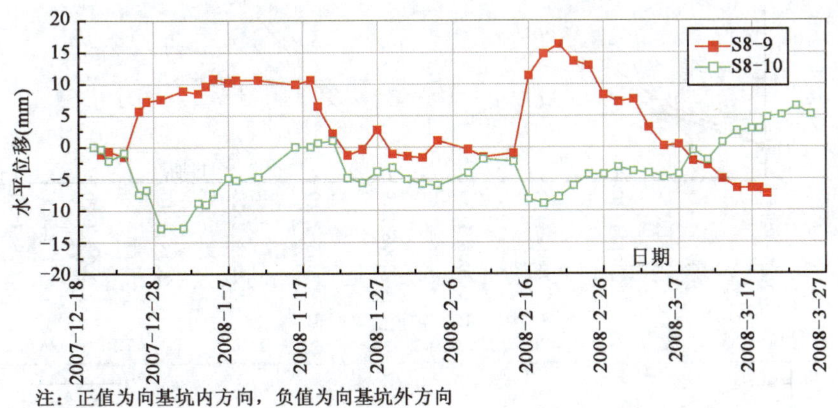

图 11-8 桩顶水平位移时程

(4)联络通道围护桩桩顶沉降

副广场联络通道围护桩桩顶沉降测点位置如图 11-9 所示。

副广场基坑工程联络通道处共布设桩顶沉降测点 6 个,从土方开挖至主体结构施作完毕,桩顶沉降监测点最大隆起值为 11.8mm,桩顶沉降时程如图 11-10 所示。

由图 11-10 可以看出,在联系通道基坑开挖的整个过程中,桩顶总体上浮,上浮量并不大,最终累计上浮量在 10mm 左右。桩顶向上浮的原因是基坑开挖期间,土体卸载导致原始地应力释放,基坑底土体向上隆起,从而带动围护桩上浮。

11.1.3 地表沉降

副广场基坑工程共布设地表沉降测点 54 个,测点布置如图 11-9。在土方开挖过程中,地表沉降监测点最大下沉量为 54.6mm,地表沉降典型时程如图 11-11 所示。

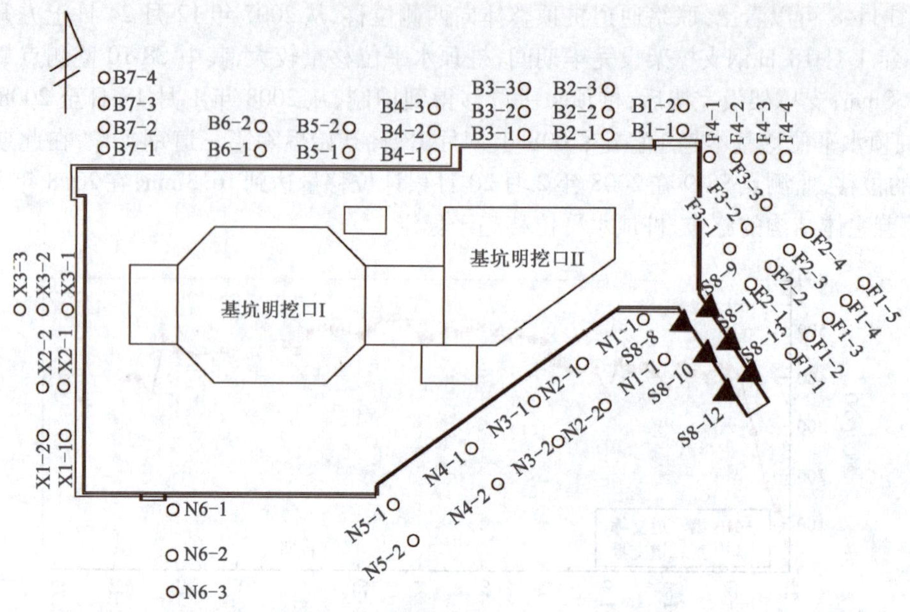

图 11-9　围护桩桩顶沉降和地表沉降测点位置图

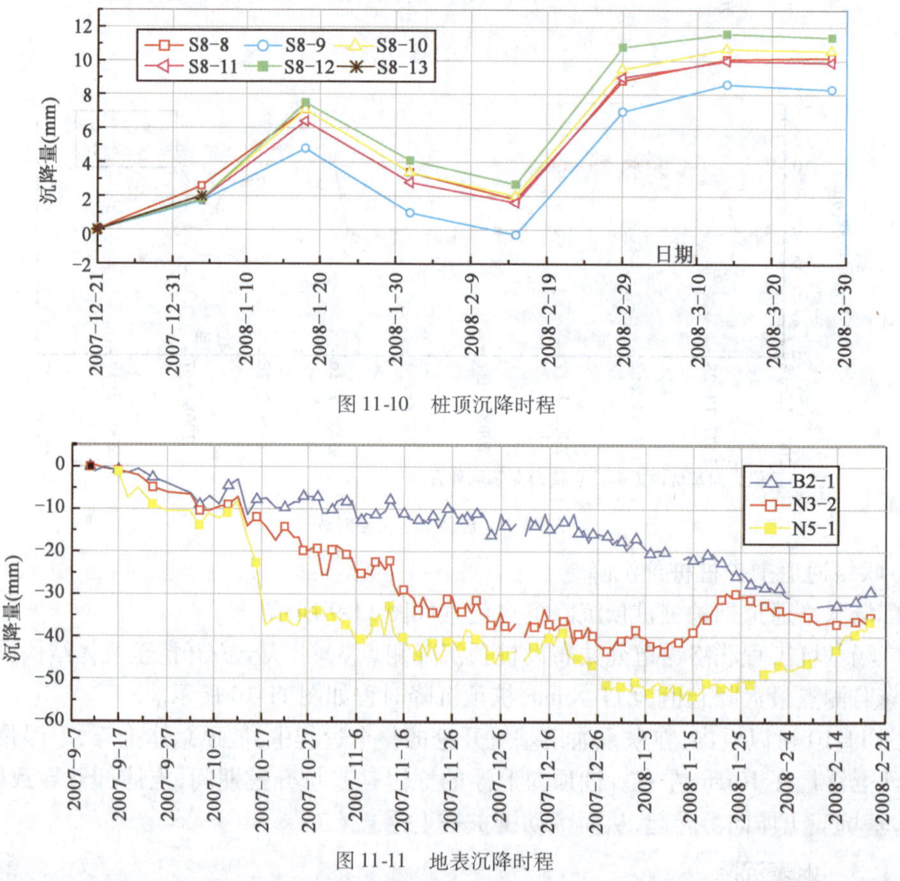

图 11-10　桩顶沉降时程

图 11-11　地表沉降时程

受到基坑周边场地空间限制，各监测断面布设地表沉降点 2 ~ 3 个，由于同一断面上测点之间的距离较小，测点之间的沉降差异量也不大。由图 11-11 可以看出，地表沉降明显发生的时间段集中在地下负一层开挖期间，此时间段内，地表点 N5-1 累计沉降量就达到了 46.3mm，占最终累计沉降量的85%；在地下负二层开挖过程中沉降继续发展，结构封顶后测点基本趋于稳定，地表沉降监测点 N5-1 最终累计沉降量为54.6mm。

11.1.4 基坑外土体水平位移

副广场地连墙墙顶在地面以下4m，其上方土体开挖前，在地连墙外侧施作8m深的水泥土搅拌桩进行围护，以防止墙顶以上土体开挖时侧壁坍塌。副广场基坑周边共布设土体水平位移测孔3个，其中两个典型监测孔 CX8-1 和 CX8-2 的时程如图11-12和图11-13所示。

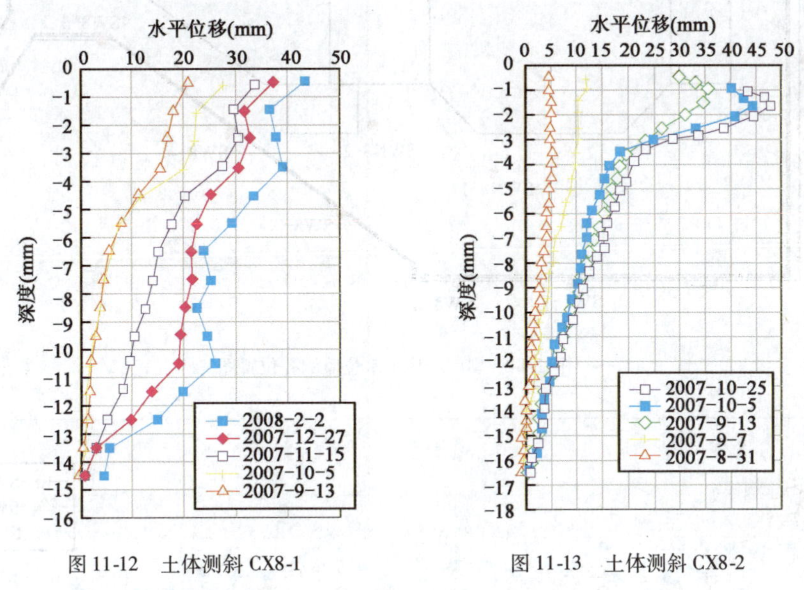

图11-12　土体测斜 CX8-1　　图11-13　土体测斜 CX8-2

由图11-12和图11-13可以看出，2007年9月13日，测点 CX8-1 附近坑内土体开挖至4m深处，墙顶以上外侧土体向坑内移动较大，带动了浅部测斜管向坑内移动较大，最大值为22.3mm(-0.5m处)；2007年12月27日，负一层土方开挖和浇筑完毕，土体最大水平位移为37.6mm，2008年2月2日负二层土方开挖和底板浇筑完毕，土体最大水平位移为44.2mm，此后趋于稳定。2007年9月13日，测点 CX8-2 最大水平位移为36.8mm(-1.0m处)；2007年10月5日，负一层土方开挖和浇筑完毕，土体最大水平位移为49.5mm，2008年10月25日负二层土方开挖和底板浇筑完毕，土体最大水平位移减小为44.8mm，此后趋于稳定。

11.1.5 地下水位

副广场地下水位监测孔共计布设了16个，其中基坑内监测孔6个，坑外10个，具体水位监测孔布设位置如图11-14所示。

副广场坑外和坑内地下水位时程分别如图11-15和图11-16所示。

从地下水位时程图可看出，基坑土方开挖时，由于坑外未进行降水，坑外水位标高基本保持在1~2m，水位变化不大。受坑内降水的影响，坑内水位差异较大，地下负一层开挖前水位标高为-4.185m，地下负二层开挖后水位标高为-9.102m。在开挖过程中，坑内水位始终低于开挖面1.0~2.0m。

11.1.6 建筑物沉降监测

副广场基坑位于天津站主站房西侧广场三角区域范围内，东侧为火车站出口，南侧为LM建筑，距工程坑边的最近距离为15m；北侧为XB建筑，距工程坑边的最近距离为21m。基坑周边建筑物沉降测点位置如图11-17所示。

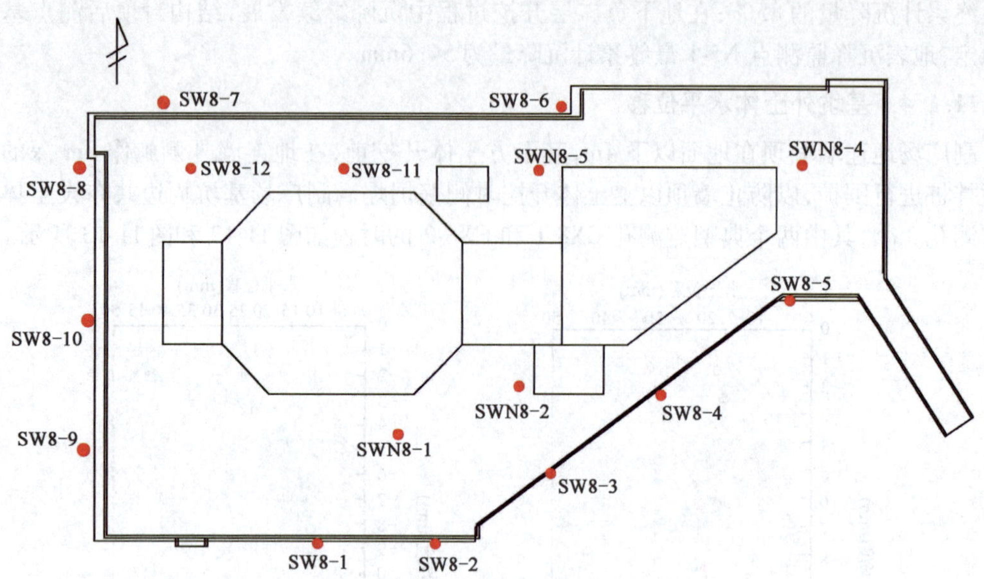

图 11-14　副广场地下水位监测孔位置图

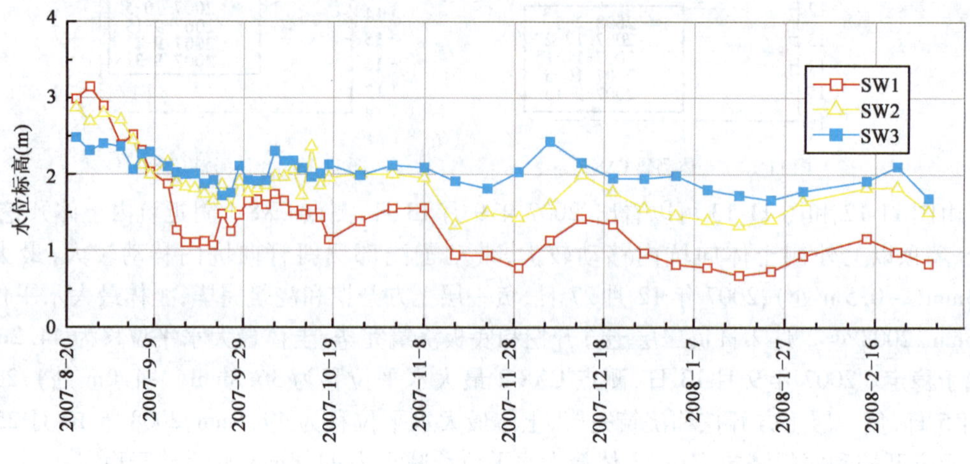

图 11-15　副广场坑外地下水位时程

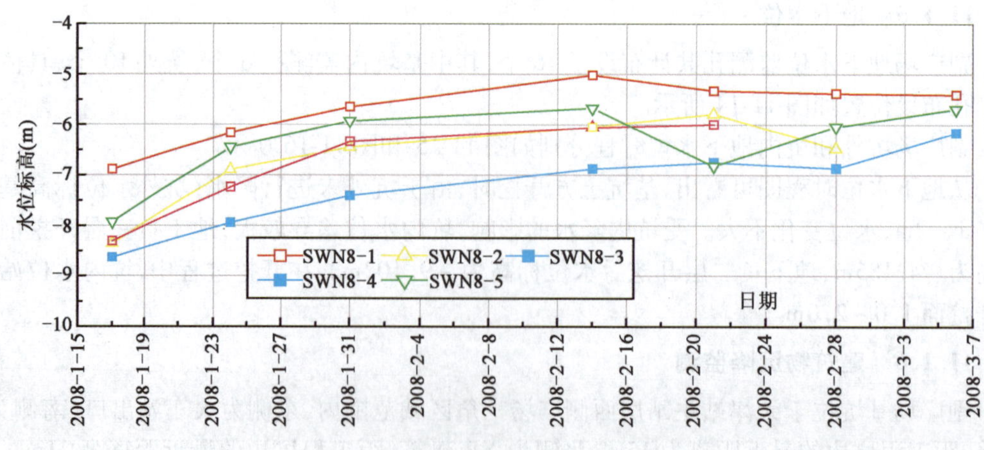

图 11-16　副广场坑内地下水位时程曲线图

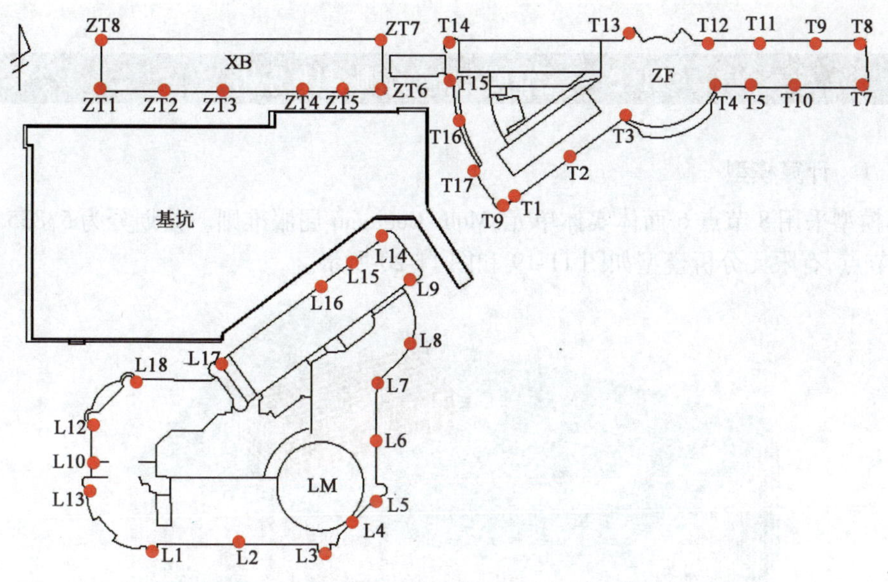

图 11-17　副广场主要建筑物沉降测点位置

LM 建筑和 ZF 建筑沉降监测见第 9 章。

XB 建筑的监测从基坑降水施工开始到主体完成后结束，监测周期为 7 个月，到监测结束时站房累计最大沉降量为 31.1mm，最大差异沉降量为 3.5mm，建筑物沉降时程如图 11-18 所示。

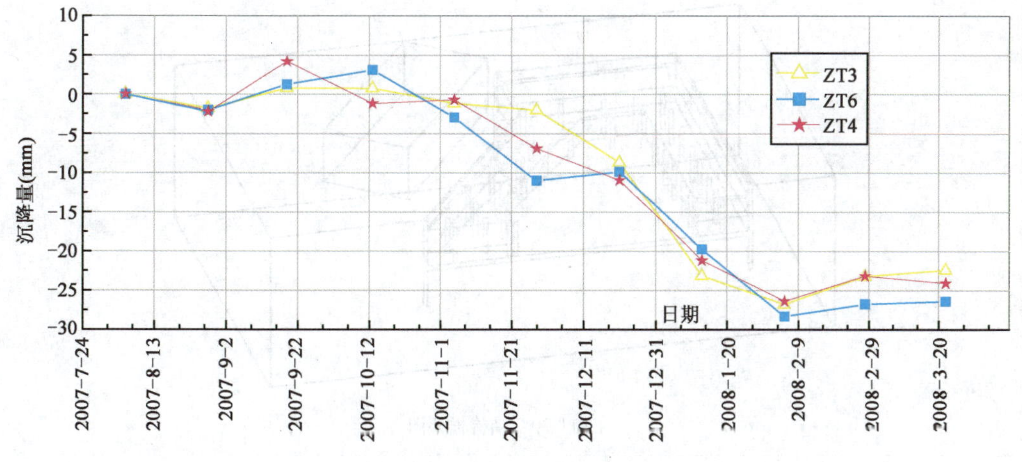

图 11-18　XB 建筑沉降时程曲线图

从图 11-18 可看出，该建筑物各监降点沉降变化趋势基本一致。2007 年 8 月 5 日至 2007 年 9 月 13 日地连墙顶以上土体开挖期间，建筑物表现为上浮，上浮最大点为 ZT4，累计最大上浮量为 4.8mm；2007 年 9 月 13 日至 2007 年 11 月 9 日基坑盖板施作期间，建筑物表现为下沉，最大下沉点为 ZT6，最大累计沉降量为 -5.1mm；2007 年 11 月 9 日至 2007 年 12 月 7 日负一层土体开挖期间，建筑物沉降量增大，最大沉降点为 ZT6，最大累计沉降量为 -10.5mm；2007 年 12 月 7 日至 2007 年 12 月 28 日负二层土体开挖期间，建筑物沉降量继续增大，最大沉降点为 ZT1，最大累计沉降量达到 -22.8mm。其后负二层底板施作期间，建筑物沉降逐渐变缓，达到稳定，最大沉降点为 ZT6，累计最大沉降量为 27.8mm。

11.2 三维模拟与实测对比分析

11.2.1 计算模型

计算模型采用 8 节点 6 面体实体单元,Mohr-Coulomb 屈服准则。共划分为 53835 个单元,58610 个节点,有限元分析模型如图 11-19 和图 11-20 所示。

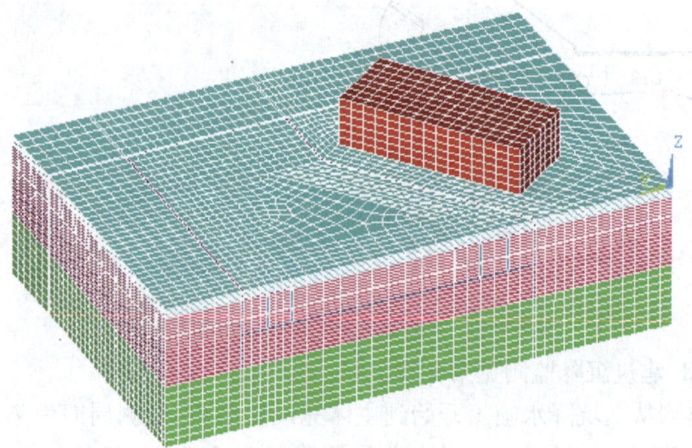

图 11-19 有限元计算模型图

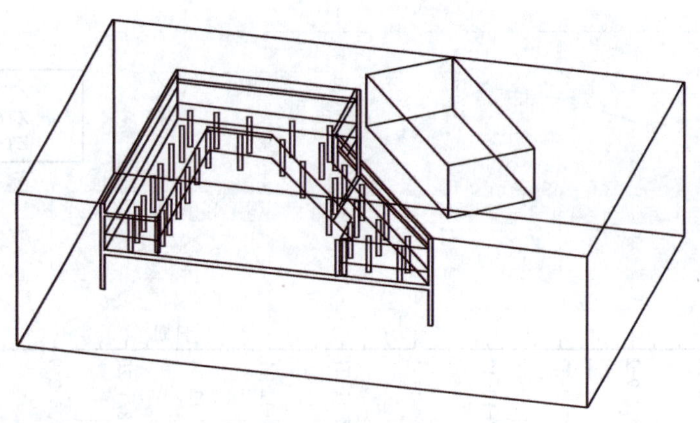

图 11-20 结构框架图

11.2.2 基坑开挖过程模拟

本基坑工程采用分层分段开挖,沿基坑深度土体分为三层,基坑开挖结构施作过程为:围护结构施作,开挖第一层土体,施作顶板,开挖第二层土体,施作中板,开挖第三层土体,施作底板。主要开挖过程模拟如图 11-21 ~ 图 11-26 所示。

11.2.3 数值模拟分析与实测对比

(1)基坑围护结构墙顶沉降数值计算

①数值计算分析。

本基坑采用逆作法施工,土体开挖分层分段进行,数值计算分别模拟了开挖第一层土体,施作顶板;开挖第二层土体,施作中板,这种依次开挖施作的过程。结构顶板、中板和底板施作完成时地下连续墙沉降情况如图 11-27～图 11-29 所示。从图可看出，在基坑开挖阶段，土体的大规模开挖产生的卸载导致周边保留土体和基坑底部土体出现较大的应力释放。在坑底隆起和周边土体向上位移的带动下，地下连续墙产生了上浮。通过数值模拟计算得出，当顶板施作完成时，由于土体开挖卸载，导致地下连续墙上浮量最大为 3.5mm；当中板施作完成时，地下连续墙的上浮量最大为 11.0mm；在底板施作完成时，地下连续墙的最终上浮量最大为 15.1mm。从图中还可以看出，连续墙在基坑开挖各阶段沉降变化均为上浮状态，且连续墙作为一个刚性结构，墙身各部位沉降量相差很小，墙身呈现为整体上浮。

图 11-21　工况 1 开挖第一层土

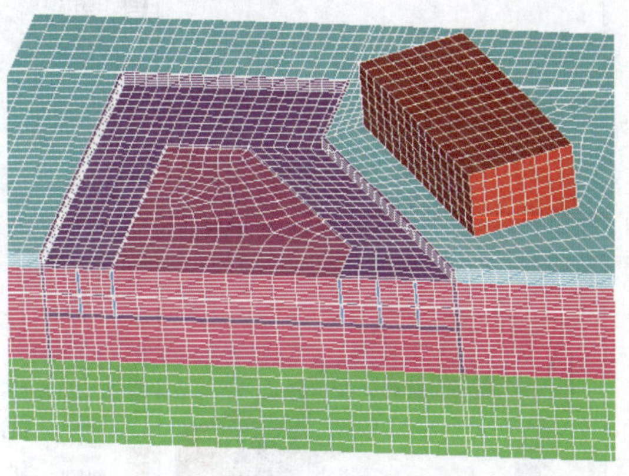

图 11-22　工况 2 施作顶板

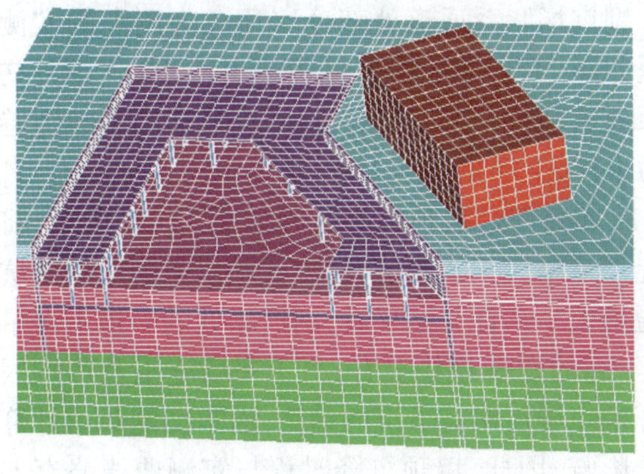

图 11-23　工况 3 开挖第二层土

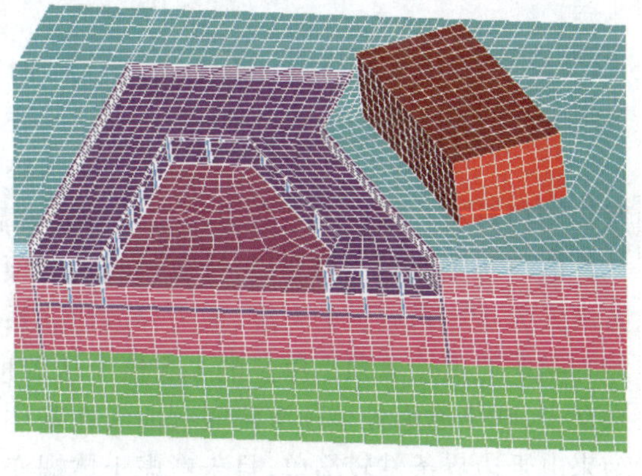

图 11-24　工况 4 建立中板

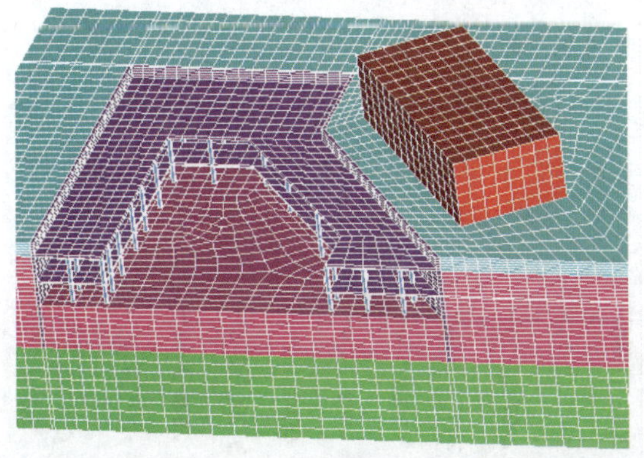

图 11-25　工况 5 开挖第三层土

图 11-26　工况 6 建立底板

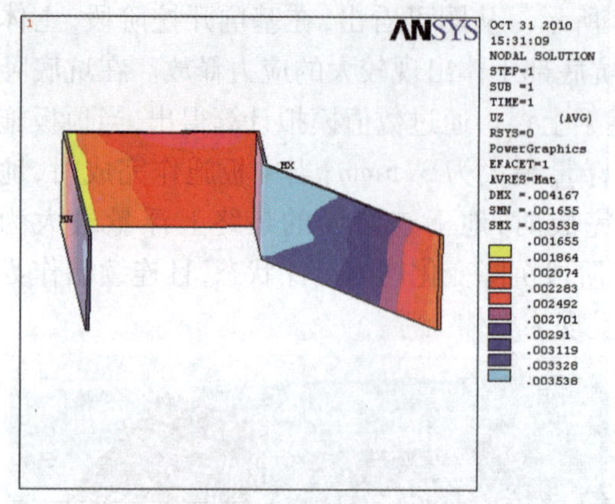

图 11-27　顶板施作完成时地下连续墙沉降

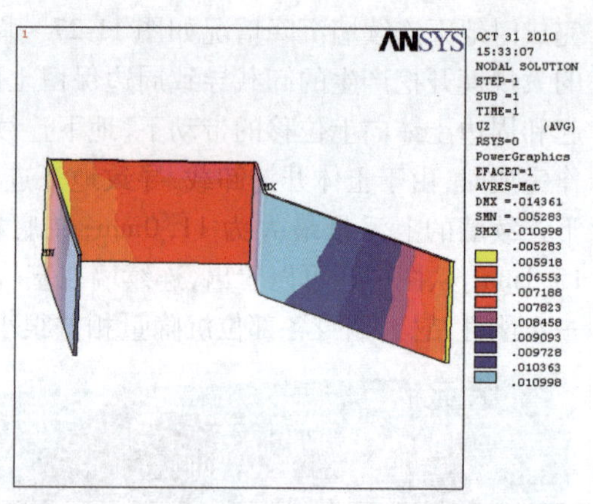

图 11-28　中板施作完成时地下连续墙沉降

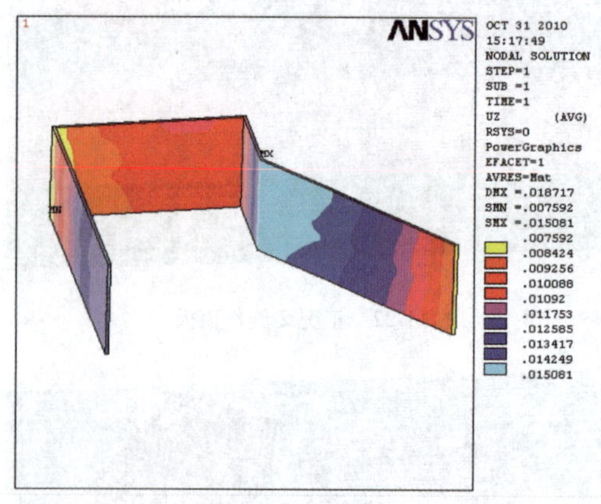

图 11-29　底板施作完成时地下连续墙沉降

②数值计算与现场实测对比。

由于基坑采用逆作法施工，顶板施作完成后进行回填，墙顶沉降数据无法继续采集，本次数值计算将与该基坑相连的联系通道的监测数据进行对比分析。由于联系通道与基坑开挖深度一致，且围护结构相连，因此其主体基坑围护结构墙顶沉降位移相接近。

副广场联系通道处部分墙顶沉降测点的实测时程如图 11-30 所示。从图可看出，2008 年 1 月初联系通道基坑开挖完毕后，地下连续墙墙顶整体趋势为上浮，上浮量并不大，最终稳定于 10mm 左右，整体趋势具有一致性。由数值模拟计算得到副广场处部分墙顶沉降时程如图 11-30 所示，将计算值与实测值对比可看出，计算得到的墙顶上浮量略大于实测值，这主要是由于副广场基坑宽度要大于联系通道的宽度，应力释放比联系通道大。从计算结果看，副广场处的墙顶上浮量约为联系通道处墙顶上浮量的 1.5 倍。从墙顶隆起的发展趋势上看，由于现场施工及影响因素众多，联络通道处墙顶沉降时程曲线在基坑开挖完毕后略有下沉的趋势，而本文的数值计算结果由于边界条件较简单，且未考虑土体蠕变的影响，因此，墙顶沉降时程与实测曲线略有差别，但总体趋势基本一致。

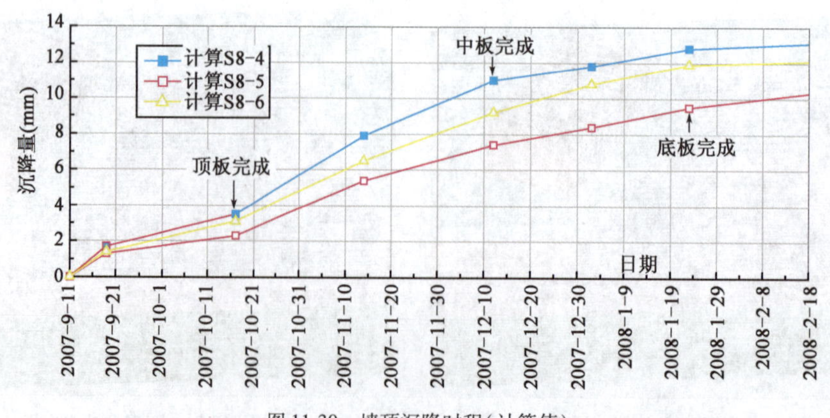

图 11-30　墙顶沉降时程(计算值)

(2)围护结构墙顶水平位移数值计算

①数值计算分析。

地下连续墙墙顶水平位移是判断围护结构安全的重要指标。通过分析基坑开挖各阶段地下连续墙的变形规律，判断周边保留土体与地下连续墙形成的基坑支护体系是否能抵抗基坑外传来的水平荷载，对控制基坑自身与周边环境风险至关重要。

在基坑开挖阶段，中心岛土体的大规模开挖使得基坑围护结构向基坑内产生变形。通过模拟计算得到了不同工况下墙顶水平位移情况，结构顶板、中板及底板施作完成时，地下连续墙墙顶水平位移如图 11-31 ~ 图 11-36 所示，地下连续墙墙顶水平位移最大达到 12mm。

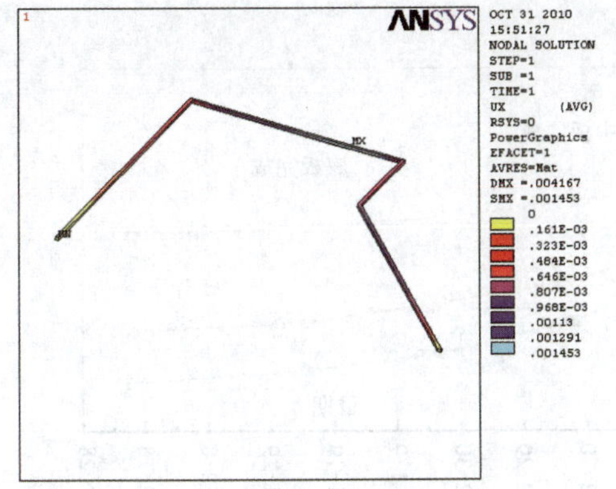

图 11-31 顶板建成时墙顶水平位移 UX

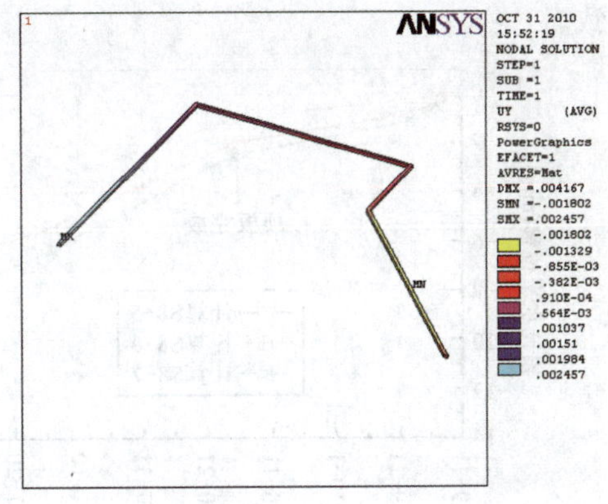

图 11-32 顶板建成时墙顶水平位移 UY

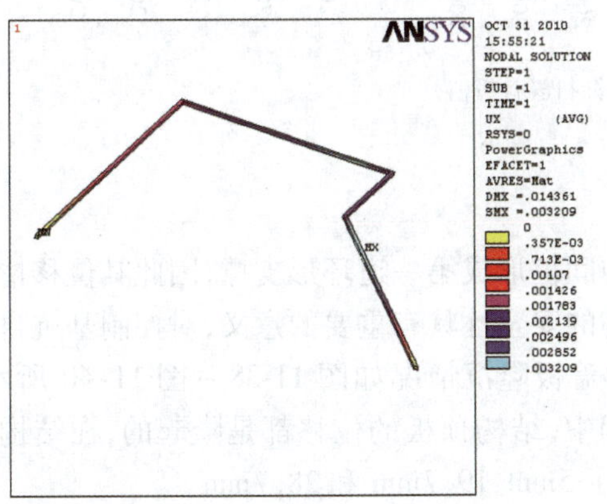

图 11-33 中板建成时墙顶水平位移 UX

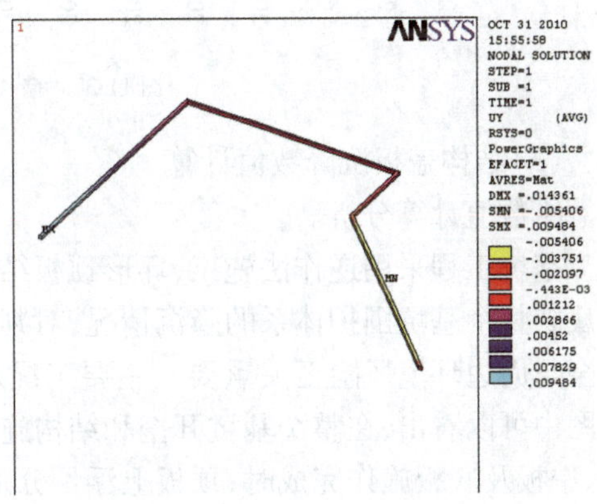

图 11-34 中板建成时墙顶水平位移 UY

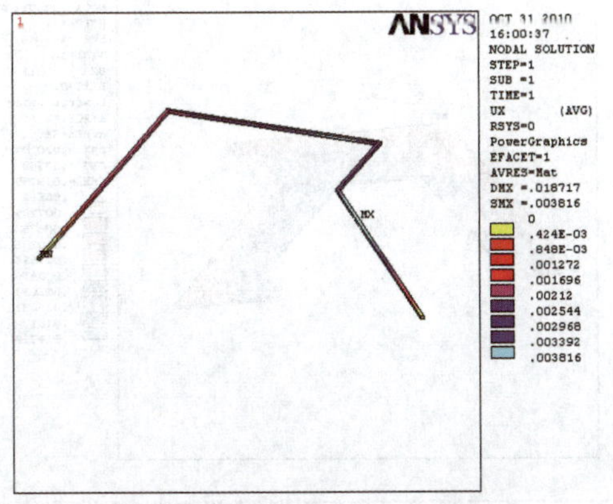

图 11-35 底板建成时墙顶水平位移 UX

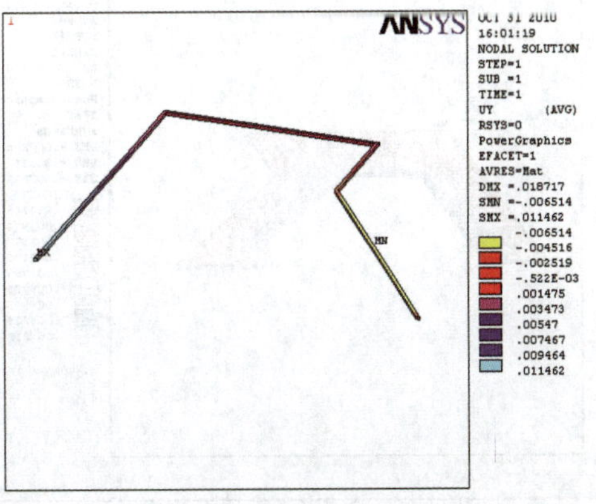

图 11-36 底板建成时墙顶水平位移 UY

②数值计算与现场实测对比分析。

由于本基坑工程采用逆作法施工，土体回填后墙顶水平位移无法继续进行观测，参照了联系通道的墙顶水平位监测数据与本基坑的数据模拟结果进行对比分析。

联系通道在开挖过程中，桩顶水平位移实测时程如图 11-8 所示。从图中可以看出，由于桩顶水平位移受施工现场挖土作业、坑外超载及天气情况等等多种客观条件的影响，现场实测值有一定的波动性，桩顶水平位移主要分布在 -10 ~10mm，且主要向坑外发展。计算得到的副广场桩顶水平位移时程如图 11-37 所示，由于数值计算无法考虑现场的众多影响因素，因此，变化趋势较为单一，但随着土体开挖的进行，总体变化趋势与实测基本一致。

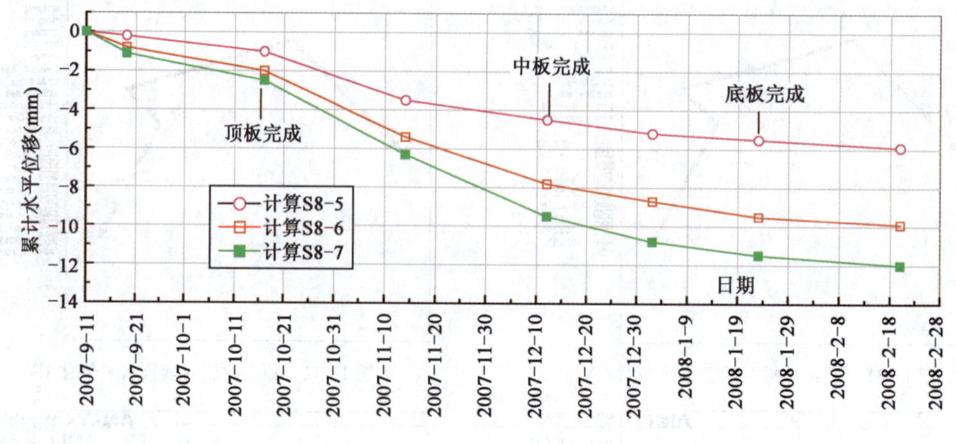

图 11-37　墙顶水平位移时程（计算值）

（3）结构盖板沉降数值计算

①数值计算分析。

基坑工程采用逆作法施工，环形顶板结构与中间桩形成第一道环形支撑，因此其位移情况将反映整个基坑围护体系的隆沉情况，对判断结构的安全性具有重要的意义，对控制基坑自身安全与周边环境风险至关重要。主要工况对应的盖板隆沉情况如图 11-38 ~ 图 11-40 所示。从图中可以看出，在整个基坑开挖和结构施作过程中，结构顶板的位移都是隆起的，在结构顶板、中板及底板施作完成时，顶板上浮量分别达到了 5mm、19.7mm 和 28.7mm。

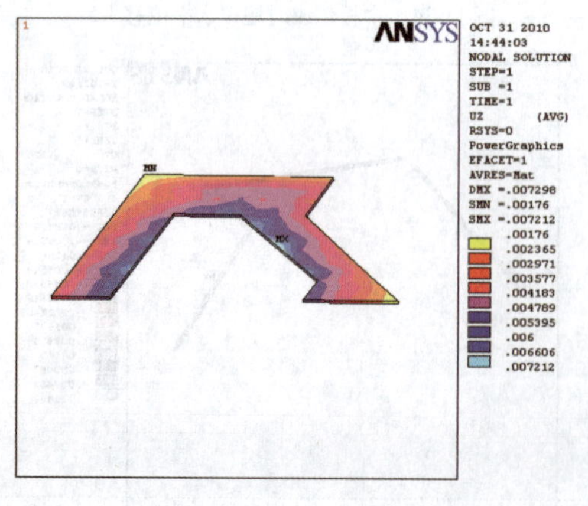

图 11-38　盖板沉降（顶板建成时）

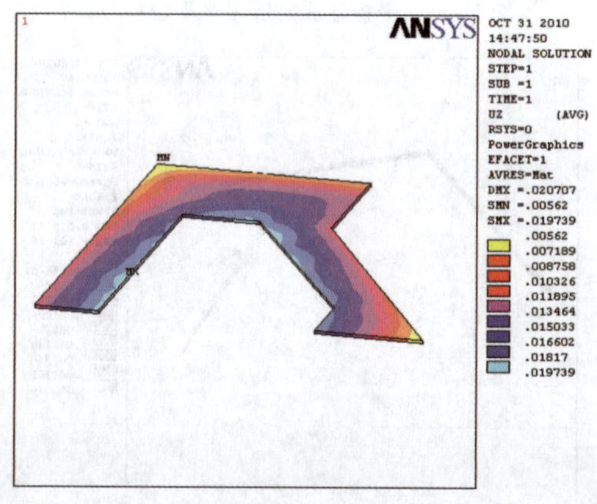

图 11-39　盖板沉降（中板建成时）

②数值计算与现场实测对比。

在基坑开挖过程中，由于土体卸载而导致整个基坑围护体系上浮。盖板沉降测点 G15 和 G22 的计算值与实测值对比情况如图 11-41 所示。从图中可看出，两者的变化规律比较一致，仅在量值上有所差别，这主要是由于现场实测数据要在第一层土开挖完成且顶板有足够强度后，方可进行监测，此时第一层土的应力释放已基本完成。而本文尚未考虑第一层土的应力释放，直接将释放应力作用于顶板，因此顶板上浮量比现场实测值要大。从数值模拟的结果看，第一层土体开挖盖板上浮量约为 5.0mm；当底板建成时，如果盖板沉降值减去第一层土体开挖应力释放而产生的墙顶沉降值，则实测值与计算所得到的结果较为接近。

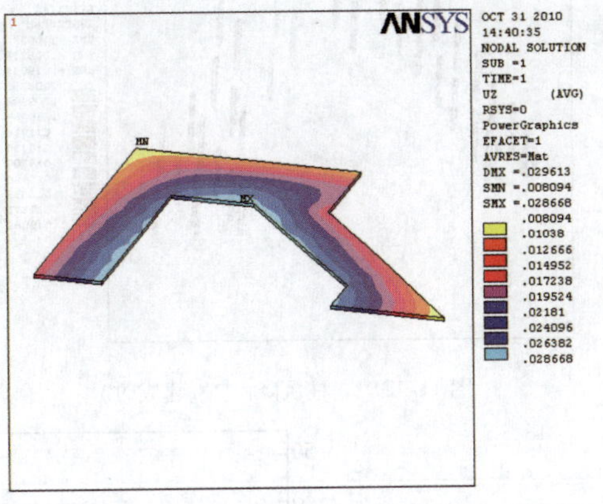

图 11-40　盖板沉降（底板建成时）

（4）结构立柱沉降数值计算

①数值计算分析。

在基坑开挖时，由于土体的卸荷在基坑坑底会出现向上隆起的现象。如果基坑坑底上浮量过大，轻则影响施工质量，重则引起基坑失稳，坍塌。对于采用逆作法施工的大型基坑，由于立柱的存在使得整个结构形成了一个整体，随着基坑开挖深度的增加，土体卸载的发展，立柱也会随之隆起，从而带动整个结构的隆起，如果上浮量过大，将会影响结构安全。因此，有必要对结构立柱隆起进行分析。

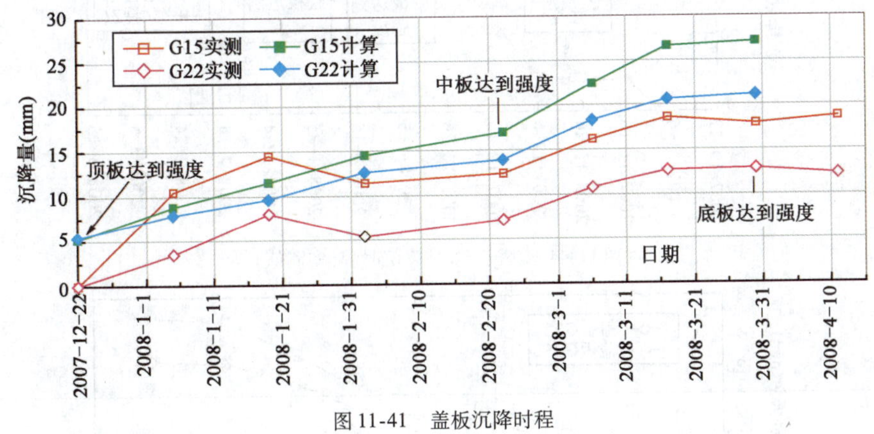

图 11-41　盖板沉降时程

由于计算模型范围内，现场立柱隆起监测点破坏较为严重，因此，借助于本模型外的周边其他立柱沉降测点进行分析，计算得到的中板及底板建成时中间立柱沉降情况如图 11-42 ~ 图 11-43 所示。

②数值计算与现场实测对比分析。

对比图 11-42 及图 11-43 可发现，由于盖板与立柱在结构上已经形成一个整体，因此，无论是沉降趋势还是累计值，均较为接近。立柱沉降点 Z1 和 Z6 及分别与两测点对应的盖板沉降点 G1 和 G6 的实测沉降时程如图 11-44 所示，从图中可看出，盖板与立柱在土体开挖和结构施作过程中，隆起规律基本一致。计算得到的测点立柱测点 Z15 和 Z22 及对应的盖板测点 G15 和 G22 的沉降时程如图 11-45 所示，计算结果同样显示，中间柱与盖板的隆沉规律比较一致，同时，对比图 11-43 和图 11-44，立柱测点的实测隆沉时程与计算结果在变化规律方面基本一致。

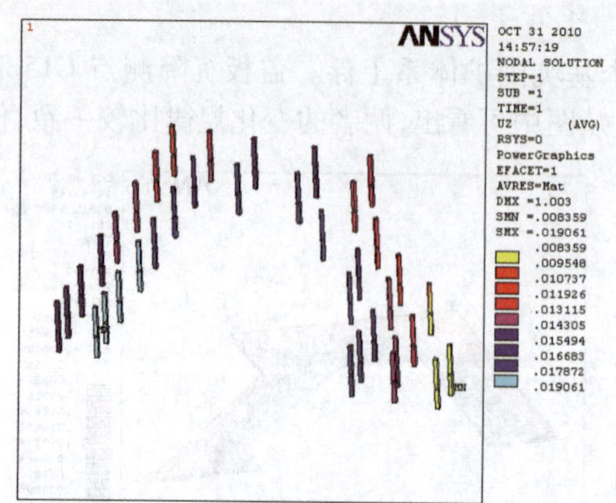

图 11-42　立柱沉降(中板建成时)

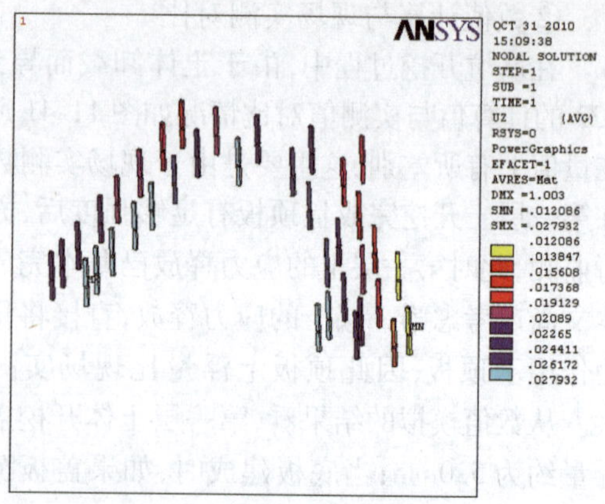

图 11-43　立柱沉降(底板建成时)

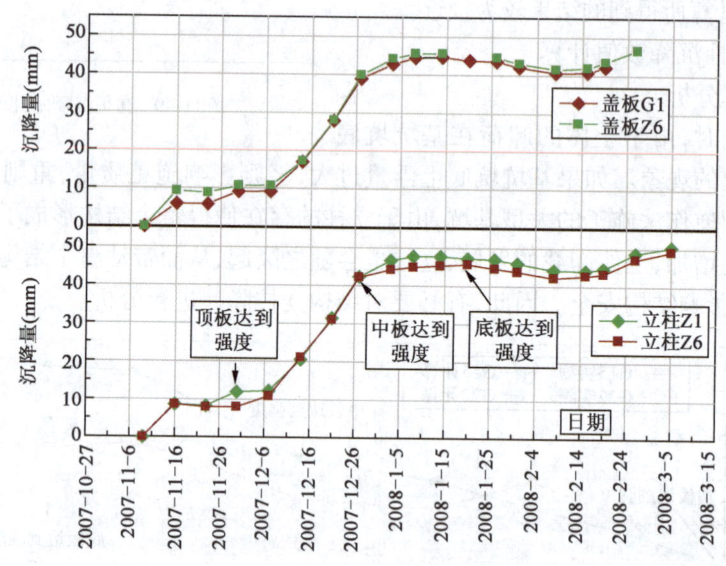

图 11-44　盖板与立柱隆沉时程(实测值)

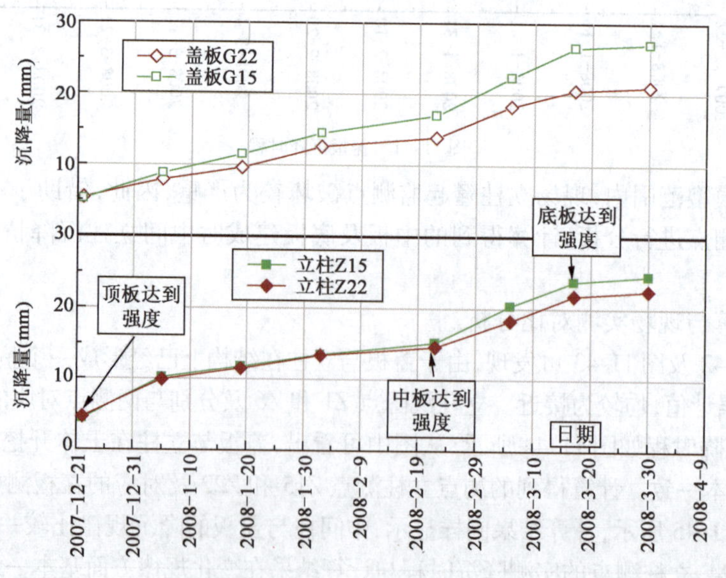

图 11-45　盖板与立柱隆沉时程(计算值)

(5)LM 建筑物沉降数值计算

①数值计算分析。

在基坑开挖阶段,中心岛土体的大规模开挖产生的卸载导致周边保留土体和基坑底部土体出现较大的应力释放,坑底隆起和周边土体向上的位移,使得邻近基坑的建筑物在周边土体的带动下产生了较大的位移变化。LM 建筑是邻近副广场基坑的重要建筑物,距工程坑边最近距离约 15m。在其周边墙体基础部位设置了沉降观测点,从基坑开始开挖到结构封顶的整个过程中对该建筑物沉降进行了现场监测,监测结果完整。

同时,对 LM 建筑在基坑施工过程中的位移情况进行了模拟,基坑开挖完毕,结构底板达到强度后的建筑物沉降情况如图 11-46 ~ 图 11-47 所示,建筑物最大累计沉降达 38.7mm。

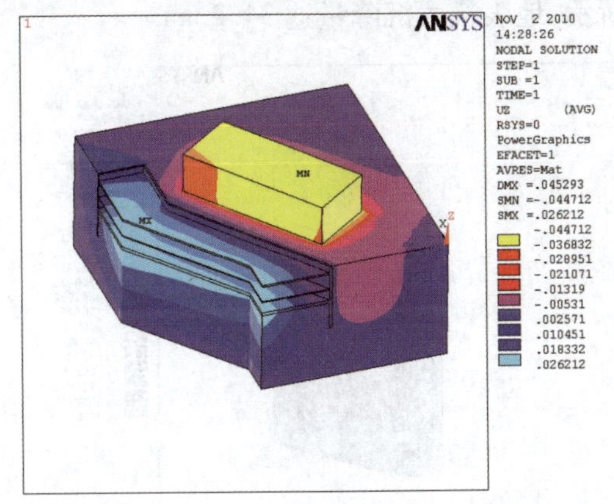

图 11-46 LM 建筑沉降

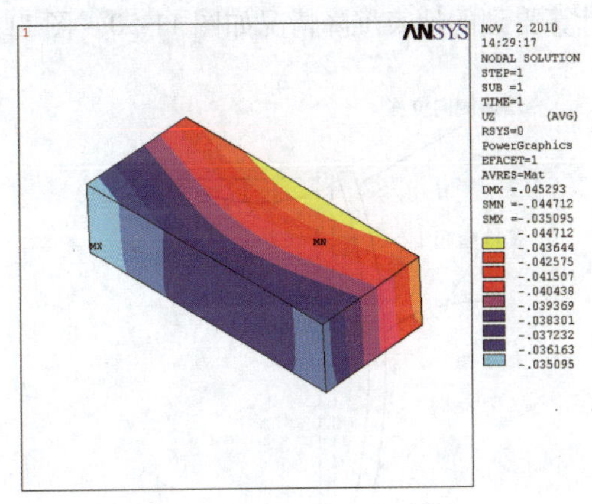

图 11-47 LM 建筑沉降(局部放大)

②数值计算与现场实测对比分析。

沉降测点 L15 和 L16 的实测沉降时程与计算结果的对比情况如图 11-48 所示。从数值模拟曲线可以看出,当顶板施作完成时建筑物沉降测点 L15 及 L16 沉降量分别为 7.02mm 和 7.52mm;当中板施作完成时,分别达到了 16.5mm 和 17.9mm;当底板施作完成时,两点的累计沉降量分别达到 36.5mm 和 38.7mm。从基坑土体开挖开始,此建筑一直处于沉降状态,这主要是由于大面积的土体开挖导致围护结构向坑内产生了较大的变形,从而导致坑外的土体来补充引起了周边建筑物及坑外地表的沉降。同时,从图中还可以看出,从各个工况的沉降发展趋势来看,计算值与实测值较为吻合。结构底板建完后,沉降逐渐呈现收敛趋势。

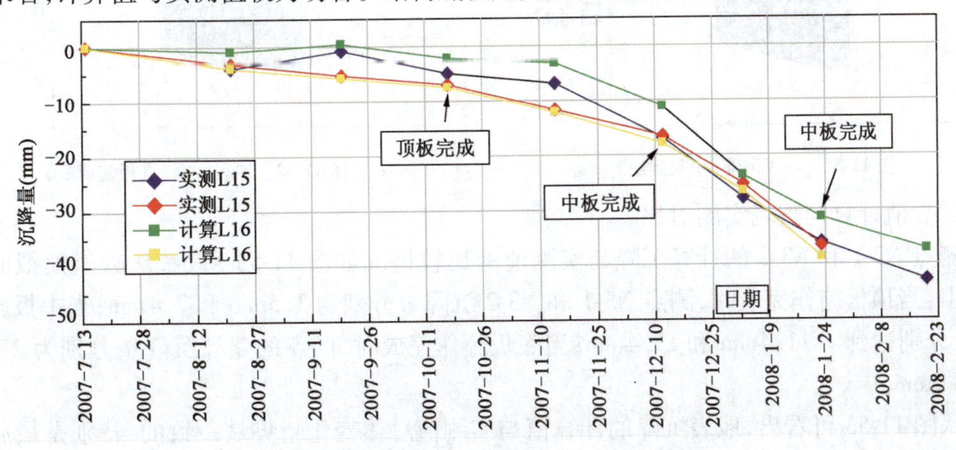

图 11-48 LM 建筑沉降时程(计算与实测值比较)

(6)地表沉降数值计算

①数值计算分析。

在深基坑开挖过程中,所产生的沉降主要来自两个方面:一是由于降低地下水位所引起的,沉降区域范围较大,一般是以深基坑为中心的环形区域;二是由于基坑土体开挖、围护结构的侧向变形引起的坑外主动土压力区的土体发生沉降,其影响力往往较前者显著。本文主要基于第二个影响因素,采用数值模拟的方法,对基坑周围的地表沉降情况进行了数值模拟与分析。一般,坑周地表沉降机理如图 11-49 所示。

基坑开挖过程中,由于基坑土体的分层分步开挖产生的卸载及应力释放,导致周边土体和基坑底部土体原始应力状态的破坏及扰动,会使周围土体和地表产生位移和变形。数值模拟计算得到的地表沉降情况如图 11-50 ~ 图 11-52 所示,地表最大沉降量达 34.2mm。

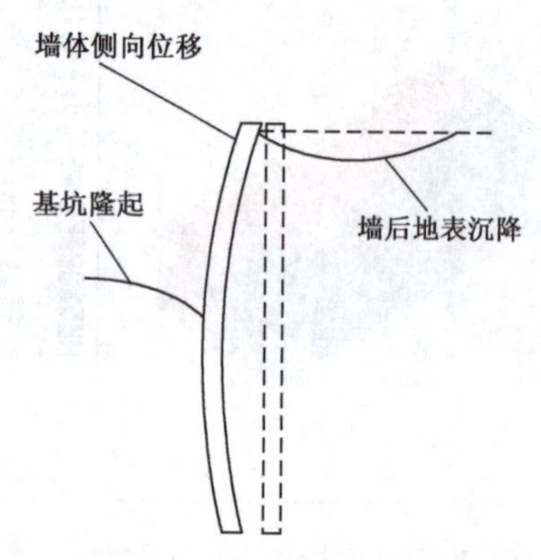

图 11-49　基坑周边地表沉降

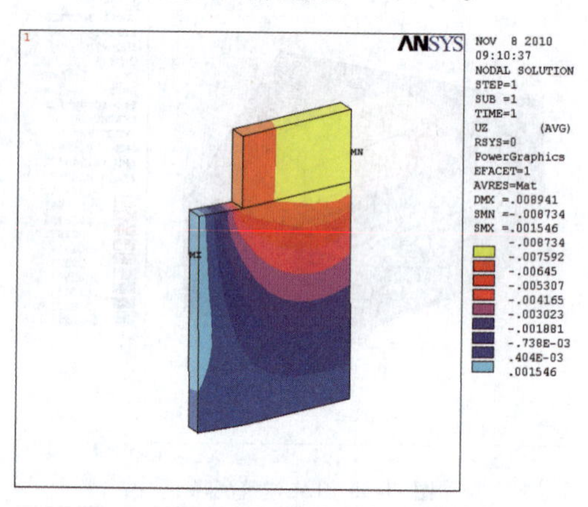

图 11-50　地表沉降(顶板建成后)

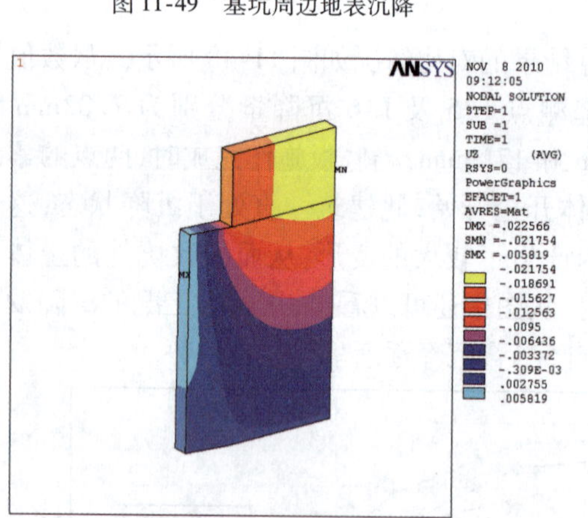

图 11-51　地表沉降(中板建成)

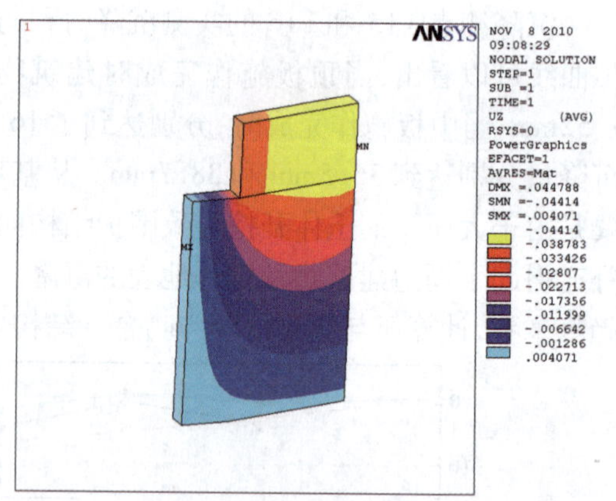

图 11-52　地表沉降(底板建成后)

②数值计算与现场实测对比。

测点 N3-1 和 N3-2 的计算沉降与实测值的比较情况如图 11-53 所示,从数值模拟曲线可以看出,当顶板施作完成时,测点 N3-1 和 N3-2 沉降量分别为 3.5mm 和 7.4mm;当中板施作完成时,分别达到了 11.4mm 和 17.4mm;当底板施作完成时,两点的累计沉降量分别为 23.1mm 和 34.2mm。

从图 11-53 可看出,地表沉降的计算值与实测值总体变化趋势是一致的,特别是最后稳定阶段,计算值与实测值更为相近。由于现场实测值受现场监测条件、施工作业的复杂性以及坑内外降水等因素影响，测点 N3-2 的计算值和实测值在中间施工阶段有偏差，但最终累计值则相差较小。

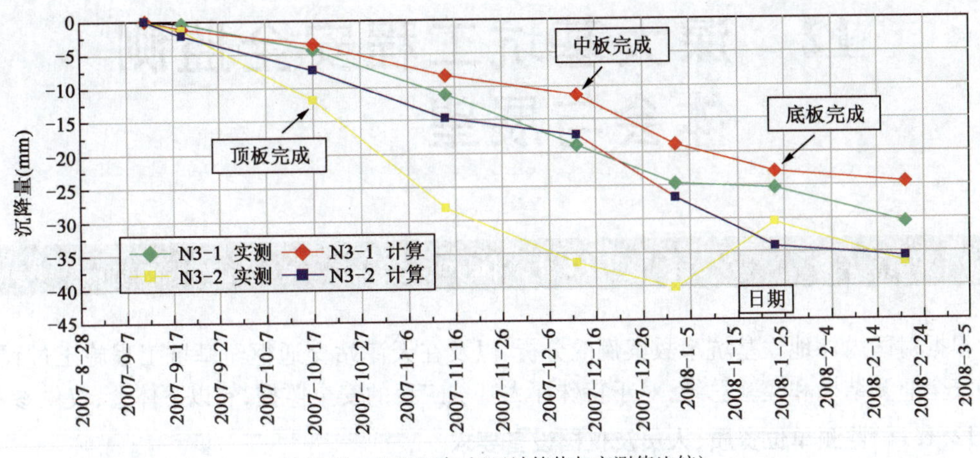

图 11-53　地表沉降时程(计算值与实测值比较)

11.3 小　结

通过现场监测及数值计算分析得出以下几点结论及建议：

(1)对比土体与桩体的水平位移曲线可以看出，两种位移曲线的趋势还是有所区别，土体的最大水平位移一般发生在土体浅层或地表，而围护桩墙体的最大水平位移发生在土体开挖面附近，且土体的最大水平位移要稍微比桩墙体的位移略大。

(2)盖挖逆作法施工，地下连续墙、内撑及先期浇筑完成的结构顶板，形成了相对稳定刚性围护体系，很好地约束了墙体水平变形，并且在深层开挖施工中利用结构提供的抗力来减小施工对环境的影响，在整个逆筑施工过程中，土体及墙体的变形较小。

(3)盖挖逆作法施工中地下连续墙、内撑及浇筑完成的结构顶板形成的刚性结构容易发生整体上浮，因此基坑土体开挖产生坑底土体隆起时，会引起周边围护结构桩墙、中间柱及层板上浮。

(4)本工程属于软土地层中的基坑工程，由于软弱黏性土具有松弛、蠕变、流动等特性，当基坑开挖卸荷时，围护结构向坑内发生位移，坑外土体向坑内的位移也会增大。土体流变过程中产生形变压力，其作用在围护结构上的土压力将逐渐增大，从而引起围护结构变形的不断增大。因此，软土地区受时空效应的影响更为明显，施工过程应分块分层快速开挖并及时支护，保证施工安全。

12 深大基坑工程安全监测体会与展望

12.1 体　会

根据对国内外地铁基坑事故案例的分析，以及在天津站交通枢纽基坑工程施工过程中的一些安全监测结果和经验总结，对于特殊深大基坑工程的安全监控，有以下体会，仅供参考。

12.1.1 监测单位资质、人员及仪器设备要求

(1)建设单位应委托独立的第三方机构开展监测工作；

(2)监测单位应具有相关的资质，并且与监测工程的施工单位无隶属关系；

(3)监测项目负责人应具备相应的专业资格，具有深基坑工程监测经验，监测技术人员专业、数量能够满足监测工程规模的要求；

(4)监测仪器设备的类型及数量能够满足监测工作的实际需要；

(5)监测元器件需要提交其精度、灵敏度、耐久性报告，在项目实施前需要明确元器件的保护措施。

12.1.2 安全监测设计应依据的原则

(1)重点原则；

(2)冗余原则；

(3)时效原则；

(4)实时和全天候原则；

(5)可靠原则；

(6)直接原则。

安全监控的目的决定其与反馈设计有质的区别，应纳入检测和灾害预防的范畴，其核心是重点原则、冗余原则和时效原则。

12.1.3 安全监测设计应遵循的流程

(1)收集施工图设计文件、岩土工程勘察报告及周边环境调查资料等，并进行现场踏勘；

(2)根据工程地质与水文地质条件、基坑围护结构形式、施工方法及工程周边环境特点，明确该工程的安全风险点以及重点监控的位置、阶段；

(3)根据基坑施工工法、围护结构形式及周边环境特点，综合确定具体的监测对象、监测项目及监测点布设位置；

(4)明确监测方法、监测频率及周期；

(5)明确监测精度及控制指标；

(6)编写设计说明及设计图件；

(7)设计审查及修改完善。

12.1.4 施工监测工作要注意的几个问题

(1)施工监测最主要的目的是实现信息化施工,及时掌控基坑围护结构的安全状态和周边环境的稳定性,因此,应优先采用自动化实时监测系统。对于重要的监控项目必须进行实时全天候监测,且须明确辅测项目,以补充、验证、校核主测项目和便于主测项目的后期分析。

(2)对于重要建筑物的安全监控,应采取直接方法监控其沉降、倾斜。

(3)对于采用盖挖逆作法施工的深大基坑,基坑的隆起、中柱隆沉和柱墙的差异沉降应作为重点监控项目实施。

(4)安全监控标准国内外目前难于统一,且从事故情况看,变形、沉降大小不是事故发生的直接因素。变形或沉降较小,也可能发生事故。因此,监测中需要注意变化速率的异常情况,重视人工巡视,警惕异常变形、开裂、声响等征兆。

(5)要重视基坑外重要建筑物附近的地下水位(尤其是承压水水位)观测,观测孔的布置要得当。

(6)数据的分析必须及时,应通过技术措施予以保证,并确保施工信息反馈渠道畅通。

12.2 展　望

随着我国经济的持续高速增长,城市基础建设也在迅猛发展,深大基坑工程也越来越多。由于深基坑工程施工工法多样、工程地质条件和周边环境条件复杂、不确定因素多,深基坑工程质量安全隐患大,为高风险工程。尤其类似天津站交通枢纽这样的基坑工程,多处于城市交通要道和人口密集区,周边建(构)筑物、城市桥梁、地下管线等密集,施工过程中可能对这些周边环境的正常使用和安全性产生影响,一旦发生事故,经济损失和社会影响极为严重。因此,我国政府越来越重视深基坑工程的安全问题,相继颁布的法律法规、技术标准对施工过程中的监测工作提出了明确的要求。科研单位和高等院校对深基坑工程施工过程中的安全风险评估建立了不同的理论评价体系,对安全风险管控也提出了不同的方法和手段。现场巡视、视频监控和远程自动化监测也为实时、全天候掌控基坑围护结构的安全状态和周边环境的稳定性提供了保障。